近代世界の誕生

上

The Birth of the Modern World 1780-1914
C.A.Bayly

グローバルな連関と比較 1780-1914

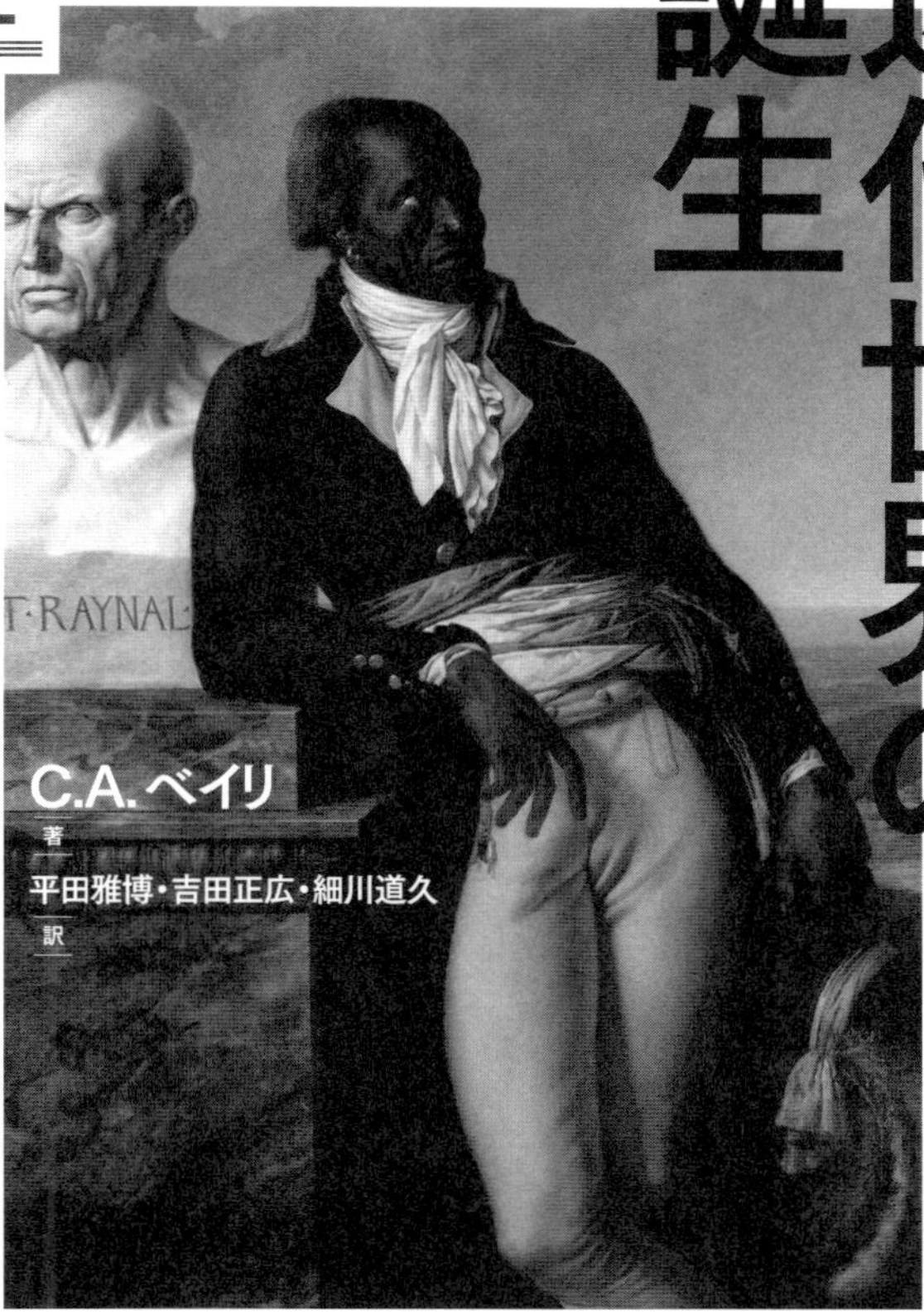

C.A.ベイリ 著
平田雅博・吉田正広・細川道久 訳

名古屋大学出版会

本書をエルフレーダ・M・ベイリに捧げる。
彼女は，本書が描く歴史的出来事がもたらした困難を切り抜けてきた。

THE BIRTH OF THE MODERN WORLD 1780-1914
by C. A. Bayly

近代世界の誕生　上——目　次

第II部　生成する近代世界

凡　例

一、本書は C. A. Bayly, *The Birth of the Modern World 1780-1914 : Global Connections and Comparisons* (Blackwell, 2004) の全訳である。この上巻には第6章までを収録する。
一、〔 〕は訳者による補足を示す。
一、引用文中の［ ］は著者による補足を示す。
一、（ ）は原文の（ ）を示す場合もあるが、読みやすくするために訳者が追加した箇所もある。
一、原文のイタリックには傍点を付した。
一、ルビは必要に応じて付けた。
一、注は各巻の巻末に収め、参考文献、図表一覧、索引は下巻の巻末に収めた。
一、邦訳のある文献については可能な限り調査して、その書誌情報を注・参考文献に記載した。

序章

本書が対象とするのは一七八〇年から一九一四年までの世界の歴史である。つまり、革命の時代の始まりから、国家と帝国のシステムを崩壊させた第一次世界大戦の勃発までを、主題《テマティック》に即して追究した歴史である。これまで地域史や一国史においてばらばらに扱われてきた歴史的な趨勢や一連の出来事をいかにしてまとめて分析できるか、本書はこのことを示したい。それによって、「グローバリゼーション」が始まったとされる一九四五年よりもはるか以前に、世界じゅうの政治・社会上の変化が相互に結びつき、依存しあっていたことが明らかになる。一方では、一七八九年あるいは一八四八年のヨーロッパの諸革命のような重大な世界的事件の波紋が外に向かって広がり、ヨーロッパ外の世界で起きていた動乱と結びついた。他方では、工業化が進む世界経済の中で台頭しつつあった欧米の「中核」以外で起きた出来事——たとえば一九世紀半ばに起きた中国やインドの反乱——の衝撃が中核に押し返されてきたことで、中核のイデオロギーが形成され、新たな社会・政治的抗争が生み出されたのである。世界規模の出来事がますます結びつき依存しあうにつれて、人間の行動様式も相互に調整され、世界各地で共通したものになっていった。したがって本書は、国家、宗教、政治イデオロギー、経済生活における、グローバルな統一性の増大を追究する。一九世紀を通して見られたこの統一性の高まりは、教会、王室、裁判といった大きな制度だけでなく、本書が「身体的実践」と呼ぶもの、つまり人々が服を着たり、話したり、食べたり、家族内の関係を維持したりするあり方にも見出せるのである。

一九世紀を通してさまざまな人間社会が相互に急速に結びつくようになると、多くのハイブリッドな政体、混合したイデオロギー、複雑な形態をとるグローバルな経済活動が生み出されていった。とはいえ、これらの結合により、異なる社会にいる人々どうし、とりわけそのエリートどうしの間に差異性——さらには敵対性——があるという感覚も強められていった。たとえば、日本人、インド人、アメリカ人は、新たなグローバル経済、とくにヨーロッパ帝国主義からの手強い挑戦にあうと、自分たちが引き継いだ国家・宗教・文化への帰属意識を強めた。グローバルな諸力とローカルな諸力が（社会理論家のアルジュン・アパデュライの言葉を使うと）「共食いした」、すなわち双方が互いに相手を糧にして生き延びたという逆説は、現代の人間科学にはよく知られたことである。[1] しかし、グローバルなものとローカルなもの、一般的なものと特殊的なものとの曖昧な関係には現代以前にも長い歴史がある。一九世紀には国民国家や競合する帝国は、これらの国家や帝国間の類似性、連関、結びつきが強められていくまさにその時に強い個性を帯びるようになり、相互に対立するようになった。グローバルな変化がもたらした広範な力によって、人間共同体間の差異が強く現れるようになったのである。とはいえ、そういった差異もしだいに同じようなやり方で表に現れるようになった。

本書は、すべての地方史、国家史、地域史も肝腎なところではグローバル・ヒストリーにならざるをえないと論じる。もはや狭義の「ヨーロッパ」史、「アメリカ」史を書くのは不可能であるし、多くの歴史家がすでにこのような見解を抱いているのは心強い。一九五〇年代から六〇年代において、初期近代のグローバルな社会経済史の先駆けとなったのが、フェルナン・ブローデルが率いたフランスの「アナール」学派の歴史叙述であった。[2] 国境や生態ゾーンを越えていく必要性は、一九世紀を扱う際はさらにはっきりしていた。これはとくにヨーロッパの帝国国家（ロシアのような陸の帝国、イギリスやフランスのような海の帝国の両方）に当てはまる。イギリスを研究対象とするリンダ・コリー[3]とキャサリン・ホール[4]、ロシアを研究対象とするジェフリー・ホスキング[5]とドミニク・リーベン[6]

は、（もっとも広義の）帝国の経験がこれらの国民国家の形成と形態にとって要となったことを示そうと第一線で試みている。他方、R・ビン・ウォン[7]、ケネス・ポメランツ[8]、ワン・ガンウー[9]、ジョアンナ・ウェイリー＝コーエン[10]は中国史をグローバル・ヒストリーとして書き始めており、中国人の海外進出が西洋の帝国的覇権に先駆けて始まり、その覇権のもとでも続いたことを詳細に説明している。

「長い」一九世紀において世界の相互連関性と統一性をもたらした重大な推進力とは何だったのだろうか。この時期を扱う世界史であれば、西ヨーロッパと北アメリカによる経済的支配の伸長というもっとも重要なことを避けて通れない。一七八〇年の時点では、中華帝国〔清〕、オスマン帝国はいまだ強大な世界クラスの政体であり、アフリカの大半と太平洋地帯は現地民が統治していた。対照的に、一九一四年になると、中華帝国とオスマン帝国は分裂の間際まで追い込まれており、アフリカもヨーロッパの諸政府、商社、鉱山主の厳しい支配下におかれるようになった。一七八〇年から一九一四年にかけてヨーロッパ人は、とくに南北アフリカ、北アメリカ、中央アジア、シベリア、オーストラレーシアの広大な土地を現地民から奪い取った。一八〇〇年には、西ヨーロッパと北アメリカ沿岸部の一人当たり国内総生産は、南アジアのせいぜい二倍で中国沿海部を少し上回る程度にすぎなかったにしても、その百年後にはこの格差は一〇倍以上に広がっていた。ヨーロッパとアメリカ合衆国に直接支配されていなかった多くの地域も今や、歴史家が「非公式帝国」と呼ぶものの一部となった。そこでは現地民と外来者の間に権力の格差があったものの、直接的な併合にまでは至らなかった。

物理的な支配には、程度の差こそあれイデオロギー上の従属がともなった。ヨーロッパの国家間での熾烈な抗争や競合の中から作り上げられた社会概念、制度、手続きといったものは、非ヨーロッパ人を規制し彼らの模範になった。しかし、非ヨーロッパ人は西洋の恩恵に浴するばかりの受け身の人々、あるいは逆に、単に西洋の犠牲になるばかりの存在ではなかった。彼らがヨーロッパの思想や技術を自分たちの生活のために受け入れて手を加えることで、ヨーロッパの権力保有者による支配の性質や程度が緩和された。本書が扱う期間の始まりには、世界はいまだ多中心的であった。東アジア、南アジア、アフリカは、たとえヨーロッパ人とその海外植民地がすでに優位な立場で競争していたにしても、さまざまな社会・経済的生活の場面でいまだ活力と主導権を保持していた。本書が扱う期間の終わり、すなわち日本の興隆やヨーロッパ外のナショナリズムが始まる直後には、ヨーロッパの「優位」は深刻な挑戦にさらされるようになる。したがって、この期間の歴史は、多数の明らかに矛盾する事柄を立証しなければならない。西洋の支配という確固たる事実を考慮に入れながら、世界的な事件の相互依存関係を示す必要がある。同時に、このヨーロッパの支配が世界の大半においていかに部分的で一時的なものにすぎなかったかも示さなければならないのである。

本書の構成

本書『近代世界の誕生』は世界史の叙述というよりも、世界史についての省察である。第3章、第4章、第6章、最終章では、一七八〇年から一九一四年までの長期間における世界的出来事の歴史を年代ごとに描き出す。これらの章では、比較的安定した時期と世界的な危機の時期とを対比させる。その目的は、一連の広範な政治・経済上の変化の間のつながりを選び出して強調することにある。たとえば、第3章では、一七七六年以後の一世代におけるヨーロッパと北アメリカの革命の時代と、この「グローバル帝国主義の最初の時代」と同時期に起きていた、非ヨーロッパ人に対するヨーロッパの支配の飛躍的な増大との間に、イデオロギー・政治上の連関があったことをあらためて強調する。ヨーロッパの一八四八年の革命をめぐる最近の解釈によって、一九世紀半ばの中国の動乱や一八五七―五九年のインド大反乱といったヨーロッパ外の大きな出来事を、ヨーロッパと関連させる視点から考察することが可能となっている。第4章では、アメリカ南北戦争を単にアメリカの危機としてではなく、グローバルな事件として捉える。第6章では、一九世紀後半のナショナリズム、帝国主義、民族排斥を、しばしば見られるように別々に扱うのではなく、同じ分析領域の中で考察する。

これらの章であらためて強調する前提とは、国家史や「地域研究」は、より広範な世界で起こる変化をより詳細に説明しなければならないということである。思想や政治運動は大洋や国境を「飛び越え」て、国から国へ伝わっていった。たとえば、アメリカ南北戦争の終結によって、一八六五年までにアメリカの自由主義者はベニート・フアレスの急進的なメキシコ政府を支援するようになったが、そのメキシコ政府はフランスが支持した保守派からの攻撃を受けていた。他方、メキシコの急進派は、ヨーロッパの権威に挑んだ一八四八年の反乱の英雄ジュゼッペ・ガリバルディと他の革命家たちからの熱狂的な支持をすでに受けていた。(11) 経験を共有すると、世界を股にかけた共同戦線が生まれるのである。しかし同時に、グローバルな変化にさらされると、知識人、政治家、普通の人々は類似よりも差異を進んで強調するようにもなる。たとえば、一八八〇年代までに、キリスト教の宣教師と西洋の物品がもたらした衝撃によって、インド人、アラブ人、中国人は自分たちに固有の宗教的実践、身体的な振る舞い、地元の職人の優秀さを認識するようになった。やがてこの差異意識は、さらなるグローバルな連結をも生み出すことになる。インド人芸術家は同時代の日本人を純粋な美的伝統の継承者と見なし、日本の様式を自分たちの作品に取り込んだ。本書の全体を通じた目的は、こういった「横の歴史」と呼ばれる連結の歴史を、「縦の歴史」と呼ばれる制度やイデオロギーの発展の歴史に結びつけることである。

第1章、第2章、第5章、および本書の後半部は、主題ごとの追究となる。これらの章では、歴史家が一九世紀の主たる変化を解明するのに用いてきた大きな社会概念（一九世紀の作家や時事評論家によっても使われてきた）を考察する。これらの概念のうち、近代国家の勃興、科学、工業化、自由主義、「宗教」がもっとも重要となろう。これらの章の目的は、地域史や国家史の資料を一括して用いることで、こうした制度やイデオロギーがさまざまな場所や時代にいかに根ざし、機能するようになったかを立証することである。それは、支配的で「合理的な」欧米の中心から近代性が伝播していくという単純な見解に逃げ込まずに、連結と過程の歴史を示す試みである。繰り返しになるが、本書が主張するのは、植民地化ないし半植民地化された非ヨーロッパの人々や欧米社会における従属集団の活動が、同時代の世界秩序を形成する上で重要だったということである。たとえば、一八七〇年以後のヨーロッパにおけるローマ・カトリック教会のヒエラルキーの再興は、「世界宗教」の構築という広範な過程の一部であり、そのプロセスはキリスト教と同様に、ヒンドゥー教、儒教、仏教でも起きていた。これは、類推というより、直接的な因果関係の問題である。キリスト教の諸教会はしばしば本国において協同したり新たな組織を創設したりし始めたが、それはまさに海外における布教活動で結束する必要があったためであった。というのも、海外でキリスト教の諸教会は、公的には従属する臣民の間に広がる、復興イスラーム教や他の宗教的伝統からの圧力を受けていることを自覚していたからである。

本書は最後に、外交上の敵対関係や国際的な経済変化がこれまでにないほど否応なく国家と帝国のシステムに降りかかってきた、第一次世界大戦前夜の時期を考察する。第一次世界大戦は、たとえ世界システムにおいてヨーロッパの中核内での内戦として始まったにしても、ヒュー・ストローンが強調するように[12]、明らかに世界規模の戦争であった。この戦争は「不可避のもの」ではなかったが、二〇世紀を通じて影響を及ぼしていくことになるその爆発的な力は、一連の多様な局地的な危機（その多くはヨーロッパ以外に起源を持つ）が合わさった結果として生じたものであった。

世界史を叙述するとなると、解釈と説明をめぐって多くの重大な問題が提起される。ここではまず、重要な三つの問題を考え、次いで、特定の領域として、人間の身体的実践における統一性の増大について考えることから議論を始めてみよう。

問題1 「原動力」と経済要因

歴史の専門家の多くは「物事はなぜ変化したのか」という問いを心の奥に今なお抱えている。一九世紀の歴史家や哲学者は、歴史は精神と知性の重要な変化によって動かされていると考える傾向があった。彼らは神、理性、自由の希求が現世の中に入り込んでいると信じていた。ヨーロッパのキリスト教的な「文明化の使命」を信じる者もいれば、諸人種と諸文明は、競争、生存、衰退の自然法則にしたがって浮き沈みすると考える者もいた。二〇世紀になると、唯物論による変化の説明が頭角を現した。一九五〇年までには多くの指導的な歴史家たちが社会主義理論の影響を受け、産業資本主義の論理を一七五〇年以後の変化を説明する主たる力と見なした。この見方はいまだに有力である。たしかに、一九世紀の重大な歴史的変化は、もっとも強大な国家と社会が都市産業主義へ転換したことであるにちがいない。収益を最大限にしたい、労働者を従わせたいという資本家の欲望は、西洋ばかりかアジアやアフリカでも変化をもたらす避けがたい力であった。

このことを明確に示したのが、英語で出版された世界史の中でも、もっとも力強く叙述され一貫性のあるエリック・ホブズボームの偉大な四部作[13]、とくに『資本の時代』であった。だが、二〇〇二年にホブズボームの自伝が出版された時にペリー・アンダーソンが注記したように、一九世紀の重要な政治的かつ知的な展開は、必ずしも産業資本の力の成長を直接に反映した時間尺度に沿って進んだわけではなかった[14]。経済、イデオロギー、国家の運動は必ずしも同時に進展したわけではなく、これらは相互作用する傾向があった。この時期の主たる政治事件であるフランス革命は、イギリスで顕著な工業化が起きる以前に生じたし、今やこの革命を「ブルジョワジー」の勝利と見なす歴史家はまずいない。たしかに多くの法律家や「中流層の人々」が革命に参加したが、彼らは初期の資本家というよりも貴族や地方議会の取り巻きであった。ホブズボームの解釈によると、資本の時代の最盛期である一八七〇年の時点でも、地主と貴族はたいていの社会で権力保持者であり続けた。一九世紀後半はたしかに「資本の時代」であったが、資本一色であったと「単純化」はできない。この時期は貴族の時代、地主の時代、聖職者の時代、さらに世界の多くでは、小作農の時代でもあったのである。

これらの問題に鑑みて、二〇世紀末頃の歴史家の中には、国家と「統治性《ガバメンタリティ》」、とくに独断的に管理体制を敷く西洋式の国家が、歴史ドラマの「原動力」の役割を担ったと説く者もいた。しかし、これによって問題が解けるわけでもない。近代国家の推移は、ある程度は時代の大きな経済変化とはっきりとした因果関係があった（それによって厳密に決定されたわけではないにしても）。なお、国家あるいは広義の統治性の興隆を強調しても、そもそも近代国家はなぜ発展するのか、という基本的な問いは残ったままである。この時代のもっとも斬新な政治プロジェクトだったアメリカ合衆国では、一八三〇年以前には工業化がほとんど始まっていなかったのに、同国の体制や憲法は、ヨーロッパ国家の支配に対抗して革命が成功したことを表していた。そのことを想起するならば、この謎はいっそう解けなくなるのである。

本書は、このような深い因果関係の問題を中心に論じようとするものではない。そうではなくて、いかなる世界史も政治組織、政治思想、経済活動の間の複雑な相互連関を想定する必要があると示唆する。経済はたしかに、この論議において不可欠の役割を担っている。局地的な経済集約化のパターンは、全面的な工業化が始まる以前ですら、変化の主要な原動力であった。第2章では、経済史家ヤン・ド・フリースの「勤勉革命」の概念を応用することで、遅くとも一六五〇年以後の世界各地で起こっていた多くの形態の経済集約化を広範に追究できることを示唆する。「勤勉革命」は一八世紀を通じて、さまざまな地域の社会を再秩序化し続けていた。資本と労働は、中国南部からマサチューセッツまでしっかり機能するよう仕組まれていた。小規模の技術革新に呼応するかのように、財の配分と人々の物質的な慣習に変化が見られた。小作農家族は裕福な農業経営家族になり、小売店主はアムステルダム、マラッカ、［モロッコの］フェズの都市民になった。彼らが望んだのは良質の食糧と衣服、より良い名誉と地位であった。

とはいえ、勤勉革命の重要性を強調するにしても（本書ではそうするが）、歴史の因果関係における優先順位を経済的原動力のほうに譲るということには必ずしもならない。というのも勤勉革命は、単に物質的な力の配分におけるやみくもな変化ではなかったからである。今日の専門用語を使うのであれば、「言説」における革命であった。人々の欲望の範囲こそが変化したのである。なぜなら、すでに支配者集団の理想や生活様式をめぐる情報は迅速に流通していたからである。「中流層の人々」は王室の消費と張り合おうとした。王室は進んで、しかもおおっぴらに誇示しようとしていた。小売店主を活気づけ、新しい労働需要を掘り起こし、奢侈品を求める商人を大洋へと向かわせたのは、それ以前に生じていた考え方の変化だった。とくに西ヨーロッパの攻撃的な新興国家もこれらの変化に乗じて、世界じゅうに見られた勤勉革命と武装船団や独占会社とを結びつけ始めた。カリブ海の奴隷制は、究極の強制的な勤勉革命を表していたのである。

こういった社会・経済上の変化は不均等で不安定だった。変化によって集団間や異なる社会間の格差が広がった。変化は富への欲望、嫉妬、隣人への不信感を募らせた。さらに、海外の戦争、不平等な課税、社会的混乱、王室であれ宗教であれ既成の権威への疑問視などを導いた。社会的混乱は世界じゅうで起こっていた。フランスの哲学者とアラビア中央部にいた宗教指導者は、新たな連結のインパクトとそれが引き起こした動乱を同様に感じていた。局地的な抗争の多くが一七二〇年から一八二〇年までの間、とくに一七八〇年以後に世界じゅうで制御不能となったのは、このような状況下においてであった。攻勢をかけるフランスの革命国家そのものが、多くのすさまじい敵を生み出した。ヨーロッパ国家、その植民地、それに隣接する非ヨーロッパ国家——とくにオスマン帝国、中華帝国、徳川日本——はさらなる野心をかきたてられた。これらの国家の指導者たちは、新しいイデオロギーを取り入れては修正してみなければならなかった。そして、かつては自立していた社会に深く踏み込んで行かなければならなかった。

それゆえ、革命の時代の政治・イデオロギー上の変化は「破局的」だった。単に旧体制の矛盾や抗争に基づくだけでは予測できず、それどころか究極的には資本主義の発展に基づいても予測ができないし説明もつかないという意味で「破局的」だったのである。今や危機によって生み出された新しいイデオロギーから活力をもらった国家は、異常なほどに膨張した。エリートは一九世紀の初期を通じて、こうして引き起こされた秩序と正当性の問題と格闘し続けた。実際にイデオロギー・政治的抗争は、経済的な統一性が世界の多くで確立される以前にグローバルな規模に達したのである。したがって、資本の興隆はそれ自体では力とならない。資本は、権力、所有権、正義、聖性への大きな憧れによってすでに作られていた社会風潮の中で広がったのである。

工業化への転換がグローバルなレベルで「作動《キックイン》」し始めた——不規則ではあるが今や容赦なく——のは、ようやく一八四〇年以後になってからである。それは、ヨーロッパの一八四八年革命、アジアの集団的な反乱、アメリカ南北戦争といった、もう一つの一連の危機が世界秩序を揺るがしていた時だった。支配者集団は、工業化を推進することによって、少なくとも工業化への枠組を提供することによって、社会秩序を安定化させようとした。工業化は国家に新たな資源を、国家の軍隊に新たな武器を供給した。ホブズボームの推定どおり、資本の時代はたしかに一八七〇年代までにやってきたが、資本家は、国王、貴族、地主、および新しい厳格な国民国家の官職についた官僚と影響力を共有することで初めて地位と尊敬を勝ちえた。資本の時代とはしたがって、本書の第9章、第11章で示すように、ヒエラルキーが永続化され、宗教がより力強く主張するようになった時期でもあった。

つまり、広い視野から見ると、歴史的発展は、経済変化、イデオロギー構築、国家機構によって構成される複雑な力の平行四辺形によって決定されてきたように思われる。世界経済における発展が、いかなる単純な意味でもイデオロギーや政治の体制よりも「優位」に立っていたようには必ずしも見えない。これらの領域は異なる程度で、かつ異なる時期に、相互に浸透し影響を与え合っていた。だからこそ、国家と、人々が国家について作り上げた強力な物語とが歴史的変化の「推進力」となった時期があった。また、たとえば一八一五年から一八五〇年までのように、流動的で変わりやすい時期があった。あるいは、著しく経済が再編されることによって統治性とそのイデオロギーの方向がしだいに明確になった時期もあった。そして、これらの諸要素の混ざり具合は、時代ごとに異なったのと同様に、大陸を越えて社会ごとに異なったのである。

問題2　グローバル・ヒストリーとポストモダニズム

世界史を叙述する際の第二の問題は、近年注目を集めるようになった歴史家たちに由来する。すなわち、上記のようにはまったく考えず、資本、国家、イデオロギー変化といったあらゆる「大きな物語」を受けつけようとしない歴史家たちである。一九八〇年頃から、ポストモダン[15]あるいはポストコロニアルと呼ばれる思想潮流の影響を受けた歴史家が出てきた。この立場をとる著者は広範な比較史、「大きな物語」にしばしば敵対的である。この物語は、帝国主義と資本主義の過程そのもの（物語が叙述の対象とするもの）と共犯関係にあるという。上述した国家あるいは資本の物語は、これらの著者の二大攻撃目標となっている。この様式で叙述する歴史家は、代わりに、権力を持たない人々の「脱中心化された」物語を回復しようとしている。こうした無力な人々は、その時代の政治演説や政府議事録を書いた欧米の男性資本家の支配下におかれてきたと見なされる。結果として、彼らの声は、後世の歴史家が構築した世界史の大きな物語から意図的に消し去られることになった。したがって、歴史叙述にこのポストモダニズム的転回が起こると緊張が生じる面も出てきた。学界でも一般社会でも世界史への要求は、「グローバリゼーション」がこの時代のもっとも流行した概念となるにつれて急速に増大したが、世界史叙述の基本的な前提のいくつかは、ポストモダニストの厳しい批判にさらされてきたのである。批判の根拠は、これまでの世界史叙述が人間の経験を均質化し、「権力なき人々」の歴史を「なかったことにしている」というものであった。

人間科学がすべて同じ方法論を採らなくてはならないという理由はない。この種の論争はすこぶる生産的となりうる。従来とは異なる歴史叙述が提示されたり、「何が起きたのか」についての問いが「誰がそう言ったのか」と「それは何を意味したのか」という問いによって挑戦を受けたりすると、歴史をめぐる議論は常に活気を帯びた。これは一九七〇年代、八〇年代に当てはまり、当時いまだ影響力のあったマルクス主義学派はヨーロッパと北アメリカの新保守主義の歴史家から挑戦を受けていた。とはいえ、一つだけ明らかなことがある。ポストモダニストおよびポストコロニアルの歴史家は、貧民や、支配下におかれた女性ないし「先住民」の特殊な経験を叙述する時ですら、国家、宗教、植民地主義などにいつも言及するが、こうした広範な現象の説明はしばしば自明なこととして省略されてしまうのである。ポストモダニストの作品はしたがって、作品に潜む「大きな物語」（その起源と含意も政治的で教訓的なところがある）をたいていは包み隠している。たとえば、彼らの叙述の多くは、中央集権的な国家、家父長制、あるいは西洋の啓蒙的合理主義といった支配の歴史的原動力がこれほど強力でなかったならば、よりよい世界に発展していたはずだと前提しているふしがある。とすれば、すべての歴史は、「断片」の歴史でさえも、潜在的には普遍的な歴史でありえることになる。世界史を書くことはしたがって、多様な、隠された「大きな物語」を暴く助けとなりうるだろう。これは因果関係が問題になる時にとくに当てはまる。なぜ物事は変化するのかは常に歴史家の主たる関心事であった。この理由から、歴史なき人々の経験を描くのと同様に、支配者集団とその支援者の資源と戦略、相互の軋轢を世界史レベルで考えるのは依然として重要なのである。(16)

だからといって、歴史叙述の中心部から隔絶された個人や集団の経験の歴史が重要ではないと言っているのではない。境界線上にある者は常に大きな物語の構築に関与してきたし、その逆も真である。とくに一九世紀半ば以前では、「辺境」にある人々が歴史の表舞台に躍り出ることはよく見られた。遊牧民と部族の戦士は帝国の将軍になり、床屋兼外科医は科学者になり、踊り子は女王になった。人々は、必ずしも厳密ではなかった、地位と国籍の境界を容易に越えた。〔彼らがどこに行き着こうとその〕歴史的結果は開かれたままだった。たしかに、資本主義の興隆、近代国家、ないしネーションの概念を主張するばかりでは、歴史的変化についての真に興味深いことを隠したり排除したりすることになる。しかし、「長い」一九世紀にわたって統一性に向かう変化の影響力が重要であることを否定するのは難しいし、ポストモダニストの歴史家ですらも否定しえないだろう。

もちろん一九一四年にも、異端の者、逸脱する者、流浪する者が至るところに見られた。近代キリスト教の勝利はヨーロッパの心臓部にあっても、心霊術や秘教的な治療術の開花によって脅かされていた。正統イスラーム教が興隆しても、かなりの曖昧さがあった――ヒンドゥー教徒、仏教徒、アフリカの部族の治癒者がイスラーム教徒の礼拝者にいまだに紛れ込めた――ために安定していなかった。権力の新たな中心――とくに力強く団結した組織労働者――が各地に増殖して、近代国家とナショナリズムの勝利を認めなかった。これらの予知しえず標準化されていない形態の人間生活と思想は、それでもやはり共通の形態の統治性の刻印をますます帯びるようになっていった。これらは、ネーションや国際的な資本市場の機能をめぐる共通の思想から影響を受けていた。予言者と心霊術師は印刷機を使うようになったし、組織労働者の指導者も大企業と同じように銀行残高を記録したり議事録や覚書を常に書き留めたりしていた。したがって本書では、社会的断片あるいは権力を奪われた人々の研究と、近代を構築した広範な過程の研究との間に、何らかの矛盾があるという見方には否定的である。

問題3　深まる「近代の謎」

本書のタイトルや現代のあらゆる人間科学において用いられている「近代」という問題を、今こそ直接論じる価値がある。一九五〇年代から六〇年代に、S・N・アイゼンシュタット[17]らは、この言葉を一連のグローバルな発展を指して使った。すなわち、彼らが「近代性」と呼ぶ、人間の組織や経験の段階的変化をもたらした発展である。

彼らが描いたところによると、その変化は人間生活の多様な側面に影響を及ぼした。そこに含まれるものの一つは、大規模拡大家族に代わる小規模核家族の登場であり、この変化はしばしば都市化と関連していた。工業化、個人の政治的権利、そして宗教的心性の衰退とされる世俗主義という観念も含まれていた。多くの点で彼らのモデルは、ドイツの社会学者マックス・ヴェーバーがそれより五〇年前に書いた影響力の大きな作品をもとに組み立てられていた。ヴェーバー自身は常にカール・マルクスを念頭においていたが、彼の理論ではイデオロギー的変化の独立的な役割を強調していた。結果として、アイゼンシュタットと当時の他の自由主義的な著作家が示した時代区分は、マルクス主義的な著作家が示したものとかなり重なっていた。彼らはみなことごとく近代の起源を一六世紀に位置づけがちだったが、他方で、一九世紀も重要な時期と見なしていた。また、全員が西洋をあらゆるグローバルな変化の源として特権視し、非西洋はいつかは「追い付く」にしてももっぱら受け取るばかりだったと見る傾向もあった。

一九八〇年代までにこの戦後「近代化論」は、相互に敵対する多方面からの攻撃にさらされた。人口動態史家は、拡大家族から核家族への転換論に慎重になった。経済史家は、人間の進化は工業化の段階を経ることが「必要だった」という説には疑念を抱き始めた。社会学者は、一九七九年のイランのイスラーム革命、アメリカ合衆国におけるキリスト教福音派の台頭を引き合いに出して、世俗主義の勝利という考えに異を唱えた。一九八〇年頃以降になると、学者たちは、西洋の近代性はたとえばセネガルの近代性とかインドネシアの近代性とはまったく異なるという「複数の近代性」を語るようになった。もちろん、こうした論者たちの議論は、一九世紀から「独自の近代性」を主張していたドイツ、ロシア、中国の政治家や知識人と類似した路線に位置づけられる。二一世紀の最初の一〇年の時点では、問題は混沌としたままである。ポストモダニストの哲学者ブリュノ・ラトゥールは「われわれはモダンであったことなどない」と述べて、その例として感覚や感情の弾力性、魔術の復元力を挙げた。いずれも、ブルジョワ的な個人の主体が今なお支配的であるとする思考とは矛盾するものである。一方、他の社会理論家、とくにアーネスト・ゲルナー[18]、アラン・マクファーレン[19]、デイヴィッド・ランデス[20]は、「近代の謎」が実際にあること、つまり人類の決定的な躍進を強く主張した。

第一に、本書は、近代的であることの要点は自分たちが近代的であると見なすことだという考え方を受け入れる。近代性とは「時代に遅れない」よう強く願望を抱くことである。それは模倣と借用の過程であった。一七八〇年頃から一九一四年までの間に、ますます多くの人々が自分たちは近代的であり、好むと好まざるとを問わず、近代世界で暮らすと決めたことを否定するのは難しいだろう。一八世紀のスコットランドとフランスの哲学者は、かつてあった人間の考え方の多くは間違いなく捨て去られると信じた。一九世紀末までに、あらゆる点でこの感覚を劇的に表現したのが、技術の近代化の象徴である自動車、飛行機、電話である。一九〇〇年までに、アジア人とアフリカ人の多くのエリートも同様に、今日こそ慣習、伝統、家父長制、旧式の宗教、共同体がすたれたか、今後もすたれていく時代に入ったと信じるようになった。他方、少数派の思想家はこうした事態を嘆き始めていたものの、押し寄せてくる近代的なものを同様に強く信じていた。

以上より、社会の序列化を牛耳っていた思想家、政治家、科学者の大多数が近代性の時代であると信じていたからこそ、あるレベルで一九世紀は近代性の時代であった。また、世界じゅうの貧民や被従属民も、この神秘的な近代性のしるし（懐中時計や傘であれ、新しい宗教のテキストであれ）を取り入れて地位や人生の機会を改善できると考えたがために、一九世紀は近代であった。

このように述べても、一九世紀以前の人々が人間の歴史における画期的な変化をまったく認識していなかったというわけではない。人々はそれを認識はしていたものの、全般として二つの方法でこれらの変化を説明・叙述しており、その方法は近代という考え方にとって重要な世俗の事象における進歩を意味しなかった。こういった初期の論者たちは、おしなべて人間社会の変化を「再興《リノベーション》」として理解した。たとえばルネサンス期ヨーロッパの学者たちは、自分たちが人々の歴史の見方を変えたり、自分たちの思想を新たな印刷媒体によって普及させたりする一方で、古典古代の完璧な学知は復活すると信じていた。同様に、一八世紀の中国の学者も、同時代の清朝支配の規模が以前の王朝の規模よりはるかに大きくなっていたとしても、かつての敬虔で学問的な世界が、卓越した清朝の庇護のもとで復活すると信じていた。

人々が人間の歴史における大きな変化について考える際の第二の方法は、千年王国論の形式であった。こうした意識を持つ人々は、超自然的なもの、至福のものが何らかの方法で人間の歴史の中に「漏れ出」て、敬神や美徳、預言の新時代をもたらすと信じた。これもまた、近代性への世俗的転換という、一七六〇年頃以後に多くの思想家や政治家の強迫観念となった考え方とは違っていた。これら二つの従来の思考方法は一九世紀まで生き延び、近代の思考に染み込んだ。この時期に関して興味をそそられるのは、こういった意識がどのようにして結びついたかである。たとえば、科学的で近代主義的なマルクス主義には、地上の楽園を再興する思想の名残があった。同様に、中国における一九世紀半ばの「太平天国の乱」の指導者のような、古めかしいイデオロギーを持ち明確な千年王国論を唱えた者であっても、砲艦と電信線を入手しようとした。それらが実用的な道具だったばかりか、近代性の象徴でもあったためである。実際に、近代性への欲求とは新しい何かであった。

しかし、歴史家にとって、過去の人々が正しいと考えたからこそその何かは正しいのだ、と言うだけでは十分ではない。近代と名指しされうる何かがこの時代に出現しつつあったというイメージは、はっきりと表明されたイデオロギー、言説、テキストを超えて、「実際にある」抽出可能な政治・社会・経済的傾向から、どこまで立証されるのか。本書は、同時代の諸変化があまりにも急速であまりにも深い相互作用をもたらしたために、この時期を「近代世界の誕生」として叙述するのは理に適うという見解を取る。「近代世界の誕生」には、中央集権化ないし民族団結への忠誠を求める国民国家の興隆、さらには、通商や思想の領域におけるグローバルな結びつきの拡大も含まれた。工業化の国際的な拡がりと新しい様式の都市生活も、これらの大きな発展の構成要素となった。これらすべての傾向が合わさって、人間の社会組織における画期的変化が生じる。変化の範囲と規模は劇的に広がった。となると近代性は、一つの過程にとどまらず、一八世紀末に始まりさまざまな点で現在まで続いている一つの期間でもある。

それでは、この近代性はどこで生まれたのか。一九世紀の思想家は、社会は生物によく似た複雑な有機体に進化したと論じる傾向があった。より複雑な社会、西洋社会はしたがって「最適者」だったがために生き延びた。本書は、一部の西洋社会が通商を行い、宣戦布告をし、公の場で政策を論議する手段を持っていたために、中期的には優位な競争を続けられたという見解に立つ。だが、それらは本来有していた利点ではなく、偶発的かつ相互作用的であって比較的短命でもあった。ヨーロッパ外の国家と社会は、新たな形態の政治・社会的行動に急速に順応した。本書はしたがって、「近代性の革命」が、世界じゅうの多くの多様な担い手やイデオロギーによってさまざまな方法でさまざまな時代に活性化されたと示すことで、「近代性の革命」の相対化をめざす。そうすれば、旧式の中国人同族会社は、中国の諸海域と東南アジアに世界貿易の拡大をもたらした点で、ハンブルクあるいはニューヨークのジェントルマン資本家と同様に重要となる。さらに、預言者の時代の到来を期待した西アフリカのイスラームの説教師は、この地域に法の支配と書き言葉をもたらした張本人となる。たしかに西ヨーロッパと北アメリカ植民地では、近代性への転換はかなり以前に、それも当初ははるかに力強く起きていた。だが一九一四年に至るまで、世界の多くの地域の人々はこの共通の近代性をさまざまに理解したのであって、単に西洋の模倣者だったわけではなかった。しばらくの間、西洋は近代性の模範者と管理者を兼ねていたが、一九世紀半ばまでに世界じゅうに多くの管理者と模範者が新たに出現し、その中でも日本のやや特異な近代性がもっとも重要であった。

本書が対象とする一四〇〇年間の中で、世界各地の社会は統一的なものになった。もちろん、これに匹敵する変化の過程は千年以上にわたり進んでいた。世界宗教の拡大自体が、とくに身体的実践の統一に向けた重要な転換を意味していた。しかし、一七五〇年頃以降、社会組織と欲求の規模はほんの二世代を経るうちに相当拡大した。交通・通信がより迅速になり、政体の規模が大きくなり、西洋・非西洋の「文明」のイデオロギーがより野心的になって、この変化を促した。同時に社会は、内部が一段と複雑になり細かく階層化した。さまざまな社会間の富と権力の差異も以前より目立つようになった。これが、多くの異なる社会の人々がそれぞれの仕方で「近代」として理解した現象である。以上の概要は、政治・文化・経済の変化を包括的に分析しようとする歴史の出発点となるとともに、このうちのどれか一つを決定要因と見なす代わりに、それぞれがいかにして相互に影響を受けていたかを示すのである。

標準化に向き合う——身体的実践

さて、本章では次に、衣服や身体の作法というはっきりした意味での統一性の事例を取り上げよう。もちろん、人々は似たような衣服を身につけ似たような立ち居振る舞いをしても、まったく別々のことを考えたり信じたりできる。とはいえ少なくとも、この領域で統一が進んだことは、公の場で同じように自己表現する人々の切実な必要性に訴えるものだった。一七八〇年の時点では世界各地の最高権力者は、中国の官僚がまとった官服から、フランスの刺繍入りフロックコート、太平洋やアフリカの儀礼服に至るまで、きわめて多様な服に身を包んでいた。しかし一九一四年までに、要人の多くは、どこに住もうと公の場では西洋式の衣服を着るようになった。中国の民族主義者も新生日本の指導者も、シルクハットと黒のモーニングコートをまとった。この正装は、イギリスと北アメリカの白人社会において一九世紀初頭のキリスト教福音派の復興とともに流行したものだった。

旧貴族の男性や同時代の女性の贅沢で手の込んだ衣服とは対照的に、このまじめな正装は責任と自己規制を表していた。その採用とともに、決闘や放縦な祝宴といった慣習の廃棄が進んだ。明らかにヨーロッパ式の衣服が採用される際ばかりか、「非ヨーロッパ」的な、あるいはハイブリットな形態の衣服において統一性が増大する際にも、こうした変化が認められるようになったのは重要である。中国や日本での衣服改革運動は、官服や着物《キモノ》の裁断や着方について規範を定めようとした。ここでもまた衣服における統一性の増大は、官能的で逸脱的なあらゆる行動の阻止と並行して進んだ。たとえば、インドの改革者は、ホーリー祭〔ヒンドゥー教の春祭。羽目を外した行事が行われる〕の期間中に公の場で下品な歌を歌うのを止めさせようとした。

こうした統一性は外見上で微妙に調整された。それはもちろん、人々がさまざまな理由から個性を発揮しようとしたからである。統一性は均質化と同じではない。統一性とは、実践が少しずつ調整されて、より大まかな類似性が生み出されることである。ニュージーランドのオークランドにある国立美術館の壁から見下ろす一九世紀末の肖像画は、いまだにまだら入りの儀礼用タトゥーを見せつけるマオリ人の首長を描いているが、何人かの首長は黒のコートを着たり白の蝶ネクタイをつけている（図序-2を参照）。アメリカインディアンの偉大な戦争指導者ジェロニモ（ゴヤスレイ）の同時代の写真には、スーツをまとったうえに戦士として腕にライフルを抱えてポーズをとった彼の姿が写っている。晩年になると、彼はこのような自分の写真を売って生活費を稼いでいた。[21]

図序-1　同じような服を着る——西洋の衣服を着てシンガーミシンを使う日本女性（19 世紀の日本の版画）

軍服の様式も統一されていった（ただし内部ではさまざまに調整されたが）。日本の武士《サムライ》、オスマン帝国の宮殿を守るイェニチェリ〔皇帝直属のエリート歩兵集団〕、オーストリアの胸甲騎兵の、詰め物で脹らんだ甲冑や金属の兜は、百年が経るうちに世界じゅうのどこでも単調

図序-2　正装と個人主義――ニュージーランドのプレンティ湾地方に住むナイテランギ人の首長トミカ・テ・ムツ（ゴットフリード・リンダウア画，1880 年頃）

な戦闘用の衣服に取って代わった。その典型は、英領インド軍が「カーキ」と呼んだ茶系色の衣服である。これは、一八九九―一九〇二年の南アフリカ戦争の際、狙撃兵の放つ弾丸からイギリス兵の身を守る隠れ蓑になった。同時に、エリート男性が着たいわゆる伝統的な正装もしだいに統一されていった。エジプト、アルジェリア、マラヤの改革者たちはオスマンのフェズを被った。これは西洋の帽子を作り直したものだった。この帽子はイスラームの礼拝者にとても適しており、一体成形なので伝統的なターバンをしっかり巻く手間が省けた。

衣服の統一化傾向は労働者、農民、サバルタンの男性にはそれほど見られなかった。革命期パリの貧民の死体を研究[22]した歴史家のリチャード・コッブによると、貧民は異なる様式や時代のもろもろの服、お古、精巧な継ぎはぎの衣服を着ていた。一九〇〇年の時点でも、ほとんどの貧民はいまだに余裕がなかった。とはいえ、工場の規則、社会改革や宗教運動の影響もあって、公的な場に出る男性たちは、だんだんと地域や文化の違いを問わず相互に似た衣服を着るようになった。革靴、布製の帽子、シャツ、ズボンが、一七八〇年の時点で普及していたスカート、腰布《ドーティー》、ゆるいズボン《パジャマ》、着物《キモノ》、肌着《スモック》に取って代わり始めた。労働者としての地位を示す制服が、鉱山業で働くアフリカと南アメリカの先住民労働者の間で広まった。これとは反対に、世界のいくつかの地域、とくに太平洋地域とアフリカでは、植民者や植民地官僚が非白人は「原住民の衣服」を着たままでよいと主張して、人種としても市民としても劣ると見なされた彼らの地位にしるしをつけ始めた。たとえば、ニヤサランドにいたイギリスの植民地官僚はアフリカ人が靴を履くのに反対した。しかし、こういった法的な規制によって、古い衣服をめぐる臨機応変の慣習が無視されて、卑屈なほど従属的な統一性が押しつけられた。

エリート女性の衣服は男性と同じほどには統一されなかった。男性の改革者の多くは、女性たちのために西洋式よりも伝統的な衣服の改良を提案した。危険な過程であり危険な欲求でもある近代性は、女性よりも男性にふさわしいと見なされたのだ。女性は多くの社会で、家庭の中にとどまるよう期待された。むしろ、一七八〇年時点と比べても、男性とその仕事の世界から大きく切り離されるようになっていた。家庭という考え方そのものが、公的な統一性の産物だった。女性の衣服は相変わらず装飾的で非実用的だった。この点で、中国の纏足はヨーロッパにおけるステーやコルセットの使用に似ていた。ただし、女性たちの衣服も統一へと向かっていた。一七八〇年には、慎み深さを守るために、ベンガルからフィジーに至る世界各地の

図序-3 具体化された標準——西洋服を着たアメリカインディアン女性（北緯49線上でのイギリス陸軍工兵隊による写真，1870年頃）

女性は乳房を覆わないよう求められていた。一九一四年までに、キリスト教の宣教師と現地の道徳改革者は、乳房をあらわにするのはわいせつさを連想させると判断するに至った。これは身体的実践の逆転にほかならなかった。イスラーム世界では、女性の身体を丸ごと覆うイスラームのブルカの人気が高まっていた。今日の西洋ではしばしば中世的な蒙昧さのしるしと誤解されることもあるが、ブルカは実際は、家庭の隔離から放たれ、制限付きながら公的な仕事に就き商売に出かけることを許された女性が着る近代的な衣服だった。したがって、伝統をめぐるこのような主張にも、グローバルな規模でしだいに収斂していくしるしが見られるのである。

この統一性に向かう傾向は、流行や広告が促した場合もある。製造業の拡大、西ヨーロッパやアメリカの海外貿易の膨張に後押しされて共通の様式が広がった。しかし、国家とその担い手の行動[23]、およびあまねく見られた近代性への欲求も、これらの経済的な要請と同じくらい重要だった。統一性は工業と帝国の膨張を示すのと同様に、各個人の自我における知的変化をも示すようになっていった。たとえば、一八九四年の日本で、明治新政府は近代帝国国家の一員としての地位を主張して、役人に洋服を着て仕事をするよう命令した。アメリカ合衆国のような緩やかな統治の社会でも、地方司法システムの規則と同様、レスペクタビリティの考え方が広がり、白髪の地方判事がきちんとしたジェントルマンの上着を身につけて出廷するようになった。衣服の統一は、官僚的な手続の統一を外に向けて示すことになり、信頼性とレスペクタビリティの内なるしるしにもなった。

統一化が進むことをすべての人が歓迎したわけではなかった。論争や競合は常に統一化の過程に付きものだった。西洋人を模倣する「原住民」を西洋人は笑いものにした[24]。一方、文化的ナショナリストは、卑屈にも外国人の真似をすることに反対した。イスラーム教徒の保守派のあるオスマン人は一八八〇年代に、以下のように反対を表明した。「ヨーロッパにあるすべてのものがここで模倣できるという誤った考えは政治的伝統となった。たとえば、ロシアの軍服、ベルギーのライフル、トルコの被り物、ハンガリーの鞍、イングランドの剣、フランスの教練を同時に取り入れて、われわれはヨーロッパの醜悪なパロディーである軍隊を作ってきた[25]」。彼ならばこうも付け加えただろう。世界じゅうの人々が知るオスマンのもっとも典型的な衣装であるフェズはオーストリアで製造されており、一九〇八年のボイコットによってようやくシリアで駱駝の毛の帽子の製造が復活したというのは皮肉である、と。[26]

人類学者や社会史家は、身体に焦点を当てることで、国家の影響力、そして一九世紀を経るうちにグローバルな規範となった社会的規律の手段の影響力を跡づける。衣服の統一と並ぶもう一つの重要な身体の規律は、時間管理の実践である。すでに一七世紀後半から一八世紀にかけて、ポケットに入れる小さな時計つまり懐中時計は、ヨーロッパとその移住植民地に広がっていた。多くの労働管理の組織的実践が残酷にも創出されていた奴隷プランテーションは、主人が持つ時計の時刻にあわせて鳴るベルによって管理されていた。一七五〇年までに、一三植民地やイングランド、北ドイツ、オランダといったヨーロッパの豊かな地域にいた小規模借地農や熟練労働者には、時計を持つほどの余裕ができた。こういった携帯時計や掛け時計が示す時間が世界各地で一つになりつつあった。ロシア帝国がシベリア、次いで中国北部へと膨張する際には、現地時間を体系的に設定しておく必要があった。一九世紀が進むにつれて、非ヨーロッパの従属的な社会では、より厳密に同期化された時間管理が必要となった。電信の拡大によって、世界じゅうで時間システムの標準化が可能となり、それは、一八世紀になってもローカルな時間システムが残存していた中国やインドといった人口が多い社会でもなされた。インドや中国の沿岸都市と同様、都市の高官たちは、かつて寺院やモスクに金品を収めていた場所に大きな時計塔を建てて、市場や勤務の時間を規制し始めた。

一九〇〇年までに、人間が使う言語——もう一つの身体的実践である——も互いに似てきた。西洋の官僚、宣教師、教育学者は、可能な限り西欧の言語パターンに倣った、分かりやすい規則で組み立てられた言語を要求した。自分たちの国語を望んだ現地の政治家や教育者もそうした。たとえば、インドの新たな共通語となるヒンディー語、ウルドゥー語の構文は英語の構文に倣うようになった。クレオール語、スワヒリ語、ピジン語といった、移民、奴隷制、グローバリゼーションを反映して新たに作られた混合言語も文法書や規則集を持つようになった。世界各地で公の場に立つ人物が政治、宗教、科学における地位を確保するにつれて、公的な意見を表明する手段を必要とするようになった。政治演説や説教が、フィラデルフィアやローマから京都やフィジーに至るまで共通の形態をとった。その規範となったのは、キリスト教や西洋の説教ばかりか、預言者の人生についてのイスラーム教の説教やブッダの物語を語る木版刷りだった。

グローバルな統一性の拡大がもたらしたもう一つの結果は、命名の仕方に見られる。印刷メディアや宗教・文化の変化を求める運動が社会に広がるにつれて、人名は標準化し、命名法の地域間の差異がなくなっていった。国家は強い影響力を持っていた。課税や徴兵のために、官僚はますます人々を選び出して帳簿に記載しようと望んだためである。しかし、それは単に強制の問題にとどまらなかった。普通の男女は教区救済金や教育、移民渡航の許可を獲得するために、国家が定めた書式に従う必要があった。宗教上の信念もその役割を果たした。インド人の名前はしだいに、偉大な神ヴィシュナのさまざまな徳目、とくにその化身ないし生まれ変わりにちなんでラーマやクリシュナとつけられるようになった。アジアやアフリカのイスラーム社会では預言者とその配偶者アーイシャの名前がしだいに採用されて、イスラームの実践の標準化が教師や政府によって再三喧伝された。彼らは、メッカやメディナへの巡礼を通じてグローバルな接触が進むとますます力を入れた。奴隷制とキリスト教の福音伝道という二重の平坦化によって、ヨーロッパの「キリスト教徒」の名前（かつてたいていはユダヤ教徒の名前でもあった）が一九世紀を通じて、何百万人ものアフリカ人、アメリカインディアン、太平洋の住民に広まっていった。同じ時期には、政府や裁判所の働きかけにより、すべての者が公用目的で標準的な姓名を持つよう要請された。これには意外な結果がいくつか伴った。たとえば、スカンディナヴィア諸国では数十万人もの人々が「ヨハンセン」や「クリスチャンセン」と呼ばれることになったし、一方、ビルマでは、誕生日にちなんで命名する慣習によって人々の多くが、ビルマの曜日名と占星術における少数の宮にちなんだ名前で呼ばれることになった。

世界のさまざまな場所の人々の食も似てきた。小麦パンと牛肉は初期近代にイギリス人と北ドイツ人の標準食となっていた。この食べ物はイギリスのアメリカ植民地に、その後はオーストラリア、ニュージーランド、南アフリカに輸出された。宣教師と接触したりヨーロッパの都市に住み始めたりした現地の人々は、市場に出回っていたため、あるいは新たな主人の標準への同化を強いられたために、北西ヨーロッパの食を取り入れた。一九世紀後半に、アジアやアフリカで改革政府が権力を握るか西洋化したエリートが影響力を発揮するにつれて、食の統一への新たな圧力が出現した。日本人は、かつては仏教徒としての信仰によって禁じられていた牛肉を食べ始め、かくして「すき焼き」が誕生した。こうした肉食は、民族としての力を高めることになるし、西洋の帝国主義に対抗する支えともなると考えられたのだった。マハートマ・ガンディーも短期間ながら、肉食の思想が、帝国主義と国内の悪習によって「女々しく」なったインド人を鍛えることになると考えた（彼とその同世代の者はのちにこの思想を棄却したが）。同様にインド人はすぐさまトマト、ジャガイモ、唐辛子を食するようになった。これらはみな南北アメリカの原産で、一六―一七世紀にスペイン人やポルトガル人の征服者によって世界じゅうに広がっていた。

最後の例は、これが単にヨーロッパの食あるいは身体的実践の一方的な採用ではなかったことをさらに示唆する。帝国や商業が拡大すると、より大きな統一性に向かう傾向があった世界各地の社会が相互に結ばれていった。たとえば、一八世紀のカリブ海とアメリカの奴隷たちはアジアの白米を喰わされ、インドの綿製品を着せられるようになった。西アフリカの首長たちもまたインド亜大陸の捺染布を称賛した。こういったアジアの商業と大西洋奴隷プランテーションシステムとの結びつきは、ヨーロッパの膨張によって作り出されていた。インドの織布工とアフリカの企業家は、時代が経るにつれて商業の積極的な担い手となったのである。

一九世紀末までに、統一性は他の領域にも見られた。スポーツとレジャーである。多くの初期のスポーツにあった場当たり的でその場しのぎの性質は、秩序や規則に従うようになり、今やますます世界的な機関の認可も受けるようになった。イギリスから世界に輸出された典型的なスポーツであるサッカー、ラグビー、クリケットでさえ、戦場や工場でも同様に見られたような、身体を規律・訓練《ディシプリン》する強力な欲求の刻印を帯びていたようだ。アジアから西洋に伝わったホッケー、ポロといったスポーツでさえ、当初こそ陽気な乱戦のような形で登場したものの、その要素はなくなり秩序ある競技になった。その間、洗練されて規則に則ったフランス風の料理や食事マナー、フランス式の慇懃な外交、科学や人文学の知識における固有の序列化をめぐるドイツ的な考え方が、類似した過程をたどって世界じゅうを駆け巡った。

身体の外部に築かれたもの——交通・通信と複雑性

このように身体的実践のレベルで統一化が進み、個人のアイデンティティを示す外見がますます統一されたことは、思想レベルの変化にも反映された。経済・政治上の力が生み出した思想と言説のシステムが世界的に収斂し始めたのである。「工業と帝国の時代」とも呼ばれる一九世紀は、グローバルな交通・通信の時代でもあった。書籍の印刷が世界じゅうで行われるようになった。また、識字能力の水準がそれほど高くない社会も、印刷媒体を通じたコミュニケーションの影響を受けるようになった。必ずしもヨーロッパが先頭に立ったわけではない。一八〇〇年には、サンクトペテルブルクやウィーンよりもカルカッタで作られた出版物の数のほうが多かった。一八二八年には三一六八紙の新聞が世界じゅうで出版され、そのうちおよそ半分は英語圏で出版された。しかし早くも一八三一年に『ル・モニテール・オスマン』はロンドンの『ザ・タイムズ』に引けをとらなくなった。一九〇〇年までに新聞の総タイトル数は三万一〇二六に達し、その多くの印刷部数は数万部であった。この一九〇〇年の総数にはインドの六〇〇、アフリカの一九五、日本の一五〇が含まれていた。(28) 世界を股にかけた情報の幾何級数的な膨張は、人々が新聞をせがみ、借り、盗みまでしたことを想起すれば、よく理解できる。識字能力のない人々に紙面を読み上げていた社会があったし、写字生が手書きで何部も紙面を書き写した社会もあった。

一八六三年のヨーロッパ・アジア間海底ケーブルと一八六六年の二本の大西洋海底ケーブルの開通を受けて、電信が国際システムになった。鉄道、汽船、のちの電話によって交通・通信の速度に革命が起きた。アジアやアフリカにおいて印刷以前・電信以前の通信がきわめて洗練されていたことを否定するのは間違いとなろう。とはいえ、これまでにないほど膨大なメッセージがやりとりされるようになると、共通の思想が比類のないほど広まるようになった。フランス革命とその後の諸戦争の産物である近代ナショナリズムも、一八五〇年以後の一世代で「グローバル化」された。アイルランド、インド、エジプト、中国のナショナリストたちは電信を使って意思疎通し、パリ、東京、ロンドン、サンフランシスコ、上海で会合した。科学や医学の思想も同じ速度で世界を駆け巡った。

もちろんこうした主張は過度に推し進めるべきではない。詳細に調べていくと分かってくるのは、形式が似てきて双方向の翻訳も可能になっていくことはむしろ、本来あった重要な差異をしばしば覆い隠しただけだったということである。したがって、統一の動きが強まっても、それは均質化をめざす全能の力になるというよりも、結果としてはむしろ異議をもたらしたり、部分的にとどまったり、不確実になったりした。アメリカでもヨーロッパでも、「自由」の概念を信奉しきわめて類似した思想を唱えていた党派が優勢だったが、一八八〇年になってもアメリカ人のいう「自由」はヨーロッパ人のいう「自由」とはかなり異なっていた。イスラーム教とヒンドゥー教では、宗教的統一性とは、キリスト教の各教会が求めていた教義上の統一性というよりも、共通の宗教儀式のことだった。それでもやはり私が示唆したいのは、イスラーム教とヒンドゥー教は、一七八〇年におけるよりも一九一四年の方がキリスト教に似ているということである。たとえ、これらの「信仰」が今や相互にたやすく見分けがつくようになったという理由からだけであっても、そうなのである。この間の一八九三年に世界の「宗教」の代表者たちは、シカゴで開催された有名な万国宗教会議に集まって対話した。そこで彼らが話し合った内容よりもおそらく重要なのは、かつては道理、シャーマニズム的な実践、儀式、古来の真理の束だった諸伝統が、今や独自の関心領域や統一的な特徴を持つような「宗教」として公的に位置づけられたという事実の方だった。

本書の全体を貫く第二の大きなテーマは、こうした外見上の統一に向かう傾向の内部で、世界の諸社会において内的な複雑化が進行していったことである。こういった機能の複雑性は、旧秩序における局地的な文化的多様性とはまったく異なるものである。一九世紀末までにたいていの大規模な社会には、独自な形態の訓練や結束の儀式を伴った専門職など諸々の職業が広く見られるようになった。この種の団体は今や、血縁や婚姻による結束よりもはるかに社会の「機能」を果たすようになっていた。行政は、一七八〇年であれば中国とヨーロッパの一部以外の世界ではほとんど見られなかったような仕方で、軍事的な武勇から切り離されていた。兵士がいまだに大きな影響力を保持していた中東イスラーム地域の社会ですら、旧社会の二大権威であった軍人と宗教者の間に立つ文官の一団が作られた。明確な法曹の専門職がほとんどの植民地、中国の居留地や日本に出現した。そこでは一世紀前には、法的な議論は、宗教機関の者あるいは各一族に個別に雇われたさまざまな仲介者によってなされていた。また、医療システムも記録され、定式化されていった。アジア、北アフリカ、中東の伝統的な医療においても、独自の医学校があり資格をもつ医師がいた。世界は、一連の相互に関連するものの別々の専門知識によってますます統制されるようになったのである。

経済生活の領域では経営者、会計士、保険業者などの専門家集団があらゆる大都市の中心部に誕生した。経営は所有権や市場取引からは大きく切り離された。一七八〇年にはロンドン、パリ、アムステルダムに限定されていた金融投資家の特殊な階級が、上海、テヘラン、長崎といった都市に誕生した。普通の人々にとっては、仕事自体が専門化していた。工業化途上の世界の大都市で生活して働く者たちにおいては、農業の季節労働と都市労働との千年来のつながりは失われた。実際、ある種の国際的な階級構造が生まれつつあった。こうした専門化が進むと、逆説的なことに統一性の印象が強まった。さまざまな社会での支配者集団、専門職、やがては労働者階級も、ますます同じように見えるようになり、類似した種類の圧力に屈し、類似した欲求にこだわり始めた。繰り返しになるが、収斂、統一性、類似性というのはすべての人々が同じように考えて行動するようになったことを意味しない。とはいえ、人々はたとえ国民国家から深く影響を受けていたとしても、少なくとも国民国家の境界を越えた共通の関心を受け止めて表現できた。

以上の大まかな傾向の見取り図を示すために、本書は一八世紀半ばの世界を基点とする。その世界が静態的あるいは局地的だったと主張するつもりはない。その反対に、変化とグローバリゼーションに向かう強力な力が何世紀にもわたって人間社会に作用してきていた。この時代は、人々が後に自身の時代と明確に区別したがために、旧体制の世界ないし初期の社会組織の時代とされるにすぎなかった。しかし、後世の歴史家と同様に同時代の人々がはっきりと気づいていたように、上述した変化に向かう力が劇的に速度を上げ始めたのは、この時代からであった。次の第1章では、一八世紀半ばの政治・経済の仕組みを広い視野から考察してみよう。第2章ではさらに進んで、いかにして世界じゅうの物質的生活や政治的生活における発展が、一七八〇―一八二〇年の世界的危機が始まる以前の生活パターンを揺るがし始めたかを提示したい。

第Ⅰ部　旧体制の終焉

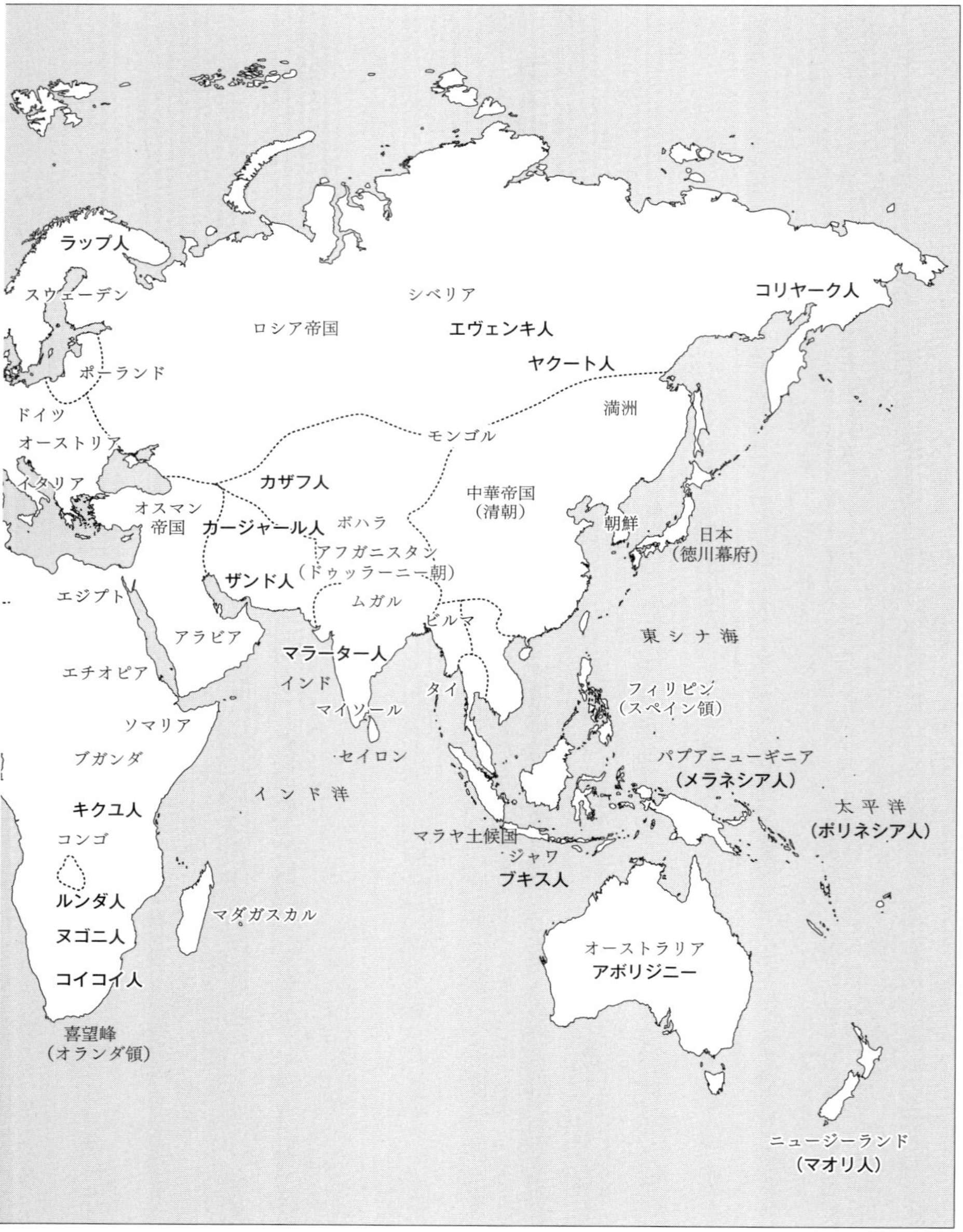
ラップ人
スウェーデン
シベリア
コリヤーク人
ロシア帝国
エヴェンキ人
ヤクート人
ポーランド
ドイツ
満洲
オーストリア
モンゴル
イタリア
カザフ人
オスマン
帝国
中華帝国
（清朝）
カージャール人
ボハラ
朝鮮
日本
（徳川幕府）
アフガニスタン
（ドゥッラーニー朝）
ザンド人
エジプト
ムガル
ビルマ
アラビア
東シナ海
マラーター人
エチオピア
インド
タイ
フィリピン
（スペイン領）
マイソール
ソマリア
ブガンダ
セイロン
パプアニューギニア
（メラネシア人）
インド洋
キクユ人
太平洋
（ポリネシア人）
コンゴ
マラヤ土侯国
ジャワ
ブキス人
ルンダ人
マダガスカル
ヌゴニ人
オーストラリア
アボリジニー
コイコイ人
喜望峰
（オランダ領）
ニュージーランド
（マオリ人）
の世界（1750年頃）

アラスカ
（ロシア領）
イヌイット
イヌイット
クリー族
ショショーニ族
ケベック
（フランス領）
オジブワ族
スー族
ニューファンドランド
（イギリス領）
イギリス
フランス
13 植民地
（イギリス領）
スペイン
アパッチ族
フロリダ
（イギリス領）
モロッコ
ニュースペイン
大西洋
カリブ海
セネガンビア
ハウザ
カリブ族
アシャンティ人
ニューグラナダ
（スペイン領）
ブラジル
（ポルトガル領）
ペルー
（スペイン領）
太平洋
リオデラプラタ
（スペイン領）
チリ
（スペイン領）
マプチェ族

地図 1-1　旧体制下

第1章　旧体制と「初期グローバリゼーション」

一八世紀の世界では、政治的権力と宗教・文化的権威がきわめて多様化して複雑に結びついていた。それに対して、経済は比較的単純であり、主に農業に支配され、いまだ季節によって左右されていた。以下の四つの章では、政治・文化的統一性への世界的な移行がわずか三世代でいかにして、なぜ起きたのか、またそれはどのようにして生じたのかを説明してみたい。その移行に際しては、より複雑で明らかに近代的な社会・経済的パターンが付随して現れていた。これらの章では、世界を股にかけたヨーロッパの支配の興隆をとくに重視するが、同時にこういった共通の近代性――しかも激しい競合を伴う――への転換には多中心的な起源が存在していたことも認める。本章では、一八世紀初頭から半ばにおける世界のイデオロギーや政治組織のいくつかの側面を考察していく。

小作農と領主

一七五〇年に人類の大多数はいまだ、歴史家が「農業帝国」と呼ぶ領域に住んでいた。農業帝国とは主に、小作農生産者が生み出した余剰生産物を搾取することで存続した、複雑な民族構成を持つ広大な国家であった。厳密にいうと、小作農《ペザンツ》とは、小区画の土地をたいていは家族労働によって耕作する農業家を指す。社会序列上、小作農の上に位置したのは地方エリートであり、彼らはしばしば自ら土地を耕すこともあったが、他の小作農から地代もとった。「小作農プロパー」の下には土地を持たない労働者がおり、彼らは小作農ないし地方の支配集団の土地で賃金や農作物の一部を求めて働いた。しかし、文化的には、地方領主、地域の商工業者、農業労働者はすべて「小作農プロパー」と密接に結びついていたし、おしなべて類似した価値観に染まっていた。

清朝の中国、ムガル帝国のインド、徳川幕府の日本、サファヴィー朝のイラン、ジャワ、オスマン帝国、ロシア帝国、ハプスブルク君主国といった農業帝国をすべて合わせると、少なくとも世界人口の七〇％を占めたにちがいない。中南米のスペイン王室領の大部分は、いまだにアメリカ先住民の小作農の末裔によって耕作されていた。定期的に農作物を育てていた社会はアフリカ全域に散在し、遊牧民や森林居住者と複雑な関係を結んでいた。広義の小作農は全人口の八〇％に達していたにちがいないが、初期資本主義的な商業の中心地の出現により、都市人口が全体の二〇％以上に押し上げられた地域もあったかもしれない。これはたとえば北西ヨーロッパの各地、中国の沿海部と河岸部、日本の沿岸部に当てはまるだろう。

これらの旧政体の政治・宗教的秩序は、程度の差こそあれ、断片化され複雑なままだった。しかし、旧政体を維持した社会や経済は、初期の工業化や国家の成長を経験していた一九世紀後半の社会や経済よりも比較的単純だった。その領域内に住んでいた人々はたいてい小作農や農業労働者、あるいは農産物に依存していた土地所有者および商人であったため、何千年間も同じように、収穫の質によって日常生活が左右されていたからである。西欧・南欧の多くの小作農＝借地農は、アジアやアフリカの小作農と比べてもとうてい豊かではなかったし、たちどころに豊かな食事を入手できたわけでもなかった。ジョン・コムロスは、中央ヨーロッパの多くが一八世紀を通じて栄養危機に苦しんだことを説得的に論じている。(1) 文化的に洗練されたフランスでさえ、一八世紀を通じて起きた一連の生存危機に悩まされた。たいていのアジアやアフリカの社会、そして多くのヨーロッパの社会は、約二〇年ごとの食糧難や飢饉に翻弄された。こういった食糧難は、戦争や外国からの侵略、ステップや砂漠から襲ってくる旧式の遊牧民騎兵とヨーロッパ式の軍隊の両方によってさらに深刻化した。

とはいえ、もっとも広く解釈された場合のみ、小作農は世界的な一つのカテゴリーとなった。たしかに、さまざまな社会における領主と小作農の生活様式には、相互に家族的類似性があったが、細部では顕著な差異が多く見られた。この差異は、彼らが栽培したさまざまな種類の主要農作物によってある程度左右された。たとえば、中国南部、東南アジア、インドの河川流域といった米作地帯では、田畑に水を引く灌漑システムを維持するために、地域の共同体による甚大な労力が必要とされた。集約的な米作地帯の特徴は、膨大な数の雇用労働者として、極貧の従属的な小作農を養っていたことである。彼らは雑草を取り除き、掘り割りを巡らすのに必要だった。これとは対照的に、西ヨーロッパとそのアメリカ植民地の多くと並んで、華北、インド北部、中東は、乾燥穀物や牧畜の地帯であり、人口密度が低かった。ここでは借地農はしばしば独立していたが、灌漑もなく市場への出入りもできず金貸しや他の有力者に負債を抱えていたために貧しくもあった。この両極の間には地域によって無数の組み合わせがあり、農業の形態は、作物の特殊な混合比、あるいは個々の地域の環境や農業、畜産、周囲の牧畜民の間の均衡状態によって左右された。小作農が同じ種類の作物を耕作した地帯同士でも、社会形態は大きく異なった。宗教制度や政治エリートの組織のありようが、内部で発展を遂げていた複雑な形態の土地保有や従属関係に影響を及ぼした。その上、小作農は、たいていの場合、臨時雇いの職人、荷物担ぎ、兵士でもあり、初期の社会科学者が考えていたような土地に縛られていた人々ではなかった。したがって、一九世紀末に農業の機械化や科学的な作物栄養法が出現するまでは、小作農と領主が生活を営み相互関係を結んでいた方法には細かな差異があった。

小作農は、その時代の教養人が考えたような「無骨者」ではなかった。とはいえ反対に、多くの寛大な文人たちが一八世紀末に主張し始めていたような、汚れなき理想郷にいる魅力的な住民でもなかった。また、多くのラディカルな現代の歴史家たちが主張したがるように、地主や国家に絶えず抗って争いをしかけていたわけでもなかった。もちろん、小作農による暴力的な決死の蜂起もあったし、一八世紀後半にはそれが繰り返された。しかし、これらの反乱は、地方の人々が本来的に抵抗や暴力への志向を持っていたというよりも、通常は、彼らが被った虐待や課税が積み重なり絶望寸前まで達していたことの表れだったと言えよう。実際、小作農共同体は構成員の行動や外部の者のごまかし行為に対しては強い道徳観念を持っていた。とはいえ、たいていの小作農家族はすぐれた企業家であり、より多くの土地、金銭、名誉を欲しがった。与えられた機会を最大限に活用しようともしていた。これによって、政治秩序や経済状況に恵まれれば、いつでもどこでも抜け目のない才能が存分に発揮されることになった。世界の多くの地域、とくに東欧・南欧および日本では、小作農の巨大な発展可能性が解き放たれようとしていたし、新世界に移住した小作農は一九世紀の大きな経済的活力を担おうとしていた。

一般に旧秩序の社会ヒエラルキーも、たいていの論者が信じていた以上に柔軟だった。旧体制は地位に縛られていたが、それらも厳格ではなかった。これは、一八世紀のヨーロッパ人が慣習と保守主義の不変の王国と見なしていた中国、インド、日本、中東にすら当てはまる。中流層からの新参者どころか豊かな小作農家族も、たいていの社会では一、二世代かけて、高位の官職に進出し、土地と特権を確保できたし、現にそうした。貧しい小作農や低い地位の人々が権力の座に登った事例すらあった。しかしヒエラルキー自体は比較的単純で、小作農、商人、地主、貴族からなっていた。専門職が現れ始めていた社会があったにしても、いまだ組織化されておらず、どうしても世襲化する傾向があった。成長途上の大陸間貿易を牛耳ったアジアと西ヨーロッパの特殊な職人集団でさえ、いまだに中小の支配者による保護や収穫の具合に大きく左右されていたのである。

差異の政治学

一九六〇年代にマーシャル・ホジソン[2]を中心とする何人かの歴史家は、初期近代のイスラーム帝国、すなわち中東、インド、東南アジアの「火薬の帝国」について書き始めた。このカテゴリーをさらに拡大して、中国の清朝（一六四四年頃―一九一一年）がオスマン帝国（一三二六年頃―一九二二年）、サファヴィー朝（一五〇一年頃―一七三六年）、ムガル帝国（一五二六―一八五八年）とかなりよく似た進化を遂げたと説く著者もいた。これらの帝国の皇帝はすべて、「大汗」、遊牧民の長、馬上の射手、コサックの兵士といった地位から、広大な農業地帯を司る冷静な啓蒙皇帝に転身した者たちであった[3]。ロシアの皇帝、ある視点からはオーストリアのハプスブルク家も、同様な展開のキリスト教版だったとさえ示唆された。宮廷の誇示や支配の「表象」を研究する歴史家たちも、ルイ一四世、中国の乾隆帝（在位一七三六―九九年）、ロシアのピョートル大帝それぞれの宮廷イデオロギーと儀式の間の興味深い類似性をたどっている[4]。

このようなユーラシアとアフリカ北部・西部の多くの政治体制間で見られた広範な「家族的類似性」は、たしかに念頭においておく必要がある。というのもこれらの政体は、境界のある国民国家や分割された植民地領からなる世界――その後百年以上にわたり支配的となる――とは著しく対照的だったからである。しかし、近年の研究のほとんどは旧体制間の差異を強調する傾向がある。農業帝国の内部、また西ヨーロッパの商業が盛んな地域ですら、きわめて多様な政治・イデオロギー的形態があり、その多くは次の百年の間に差異がなくされるか一律に統一されていった。たとえば、次の百年で新たな国家となったイタリアとドイツの二国は、それぞれある程度の文化・言語的統一性を示していたが、多くの王国、大公領、教皇領、（ドイツの場合は）弱体化した領邦に分割されていた。

人々は、ヴェルサイユ宮殿の日常に象徴されるような革命以前の旧体制のフランスを、高位の王室官僚が地方社会に常に干渉した、集権的で横暴な国家であると考えるのに慣れている。同様に、中国の清朝やインドのムガル帝国については、初期近代ヨーロッパが作り出した「東洋的専制主義」という見方がつきまとっている。これらの皇帝や国王が日常的に意図して干渉した社会・経済的規制は実際にあったし、こういった事例は無視されてはならない。たとえば、ウィリアム・バイク[5]が示したように、一八世紀のフランス君主政は、地中海に面した南部においてすら課税収入を効果的に徴収していた。パリ周辺や北東部フランスではさらに効を奏した。一九世紀以前のヨーロッパでは、君主は道路、港湾、郵便制度に対してしばしば特別な税を課していた。オスマン帝国のイスタンブルから千マイル圏内の西アナトリア、北シリア、バルカン半島の諸地域は[6]、サファヴィー朝イランやムガル帝国インドと比べるともちろんのこと、エジプトやオスマン帝国のアラブ地域と比較してもかなり厳しい支配下にあった[7]。

ペルシアや南アジアでさえ、イスラーム教徒の皇帝たちは、領地の半乾燥地帯に水を引く運河システムの維持に直接責任を持った。同様に中国でも、皇帝は黄河の灌漑システムを直接運営し、南京の北を流れる大運河〔京杭大運河〕――帝国の中枢に穀物を供給した――を維持した[8]。ヨーロッパの論者の中にはこのような例を念頭において、これらの政治システムは、水の供給に権力の集中を必要とする「水力社会」の事例であるという考えを発展させた者もいた。直接の管理下にある広大な王領地もこれらの王国の特徴であり、その結果としてイスラーム世界とアラブ地域では、しばしば王領地、ハーリセ〔課税されない「純粋の土地」〕と、公式支配が緩やかな地帯とが区別された。中国では、満洲八旗の土地と皇室狩猟地は同等の地位にあった[9]。アフリカでも、いくつかの前植民地期の国家は集権的な機能をもっていた。西アフリカのアシャンティ王国（現在のガーナにあった）はとくに一種の官僚制、国営の交易組織、共通の法典を発展させた[10]。その支配者は交通・通信システムを周到に維持し、かなりはっきりと自国の境界を引こうとしていた。

とはいえ、こういった事例は通説を強化することにしかならない。通説とは、旧帝国の中枢や官僚たちが社会・経済活動に干渉するのは、特定の事例やかなり特殊な地域に限られていたという見方である。旧国家は一様に「弱かった」というのは当てはまらず、むしろ特定の任務に限って道徳・物理的な権威を維持していたと言えよう。たとえば、世界じゅうの灌漑システムや道路の過半数はおそらく、地域の共同体ないし有力者によって維持された。王室の特権や権力が複雑に絡み合っていた地域では、しばしばそれが解体される傾向があり、他の君主や貴族の世襲財産として取り込まれた。国王や皇帝はしばしば、資金調達のためとあれば最高入札者に自分たちの権利を「下請けに出す」のが有利だし、都合がよいと見なした。財政が中央集権化されていたフランスでさえ、国家は反抗的な小作農から搾り取ったものの多くを「請負に出された地域」の徴税請負人や特権を持つ有力者に手渡していた。ヨーロッパ各地においてしばしば地方の反乱の根源にあったのは、国王による課税というより、こういった徴税請負人によって課された追徴課税に対する不満であった。新世界のスペイン領では、王室による権力の集権化を目指す一連の試みは、地方総督や市長の頑強な抵抗に遭った。彼らは、自由市場を通してというより物財の競売処分やインディヘナ先住民小作農の労働力調達を通して資金を作っていたのである。スペイン人官僚が名付けたこの「専制的乱用」によって無数の地域で反乱が引き起こされたのも驚きではない[11]。

アジアでも類似した状況が生じていた。中国では一八〇〇年までに、帝国の穀倉地帯、大運河や黄河の堤防システムが荒廃してきた[12]。帝国の他の施設も倒壊しかけていた。当初、皇帝はある地域での権力を強化するために、他の地域での権力を進んで放棄していた。だが結局のところ、帝国の機能の衰退は体制の正当性を危うくした。西アフリカのアシャンティ王国をめぐる最近の研究でも、こういった熱烈な中央集権化志向の権力は地方の封建家臣や親族集団からの厳しい制限を受けたことが明らかになっている。そこでは平民が、支配者の利益に逆らって——また支配者の利益のためではなく——世界市場との接触を進めた。

したがって、これらすべての国家における統治に関しては、しばしばちょっとした光による錯覚で見た目と実際の姿は違っていた。国家権力は一定の領土内で断固として力を振るうが、それが有力者や地方の共同体に拡散してしまわないように絶えざる警戒が必要とされた。有力者や共同体以外のところでも、国家権力は不完全で不確かなままだった。広大な領域にわたって周到に行使されることもなかった。支配者は、軍事力の迅速な動員は困難と見ていた。偉大な国王たちが壮麗さを誇示したアジアのモンスーン地帯では、毎年恒例のように道路が通れなくなると、きまって戦争は停戦に、徴税は停止に追い込まれた。国家は少人数の官僚しか配置できず、特別な訴訟にしか国王裁判権を行使できなかった。一般に支配者は、広大な領地内に誰が何人住み、どのような言語を話し、どんな宗教儀式を行っているのかについてようやく調べ始めたばかりだった。ヨーロッパでは、宗教的迫害の歴史があるために、多くの体制は「人の魂を観察する窓口を設けること」をためらっていた。イスラーム社会とアジアの社会では、信仰の統一性ではなく皇帝崇拝の優越性が広範に認められることが必要とされていた。したがって、どの地域でも国家と帝国権力の全装置は、長期的には、地方のエリートないし自治共同体を吸収して栄誉を与えることにかかっていた。支配者は、地方の政治形態や宗教的信念を受け入れ、それを最大限に活用しなければならなかったし、地方の側の創意工夫に委ねなければならなかった。

吸収や取り込みの手段はさまざまに及んだ。数ある手段のうち両極端の二つは、一九世紀の社会理論家、とくにドイツの社会学者マックス・ヴェーバーによって分析された。一方は、軍事貴族によるやり方である。この場合、偉大な戦士の名家や土地の管理者が、上級の支配者に忠誠を誓い、征服戦争や防衛戦争に資源と人員を直接間接に供給するならば、その一家は領域内での有効な支配権を認められた。これは、たとえば、オーストリア゠ハンガリー帝国のハンガリー貴族におおかた当てはまる。デリーのムガル皇帝に忠誠を誓う地方の王侯貴族によって管理されていた、北西インド地域のラージャスターンも、ある点で似ていなくもない。他方は、旧式の官僚制である。中国には、血縁や帝国の学校を通じて儒教の古典教育を受けた文官の精巧なヒエラルキーがあり、彼らはその後、遠隔地に派遣されて、土地の再分配を通じて秩序を構築したり富をなしたりした。彼らは初期官僚制の理念型を体現している。聖ルイ［ルイ九世］の王冠のために中世以来戦っていた偉大な家系を出自とする帯剣貴族がいたフランスは、明らかにその対極にある。しかし、実際には軍事貴族には文書と情報の管理者が必要だったし、一方、官僚システムにおいても官僚たちは地方レベルでの土地管理者としての権力を強化していた。したがって、統治に識字能力と倹約を必要とした社会であるフランスには法服貴族がいた。つまり、低い身分の商業階級や弁護士を出自とする文官の貴族である。これと対照的に中国では、一七世紀半ばに清朝の権力が盤石になると、地税の永代固定化を許可しなければならなかった。このことは、官僚に採用された士大夫の家系がさらに土地所有や地元における商業特権を拡大させていて、地主階級どころか商人階級としても独り立ちしつつあったことを意味した。〔商業活動をしない〕単なる士大夫は地方の状況に左右された。ヴェトナム国家の辺境では、中国風の高級官僚が危険な境界地域を安定化させるために少数民族集団のタイー人と多くの婚姻関係を結んだ。したがって、はっきりした理念型としての官僚、戦士＝土地保有者、宗教者は、実際は相互に融合して複雑な様相を呈していた。

　以上のように、もっとも強大な農業帝国の皇帝でさえ、権利、特権、地方の自律性、「同族社会」――過去から受け継がれていたか、皇帝あるいは国王として政治的な結束を図る行為自体を通して作られていた――がごちゃ混ぜになったものと折り合いをつけ続けた。ウィリアム・ドイルの言葉では、ヨーロッパの多くですら「旧体制の現実は諸権力が入り組んだ混迷状態であり、不均等な権限の永劫の重なり合いであった。その中にあって国王は挑戦しがたい権威を押しつけるどころか、多くの多様なレベルで臣民と常に交渉していた[13]」。一八世紀後半になっても、フランスの絶対君主（とされる）の権威は、上訴を審理する権限をもつ地方高等法院や課税権を与えられた「身分」によって制限されていた。ロシアは「ヨーロッパ」での極端なケースであり、そこでは皇帝の理論上の絶対権力が実際は制限されていた。一七六三年にロシア政府は一万六五〇〇人の官僚を配置していたが、プロイセン（ロシアの領土の一％の大きさしかない）は一四〇〇人を配置していた[14]。したがって、ロシアの地主は西ヨーロッパの規模での封建的特権をまったく構築していなかったという事実があるにもかかわらず、その広大な帝国を効果的に支配したのである。これもまた単に弱さの問題ではなかった。君主は、自身の政治的な目的を達成するために、その権力や権限の手段をときどき戦略的に使うことができた。ロシア皇帝は、望むならばすさまじく恣意的な権力を行使できた。しかし、こういった排他的な権限を行使してしまうのは必ずしも支配者の利益にならなかった。たとえば、イングランド国王とその廷臣たちはアイルランドの分離した地位とそのパトロネジを、イングランド、スコットランド、アイルランドからなる三王国をまたいだ政治を円滑に進めるのに使える材料と見なした。

　歴史家がたびたび注目した旧体制の特徴の一つは「発展の循環」——相対的な集権化の後には脱集権化が続き、次いで再集権化の試みがなされる——の傾向を見られたことであった。場合によっては、「帝国の過剰拡大」〔ポール・ケネディの用語で、帝国が軍事・経済的介入を広げて維持する能力を超えて拡大すること〕が一八世紀にすでにあまりにもくっきりと姿を現しており、今をときめく国王や皇帝も征服期に獲得した権力のほとんどを譲っていた。イスタンブルのオスマンの支配者たちは、一七〇〇年までにエジプト、シリア、レバノン山地、北アフリカの有力なアーヤーン（地方名士）に命令を下すのを断念したが、帝国の中心部における支配力は強いままだった。一七二〇年までインドのムガル皇帝は、強大なヒンドゥー教徒、イスラーム教徒、シク教徒の臣民——デリーからは遠方の拡大中の諸王国に分布していた——からの、減少するばかりの収入と敬意を当てにすることしかできなかった。オーストリアのハプスブルク帝国は「それぞれが強力な個性に深く根ざしていた個別の領域単位の集合体」だった[15]。そこでは、中位から下のレベルでのほとんどすべての権威は、遅くとも一八世紀半ばまでは地主貴族、教会、半自立的な都市によって行使された。一九世紀のドイツの国家建設者は、ドイツ帝国やオーストリア＝ハンガリー帝国の脱集権的で重複する権力像を厄介なもの、ほとんど馬鹿げたものに等しいと見なすようになった。

　旧国家内のイデオロギーの力も政治力と同様、分断されて複雑化し、しばしば政治力と結びついていた。中華帝国は単純な「仏教」や「儒教」の領域どころか「道教」の領域ですらなく、宇宙論的な魂の帝国だった。清の皇帝は、ステップを急襲した祖先が行っていたように、チベットのダライ・ラマやパンチェン・ラマ、モンゴルのシャーマニズムの聖者の持つ精神的な力との緊密な関係を維持していた。これもまた、必ずしも権力のイデオロギー上の「弱さ」と見なしてはならない。その反対に、偉大な王朝はこういった差異をたびたび推進したという実

図 1-1　差異を愛でる——軍隊を閲兵する乾隆帝（ジュゼッペ・カスティリオーネ画）

例が立証されている。中国史家のパメラ・クロスリーが論じるところによると、清朝後期の支配は、個々の民族集団を育成することによって行われ、各集団の指導者はしばしば各宗派の統領でもあったという[16]。清朝とくに乾隆帝治下の帝国イデオロギーによって、皇帝は超越的で公正な任務を担う者に押し上げられた。彼の偉大さは、モンゴル人や満洲人の大汗として、かつ漢民族の儒教的な指導者としてのその普遍的な君主政に映し出された（図1-1を参照）。

類似した議論はオスマン朝に関してもなされている。スルタンはオスマンのハーンであり、「ローマ皇帝」であり、後のカリフ、すなわち預言者の後継者であり、アレクサンドロス風の大王であった[17]。イスラーム教徒の指導者としてスルタンは他の信仰の統領にはなれなかったが、ユダヤ教、ドルーズ派〔イスラーム系の宗教共同体〕、キリスト教の施設の保護者でもあった。イスラーム教徒のムガル皇帝は、聖なる預言者を継承した地上における神の摂政として、デリーの居城「赤い城」の城壁の下を流れるジャムナ川に集まるヒンドゥー教の裸の聖者たちに、きまって慈悲深い視線を投げかけていた。彼らがヒンドゥー「多神教」の具現化そのものだったという事実にもかかわらず、そうしたのである。「ラージプート人」[18]、「ムガル人」、「トルコ人」、ペルシア人といったかつては変わりやすかった社会カテゴリーがしっかり固定化されたのは、皇帝の軍隊の内部においてであった。いくつかの場合では、地方の宗教的で「民族的」な共同体が帝国のイデオロギーや政策をはねつけるだけの強さを有していたことに、いささかの疑念もなかった。しかし、これらの事例が想起させるのは、旧体制が、一九世紀の多くの国民国家や帝国とはきわめて異なる理念と文化的目的を持っていたことである。旧体制は複雑性と差異を作り出すことに一役買ったばかりか、複雑性と差異に喜びを感じてさえいた。

宗教が国家のアイデンティティとすでに緊密に結びついていた、キリスト教圏のヨーロッパでさえ、支配者は異なる宗教集団に対するパトロネジによって権力を示そうとした。ピョートル大帝の後、ロシアの君主たちは自らを、ヨーロッパ啓蒙的理性の具現者にして東方正教会の神聖なる王、かつしだいに増え続けるモンゴル人とイスラーム教徒の臣民に対する大汗であると称していた。彼らは、東方正教会内の頑固な旧信仰者たちと、さらには一八〇〇年までは、ポーランド人やリトアニア人のカトリック教徒や中央アジアのイスラーム教徒と折り合いをつけなければならなかった。オーストリアとドイツのラントでは、多様な信仰に対する「寛容」が一六四八年のウェストファリア講和条約までに法制化されていた。オーストリアの東側の国境地帯では、ウィーンが東方正教会やユダヤ人共同体を支配した。ハプスブルク君主たちは、好むと好まざるとにかかわらず、カトリック教徒、プロテスタント、東方正教会や東方帰一教会のキリスト教徒、ユダヤ教徒、若干のイスラーム教徒のはぐれ者すら囲い込んでおかなければならなかった。

西ヨーロッパや南ヨーロッパのカトリックの国王たちと教皇との関係は、引き続き複雑で警戒する必要があった。アルプス山脈の向こう側のローマ司教〔教皇〕は、いわゆる啓蒙専制主義が最高潮に達したときのフランスの王権の力ですらもかわすことができた。ローマ・カトリック教徒が多くの公職から締め出されていたイギリスでさえ、君主はイングランドの国教会の首長であり、かつスコットランドの長老派教会の首長であった。ただし、それぞれの聖職者は異なる教義、それも相互に対立する教義を表明していた。一八一五年までに、イングランド国王はケベックとマルタのローマ・カトリック教徒、ギリシア諸島の正教会キリスト教徒、そして南アジアや東南アジア

図 1-2　多民族の帝国――ペルシアの将軍アリー・マルーダン・カーンを歓迎するシャー・ジャハーン皇帝（ムガル帝国のミニアチュール）

のヒンドゥー教徒、イスラーム教徒、仏教徒を支配した。

こういった一七世紀から一八世紀にかけてのグローバルな「旧秩序」のどの特徴を見ても、二〇世紀初頭までに起きることになる転換が持つ重要性が浮かび上がってくる。国家、ネーション、「少数民族」、科学、専門職といった考え方が、この転換に先立つ世界――流動的でイデオロギー上は錯綜していても経済的には単純な世界――から出現したか、あるいはそこに押しつけられようとしていたのである。

国家辺境の支配権

一八世紀のほとんどの農業の中心地には、強大な独立土地管理者や有力な官僚が多く居住し自由交易都市が栄えていた一方で、その周辺の境界地域はおしなべて国境が定まらず浸入されやすかった。体制がもっとも永らえたのは、領域外から有能な兵士や官僚を取り込んだ場合だった。現在のアルバニアやルーマニア出身の人々はオスマン帝国内で支配者となり、一八〇二年になってエジプトに新たな王朝を築いた。アルメニア王家は現在のイラクあたりで支配者となった。中華帝国の大部分は満洲人が支配する領域だったが、万里の長城からはるか遠くにあるモンゴル、ウイグル、チベットの諸部族の有力者を支配者集団に組み入れ続けた。[19] 乾隆帝は、辺境の指揮官と意思疎通をはかろうとウイグル語を学んだといわれる。コサック騎兵と「開拓者」農民は、ようやくロシア帝国の信頼に足る道具とされつつあった。しかし、帝国中心部にいた多くの貴族たちは、旧モスクワ大公国の敵対者でその後、ロシアの拡大によって組み込まれたテュルク語系民族ないしモンゴル民族に起源を持つ家系であった。

国境の外から来た有能で物おじしない少数の者たちは、官僚集団として定着した。バルト海のドイツ人はロシアで支配者となった。ハノーヴァー王家のドイツ人はイングランドで支配者となり、そこでスコットランド人やアイルランド人に加わり軍事を統轄した。彼らの父や祖父の中には、カトリックや、かつてイングランドに敵対した「部族」だった者もいた。本書でこれから見るように、多くのヨーロッパ社会、非ヨーロッパ社会において、愛国的な誇示や感情の盛り上がりがあったとしたら、それは外部の者に支配されていたためともいえるのである。インドの人々は「地元民」（デシス）と「外国人」（ビデシス）、さらに「パルデシス」と呼ばれた「曖昧模糊とした国境の外側から来た（と聞く）外部の者」との間に区別を設けていた。一七八〇年の世界の多くはこのような「パルデシス」によって支配されていた。

図 1-3　かつら姿の神聖ローマ皇帝――神聖ローマ皇帝カール6世（ニーダーエスターライヒ州のラクセンブルク宮殿にある立像，マティアス・ベルンハルト・ブラウン作）

大帝国の多くは、対外貿易を管理しそこから「分け前にあずかっていた」多様な商業都市、海洋貿易会社、海運国家と共生的に競合して存立した。私掠行為は大西洋や東洋の海でいまだ盛んだった。地中海では、マルタの聖ヨハネ騎士団からアルジェの太守《ベイ》、ヴェネツィア共和国に至るまでの種々雑多な集団からなる船舶所有者権力が覇権を握っていた。東洋の海域では、マスカットやオマーンの貿易業者がアフリカやインドの沿岸を巡航した一方で、東南アジアの港の支配者や船舶所有者からなる巨大な集団となっていたブギス人が、バタヴィアの「オランダ人」やその混血の子孫たちと貿易の管理権をめぐって争っていた[20]。これまでの研究は、農業帝国においても商人や地方のジェントリからなる強大な団体が沿岸都市――帝国の官僚や兵士によって公式に支配されていた――を効果的に管理していたことを明らかにしている。一六世紀以後の皇帝たちが、国営の貿易会社によって直接管理されていなかった場合に中国との海上貿易を差し止めようとしたのは、この種の自治集団の浸出、また「銀の王」や強欲商人の台頭を避けるためだった[21]。だが、こうした海上支配権は、一九世紀半ばまでにすっかり消え失せたか屈服してしまったために、その意義を低く評価するのはたやすい。彼らが最後に受けることになる恥辱は、イギリス王立海軍の司令官がしばしば浴びせた「海賊」との酷評である。

歴史家たちは伝統的に、大きな体制やその記録者、ないし台頭する西ヨーロッパの国民国家の視点から世界を見てきた。しかし近年では、こうした歴史とはまったく無関係に暮らしてきた多くの人々に関心を寄せるようになっている。オヨ王国、グレート・ジンバブエ、あるいはアシャンティ帝国といった複雑な農業社会がアフリカに存在した。とはいえ、とくにアフリカ大陸の東部や南部にいた他の多くのアフリカ人は、いわゆる国家なき社会と呼ばれるところに住んでいて、彼らの生活は農業・森林・動物からの恵みに依存していた[22]。都市は、西アフリカや北アフリカではありふれていたが、アフリカ大陸の東部と南部には、アラブ人とヨーロッパ人が定住していたところを除けば、存在しなかった。車輪と鋤はアフリカ大陸の大部分で知られていないか少なくとも使われていなかったし、土地がふんだんにあったために、アフリカのヒエラルキーはユーラシア大陸でのように土地保有や富の格差によるものではなく、年齢集団ごとに構築されることが多かった。

したがって、アメリカ先住民や太平洋の世界と同様、アフリカのほとんどの地域において「国家」という組織は、独立した形では存在していなかった。これらの社会の内部を治めていたのは族長で、彼らは実際上であれ想定上であれ、血縁単位で「区分」されたさまざまな利益を代表していた。多くのアフリカの「高位の王」は、偉大な族長たちからの助言に従わねばならなかった。彼らの権力は、資源に対する力を行使するものというより、ほとんど儀礼的で精神世界との媒介に関わるものだった。これらの社会では、階級あるいは民族の間というよりも、親族の指導者の中の異なる年齢集団の間で広く抗争が見られた[23]。このような社会でも、もちろん従属集団はいた。彼らは奴隷の子孫だったり、苦境時に援助してもらう代わりに財産を差し出した人々の子どもだったりした。しかしこういった人々も、カリブ海やアメリカでは典型だった農奴やプランテーションの奴隷というよりも、上位の親族の使用人に近かった。

同じことは北アメリカやオーストラレーシア、太平洋の先住民にも当てはまる。彼らは遊牧民、森林居住者、狩猟民などの多くの事例を提供してくれる。彼らは文化的に洗練されており、言語的に多様であるものの、農業帝国の住民よりも自然界や動物界の循環と緊密に連携していた。社会・宗教的生活は、組織化されていないし、先々の予想もつかないものだった。ジェンダーは社会関係を形づくる大きな力だった。たとえば太平洋のポリネシアでは、共同体は、しばしばきわめて長距離にわたる女性の交換によって緊密に結びついていた。[24] 他方で、マオリ人に見られるように、男性の戦士団に導かれた集団が相互に激しく争い、社会生活のありようを形づくっている場合もあった。宗教活動は、説教や定期的な儀式というよりもカルトや秘儀を中心にしていた。宣教師やヨーロッパの軍隊あるいは官僚などの突然の来訪によって、こういった人々に生じた文化的ショックを過度に強調することはできないのだ。

ユーラシアの大農業王国でさえ、戦争や侵入によって共生関係がたびたび切り崩されるような状況下で多様な社会と接しており、内部が不安定だった。ユーラシア内陸部では遊牧民の政体が維持されていた。そこには、世界を制覇したチンギス・ハーンをかつて輩出したモンゴル民族の牧畜民がおり、いまだ強大だった。アラビア半島には、かつて預言者の戦士を供給していた、駱駝を飼う遊牧民の部族がいて、一八世紀から「イスラームの純化」の名の下にオスマン帝国に抵抗したワッハーブ派の基盤があった。一八世紀のペルシアで権力の座に就いたのは、半遊牧民の部族集団であるザンド人やカージャール人の家系であった。[25] けれども、彼らは、偉大な中世のイスラーム教徒の思想家イブン・ハルドゥーンが描いた名高い歴史さながらに、屈強な遊牧民や砂漠の民が、自分たちの統治を復活させて宗教を純化しようとして定住国家に侵入できた、ほぼ最後の世代であった。西ユーラシアのヨーロッパ諸国家の辺境では、ラップ人のトナカイ飼いやカザフ人の羊飼いは、定住王国に資源を供給するばかりか、悩みの種でもあった。コサックの開拓者農民と騎兵は、ロシア帝国の辺境における強大な勢力だった。一七七〇年代に、コサックが女帝に対して反乱を起こしたとき、ピョートル三世を名乗った王位詐称者プガチョフの農民軍は帝国じゅうを数年にわたり闊歩した[26]。

動物や木製品に依存したり、樹液採取人、採掘人、植林技術者としての技能を定住者の国王や官僚に売り込んだりした森林の政体は、もう一つの代表的な政体だった。これについてもまた近年の研究者たちは、一八世紀になっても森のとりでに居住する略奪者の族長たちが、平等に近い原理をもとにして平地の農業国家と折り合いをつけることができたことを証明している。これは、インド、ビルマ、タイ、インドネシア諸島からシベリアの開拓地に至るまでの「部族的な」森の民にも当てはまった。そこでは、これらの人々は稀少資源や軍事技術を提供したばかりか、白魔術師や治療者として畏敬されもしたのである。北アメリカについては、史料は移住者と先住民との間の戦争で満ちている。しかし、一八一二年以降に強圧的な差別政策が導入される以前においては、多くの協力や相互交流の事例も同様にあったのである。

新たな政体の先駆け

最後に、次の百年間に国際的なレベルで重要となり、次章で詳細に考察する政体を考えてみなくてはならない。それは台頭する商業社会であり、北西ヨーロッパにとくに集中して生じたが、さらにカリブ海と北アメリカに植民地という派生政体を構築した。経済活動、生活様式、考え方において、北西ヨーロッパの住民の多くは小作農的な出自からそれほど切り離されていなかった。西ヨーロッパの発展は世界史の中できわめて例外的だったとの考え方は、もはや主流ではない。とはいえ、規模と様式において、そこは世界の他の場所に生まれていた商業社会の成長を凌いでいた。何と言っても、西ヨーロッパの都市社会ばかりか地方社会も、揚子江中部流域、ベンガルの農村部、イスタンブルの後背地で見られた商業化センターすら上回るきわめて高度の特化を遂げていた。これに匹敵するのは、日本と一部の中国沿岸部しかなかった。

ヤン・ド・フリースが最初の近代経済と見なすオランダ中央部は、[27] 一七世紀においても食糧の三分の一以上をかなり遠くから輸入していた。地域特化の進展はイングランド南部の特徴でもあったが、そこでは一八世紀にはロンドンが大市場となっており、新鮮な果物や野菜をアイルランド南部から、石炭を北は遠くのニューカースルから運び入れていた。金融や信用の手段も同様によく発達していたし、資本はますます国境を越えて流れていった。たとえば、オランダの銀行家は、オランダがイギリスのライバルであり続けたにもかかわらず、イギリス東インド会社やレヴァント会社の株やイギリス領カリブ海に投資していた。いくつかの点で、経済的特化や遠隔地への資本投下のもっとも進んだ形態は、北アメリカ南部やカリブ海の奴隷プランテーションだった。奴隷貿易や奴隷の搾取がいかに暴力的で残虐だからといって、プランテーションが柔軟で、金融的に洗練されており、消費者志向で、技術革新の形態をとった人間の醜悪さだったという事実を覆い隠すことはできないのである。

海外に移住したヨーロッパ人は、たとえば一六五〇年代以降に南アフリカに定住したオランダ人農民のように、おそらく古い共同体や宗教の規範にしたがって活動し続けることもありえた。しかし、彼らは古典的な意味での小作農にはめったにならなかった。移住先の大陸には土地があまりにふんだんにあったからである。人々は自分の土地の権利を獲得するために移住したのであって、あらためて大地主に従属する小作農になるためではなかった。したがって、新世界、後にはオーストラレーシアでは広大な田園や森林の地主は、一般に分益小作農や小規模な自作農と対立していた。喜望峰においてさえ、黒人居住者の多くは、家族労働で自分の土地を耕作する小作農というより労働予備軍に近いものになっていた。

こういったグローバルな成長センターにおける、近代的な様相を呈した労働市場、農産物市場、資本市場は、国家権力が明確な政体とは必ずしも重なっていなかった。オランダとイングランドは、無数の法や地位の下部システムをいまだ抱えており、こうした奇妙なアナクロニズムがしばしば市場の成長によって強化されていたのである。ドイツは、公国、領主司教領、自由都市、その他からなる寄せ集めのままだった。だが一般に、商業化され特化されたタイプの経済は遅かれ早かれ、より特化されて強大となった国家と完全に重なり合うことになる。権力の透明性は、商人や商業的な土地保有者が常に魅力を感じたものだった。しかし、商業を成長させる酵母は、一七八〇年までの西ヨーロッパとその北大西洋の植民地という中核地域ですら、いまだまばらで限られた効果しかなかった。

「グローバリゼーション」の前史

本書が扱うテーマの一つは、長い一九世紀が経過する中でしだいに統合されていった国際社会の成長である。それは中期的にみれば、西洋に支配された国際社会である。この一九世紀を考える際には「国際《インターナショナル》」という用語が使える。一九世紀は何といっても「ナショナリズムの国際化」の時期であり、この間、主要な世界文化におけるエリートの間に国民国家の考え方と実践が根付くようになった。とはいうものの、まずは国民国家の最盛期以前にあたる一七・一八世紀のグローバリゼーションの性質を考えてみることが重要である。一七八〇年から一八二〇年までの世界的危機が重大だったのは、まさに、政治上、イデオロギー上の衝撃波が、すでに連結していた世界の中心部の間を縦横に行き来したためだった。これに加えて、ここで私が「初期グローバリゼーション」や「初期近代」のグローバリゼーションと呼ぶもののネットワークは、一九世紀の国際システムの傘のもとでも存続していた。ネットワークは国際システムを活性化することもあり、これに戦いを挑むこともあった。

本節では、かつてのネットワークや支配を叙述するために「初期グローバリゼーション(28)」という用語を使う。そうしたネットワークや支配は、地方や地域のレベルから地域間や大陸間のレベルに至る、思想や社会的力の膨張によって作り出された。前述のように、初期グローバリゼーションには多くの中心があった。その早い段階では、「ヨーロッパの膨張」は形成途上の一つの世界システムというより、いくつかあった同時代のグローバル化の事例のうちの一つにすぎなかった。古典古代から初期近代までのこれらのパターンには、その根底を流れる共通の原則をいくつか見出すことができる。もちろん、この時期には広範な政治や経済の変化があった。一七世紀までに、奴隷プランテーションのシステムや新世界の銀といった新たな文化・経済的ネットワークが、大西洋地域の一部における初期資本主義的なグローバリゼーションの時代の先駆けを務めた。とはいえ、一七五〇年の地中海ヨーロッパ、アジア、アフリカの多くの住民が接した人々、金融取引、思想のグローバル・ネットワークの根底にあった原理には、その五百年、いや千年も前から根底に存在したものとの類似性がいくつか見出せるのである。

人々は常に互いに長距離接触を試みてきた。その理由は、利益のためであったり、権力の希求を通じてであったり、また純粋な知的好奇心の結果であったりとさまざまだった。旧体制の世界では、これらの推進力は近代国際システムに典型的な形態とは微妙に異なっていた。初期グローバリゼーションの根底には、三つの一般的な原則があった。第一は普遍化する王政、第二は宇宙論的宗教の拡張衝動、第三は身体の健康についての体液論的ないしモラル的な理解である。これらの諸力によって、思想、人、モノのグローバルな交換の基本パターンがいくつか作り出された。

第一に、普遍王政の思想によって、君主、その兵士や官僚は、個人や家族の名誉を求めて長大な距離にわたって駆りたてられた。たとえば、至高のキリスト教スペイン帝国への奉仕や満洲の絶対的権力への奉仕のためである。前節で示したように、これらの世界征服者の宮廷は差異を称揚し「遠方から来た男たちを大事にした」[29]。その国王や官僚は、トルコ人の屈強さ、キリスト教徒の科学、ペルシア人の精緻さなどといった、多様な人々の代表的特質を評価した。大宮廷、および大村落におけるその中小の模倣者は、遠隔の地からもたらされるあこがれの一品を引きつける磁石の役割も果たした。カシミールのショール、中国の絹、アラブの馬、あらゆる種の宝石が膨大な距離を越えて珍重されたし、長距離貿易による連結が実際に機能するかどうかにとって死活的に重要だった。太平洋の首長たちの独自の体系の中でも、高位の王たちは自分の偉大さを表象したり具現化したりするために、異国風でカリスマ性を持つモノないし食料を求めた。この種の威信貿易はより広範なパターンに適合しており、共同体間における貴重品の長距離交換を通じて社会関係が構成されていた。[30] 人類学者のマーシャル・サーリンズが指摘したように、こういった稀少産品への評価があったためにハワイ島人は、いったん「最初の接触」がなされると、欧米の布、中国の磁器、貴重な白檀材といったものを熱心に買い付けようとした。

この初期の世界の知識人は、これらの政治イデオロギーを補完する神話や倫理体系を伝えた。ローマないしルーム〔ビザンツ皇帝〕のカリスマと並んで、アレクサンドロスの物語はユーラシアやアフリカの全域で記憶に留められた。一七世紀のムガルの国王たちは、アレクサンドロスが禁欲的なギリシアの賢者、犬儒学派、自己犠牲的なインドのバラモンを前にしてとった振る舞いとされるものをもとに、ヒンドゥー教徒の賢者との集会を持った。[31] 一九世紀になっても、イギリス人旅行者はアフガニスタン高地の道に分け入り、部族の民の中にアレクサンドロスの軍隊の末裔であるギリシア人を探した。[32] アレクサンドロスの教師アリストテレスの哲学は、一八世紀においてもキリスト教世界とイスラーム世界の広大な地域全体で活力を保持していた。アリストテレスの倫理学は、中世イスラーム教徒の著作者の手を通じてインド＝イスラーム世界の日常の道徳的語彙の中まで入っていった。アリストテレスをもとに定式化されたイスラーム倫理学の著作は、多くのイスラーム支配者の宮廷で日々読まれていた。それは、地方裁判所の判決にも影響を与えた。[33] 一方、アリストテレスとその弟子たちは、一九世紀までヨーロッパとその植民地の知的風景の中で重要な要素と見なされていた。一八六〇年代になっても、アメリカ大陸のスペイン語圏や英語圏において聖職者は奴隷制を正当化するためにアリストテレスを使っていた。

思想の「市民的共和主義」の伝統という考え方は、一九六〇年代にジョン・ポーコックが書いた影響力の大きい著作以後、ヨーロッパと初期アメリカの思想史研究に浸透している。[34] この見解によると、たいていの思想家は、国家や市場によって腐敗していない不屈の徳性を強調しつつ、いまだに古代世界を回顧していたという。しかし、私たちは、アジアや北アフリカにおいて国王の権力を制限した、もう一つの市民的共和主義の伝統も広く垣間見ることができるのである。ヨーロッパの共和主義的な伝統にも見られるように、国王は敬虔な家長を保護し多様な職種の利害の均衡をとりつつ調和的な理想の政体を維持するために、良き統治をすると想定されていた。こういった世界の神話や政治イデオロギーには共通の要素があったために、一九世紀半ばまでのヨーロッパ人、アジア人、アフリカ人の間に接点が与えられたのである――もしそれがなければ、容赦のない搾取と宗教的な抗争を特徴とする状況に陥っていたかもしれない。このテーマは第7章でさらに探究される。

第二に、大西洋奴隷制と移民が盛んになった後になっても、最大規模のグローバルな人の動きの多くは、いまだに巡礼や、神の足跡を探して歩く賢者の放浪であった。これらは宇宙論的な宗教の至上命令を反映していた。エルサレムやローマは、啓蒙時代のキリスト教徒を引きつけてやまない魅力を保持していた。たとえば、ナポレオンと一七九八年のアイルランドの革命家ウルフ・トーンの両者はともに、いかにエルサレム神殿にユダヤ人を帰還させるかを考えるために、ほかの差し迫った仕事を一時保留した。[35] スマトラからナイジェリアまでのイスラーム教徒の支配者にとって、聖地への巡礼を組織することは対外関係における基本的な義務であり続けた。イスラーム教内部のスーフィーによる神秘主義集団、とくに「神秘的」チシュティー教団の運動の広がりは、偉大な王たちのグローバルな勢力拡大と同様なものと見なされた。大西洋世界でもキリスト教信仰によって、長距離におよぶ神聖な移動様式が成立した。フランシスコ会やイエズス会のディアスポラ、モルモン教徒の拡大、あるいは一八世紀における大西洋を越えたイングランド人とアイルランド人のクェーカー教徒の放浪などが、これに当てはまる事例である。

第三に、身体的な実践が初期グローバリゼーションを後押しする力として役立った。思想が伝達されると物品の動きが加速され、この動きはまた新たな思想を広めた。ギリシア、イスラーム教、ヒンドゥー教から道教、儒教に至る世界の生物医療体系が重なり合っていた。専門家はお互いのテキストを読んだ。彼らは子作り、セックス、身体の健康に資すると考えられた香辛料、宝石、動物産品を追い求めた。稀少金属、武器、馬といった気高さの証しとともに、貴重な薬品の探求は世界貿易と人々の動きに対して重要なパターンを深く押しつけることになった。[36] 再びアルジュン・アパデュライの言葉を借りるならば、これは初期の「民族の地景《エスノスケープ》」、つまり〔移動する民族による〕グローバルな文化的混合のパターンを作る一助となった。[37] たとえば、一八世紀の中国の海外貿易の多くは、生命力を増進する物品と王権のしるしを獲得するために企てられた。茶、次にたばこ、最後にアヘンは薬として中国にもたらされた。これらの物品はそれぞれ、最初は有閑のしるしとなり、次いで一九世紀には熱狂的な大衆消費の品目となった。これはある程度は西ヨーロッパや大西洋世界にも当てはまる。

したがって、初期グローバリゼーションは、いくつかの異なる要素が相互に強めあいながら進展していった。もっとも広範なレベルには、普遍的な王政と宇宙論的な宗教によって構築された旧世界のイデオロギーと「想像の共同体」があった。中間レベルには、こういった価値観によって生み出された貿易業者、軍人、専門的職人などの共同体が不均等に散らばっていた。こうした結びつきにより、アルメニア商人はハンガリー王国から華南海域まで広がったのである。最後に、身体的実践のレベルでは、物質や物品を生モラル〔生命現象と社会現象が一体であることを理解するために使われる言葉〕的に変容させていく営みを通じて人類はグローバルな連結を作り上げた。このような消費を支えていた論理は、多様性を戦略的に消費することだった。カリスマ性を持つ物品や材料を蒐集するパターンは、今日の世界の市場主導の統一性とは著しく異なっていた。

初期グローバリゼーションと初期近代のグローバリゼーション

茶、たばこ、アヘンの地域間貿易は、近代国際秩序の出現における第二のレベル、転換局面の特徴である。これは初期資本主義の膨張であり、一七世紀の大西洋に始まり、一八三〇年までにそれ以外の世界の各地に広まった。この段階は大西洋奴隷制の発展と結びつく。この段階には、重商主義国家権力の武器となるヨーロッパの特許会社や、増大する貿易を運営・管理するためにアジアで作られた王立貿易団体の興隆が見られた。プロト資本主義のグローバリゼーションは、初期グローバリゼーションによって作られた当初の連結をより完全にすること、その連結に寄生すること、アパデュライの言葉をまた借りるならば、おそらく「共食い」することによって発展した。たとえば、かつてアフリカやオスマン世界において、初期の大規模な世帯を作り上げるための戦略だった奴隷狩りは、野蛮なプロト資本主義の産業となった。

こうして新たにグローバル化しつつあったさまざまな要素は、広範な規模で労働を組織的に支配下におき再配分しようとした。次章で示すように、これらは生産と消費の地域的再編成——ヤン・ド・フリースが「勤勉革命」と呼んだもの——を結びつけて利用しようとした。変化はいまだ不均等だった。身体的実践や個人の振る舞いのレベルでは、転換はとくに緩慢だった。貿易会社は、ヨーロッパ内外でもともとカリスマ性を持つ物品や材料であったもの——人の身体と精神の両方を変えると考えられたもの——の文化的かつ生モラル的な世評を慎重に維持した。だからこそ、たばこは思考力を刺激するものと見なされたし、いまだに一部ではそう考えられている。貴族やブルジョワの趣味は、社交の儀式を続けて、(生産に関して) 当時は工業製品と見なされていたものの周囲に漂う希少性のオーラを保護していた。

一七六〇年から一八三〇年までの真にグローバルな帝国主義の最初の時代については、第3章で論じる。グローバルな相互連関を推進する諸力を考えるならば、この時代は過去も未来も両方見ていた。とくにヨーロッパ＝大西洋経済から出現する新しい諸要素があった。ここで初めて、南北アメリカにおける変化がアジアに直接影響を及ぼした。たとえば、アメリカ独立革命によって、イギリス東インド会社は中国での茶の買い付けを倍増し、さらにインドのアヘンを清の領土へ持ち込むことを余儀なくされて、アジアの貿易パターンが激変した。とはいえ、この時期において、国際政治の手段やこれらに浸透していたイデオロギーは初期の特徴を保持していた。

イデオロギーのレベルでは異種混合性と融合がこの時代の特徴だった。一方では、太平洋を探検したフランス海軍のルイ・アントワーヌ・ド・ブーガンヴィル提督（一七二九―一八一一年）やジェームズ・クック船長（一七一八―七九年）は合理的で体系的な調査方法を使った。イギリスの王立協会やフランスの東洋学の協会の識者たちは、あらゆる種、人々、産物を分類できる「全人類の地図」を作ろうとした。(38)他方で、初期のイデオロギーはまだ残っていた。たとえば、エジプトの旅行者はピラミッドの持つ宇宙の力を汲み取ろうとしていた。近代エジプト学者が「ピラミディオシー」〔ピラミッド建設には何らかの秘密が隠されているとの考え〕と呼ぶものには、かなりのいにしえまで遡る起源があった。一七九〇年代に、インド在住のイングランド系ドイツ人の官僚は、アリマテアのヨセフ〔新約聖書に登場するユダヤ人〕の時代の古代ブリテン諸島をめぐる叙述をサンスクリット語のテキストの中に見出したと信じた。(39)当時また、あるスコットランド人はホンジュラスのアメリカインディアンの王となり、あるイギリス領インドの高官はヒンドゥーの神々の山車を担いで部下の間を巡った。イングランド人とアイルランド人の血を引くイギリスの官僚サー・ウィリアム・ジョンソン（一七一五―七四年）はアメリカインディアンの言語を習得し、複数のインディアン女性と結婚し、多くの子どもの父となった。宗教実践はいまだに広く儀式化され、かつ融通が利いていた。英米圏ではいまだに、単純な洗礼さえ受けていれば信仰も人種も関係なく公職に就く資格を得られた。イスラーム教の中心地でも、スルタンは皇帝としてキリスト教の修道院やシナゴーグに贈り物を届けていた。

身体的実践のレベルでは、エスニシティに基づく国民国家の境界はいまだはっきりしていなかった。性的な関係

図 1-4　旧世界のカースト――異人種間結婚。スペイン人とそのメキシコ先住民の妻，彼らの子ども（ミゲル・カブレラ画）

も実際はそれほど監視されていなかった。ヨーロッパ人とアジア人の混血、アフリカ人とアジア人の混血、後にはヨーロッパ人とオーストラレーシア人の混血などの大きな混血共同体が世界じゅうで発達した。人々は身体を強化し保護するための治療法を幅広く試した。ヨーロッパでは独立した医療専門職が生まれたが、ほとんどの人々はいまだに祈禱や魔術による強化をともなう、さまざまなタイプの治療法を選んでいた。異国風で治癒力を持つハーブやその他の産品が消費されて、生モラル的な情報がグローバルなレベルで交換され続けた。天然痘はペルシアからイングランドまで旅をした。それは、直接的な身体の接触によってイングランドからインドや中国沿岸部にあるヨーロッパ人の貿易拠点、さらには、王家のある内陸中心部にも拡散した。

このようなグローバルな相互連関のパターンの中で、いかにして名誉と評価は人々に与えられたのだろうか。一九世紀末に理解されるようには、人種も国籍もまだ支配的な概念ではなかった。むしろこの時代の特徴となっていたのは、地位、名誉、純血、血縁の観点を組み合わせて人々を序列化することだった。これが、もともとポルトガル人が使った意味での「カースト・システム」であった。この配列の中では、ヨーロッパ貴族の血の純度が一方の極にあり、その対極には奴隷の出自があった。一八世紀メキシコの血統の手引書『メキシコのカースト』[40]にあるように、あらゆる他の人間集団はこの両極の間に広がるヒエラルキーの中で細かく区別されていた。この初期のカースト、カスタないし人種（ラザ）の考え方は、カリブ海、イベリア、イングランド系アメリカ世界に流布した。このカースト概念はまた、イスラーム世界やアジア世界でも有用なことが分かった。なぜなら、これらの社会における地位体系をめぐる現行の理解と矛盾しなかったからである。

インド世界では当時の浄と不浄の考え方は、ポルトガル人が一六世紀以後定住していた西海岸の都市におけるカースト制と適合した。イスラーム教徒はヨーロッパの「カースト」に、自分たちの地位の区別を緩やかに一致させていた。これらは、体液の原則や預言者一族への歴史的近親性に基づいていた。港湾都市にいた中国人商人も、こういったユーラシア大陸的でイスラーム的な分類を洗練と野蛮の概念に応用した。フランク・ディコッターが近代中国の人種をめぐる著書で示したように、中国の古典的な生モラル的なランク付けでは、黄色人種に最高の評価が与えられていた。白人は知的鈍感と結びつき、黒人は統御が効かない熱情と結びつけられた[41]。地位体系のグローバルな基準としてのカーストは、初期のディアスポラや初期近代のディアスポラにおける人々の相互関係において重要な区分であり続けた。それは、この時期には可塑的であまり明確に区分けされていなかった国籍よりも深いレベルで作動していたのである。

次章に向けて

思想、信仰、物質的な欲望が結びつくことで、旧世界秩序が形作られるとともに、この旧世界秩序は大西洋貿易や偉大な世界帝国の影響のもとに急速に変化し始めた。しかし、物質的生活における急速な変化と同様、イデオロギー上の運動も抗争と不安定性を拡大させた。サンジャイ・スブラフマニヤムは、ジャン・オバンの考え方を発展させて、一六世紀のキリスト教徒とイスラーム教徒がいかに千年王国思想（政治的な膨張、戦争、抗争を正当化するのに利用された）の潮流から影響を受けたかを示した。キリスト教徒はキリスト生誕紀元一五〇〇年の到来に動揺していた。イスラーム教徒の期待は、その数十年後に訪れる、預言者の託宣の千年紀によって呼び起こされた。こういったそれぞれの不安と熱望からなるさざ波が一緒になって、スブラフマニヤムが呼ぶ「千年王国的な危機状況」へと合流していった[42]。これは本書にも関連する。というのも、一七二〇年頃からかなり強くなった仏教徒、イスラーム教徒、シク教徒の千年王国的な熱望もまったく同様に、フランス革命から流布した世俗の千年王国論に影響を与え、それと交じりあうことになるからである。ところが、この時期には、国家と帝国は一六世紀よりも大規模になり、軍事面でも陣容が整っていた。その結果、政治的な大混乱が一七八〇年以後の数世代に押し寄せたのである。

後者の「千年王国的な危機状況」の影響力は、一七八〇年の世界が中国史家ケネス・ポメランツが呼ぶ「大分岐」の瀬戸際に立っていたこともあって、きわめて大きかった[43]。人類の社会・経済の未来は、今まではかなり異なる方向を示しつつあったのだ。次章では、世界の各社会の経済実績における分岐、とくにヨーロッパとそれ以外の世界の間で加速した分岐を詳しく考察する。そのうえで、大陸を越えて国家と市民社会の組織において出現したかなり微妙な差異を検証しよう。

第2章　旧体制から近代性への道

今から五〇年前に、仮に、専門的な歴史家ないし学生が一八世紀後半に世界レベルで起きていた主要な経済的変化は何だったか、と問われたとしよう。彼らはおそらく、イギリスの産業革命と機械生産の開始を挙げたであろう。世界じゅうの人々の暮らしにとって、工業化の持つ長期的な重要性を疑う者は誰もいない。しかし、今や多くの歴史家たちは、一八〇〇年までに産業革命が大幅に進行していたことには懐疑的となっており、一八三〇年代以前の西ヨーロッパとアメリカにとっても産業革命の意義を低めに評価するようになっている。

最後の「大いなる栽培化」と「勤勉革命」

グローバルな視点からは、工業化以外に二つの主要な社会・経済的な変化が遅くとも一八三〇年頃までに世界史の中で大きく浮上している。このうち最初の変化は、いわゆる「大いなる栽培化」と呼ばれるものの最終段階であった。数千年前に、人類は小規模な農耕を伴う遊牧、狩猟採集、移動農耕から、規則的で集約的な農地開拓へと移行し始めた。この過程は、一六五〇年頃以後、残存する遊牧の辺境地帯で最後の局面に入り、急速に変化していった。[1] これにはいくつかの理由があった。腺ペストや他の疾病の世界的流行が終焉した結果、人口が急速に増加した。ヨーロッパ人が持ち込んだ病気によって前世紀に残酷なほど人口が激減した中南米でも、人口は回復し始めたのである。もろもろの病気は今や、回復力を持つ住民にとっての地方病となった。栄養に富む多くの新たな食物が、受胎能力や病気への抵抗力を改善しつつ、スペイン人やポルトガル人による「発見」の後に中南米から旧世界全体に広がった。人口密度の増加につれて、定住農業を営んでいた人々が開拓者農民として、人口の少ない森林地帯や放牧地帯に流出していき、そこを耕作地に変えた。

インドネシア諸島からスカンディナヴィア北部に至るまで、国家の規模が大きくなると、耕作地の膨張、および遊牧民や焼畑農民の定住化が促された。定住民には課税しやすく、国家は兵士、労働力、資金を必要とした。たとえば、ロシア領シベリアで一七〇〇年までに野生の毛皮獣の多くが絶滅してしまうと、開拓者農民がこの広大なヨーロッパの後背地に入り込み始めた。ヨーロッパ式の農業はいたるところで丘、森、湿地帯の開拓地に膨張していった。スコットランドの森林破壊やアイルランドのゲール語地区における泥炭湿原の分割も、この過程の一つだった。ほぼ同じころ、北アメリカのヨーロッパ人植民者は、大西洋沿岸部を越えて河川の渓谷を遡り、かつて先住民が狩りや牧畜を糧に生活していた場所まで耕作し始めた。一八世紀の間に、穀物、砂糖、タバコといった換金作物の、ラテンアメリカやカリブ海からの輸出が大きく伸びた。これらの物品の生産は、かつて森ないしパンパスだった土地でも広く行われるようになった。一八世紀末に牛皮革貿易が盛んになり定着すると、ブエノスアイレスの後背地では、現地の遊牧民は良好な牧草地から追放されるか、牧場の下僕として定住化した。ここでは、旧式の「栽培化」がかなり近代的な商業と結びついた。皮革が出荷されるとともに、アフリカ人奴隷が持ち込まれたのである。[2]

こうした農業の変化が起こると、開拓地では常に人間共同体が膨張した。定住イスラーム世界の境界の内外に神秘主義者スーフィーの宿泊所があった場合、その周囲では定住農業の成長が促された。これは、中南米あるいはアフリカ南部におけるキリスト教の布教拠点や修道院のネットワークとまったく同じだった。対外貿易の拡大はたびたび集約農業の重要な刺激要因になったが、個々の社会内の人口増加と農業開発はおしなべてもっと重要である。定住・植民して土地の生産力を高めるよう促す力は、一一世紀以来のアフリカ社会の主要な原動力であった。とくに東南アフリカでは、より効果的な形態の畜産とより集約的な耕作との間に長期にわたる関係があった[3]。たとえば、マダガスカル島の事例はこういった変化のすぐれて内的な性質をよく表している。そこでは、対外貿易や東アフリカ海岸のイスラーム国家建設からの影響力は、かすかにしか——それも間接的にしか——受けなかった。とはいえ、一五世紀から一八世紀までの間に、マダガスカルでは集約的な米作が著しく進んだ[4]。この米の強制栽培化を進める労働力は、被征服民族を出自とする従属的な農奴人口から調達された。敵を打ち負かし高位の王に成り上がろうとする野心的な小族長は、富をせしめようとしてこれらの変化を推進したのである。このような新手の経済活動は、後になってようやく、外部世界との奴隷売買やマダガスカル島の流通市場でのマリア・テレジア銀貨の出現によって強化された。

より自己完結的な領域の事例は太平洋に見られる。一五〇〇年から一八〇〇年までに移入民のマオリ人がニュージーランドの北島に押し寄せるにつれて、森は一掃され、在来種は絶滅した。広大な地帯がサツマイモ栽培用の耕作地に転換されると、以前からいた定住民は退去させられた[5]。オーストラリアの隔絶した地にさえも、イギリスの植民地になる少し前のある時点で、養豚や園芸がニューギニアから導入されており、アボリジニーの生活様式を変化させていた[6]。

世界各地での最後の大いなる栽培化、つまりプレーリー、ジャングル、ステップの耕作の加速や開拓者農民の森への侵入によって、一九世紀の台頭する商業経済に原料と労働力が提供された。かつての森の居住者や定住した牧夫は、一九世紀世界の支配的な白人人口のための「苦力《クーリー》」や年季契約労働者となっていった。とはいえ、この大いなる栽培化はその数世代前を上回る速度で拡大しており、ヨーロッパが支配する地域に限定されていなかった。そ

地図 2–1　18 世紀後半のヨーロッパ

れは、インドシナから中央アフリカに至る近代社会を創造していく力ともなっていた。

大いなる栽培化とは区別されるものの関連している、第二の広範な文化・経済的変化が、旧農業社会の心臓部に起こりつつあった。いわゆる「勤勉革命」である。場所によっては、その結果生じた需要と資源の再編は、ゆっくりと頭をもたげ始めた産業革命を実際に補完することになった。しかし、皆が皆そうなったわけではない。オランダの歴史家ヤン・ド・フリースが提唱した「勤勉革命」の概念によって、旧体制下の経済像はかえって複雑で錯綜したものになった[7]。それどころか、この概念はこの像をいっそう不安定なものにした。というのも、世界の中でもヨーロッパ、そのアメリカ植民地、大西洋奴隷経済は、一七・一八世紀の勤勉革命と呼ばれるものを経験していた唯一の地域ではなかったからである。

ド・フリースは、オランダ、イングランド南部、ドイツ北部、一三植民地の人々が一連の勤勉革命を経験していたと論じた。これは、世帯以外から物品やサービスを買い付けることによって、より効果的に家族労働を行うことを意味した。家族は新たに「パッケージ化」された消費財を獲得し、これらは相互に作用して生産性や社会的充足感をさらに高めた。(8) たとえば、コーヒーや(後には)茶の消費は、砂糖、精製されたパン、これらを食べるための皿などの食器の購入と並行して行われた。結果として生じたこのパッケージを「朝食」と呼ぶならば、これによって、摂取カロリーの増加、時間の新たな規律、世帯内の人間関係や競争の新たなありようが生まれることになった。それは、特定の食品の売買、そして後には廃棄可能な陶器類の売買――世代を越えて受け継がれる古くて重い家族の所有物に代えて――にも弾みをつけた。イングランドについては、ハンス＝ヨハヒム・フォートが勤勉革命の一端を詳細に研究し、一七五〇年から一八三〇年までの間に、時間による規律という新たな考えが社会全体にいかに行き渡ったかを立証した。(9)

イギリスでそうだったように、「朝食の発明」から生じた需要――家具や家庭内の私生活から生じた需要も併せて――によって、初期産業革命を支える消費者が登場したとも考えられよう。しかし、勤勉革命は必ずしも初期の工業化にはつながらなかった。それは、一九六〇年代から七〇年代にかけて経済史家の間に流行したややはっきりしない概念を使うと、「プロト工業化」の形態も必ずしもとらなかった。産業革命は、たいていの解釈では生産の機械化から生まれた「供給サイド」の革命であった。対照的に勤勉革命は、工業生産の急上昇から得られる利益なしにひそかに繁栄をもたらした。たしかに穏やかな供給サイドの革命ではあったものの、需要の変化や需要を喚起する消費者の欲望の変化を反映したものでもあった。この初期工業化なき勤勉革命のパターンは北海沿岸低地帯、ドイツ、北アメリカ沿岸部に共通していた。一八五〇年以前のメキシコ盆地、ブラジルの沿岸部のあちこちにも見られた。これらの地域が大規模な工場生産地帯になるのはかなり後になってからである。

地図 2-2　18世紀の東アジア

本章では、勤勉革命の地理的な視野を広げつつ文化的な側面も加味して、この概念を大幅に拡大する。第一に、これはヨーロッパ以外の地域にも適用することができる。各地域における消費者の価値観の変化や地方レベルの生産・流通については社会史家がすでに描き出しているが、もちろん、消費者の価値観は特殊文化的なものである。

図 2-1　勤勉な中国——茶店の屋内（19 世紀の中国人の画）

中国では、中流層の人々や商人階級に行き渡ったのは、洗練された贅沢さを求める高級官僚エリートの欲望だった。こういった需要があったために、多くの地方で生産や労働の再編が促された。日本では、地位の問題として服装規定や帯刀を命じたのは支配者然とした武士《サムライ》階級であった。これによってヨーロッパと同じように冶金産業が盛んになり、専門化も地域をまたいで進んだ。「何をもって贅沢とするか」は大陸間でだいぶ異なっていたが、それでも、かなり類似した社会変化が勤勉革命から生じた。というのも、人々は「異国風のもの」を好む傾向があり、遠隔地からの絶品について耳にしていたので、「初期グローバリゼーション」のパターンに加わり、これを転換し始めていたからである。

　次いで第二に、こういったミクロレベルの変化は商業の拡大に新たな活力を与えた。多くの社会で商業資本家はただちに潜在的な市場や新たな生産者を認識し、これを世界貿易の新たなパターンに結びつけ始めた。これが起きたのは、ヨーロッパで顕著な工業化が始まる前のことだった。ヨーロッパや両アメリカ大陸の勤勉革命において基軸となった消費品目には、タバコ、コーヒー、砂糖、茶といった熱帯産品があったというのも目を引く。しかし、その当然の結果として、ヨーロッパ人とそのアメリカ植民者たちはこのネットワークからの最大の受益者となった。中国人、アラブ人、アフリカ人の商人もたしかに豊かになったものの、最大の「付加価値」はヨーロッパ人が奪い取ったのである。

これにはいくつかの理由があった。かなり早くから、ヨーロッパ人は南北アメリカを採鉱して搾取しており、これによって彼らは世界貿易で優位に立った。奴隷生産システムの膨張は彼らに第二の大きな利点を提供した。ド・フリースの勤勉革命はしばしばおとなしく内向きの感があり、デルフト陶器やオランダの画家コイプ〔一六二〇―九一年、指導的な風景画家の一人〕が描く光沢があって満足げな畜牛を思い起こさせる。しかし、これは実態とはかけ離れており、「朝食」に二つの最重要品目を供出していたカリブ海では、残忍性と隷従が時の秩序となっていた。この強制的かつ暴力的な勤勉革命によって、ヨーロッパの武装船団の駐留地は増え、世界じゅうで権力をふるうスペイン、オランダ、フランス、イギリスの手法には磨きがかけられた。最後に、本章の後段で示すとおり、ヨーロッパと北アメリカ植民地は情報が豊かな社会であり、ここでは好奇心と物欲が情報を世界探検、後には世界征服の道具へと変えたのである。だが、これでは議論が飛躍しすぎる。次節ではまず、西ヨーロッパ以外での勤勉革命の力とその限界について考えてみよう。

アフリカ＝アジアの物質文化、生産、貿易における新たなパターン

歴史家たちは、あの厖大な専門知識と国内市場の複合システムを持つ中国がなぜ、度重なる社会的危機にあれほど苦しみながら一九世紀に突入していったのか、について長いこと問うてきた。一七九六年から一八〇四年にかけ

て熾烈をきわめた白蓮教徒の乱は、西洋の攻撃に直面した中国を弱体化・貧困化させた一連の千年王国的な農民反乱のうちの最初のものと考えられた。ここ一〇年間でこの問題はさらに熱を帯びている。一八世紀中国史家たちは相次いで、衰退論を修正する歴史像を提出している。彼らが描くのは、貿易の隆盛、複数の地域にまたがる専門化の広がり、成長する市場への小作農や郷紳の積極的な参入である。[10] これらはもちろん、文化的背景こそかなり異なるものの、すべてヨーロッパの勤勉革命の特徴である。一八二〇年になっても、中国経済には大規模な都市化なき生産の拡大が見られた、[11] と言われている。労働がますます自由化し流動化する一方で、増大し続ける新世界の銀を内陸部へと流通させる小規模な金貸し業者や交易商人とともに信用取引が拡大した。

ヨーロッパの勤勉革命と同様、中国でも重要な発展は、労働と（さらに重要な）消費の世帯パターンの再編であった。女性はしだいに職人として働き始め、外部資源から宗族所得や家族所得を増やしていった。一六世紀から一八世紀にかけて、精巧な手工芸品の消費は上層の士大夫から下層の郷紳へ、さらには商人家族や若干の豊かな小作農にも広がった。それより貧しい小作農家族は、精巧な捺染スカーフや漆塗りの砂糖菓子箱といった物品を売る市場を見出した。一七世紀の証言者は、消費パターンが変化したことを記録していたが、その変化は一八世紀になってさらに顕著になった。彼は「今や下級の役人でさえ立派な木製の家具を使い始めたため、家具職人は婚礼家具などを作る店を開いた」と述べていた。[12] 同じことは、乾隆帝の治世を彷彿とさせる華やかな桃色や青色の磁器にも当てはまった。ヨーロッパと北アメリカの古物商はいまだに、イギリスとオランダの東インド会社による盛んな輸出貿易の証しとなるこういった商品を数多く売っている。これらは中国商人によって東南アジアにも大量に輸出されていた。しかし、一八世紀の中国中央部と南部における膨大な磁器生産の大部分は国内市場向けで、中下層の国家官僚や商人の消費用であった。贅沢そのものが目的となり、その贅沢とは、かつてのように有徳の為政者による人々の支配というよりも、物品の獲得をしるしとするものであった。贅沢はまさに「具体化」され、ヨーロッパ内外の勤勉革命には不可欠な原動力となったのである。

類似したパターンは、一七世紀後半から一八世紀にかけての日本でも見られるようになった。経済成長は一七世紀ほど速くはなかったし、繁栄したのは大都市ではなく、しばしば「田舎」であった。さらに、市場は比較的平和な地方で多く見られるようになっていた。労働はより専門化し、郊外に住むエリートは北ヨーロッパの多くで見られたように物品をため込んだ。消費のパターンを作ったのは、武士階級すなわちサムライだった。商人と豊かな小作農はますます絹と金属製品を買い求めた。一六〇〇年以後に日本の武士や商人が中国の茶道を自国風に作りかえるにつれて、窯業がきわめて盛んになった。精巧に研磨された刀剣や儀礼用武具の需要があったために、職人は多忙が続いた。この帝国の人口は一七三〇年までにおよそ二六〇〇万人に達していた。[13] 晩婚と堕胎によって日本の人口成長が低レベルに抑えられたために、緩慢にしか増えなかった生産物が、扶養者の急増によって「食い尽くされてしまう」ことはなかった。需要が着実に大きくなっていくと、とりわけ農業部門や漁業における技術改良が少しずつ可能になった。イングランドのジェニー紡績機ないし蒸気機関のような大きな発明は一つもなかったが、所有権を確保した農民、漁師、商人は、生産方法や資本運用などの面で少規模ながら改良を進めた。政治権力こそ多くの領主〔藩主〕に分散していても、日本の市場は緊密に連携していたのである。

かつての歴史学の文献からみて、おそらくさらに驚かされるのは、少なくとも一八世紀半ばまでは、インドや中東でも経済状況がかなりよい様相を呈していたことである。一八世紀のインド、イラン、オスマン帝国を研究する歴史家は、伝統的にこれらの国々の経済を「貢納経済」と見立ててきた。そこでは都市が田舎に寄生しており、小作農が生産に携わったのは、国家に地租ないし地代の支払いを強制されたからだとされた。近年になってこの見解は支持されなくなっている。南アジアや西アジアのかなり多くの地域は、一八世紀初頭の政治的な騒乱の最中にあっても一定の相対的な繁栄を経験していた。ムガル帝国の支配権が衰退した後に新たな地域政体が出現しつつあったインド西部の高地では、地域民が企業家として行動し、現地の市場で売買していたという一貫した証拠がある。プラサナン・パーササラティは、同時代のインド南部の織布工の生活水準が、一八世紀半ばのイギリスの織布工の生活水準よりも実質ベースで高かったと推計している[14]。他の著者たちも、一八世紀のうちに地位の低い田舎の人々がいかにして富や名声を獲得したかを立証し、植民地化以前のインドは厳密なカーストにより分割された社会であったという古い考えをくつがえした。

西アジア・南アジアの全域にわたり、政治革命によって社会や生産にゆがみが生じていたが、その結果は誇張されやすい。有力者が上位の領主や下位の者と戦う中で、しばしば自身あるいは他者の世襲財産を無くしてしまったにしても、他の有力者は職人や小作農の確保に努め、自ら現地で諸産業を開始したり、集約農業地域を開発したりした。土地ではなく労働がいまだ稀少資源となっている状況下では、好待遇を約束して職人や労働者を引き抜くことができた。生産は、戦争や内紛で台無しになるよりも場所が移されることが多かった。上昇志向の新たな消費者がのしあがってきて、戦争や侵入で一掃されていた「有力者」に取って代わった。たとえば、ムガル帝国やサファヴィー朝の大都市は衰えたかもしれなかったが、一八世紀末になると、インド西部のマラーター王国ないしペルシアのザンド朝やカージャール朝の人々は、精巧な絹、綿、馬、米を購入するようになっていた[15]。

アフリカ＝アジアの「勤勉革命」の内的限界・外的限界

多くの歴史、とくにアジアやアフリカのナショナリストたちが書く歴史は、「いったい何がうまくいかなかったのか」と問い続けている。なぜアジアやアフリカの人々は、一七〇〇年頃に――あるいは一七五〇年頃になってからでも――芽生えた発展の芽を育てることができなかったのか。この問いは通常、勤勉革命というより産業革命、機械化革命をめぐって立てられてきた。それは、最近まで多くの経済史家たちが需要の研究をなおざりにして、物品の供給についての問題に関心を寄せていたからである。歴史家が相対的な衰退を説明するために用意した回答は、一連の内的要因を告発するものだった。たとえば、交通・通信、人々（とくに小作農）から富を吸い出す国家の貢納的な役割、旧秩序の領主に刃向かった農民反乱の破滅的な結果といった問題である。

こういった旧来の説明はさらに西洋の膨張や資本主義を批判した。それらは、すでに弱体化していた犠牲者に致命的な打撃を与え、次いでアジアやアフリカを百年にわたる搾取と貧困におとしめたというのである。奴隷貿易は、アフリカ西部や中央部——産業革命の寸前とまで行かなくとも、局地的な交易や消費が発展して、たしかに成長しつつあった——の発展の可能性を奪い取った、と論じられた。インドでは、重要な繊維業の中心地が東インド会社によって壊滅させられた。同社は力づくで織布工の賃金を切り下げ、ついにはインド産品の購買と輸出を停止したのである。まったく同じことが、一八世紀にすでにフランスやイタリアとの厳しい競争に苦しんでいた、オスマン帝国と北アフリカの中小の繊維業や製鉄業でも起こっていた。こうした議論は最近になってアンドレ・グンダー・フランクによって再提起された。しかし、グンダー・フランクはさらに踏み込んで、ヨーロッパについて特別なことは何もなかったと論じている[16]。つまり、非ヨーロッパにおけるほぼ偶発的な一連の危機によって「ヨーロッパの隆盛」なる状況がもたらされたというのである。

双方の議論を比較検討し直す必要がある。第一に、「ヨーロッパ以外の衰退」はまばらで相対的な過程でしかなかった。前節で概観した農業や商業の穏当な成長は、北西ヨーロッパや北アメリカを除く世界の多くの地域で一七七〇年までに弱まり始めたという若干の証拠がある。アジアやアフリカの政治システムは、膨張の勢いを維持していく困難をたしかに経験していたし、このことは繁栄した勤勉な地域に影響を及ぼしていた。たとえば、この時期までに清朝は「帝国の過剰拡大」の兆候を見せていた。清朝はますます多くの資源を辺境、とくに重要とされた内陸アジアでの戦争につぎ込んだ。一方、中国では、沿岸地域が海に目を向け、内陸部がいっそう自給自足的になるにつれて、地域間の交易の衰えが見られた[17]。この国の一部はすでに深刻な生態学上の問題も抱え始めていた。これとは対照的に、とくにR・ビン・ウォンやケネス・ポメランツによる評価では、中国の農業や商業は一八三九—四二年のアヘン戦争に続く危機の頃までかなり膨張を続けていたという。

南アジアの一八世紀をめぐる「楽観的」な見解を過大評価しないのにはもっともな理由もある。インドの地域経済がいかに盛んになっていたにしても、この亜大陸はいまだゼロ・サム・ゲーム〔参加者全員の負け分、勝ち分の総和がゼロになるゲーム〕に閉じ込められていたようで、この中では、人々、資本、資源が、どこか一つの地域で累積的な成長を維持していたというよりも地域から地域に移動した。[18] オスマン帝国では、地域の有力者、都市、「部族」と、都市中心部への支給や備蓄を厳密に管理統制した中央当局との間に軋轢があったために、経済の改善が阻害されていた。[19] 前章で注目した、普遍王政を熱望する君主たちに導かれた部族集団の「侵出」――おそらくより強いほうの「侵入」――が断続的に生じたことは、アフリカとアジアの辺境がいまだにしっかりとは縛り付けられていなかったことを示唆する。初期の勤勉革命は、この地理・政治的流動性の結果としてそれほど深く根付くことはできなかったのである。

しかし、これらのどれも一九〇〇年までに西洋とその他の間に開いてしまった富、生産性、平均寿命の巨大な格差に見合う「ヨーロッパ以外の衰退」を示唆しない。一九世紀初頭は、オスマン帝国の広範な部分、とくにエジプトにとってグローバルな変化への適応に比較的成功した時期となる。南アジアでは、インドの繊維産業は命拾いしたかのように遅くとも一八二〇年まで生き延びたし、この亜大陸ではイギリスへの「富の流出」にもかかわらず、一八三〇年代の農業不況まで比較的繁栄していた地域もあった。

したがって、「ヨーロッパ以外の衰退」の議論は度を超しやすい。また、ヨーロッパの発展を例外と見なす考え方への攻撃も極端に走りやすい。一七五〇年から一八五〇年までの間のヨーロッパとヨーロッパ領アメリカの「隆盛」は、ただ単にアジアとアフリカの相対的な「失敗」の結果を示すにとどまらなかった。北西ヨーロッパとヨーロッパ領北アメリカに活力があった理由も、もっぱら経済の領域にあるわけではない。その理由は、社会と国家のいくつかの特徴にも起因するのである。北西ヨーロッパに特有の勤勉革命やのちの産業革命はまた、南ヨーロッパや東ヨーロッパおよびその他の世界に見られたよりもはるかに大きな変革力を与えた経済・社会状況を背景としていた。少なくとも〔長期持続と区別された〕短期持続や中期持続において、こういった広範にわたる社会・経済的な転換がアジアやアフリカの転換よりも持久力があったことを意味した。本章の残りの部分では、ヨーロッパ金融のダイナミズムの諸局面、次いでその重要なイデオロギー・社会的な背景を考察する。

貿易、金融、革新——ヨーロッパの競争上の強み

第1章では、人々が近代性と呼び始めたものへの移行の途上にあった西ヨーロッパに経済的な活力を与えた特徴のいくつかを示唆した。第一に、ケネス・ポメランツが論じたように、[20] ヨーロッパには自身の大陸にも南北アメリカにも、中国やインドと比較して、十分使われていない資源を豊富に抱えたきわめて広大な後背地があった。これに加えて、奴隷プランテーションシステムの拡大を通じて労働と資源を確保したために、一連の広く安価な農業地域がもたらされた。一八世紀を通して、西ヨーロッパ、シベリア北部、北アメリカ、後には、インドの西海岸、ビルマ、オーストラリアの北海岸で伐採された大量の木材が、軍艦建造を支えた。一八世紀にはすでに、ヨーロッパがおびただしい余剰人口を南北アメリカに送っていたことが、高密度の人口によって引き起こされる問題——一九世紀に入るとますますアジア諸地域に影響を及ぼした——をやわらげていた。

農業の生産性は、一七世紀のヨーロッパよりもインドや中国の多くの地域の方がおそらくはるかに高かった。ヨーロッパには新たな作物品種や集約的な生産形態によって一八世紀に飛躍を遂げた地域もあったが、消費に生産がいまだ追いつかなかった。これを埋め合わせたのが、カリブ海、大西洋、南北アメリカからの砂糖、およびタンパク質を豊富に含む魚といった食料の輸入であった。かくして北西ヨーロッパは一八世紀のうちに、中国、イン

ド、中東などよりもはるかに迅速に増加した都市人口を扶養することができるようになった。日本と中国沿岸部の各地以外のアジア人と北アフリカ人は、海産物をそれほど摂取してはいなかったようだ。ヨーロッパでは輸送への投資が急増したのに対し、中国の輸送や国内取引はとうに「高位均衡の罠」に嵌まっていた[21]。投資は低レベルの需要を満たすには十分なほど機能していたものの、真の局面打開には至らなかったのである。

これもポメランツが指摘したように、北西ヨーロッパの人々は迅速に効率よく石炭を活用した。石炭は遠くまで運ばれ、世帯組織における勤勉革命の、後には工業生産の燃料となった。これと比べて、中国北西部の僻地や満洲に孤立して存在した化石燃料資源は、有効には使われていなかったと思われる。石炭はイギリスにおける一連の革新を主導する一助にもなった。深い鉱脈を掘るにはポンプが必要だった。ポンプの技術が発展すると今度は鉄の鋳造が促され、さらには蒸気機関の飛躍的進歩にとって不可欠だった真空についての理解も深まることになった。今日の経済史家が論じているように、ジェニー紡績機や蒸気機関といった発明が全般的な経済成長率を上げていくには長い時間がかかったにしても、一八二〇年代から三〇年代までにそれらは軍事技術面でヨーロッパの優位性をさらに高めた[22]。

北西ヨーロッパとその北アメリカの植民地は、他の三つの利点——経済領域よりも社会・政治領域に根ざすものの、その住民たちが権力を国際的に行使するのに役立った——をますます余すところなく利用していった。これらの利点は、ポメランツのいう経済条件に沿って考察されるべきである。第一に、比較的安定した法制度によって経済発展が報われることが保証された。知的財産権はイギリス以外では発達が遅かったが、家族や個人の財産全般については、イングランドのコモン・ローや大陸ヨーロッパのローマ法によって、かなり保証されていた。発明家や創意工夫に富む人は、うまく立ち回れば金持ちになれた。田舎や都市の土地財産は、少なくとも西ヨーロッパでは、政府による没収すなわち不動産復帰権から比較的免れていた。支配者集団が一定の土地に根ざしていたことも、世代を通して小規模な改善に投資していくのを促した。一七世紀のヨーロッパにおけるイデオロギー戦争の遺産として、政府とエリートは財産権に過度に手を出さないという暗黙の合意がなされていた。フランス革命やヨーロッパの諸革命の最中にあっても、土地や特権を永久に没収されるのを黙認したのは教会やごく少数の貴族だけだった。多くの場合、こういった一族も一八一五年以後には財産を取り戻すことができた。

東ヨーロッパ、中東、アジア、アフリカの諸社会では、財産は国家の干渉にさらされやすかったようである。これに関しては、一七世紀のフランソワ・ベルニエといった「東洋的専制主義」の理論家のように誇張してはならない。しかし、西ヨーロッパとその競争者との間にはなお著しい格差があった。アジアやアフリカの支配王朝は自身の直属の部下以外の富の蓄積を妨げることがあった。たとえば、アシャンティ王国では、奴隷や平民は、国家が統制していた生前贈与の機会からおおかた排除されたし、富裕家族は過酷な相続税によって打撃を受けた。[23] オスマン帝国のスルタンは、最大の商業家族に国家契約を押しつけてその勢いを殺いだ。[24] これは中国にはそれほど当てはまらない。中国では、政治の変化があっても権利を失う宗族があまりいなかった。とはいえ、危機の時代には、富裕な商人は国家に寄附するよう「依頼」された。ここでもまた多人数の相続システムによって、報酬が分散され、世代を経るごとに「有力者が切られていく」傾向があった。南アジアや中東では、王朝のめまぐるしい浮沈を経てもなお、強大な消費者集団が出現して投資を繰り返した。にもかかわらず、一六八〇年以後に政治や商業の中心地が急速に移転していったのは、資本投資によっても西ヨーロッパのいくつかの地域と同様な長期間にわたる累積的な見返りが生み出されなかったことを意味した。

ロシアは、この時期には西ヨーロッパよりもオスマンに近かったといってもよかろう。リチャード・パイプスは、国家がいかにしてオスマンと同様の方法で筆頭商人を選定し、これによっていかに商人たちがしばしば政治的変化を受けやすくなったかを示している。[25] しかしピョートル大帝の時代以降、ロシアの複数の地域、とくに新たに獲得されたバルト海沿岸は、国家が（弾圧したというより）推進した局地的な前工業的成長によって繁栄を遂げていたようだ。諸体制が新興の商業階級を過度に搾取する傾向は、ヨーロッパ以外ではもちろん一般的ではなかった。たとえば、日本は長子相続制をとっており、政治的指導者は比較的安定していて地域に根ざしていた。地方は相対的な経済的安定性を獲得し、従順で順応力のある労働力から利益を得ていた。これによって、日本の指導者は結局、一九世紀のグローバルな変化に対応しうる好位置を占めることができ、最終的には、それ以前からの強力な勤勉革命を背景にして自国の工業化を計画することが保証されたのである。

北西ヨーロッパとアメリカの人々が持っていた第二の中期持続的な競争上の強みは、商業の領域にあった。彼らは金融制度を開発し、それは、個々の大商人の浮沈からも諸政府の気まぐれからもそれほど影響を受けなかった。オランダ人は、とくに長距離の通商航海のリスクを回避する方法としての株式会社の先駆者となった。オランダ東インド会社は、近代資本主義にとって重要な、リスクに共同出資し所有から経営を分離する措置を取り始めた。実際、初期近代のイタリア都市国家以降、西ヨーロッパは商業上の革新に対応するための措置をとり続けることができたようだ。これとは対照的に中国では、もっとも成功した有力会社でさえ家族経営を維持して資財を保護し続けた。イギリスでは、イングランド銀行が経済を自主的に統制した。商業階級や財産所有階級が出資する国債という仕組みによって、公会計にはほかでは達成不可能な透明性が与えられた。事実、国債は国家のしるしのようなものになった。それはエリートと政府との間に存在する完全な信用を示すものだ、と人々は考えたのである。紙幣が流通しイギリスや北アメリカで地方銀行が激増したため、貸し借りが容易になった。これらすべてによってヨーロッパの諸政府や金融制度は、自国の勤勉革命ばかりか他の大陸の勤勉革命も存分に利用できる位置にのしあがることができた。中国の茶や磁器、ジャワの香辛料、インドの織物はすべてこの大きな口に丸呑みにされたのである。

近年の歴史家たちは、アジアや中東の大商人たちが比較的洗練されていたことを指摘している。インド、中国、中東の商人は、一八世紀初頭においても世界でもっとも豊かな者たちの一団であった。彼らは会計技術や企業家精神においてヨーロッパの同時代人に決して劣っていたわけではなかった。(26) だが、西ヨーロッパやおそらく日本を優位に立たせたのは、大商社の営業を可能とした法や法人組織という枠組であった。皮肉なことに、現地の商人や金融業者に法的な保証や財産権の安定性を提供したのは、それ以外の点ではアフリカやアジアの経済進展にいっさい無関心だった一九世紀の植民地国家だったのである。

ヨーロッパの多くの地域が享受した最後の競争上の強みは、戦争と金融の関係にあった。残酷なことに、ヨーロッパ人は人殺しに長けるようになった。一七世紀ヨーロッパの野蛮なイデオロギー戦争によって、戦争、金融、商業の革新は結びつけられており、この結びつきからあらゆる利益が膨れあがった。これが、一八世紀に勃発した世界の諸抗争におけるめざましい優位をヨーロッパ大陸にもたらした。西ヨーロッパの戦争は、陸海両方で行われたこともあって、きわめて込み入っていて費用がかさんだ。諸政府は陸と海の両方で権力を行使する必要があった。高度に洗練されたシステムが、陸軍と同様に海軍への資金や物資の供給を必要とした。カリブ海の奴隷による農業生産の価値は一七五〇年までにかなり上昇したので、カリブ海の島々を防衛する海軍を維持・供給するシステムを作り上げるために巨額の投資が行われた。とくにイギリス人は、西海岸沖の水域に大艦隊を永久駐留させて侵入を防ごうとした[27]。これには高レベルな兵站システムが必要となり、カリブ海や東洋の遠隔水域に派遣される船団の駐留地が作られることにもなった。イギリス諸島からはどれだけ遠く離れてい

図 2-2　最初の多国籍企業——『ロンドンの旧税関波止場』（サミュエル・スコット画，1756 年頃）

ようと、イギリスと戦ういかなるヨーロッパの海軍も、イギリスに追い付かねばならなかった。よく知られているように、ロシアのピョートル大帝は一八世紀初頭に陸海軍を近代化し、一五〇年後には日本の支配者もまったく同じように試みることになる。しかし、段階を経るごとに革新への刺激は少なくなっていった。アジア諸国やオスマン帝国はもちろん大艦隊を集結させたものの、それを海上で長期間にわたって運用する技術はあまり発達しなかった。海軍技術も一七〇〇年以後は西洋人に後れを取った。あるオスマン帝国史家によると、スルタンは一八世紀に素晴らしい海軍を持っていたが、それは一七世紀の戦争に備えていたものだった。

ヨーロッパの中規模国家が互いに死闘を繰り広げたために、陸戦術の刷新が促され、より殺傷能力のある武器や、職業軍人の増員を支える金融システムが生み出された。これらによって、ヨーロッパにおける国際貿易やヨーロッパが管理する国際貿易に大きな競争上の強みがもたらされた。一八世紀に世界貿易が拡大するにつれて最大の「付加価値」を獲得できたのは、奴隷、香辛料、更紗、磁器をもたらしたアジアやアフリカの生産者ではなく、ヨーロッパの船舶や商社にほかならなかった。世界最大の市場で輸送と販売を管理したのは彼らだったからである。同様に、ニールス・ステーンズガードが論じたように、非ヨーロッパ諸国に保護や軍務を売り込むことで、ヨーロッパの世界貿易の収支が是正された。[28] これは、各国の産業革命以前に、ヨーロッパ大陸の生産物がアジアや北アフリカの世界市場に売りに出された生産物よりも高価で珍重もされなかった時期にも当てはまる。ヨーロッパは、ヨーロッパ以外での勤勉革命を結びつけ、服従させ、そこから取り立てたのである。

愛郷心・愛国心を育む国家の展開

比較的健全な制度的枠組の中で膨張し続ける柔軟な経済に加えて、ヨーロッパは良かれ悪しかれ、さまざまな愛郷心にあふれた近代国家を形成し始めていた。この近代国家の形態は、革命の危機の最中に、一九世紀の攻撃的な国民国家群に変容していくことになる。ただし、これによってもヨーロッパには短期的な競争上の強みしかもたらされなかった。というのも、アイデンティティが流動化し現行の政治権力が複雑に絡み合い、アジアやアフリカの諸地域も同様の方向に動く様相を呈していたからである。しかし、五〇年は世界史の中では長い時間だった。

第1章で示唆したように、一七九〇年には、多くのヨーロッパ諸国の境界はアジアやアフリカの境界と同様にはっきりしていなかった。国家の内部構造は、集権的にしっかり管理されていたというよりも権力と権威が折り重なる形態をとり、複雑にして多様なものだった。一方の極にありかつ中華帝国に近い（としばしば言われる）のは、ロシアである。ロシアでは、一八九七年までに皇帝の臣民のうちロシア人が四四％しかいなかった。[29] 皇帝が遠隔地にあまりにも攻撃的に干渉すると、帝国の結束の要となる上位貴族や部族の首長を動揺させる危険を冒した。ドイツは、強力な文化ナショナリズムがわきあがっていたものの、分散したままだった。ドイツ・ロマン派の最大の詩人にして博識家のゲーテは、一般にドイツ・ナショナリズムの始まりと結びつけられている。しかし、一七九三年以前、ゲーテは、古い支配権を完全に体現する制度だった神聖ローマ帝国の熱心な支持者だった。ロベスピエールは後になって、破竹の勢いで中央集権化されたフランス国民国家の象徴となるものの、当初はアルトワ地域に対する愛郷心の代弁者として政界入りした人物である。[30] ただし、彼はおそらく後にこれを忘れようとした。

一九世紀の新たな攻撃的な国民国家にして帝国国家を代表することになるイギリスやフランスでさえ、以上のような古い特徴のいくつかを示していた。イギリスの場合、プロテスタントが支配したアイルランド議会は、こうした変則の事例だった。アイルランド議会は、ロンドンの行政府と結びつき、王室のパトロネジに拘束されるのと同時に、その諸権力を守っていた。フランスの政体のつぎはぎ具合は、一七九三年になってもいまだ目立っていた。地方高等法院は多くの地域で強大なままであり、パリの権威をくつがえそうとしていた。イギリスとフランスは、一九世紀がかなり経過してもいまだ文化的に分散していた。ゲール語、アイルランド語、マンクス語、ウェールズ語、果てはコーンウォール語もイギリス諸島のかなり多くの人々が話し、フランスでも総人口の三分の一以上の人々は、後にフランス国民の完全な文化を具現することになるフランス語が話せなかった。スペインは、内戦、帝国的膨張、〔言語などの〕統一化といった歴史を持つにもかかわらず、一八世紀にはきわめて地域《プロヴィンシャル》ごとに分散した社会にとどまっていた。

ただイギリスとフランスの両方においては、長期にわたって、広範な結びつきを作り上げ、人々の文化、慣習、政治活動を統一化しようとする動きがあった。これらの過程は、イデオロギー、社会、経済といったレベルごとに異なる仕方と速度で展開していった。しかし、この過程は、いったん国民や国家についての新しい思想がフランス革命やヨーロッパの諸革命の後に強力に形作られると、その思想を実体化するのに重要となった。類似した過程は、他のヨーロッパの政体やヨーロッパ（とその活発な移住植民地）以外においても断続的に見られた。

ナショナリズムの歴史家や理論家は、国民的《ナショナル》な感情の興隆を経済の面から説明することにかつてほど説得力があるとは見ていない。それでも大きな地域市場が統合されて出現すると、人々は相互認識ができるようになり、地方《ローカル》の階級利害を超える地域的《リージョナル》な結束が作り出された。経済はとどのつまり著しい物質主義の問題であるとともに、文化、社会結合、言説、表象の問題でもある。貨幣はいわば至上の表象現象である。つまり貨幣には、それが体現する価値についての言説を越えた価値はない。E・A・リグレーは数年前に、ロンドンが早くも一七世紀にイングランドの大半にいかにして支配を及ぼしていたかを示した。[31] 地方の取引商や借地農（真の小作農はもはやいなかった）は、この首都を頼みの綱となる市場および供給源と見ていた。同様に、農業やプロト工業の専門化のネットワークにより、食料やその他の生産物が首都に持ち込まれ、あるいは首都から拡散していった。スコットランドへのイングランド産品の輸出増加は、一種のイギリス「愛国経済」を作り上げ、一七〇七年の両国の合同への道を容易にした功績があったと考えられてきた。これより規模は劣るが、パリ盆地もフランスにおける一定の経済的支配を獲得した（ただし、革命戦争はこれがいかにもろくも崩れ去るかを示すことになる）。経済が長く緩やかに統合されると、地主と商人の間に高まりつつあった愛国心が支持されていくことになった。彼らは類似した形態の訓練や教育、類似した法制度、類似したパターンの消費と余暇にしだいに従うようにもなった。フランス宮廷の儀式に参加するために、代表的な貴族は長期間にわたってパリでホテル暮らしをするようになり、共通のアイデンティティ意識が強められていった。

宗教と戦争は、こうして段階的に祖国を構築することに拍車をかけた二つの力だった。アイデンティティは、危険な「他者」、つまり異なる信念、言語、価値観を持った人々を目の当たりにして形成された。現在、多くの歴史家は、明確なイングランドのアイデンティティ意識や国民国家意識、ときにはイングランドの国民性をも中世盛期にまで遡って跡づけている。[32] この見解によると、一五世紀末の対フランス戦争は、敵意に満ちたイングランドの愛国心に火をつけた。これはいまだ論争中ながら、今や歴史家たちは次のように合意していると言ってもよかろう。すなわち、宗教改革や一八世紀の長期にわたる戦争によってこの感情は、しだいに「イギリスらしさ」と呼ばれるようになったものに転換され、一般化されたということである。イギリスのプロテスタントのキリスト教徒であることは、この国がカトリックや外国の敵となお戦っていた一八世紀にいくども求められた。宗教戦争の余波はいまだに続いていたのだ。同様にフランスのアイデンティティも、人々が特殊な形態のカトリック国家の牙城であることについて抱いた感覚によって形成されていた。これもまた、地域的なプロテスタント分離主義の挑戦をつい最近撃退したばかりであった。

エイドリアン・ヘイスティングズによれば、「フランスらしさ」が確固たるものとなるのは、政治の問題であるとともに識字能力や宗教の問題でもある。それが起きたのは、ヴェルサイユ宮殿というよりもむしろ都市パリにおいてだった。フランスへのアイデンティティ意識が上昇しつつあった証拠の一つは、一八世紀の教会でラテン語のミサが行われた後に、祈禱や説教に広くフランス語が使われるようになったことである。[33] 熱烈な愛国主義と、フランスは普遍的な精神的使命を持つという信念との組み合わせは、革命戦争の間に、急速に世俗的な外見をとるようになった。革命家にとって、フランスは美徳の中心地であり、しかも普遍的な人間の価値の担い手でもあり続けた。こういった変化のパターンは、フランスよりもさらに複雑な政体でも見られた。広範囲にわたるドイツ語圏の小説家や劇作家は、古代の英雄を賛美し、フランスの「他者」とは区別された「ドイツらしさ」を強化した[34]。このことは、ドイツの政治秩序が百もの領邦国家に分断されたままだった時でも起きていた。

戦争と結びついて高まる愛国心は、一八世紀の多くのヨーロッパ諸国、および当然ながらそのアメリカ植民地の支配者集団の特徴そのものであったと考えられる。王朝政治が領域政治へと取って代わりつつあった。イギリスにおけるフランス嫌い、反ガリア的なレトリックは、フランスにおけるイギリス非難に劣らなかった。フランスは、プロテスタントの愛国者やカトリックのアイルランド人愛国者が敵と見立てるイギリスに対する敵愾心も大いに利用しようとした。フランス系カナダ人入植者は、南部のおおかたはプロテスタントの植民地に対抗して動員されたものだった。フリードリヒ大王のプロイセンは戦時には王朝国家にとどまり、小作農大衆も支配者との一体感は感じていなかったが、国際抗争によって特権的な臣民の間に「プロイセンらしさ」の意識が高められつつあった。七年戦争期のプロイセンでは活発な義勇兵運動が起きたが、これは戦死した男たちの代わりに愛国的な義務として参戦することを目的としていた[35]。T・C・M・ブラニングが示したように、反フランス感情は、古くはルネサンス期まで遡る「侵入者」をめぐるドイツの言説と適合していた。ルネサンス期には、ローマの帝国主義者に対抗する古代ゲルマン人の英雄的行為が愛国的に語られていたのである。さまざまに入り組んだモザイク状の諸国家からなるイタリアですら、こういった統合を必ずしも曖昧にしていたわけではなかった。ジョン・A・デイヴィスが一九世紀について書いているように、「ナショナリズムは新しいものではなかった。かなり初期からはっきりと定義された共有の文化や歴史のアイデンティティがあった。それは、言語や慣習、衣服の着用や食事の仕方、イタリア人をイタリア人らしくする余暇や宗教性の形態から来ていた[36]」。

広大な王朝領域を支配者が保護することよりも、ヨーロッパにかなり深く根をおろしていた地政学的な認識が優先されつつあったとの証拠もある。諸政府はますます「自分たちの」領土を守るために戦い、王族の婚姻に基づく古い同盟を捨てつつあった。オーストリアの大臣たちは一七四九年に、旧敵国フランスとの同盟を強く訴えた。その理由は、今や復活したプロイセンがオーストリアの中枢部にとっての直接的な脅威と見なされるようになり、その脅威に備えるためだった。(37) とはいえ、この事例そのものは、故国《パトリア》の出現が混乱を引き起こすきっかけになることを私たちに警告してくれる。地政学と文化は必ずしも同じ方向をとるとは限らない。フリードリヒ大王が、いつかはドイツ国民の中核を構成することになるプロイセン故国を確固たるものとしつつあったことはたしかである。しかし、彼はいまだにドイツ語をがさつな農民の言葉であると軽蔑して、いつもフランス語を話していた。同様にオーストリアの大臣たちもオーストリアを地政学的な中枢部と強く見なしていたかもしれないが、プロテスタントのプロイセンとカトリックのオーストリアの両方を包摂する、共通のドイツ語文化という考え方が育ち始めつつあったちょうどその時に、フランスと同盟を結んだ。皮肉なことに、かつてのハプスブルク家の敵国とのこの同盟は、一七九三年にフランス王室政府に対する革命家たちの非難の中でもっとも重要なものの一つとなり、フランスの愛国心の高揚にも拍車をかける結末となった。

にもかかわらず、この出現しつつあったエリートの国民感情は、文化的一体感と不均等に折り重なるようにして強められ、ベルリン、サンクトペテルブルク、トリノ、パリといったいくつかの地域支配的な大都市において、貴族、地主、自由市民、商人の身分間の境界を取り崩していった。農民はいまだ国王、象徴、聖遺物のために戦っていたが、都市民は、諸体制から独立して増幅しつつあった愛国的な団結心を示していた。キャサリン・ウィルソンは、一八世紀半ばにフランスあるいはスペインの密漁者から挑戦を受けると、北海における漁業権といった平凡な事業開発がいかにして国民的熱狂の対象となるかを明らかにした。(38) 海上支配を表す「ブリタニアよ、支配せよ！」のような愛国歌、パリのパレ・ロワイヤル、あるいはロンドンのヴォクソール・ガーデンに飾られた絵画(39)は、攻撃的で膨張的な愛国主義の台頭を示していた。

戦争や統合されたプロト国民市場はもちろん重要であったが、支配者による〔教育など〕善意の法令も、一八世紀のヨーロッパにおいてアイデンティティを構築する助けとなった。たとえば、いわゆる啓蒙専制君主は国家教育の先駆者となった。オーストリアの女帝マリア・テレジアの治世の終わりまでに、「この国家は六千校以上の学校と二〇万人の学生を大いに誇りとした」[40]。プロイセンやロシアは教育国家の先駆者であったし、その効果は共通のヨーロッパの理想を広めることになったかもしれない一方で、旧王朝領域内での標準語や共通性意識を構築する助けとなった。ハプスブルク領域内のイエズス会やドイツ諸国家内の敬虔主義派のキリスト教徒は、基礎的レベルの識字能力を広めた。これらの集団は宗教的使命に基づきつつも、さらに深く地域の郷土愛的な共同体意識の創造を助けることになった。いったん当局が教育の共通の理想を採用すると、このことは教え方や洗練された表現の標準化をほぼ必然的に意味した。理論家のベネディクト・アンダーソンが論じた「出版」ナショナリズムは、新聞と同様に教室を通しても広まったのである。

ここでの議論には、市民権や領域的国家といった観念を研ぎ澄ましたフランス革命の重要性を回避する意図はない。一七九三年以後ヨーロッパは、より全般的なイデオロギー上の変化に巻き込まれ、さらに自称国家のために何百万もの若者を兵役につかせた国家間の武力闘争に巻き込まれた。イデオローグや政治家は、より単一的で厳格な主権国家の概念を推進した。それには、明確に定義された境界があり、民族的ないし宗教的な「他者」を排除したり抑圧したりする強硬な政策が付随していた。しかし、初期の愛郷心の相互作用が効を奏してこそ、一九世紀の新しい国民国家が登場してくる文脈が与えられることになる。後者は何もないところから出現したわけではなかったのである。中世末期からヨーロッパでは、王朝や宗教へのかつての帰属意識が、より民衆的で郷土愛的なものへと徐々に、しばしば気づかれないままに、そして曖昧なままに転換していくのが見られた。一八世紀の商業戦争や国民市場の創設によって、こういった過程が可視化されたのも驚くべきことではない。

だが、歴史家たちは、前近代のヨーロッパでは愛郷心的なアイデンティティが徐々に、矛盾をはらみながら、さまざまなパターンで立ち現れてきた点を強調することによって、ヨーロッパとそれ以外の地域との差異を小さくしつつある。もちろん、伝統的に歴史家と理論家は、一九世紀が経過する中でナショナリズムが完全に形成され、ヨーロッパ以外の世界に輸出されていったという人間の歴史にこだわってきた。すなわち、ヨーロッパ人、アジア人、アフリカ人が相互に衝突し抗争を繰り広げて、ナショナリズムの種は世界じゅうにばらまかれた。ナショナリズムという文化的荷物は、一八八〇年頃にインドやエジプトに、一九〇〇年代には中国に、第一次世界大戦後にはオスマン帝国や北アフリカに上陸したとされている。どういうわけか、それはもっと早い段階ですでに日本の岸辺にも押し寄せていた。対照的に、サハラ以南のアフリカがその荷物を受け取るのは遅すぎて、第二次世界大戦後であり、しかもそれは誤用され続けた。こうした説明は、ヴィクトリア朝のイデオローグや後の帝国イデオローグにとっての中心テーマであった。彼らは植民地統治や西洋式教育という貨物列車に載せて、東洋や南半球にナショナリズムを運んでいったヨーロッパや北アメリカを嘆いたり称えたりした。この理論は最近になって、アジアやアフリカの知識人によって新たな生命を与えられた。彼らは、自分たちを生み出した世界資本主義を忌み嫌いつつ、自らの歴史を穏健で、脱集権的で、揺れ動く農民たちのアイデンティティの物語として描こうとしてきた。そしてそのアイデンティティは、のちに西洋やその手先によって一枚岩的なナショナリズムや民族性《エスニシティ》が押しつけられたことで引き裂かれたと見なされるのである。

イギリスの支配がインドを作り、フランスの支配がアルジェリアやヴェトナムを作り、オランダの支配がインドネシアを作り、スペインやアメリカの支配がフィリピンを作り、厳密に線引きされた国家空間が設けられたことはもちろん疑いない。イエズス会士は中国について「儒教的な」文化と書き、アフリカの宣教師は「部族」を特定の土地に割り当てて、「やつらの」言語をけなした。国境、パスポート、自国通貨、国営刑務所など、すべてがヨーロッパの支配に由来した。一九世紀に国際紛争が起こると、どこの政治指導者も「自分たちの」境界と「自分たちの」民を認識した。だが、アジアやアフリカでは、ヨーロッパと同様に、王朝への単なる忠誠よりも広範な価値への義務を負った特定のアイデンティティや祖国愛が、ヨーロッパの膨張以前（ないしはその初期）に形成されては解体され、また形成されるという経過をたどった。これらの社会形態や過程は、一九世紀から二〇世紀にアジアやアフリカのナショナリズムを創造する積極的な担い手となった。それは単に「創られた伝統」、あるいは西洋化された利己的な知識人によって解放された虚偽意識ではなかった。また一七世紀から一八世紀におけるヨーロッパの愛国心のように、後の民衆のナショナリズムとは必ずしも進んで融合もしなかった。一八世紀のアイルランドの愛国主義は、反イングランド的だったかもしれないが、全般に反カトリックでもあり、一九世紀のカトリック小作農のナショナリズムとは似ても似つかぬものであった。同じように、西インドのマラーター王国による一八世紀の愛国主義は、あまりにも高位カースト中心で排他的であり、一九世紀から二〇世紀にかけての民衆動員のパターンにはたやすく適合しなかった。

国家、市場、宗教指導者の活動によって、ヨーロッパ以外の多くの地域には、一九世紀における植民地への大量移住以前に、さまざまな形の流動的な愛国的アイデンティティがもたらされた。これは、新世界やアフリカ南部のヨーロッパ植民地では自明である。そこでは、現地生まれのクレオール、アメリカ人や「アフリカ人」が、到来するヨーロッパ人総督や商業利害に対して、一七七六年のはるか以前から強い抵抗を示していた。これについては、偉大なアジアの王朝にも当てはまる事例があった。そこでは、「国家性」や民族性という考え方は支配者自身の行動に由来した。乾隆帝は自ら満洲王朝の指導下にある漢民族の兵士の行為を称えたが、そうすることで彼は漢民族のアイデンティティを永続きさせたようにも見える。(41) これは満洲人の連帯意識とは対立するものだった。その意識は、家族から家族へと受け継がれ、儒教のテキストに潜んでおり、満洲人が中国人のために立法化した服装規定や髪型に常に現れていた。

ところが、このアイデンティティは、遠方にあるがゆえの弱点や外敵にさらされる弱点をかかえた最辺境にある最小の故国において、もっとも強まることがあった。スリランカの支配者や貴族は、タミル人のいる南インドやポルトガル人の略奪行為に直面して、地域としての矜持を長い時間をかけて育てていた。[42] ビルマ人、朝鮮人、ヴェトナム人（少なくとも北ヴェトナム人）も特殊な宗教的実践、共通言語、そして一九世紀以前から長く続く、より攻撃的な隣国との戦争から生まれたアイデンティティを示した。これらの文化や政体にとって、中国は見倣うべきモデルであったが、故国の価値を重視する考えが出現すると敬遠されもした。日本人が信奉する愛国主義は長いあいだ隆盛をきわめた。それは、外なる「野蛮人」やアイヌのような内なる「野蛮人」から自らを区別した。アイヌは、日本の「大いなる栽培化」によって、一五世紀から一八世紀までに北海道の荒涼たる地域に閉じ込められるようになったのである。[43]

これらの事例では、先行するアイデンティティがあったために、アジア各地の国民的政体が不ぞろいに台頭する要因が生じた。一方ほかの地域では、王国の勃興によって新たなアイデンティティが育つ空間が作られた。一八世紀末には、より厳密な境界をもつ地域王国が初期の諸帝国の領域内に現れてきた。ゴルカ朝のネパール、新たに統一されたビルマ、ラーマ一世の新しいタイ、カージャール朝イランが、中国、ムガル帝国、サファヴィー朝の領域の辺境に出現したのである。エジプトの支配者が生産の国家独占を成し遂げようとする一方で、旧オスマン領西部のシディ・マホメッドは、スペインやポルトガルの沿海部への侵入に備えて自らの王国を強化するために、西洋の軍事技術の専門家の助言を取り入れた。[44] これは、日本や中国の事例に見られたような古い文化的政体の再構築というより、王朝主導による国家建設であった。しかし、これによって一九世紀に、識字能力をもつ人々が自らを国民と定義できるようになる空間がもたらされたのであった。

中央の王室の機能がきわめて限定された、親族を基盤とする国家がサハラ以南のアフリカの多くにわたり典型となり続けていた一方で、ここでも変化は一八世紀半ばまでに明瞭に現れていた。国王や支配者集団の中には、親戚や同族のリーダーに対して一時的で曖昧な勝利を収める者もいた。西アフリカのヨルバ人や東アフリカのバガンダ人は、植民地化の衝撃のはるか以前にあった柔軟な政治システムと結合したアイデンティティをたしかに示した。

ある歴史家が、以下のようにコメントしている。

一九世紀の黒人アフリカに一つの国民国家が存在していたとするならば、バガンダにはその正当な資格があろう。それは数世紀かけて成長していた。自分たちは独自の歴史や中央集権政府を持ち、領土を州（サザ）に効果的に分割しているとの強い意識があったし、氏族組織の中には王室や官僚の支配の垂直性と均衡をとるための社会意識の水平性があった。[45]

東アフリカや中央アフリカの支配者は、税を徴収し戦争に兵を動員するために国家を作り始め、その過程で集団意識を高めていった。これを「進歩的な」変化とみるには危険が潜む。なぜなら、ヨーロッパ人、アジア人、他のアフリカ人は数千年も前からこの方向に動いていたからである。たしかに、中央集権化された好戦的な政体があると、アフリカの人々によるヨーロッパの猛攻撃に対する抵抗を（少なくとも短期間）助けることになったかもしれない。ベニンやコンゴといった他の政体はヨーロッパ人と協調した結果、一時的には強大となった。とはいえ、人類学者が気づかせてくれるところでは、生活の条件は、物品や名誉への接近手段が制限されている、国家なき脱集権的な社会形態の方が多くの点でより良かった。「国家統制《スタティシュネス》」やアイデンティティの形成をめざすこういった運動は、しばしばアラブあるいはクレオールのヨーロッパ社会との限定的な接触の結果として生じた。東アフリカや西アフリカのポルトガル領地域、あるいはケープのオランダ植民地のような社会では、国家による要求がよく知られていたのである。野心に駆りたてられたか、奴隷、象牙、ダイヤモンドの取引に将来性を見出した支配者たちは、女性や名誉への特権的な接近手段を持っていた親族の長に対する若者の敵愾心を利用した。支配者は自己防衛のために近衛軍を創設した。[46] 一九世紀初頭にヨーロッパ領ケープの辺境にあったバストランドの典型的な事例では、ムテトワ帝国の首長シャカ（一八二八年没）が鋭利な槍で武装した若者の軍隊を創設し、権威的な政体、すなわちヨーロッパ人にとってはズールー王国として知られる国家を作り上げた。[47] 後のヨーロッパ人観察者による記録が示唆するのは、これらの王国内で戦争や名誉が多くあったことによって、住民の中に地域としての矜持や共通のアイデンティティがある程度作られていったことである。太平洋においても、植民地への大量移住以前に強力なアイデンティティをもった大きな政体が出現していたと見る歴史家もいる。外部の文化と接触する以前から社会内部で人口、貿易、知識が緩やかに増大していたことは、これらの社会が静態的だったという考えとは矛盾するのである。

したがって、西ヨーロッパの事例の特徴は、必ずしも強大で明白な国家の存在ではないし、ましてや受け継がれた愛国的なアイデンティティ（いまだ流動的だったにしても）の存在ですらない。ここで目立ったことと言えば、これらの〔国家や政体の〕形態が、経済的な活力、戦争を遂行する精巧な武器、中規模の政体間のすさまじい競争に収束していったことである。ヨーロッパの一時的で限定的な「例外性」は、一つの要因にではなく、世界の他の地域に分散してみられる多くの特徴が予想外にも蓄積されていったことの中に見出される。たとえば、植民地化以前にアイデンティティがきわめて先鋭となったアジアの一地域が、東南アジアの大陸部であったことは意義深い。そこでは、中規模の王国間の抗争には古代からの歴史が潜んでいたのである。そしてもちろん、ヨーロッパの例外性は長続きしない消耗資産であった。日本人は早くも一八七〇年に、独自の近代性への道を見出していた。とはいえ、もっぱら経済的な偶然性、愛国的なアイデンティティ、国家権力に的を絞るならば、ある一つの要因が見えなくなる。それは、一八世紀のヨーロッパや北アメリカで急速に発展した社会組織である。それがあったために、諸個人が集まって議論したり、諸制度が調整されたりすることが可能となり、また、究極的には組織を資金、権力、知識を集積するための効果的な道具にすることができたのである。次節では、社会学者が「市民社会」あるいは「公共圏」と呼ぶものに目を向けてみたい。

批判的公衆

一九七〇年代まで旧体制を扱う歴史家の多くは、それを打倒した社会・政治的な力について論じようと試みていた。すなわち、ヨーロッパの君主国や帝国における財政危機や政治危機、あるいは東洋におけるヨーロッパ主導の貿易の膨張についてである。その後しだいに、ドイツの社会科学者ユルゲン・ハーバーマスによる[48]、国家と社会の間にある領域としての市民社会の出現についての考え方が研究者に影響を与え始めた。「批判的公衆」はすぐに旧秩序の主たる解体役と見なされるようになった。歴史分析としては、ハーバーマスの理論は目新しさに欠けていた。かねてより、イギリスの歴史家たちはこの種の発展について実際に論じていたのである。しかし、彼らは社会科学の理論にはアレルギーを持っており、仰々しい言葉を懸命に避けようとしていたために、それが何を言いたいのかについては誰一人として注目していなかった[49]。一九七〇年以後、とくにアメリカ合衆国にいるフランス史家は、公共文化や表象の問題に関心を向け始め、旧体制や共和政初期における民衆騒擾や誇示の中に新たな様式の政治を見出そうとしていた。こうした二つの転換は、現代思想における「言語論的転回」と融合した。一九八〇年代から九〇年代の歴史家にとって、思想の交流、文化的文脈の構築、儀式の発明はそれだけで社会的事件となった。かつてのリベラルやマルクス主義の歴史家にとって収入の流れや市場の統合が重要だったように、これらが重要となったのである。こういった言説や表象の近代化に対する関心は、経済あるいは公的イデオロギーの近代化を強調したかつての研究に取って代わった。伝統的に、知の近代化は西洋に始まって、そこから広まったと想定されていた。この種の方法はグローバル・ヒストリーの時代にどれだけ持ちこたえられるだろうか。

表面上は、一八世紀においてクラブ、協会、集会所の創設を促す西洋の動きは、たしかに西洋以外とは区別できるもののように見受けられた。たとえば、アメリカの建国の父ベンジャミン・フランクリン（一七〇六—九〇年）

の『自伝』をみてみると、宗教思想、印刷機の使用、自由思想が、議論や会話のためのクラブや協会を創設しようとする並々ならぬ動きへと収斂していく世界が垣間見られる。[50] フランクリンは器用な職人兼農業経営の家系の出身であった。晩年になってからはどこに出かけようとも、小規模の実践的な改善を当局に促そうとしていた。有名な電気の実験にも匹敵したのは、ロンドンにおける街灯や清掃の改善、フィラデルフィアにおける課税や消火の改善に関する論文であった。こういった科学理論と実践的な応用との結びつきは、おそらく大西洋世界における暗黙の前提であった。これは他の偉大な文明では認められにくい前提である。そこでは論争が起こると、通常は伝統や宗教に対する畏敬の念がはっきりと示されたのである。

これは、宗教的な信念が一八世紀の西洋の実践的な哲学者にとって重要ではなかったと言うことではない。マックス・ヴェーバーが唱えたプロテスタンティズムと資本主義の結びつきは、今では社会科学者によって鼻であしらわれることがある。とはいえ、プロテスタント教会——およびプロテスタントの影響を受けたカトリック教会——の細胞組織や個人主義的な規準が、市民的共和主義の思想をうまく媒介したという考えを無視するのはさらに難しい。たとえば、フランクリンの公共道徳についての思考のルーツは、彼のプロテスタントとしての反国教会的な背景、および社交や兄弟愛を通じた個人の道徳改善を重んじる教育にあった。フランクリンは後に厳格なピューリタニズムに反旗を翻し、理神論者、つまりキリストの神性よりも超越的で合理的な神性の信者となった。おそらくフィラデルフィアのクェーカー文化からも影響を受けていただろう。フランクリンは有徳の同胞として、メソジスト、バプティスト、ドイツのモラヴィア派も認めた。社会的かつ個人的改善に貢献することを目的とする、ジュントと呼ばれた秘密結社のクラブの創設会員でもあった。後に彼はもう一つの協会の創設を支援したが、その協会の主たる目的は、大義と新知識について議論するクラブを増やすことであった。最初のジャーナリストの公人の一人として、彼がアメリカ独立革命に参加するのは必然だった。大衆の社交をめぐる彼の主張は、新たな自由思想を体現していた一方で、倹約や個人の主導性を強調することによって、代表なしの国家課税は彼にとって長年の課題となったのである。フランクリンは叙述の中で「国王」という言葉をいっさい使用していないが、ニューヨーク、ボストン、フィラデルフィアのイギリス人総督のパトロネジは進んで認めていた。

ヨーロッパでもその植民地でも、社会のミドルクラスと上昇志向の職人とを結びつける同様の社会運動が見られた。イングランドでは、貴族や王室のパトロネジがいまだ重きをなしていたが、平民や商人家族は、一七世紀から一八世紀にかけて社交、教育、交易、スポーツに貢献した無数の新しいクラブの創設に携わった。フランスや他のカトリックの国々では、教会（ただしイエズス会を除く）はしばしば疑いの目で見ていた。それは、新たな社交がフリーメーソンといった半神秘主義的な結社を通じて表れたとき、あるいはフランスの啓蒙思想家が創設したような、既存の秩序をあざ笑うクラブや協会として表れたときにはとくにそうだった。これらの協会のすべてが、教義や信条を重視しない自由思想や理神論を奉じたわけではなかった。ドイツの各地では、敬虔主義派のキリスト教徒が一七七〇年から一八二〇年までの間に組織を大幅に拡大した。にもかかわらず、結社は、会費の徴収や、議事録、会報誌の発行によって拡大を遂げ、広範な政治階級やもっと批判的な公衆のための基盤を提供していくのに決定的な役割を果たした。政治階級や公衆は、グローバルな戦争が続く最中にあって緩やかに結束していったのだ。

図 2-3　公共圏――勅撰弁護士に最後通告をするアメリカ愛国者委員会（『ハーパーズ・マガジン』に掲載されたハワード・パイルに倣った絵，1908 年）

一九七〇年代から八〇年代の社会理論家や歴史家が不完全な歴史像しか描けなかったのは、新たな結社や新たな社会観から排除された人々に十分な注意を払わなかったからであった。女性はときおり国家や社会の悪を議論するサロンの中心にいたが、こういった男性の集団に入れたのは貴族の女性や十分な名声を得た女性に限られた。労働者階級は、旧職人産業の衰退や新興産業の惨状と戦うために友愛的で自助的な協会を組織し始めた。しかし、雇用主に対抗して一部の善のために団結する試みは、いずれも敵意とぶつかるか、一七八九年以後は手厳しい抑圧に見舞われた。奴隷は必然的に、これらの結社の多くが唱えた社会観の視界からは外されたままだった。ただし、多くのクェーカーやメソジスト、その他の人道主義者は、一七七〇年代まで活発な奴隷解放の論陣を張っていた。宗教的少数派、たとえばイギリスのカトリック教徒や至るところにいたユダヤ人も排除された。白人が移住した植民地内の先住民も同様に、その移住地の外部にあるものと見なされた。高潔なるフランクリンは、酔っ払ってダンスに打ち興じるアメリカインディアンのシーンを地獄絵図さながらに描いているが、酒に溺れた彼らをまるごと絶滅に追い込んだあげく、正直で勤勉な白人移住者にその場所が明け渡されることを望んでいたようだ。人種の境界が流動的で、ヨーロッパ人がインド人妻をめとっていたイギリス領カルカッタでも、インド人はおしなべてヨーロッパ人の公共空間や議論の場から遠ざけられていた。

歴史家が描き始めた市民社会像は当初あまりにも楽観的で均質的だった一方で、自己組織化する協会や結社が増えていくと、西洋社会には、国内における団結や国外への侵出の両方に備えるための著しい持久力や結束性がもたらされた。これは、一八世紀における国内生産や対外通商の膨張によって作られた急速な社会的流動性によるものだった。また、これにはキリスト教や人道主義の教育、および社会における個人の責任という考え方の広がりや発展も反映されていた。印刷技術がたちまち普及していく時代にあって、西洋社会はこうした宗教や教育に一段と接近できるようになったのである。社交が広がっていくと、友愛協会、株式取引所、保険仲介人を通じた資本主義のさらなる拡大にもつながった。公共圏があったからこそ、国家あるいは国王や貴族のなすことを正確に批判したり風刺したりする鋭い専門家の意見が形成されたし、政治制度の効率化や活性化にも寄与したのである。英米では、判例や多様な法的視点を緩やかに蓄積していたコモン・ローが、この市民社会から利益を得たり市民社会を拡張したりすることに理想的に適合していた。

以上の歴史像は、初期近代において西洋はそれ以外の世界よりも断然優位にあったというデイヴィッド・ランデスの議論[51]を支えるものにも見える。たしかにそのとおりだが、ここには限界もある。西ヨーロッパや北アメリカ植民地における資本形成と社交、印刷文化、戦争、政府財政との結びつきは、西ヨーロッパや北アメリカ植民地には、構造的な強みがあったこと——アジアやアフリカの短期的な問題によって作られた相対的な強みにとどまらない——を示唆している。しかし、この問題はかなり複雑である。ランデスの立場の弱点は、「中国の循環」とか「永遠なるインド」とかいったアジア的停滞という古い考え方への逆戻りにある。これまで見てきたように、アジアやアフリカについて歴史家はかなり動態的な一八世紀の歴史像を描いている。一八世紀において、いくつかの地域で深刻な経済や社会の衰退が起きると、それに呼応するかのように、その他の地域では文化変容、経済的安定性、グローバルな近代性への適合が見られた。アジアやアフリカの社会が「失敗した」と見るよりも、そこにおける変化への多様で緩やかな適応について叙述すれば、もっとも納得がいくかもしれない。これまで西洋の事例として見てきたものによく似た社会形態のいくつか、たとえば新たな類型の社交、より統合された商業パターン、いくつかの技術革新などは、アジアやアフリカでもはっきりと認められたのである。これらの大陸も、結局のところ、国際貿易や武器拡散から、思想の拡大に至るまでの同様なパターン——一六〇〇年から一八〇〇年までの期間にわたりヨーロッパや南北アメリカに影響を与えていた——に従っていた。実際、ヨーロッパ人が両カロライナやカリブ海で有益なプランテーションを開発することを最初に可能としたのは、米などの作物に関するアメリカインディアンやアフリカ人の農業上の専門知識だった。

しかしながら、アジアやアフリカでは国家と社会との関係は、必ずしも西ヨーロッパモデルで行き渡っている関係よりもうまく組織化されてはおらず、少なくともそれとは異なる形で築かれていた。皮肉なことに、一六世紀から一七世紀のアジアや北アフリカにおける偉大な王国の成功そのものによって、これらの王国が一八世紀の急速な変化に適応していくことがかえって難しくなったのかもしれない。国王はカリスマ的な権威を保持していたが、その体制は宗教改革後のヨーロッパの体制ほど威圧的ではなかった。一九世紀にイスラーム狂信者としてかなり非難された、ムガル皇帝のアウラングゼーブ（在位一六五八―一七〇七年）ですら、人々の信仰に関心を持っていたわけではない。彼の主たる関心はスンナ派イスラームの主権であり、その排外的な実践ではなかった。諸帝国は、たとえばフランスの君主政がプロテスタントのユグノーを排除したように、敵対する集団を排除するというより、むしろ彼らを包摂し続けた。アフリカやアジアの各地にあった国家は、通商による富の保護よりも小作農の保護に関心を持った。小規模な隣国に対する侵略戦争に備えて、武器にますます資金を投入しようとしゃかりきになっていたわけではないのである。

アジアやアフリカの国家は、おしなべてヨーロッパの宗教戦争にあたるものを避けた。とはいえ、一八世紀における彼ら自身の過剰拡大や資源配分の問題は、まさに宗教戦争の過程で新たな武力や社会組織を使う術を得たヨーロッパ人の干渉によって、悪化の一途をたどるばかりだった。こういった適応過程のいくつかの側面は、後のヨーロッパ帝国の時代になると中断されるか、反転させられた。なかには、西洋の帝国によって自らの利益のために適応が強行された場合もあった。他方で、日本では自身の政府の保護のもとに幅広くかつ急速に適応が進められたのである。

アジアやアフリカの公衆の発展

アフリカやアジアの社会では、一八世紀から一九世紀初頭までの騒擾の最中ですら社会組織が大きく変化した。こうした変化について歴史家たちは「宗教」のレッテルを貼って長いあいだ考察してきたために、それほど重視しなかった。国王、貴族、知識人は、イスラーム教徒であれ、儒教者であれ、仏教徒であれ、変化の必要や希望を宗教の言葉で表現したために、変化は伝統的な秩序内での調整と見なされている。とはいえ、ベンジャミン・フランクリンはいまだにプロテスタンティズムや理神論の観点から自らの近代性を理解していたし、イギリスの天文学者・物理学者のアイザック・ニュートンは占星術や錬金術を信奉し続ける一方で新たな世界を構想していた。いずれも一般的な歴史書には伝統的な人間とは書かれていない。

一七世紀後半から一八世紀初頭までの間に、社会的結合の運動や批判思想の様式がアジアやアフリカで展開し続けた。それによって人々には、周囲の顕著で急速な変化に立ち向かう精神・社会的資源がもたらされた。現行の政治秩序の批判は宗教の言葉で表現されたが、これはその批判者が過去しか見ていなかったということではない。イスラーム教では預言者ムハンマドが啓示を受けて以来最初の千年紀の終わりには、純化の運動ばかりか現世の支配者のモラルが弛緩しているとの批判とともに、国家と社会の説得的な再評価が導き出されることになった。一九世紀への世紀転換期以前にあっても、オスマン帝国の知識人は、復興した西洋（この場合はエカチェリーナ女帝のロシアを指す）に直面して自分たちが生気を失いつつあることをしっかり認識していた。一八三〇年以後に実行に移される、こういった衰退への知的かつ政治的対策は、一世代前にすでに議論されていたのである。一九世紀に入るかなり以前から、改革の必要性を論議する知識人のネットワークは世界じゅうの多様な社会で形成され、しかも互いに参照しながら作り上げられるケースが多かった。

一八世紀には、アラビア半島の急進的な一神教信者が、伝統的な解釈、およびアラブ人や広範なイスラーム教徒の慣習への攻撃を開始した。これは二〇世紀まで続き、アフリカや中央アジアまで広がった。これらのいわゆるワッハーブ派は、オスマン帝国にとりついた諸問題をあいまいにしか認識していなかった。一方、スーフィズムの神秘的な教えの有効性を信じていたカイロや北アフリカの体制よりの思想家は、彼ら自身の伝統をあらためて宣言したり強化したりした。こういった変化は、遠くは北西アフリカでも受容されて再解釈され、そこでは、識字能力のあるイスラーム教徒の改革者が、より秩序あるイスラーム教徒の生活を保証する(と彼らが望んだ)国家建設をつぎつぎと試みていた。彼らは反動的な「聖戦」ではなく、周囲に見られた混合・折衷的な社会に代わる、適切で近代的なイスラーム社会を西アフリカに設立するための闘争と論争を開始しようとしていた。彼らは変化に対応して、自らの近代性を証明しようとしていたのである。[52]

一八世紀のインドでは、学者たちが新たなシステムの教育方法を作り出した。その目的は、イスラーム教徒が複雑な官僚制の世界で活動するのを支援することだった。南アジアのイスラーム教のもっとも偉大な教師の一人であるシャー・ワリーウッラーは、インドにおけるイスラーム勢力が相対的に衰退していることをしっかりと再認識し、イスラーム法の大がかりな再解釈を試み、多様な学派の統合や神秘的な伝統の除去を促した。[53] 彼が強調したのは、女性の教育を含む教育の重要性だった。そのプログラムは、単に宗教的純粋主義にとどまらず、社会の再生へと導くことを目指していた。マレー半島やインドネシアでは、ヨーロッパの支配が始まる以前の何十年にもわたり、イスラームの教師が現地支配者の慣習的な権利や振る舞いを批判していた。こうしたいわばイスラームの公共圏は、モスクのある市街(マディーナ)で敬虔な民衆の議論を常に展開してきており、今や一八世紀のイスラーム教徒に降りかかった災難や問題によって新たに拍車がかけられた。イスラーム教徒は新たに協会を設立し、学習と識字能力の重要性を強調し、個人や社会の規律を賞賛した。したがって、これらの運動は単なる「西洋の衝撃」の産物ではなかった。ヨーロッパにおけるナショナリズムや中央集権国家の興隆と同様にグローバルな変化への対応であり、また、これらより長く存続するかもしれない対応を表していた。

イスラーム教徒は外の世界の変化にも警戒を怠らなかった。中央アジア、ムガル帝国後のインド、北アフリカの支配者は、観察や実践によって医術や天文学を改善し続けた。一八世紀末にかけて、ヨーロッパの天文学の著作がアラビア語やペルシア語に翻訳されて、中世末の知識の流れが逆転した。旧来の知は再評価され続け、それによってコペルニクスの地動説がしだいにアジアやアフリカの多くに受け入れられていった。思想や実践の交流は決して一方通行だったわけではなかった。たとえば、アジアの染め付けやつや出しの技術、そしてアフリカや南アメリカの先住民が開発したハーブによる治療法は、一八世紀のヨーロッパ人によって借用され応用された。歴史家たちは、産業革命と結びつく、ヨーロッパ世界における多くの小さな技術革新がもともとは非ヨーロッパに由来することを徐々に認めるようになっている。

イスラーム世界はもちろん何世紀にもわたりキリスト教、ユダヤ教との知的な対話や抗争をしていた。さらに東側では状況は異なっていた。皮肉なことに、継続的なイスラーム教の拡大がしばしばイスラーム以外の伝統に自己再評価や新たな組織化を促したのである。インド社会は、法《ダルマ》の支配の到来を提唱する運動によって絶えず活気づいていた。これらはしばしば、カリスマ的な導師であるグルを中心にしていた。グルは、カーストに基づく厳格な社交の制限を含む、現世のヒエラルキーが無意味なことを説いた。こういった運動は、ムガル帝国支配の比較的平和な時期に倍増したが、なかにはイスラームの一神教からの影響を受けた運動もあった。この運動によって新しいタイプの集会や協会も作られ、南アジアや東南アジアの通商コミュニティに連結や接触がもたらされた。この種の宗教改革運動で著名なものは、北インドのシク教徒による運動である。その方法はきわめて急進的だったので、自分たちを厳密にはヒンドゥー世界の完全に外側にあるものと見なした。一八世紀にシク教徒の運動は、商人ばかりか巨大な北インドの農民カーストの間にも広まった。[54] これらの運動すべては、人々を精神的な救済に導くという意味で来世的であったが、しかし、当時の政治・社会問題に解決策を与えてもいた。つまり、西ユーラシアのフリーメーソンや啓蒙哲学者に負けず劣らず活発に、独自の近代性に取り組んだアジア人の姿を示しているのである。

歴史家たちは一八世紀の中国世界についても再解釈を進めている。中華帝国とその商業は一八世紀を通して拡張し続けた。中国は、政治的に内破しかけていたわけでも、知的な停滞に陥っていたわけでもなかった。康熙帝や乾隆帝の治世下の長期間にわたる平和の時期には、儒教の古典の再解釈がなされた[55]。皇帝たちは、国政術や統治にも努力を傾けて、イエズス会の文献を通じた西洋学に依拠して新たな学術機関を創設した。学者たちは、王朝の始原についての大げさな形而上学的な理論を拒否して、その代わりに天文学、言語学、数学、地理学といった分野での、いうならば動かぬ事実を探究する「実証研究」を目指した。この傾向を典型的に示しているのは、顧炎武（一六一三―八二年）であり、彼は中国全土を旅して地方の技術を記録し、国土の地図を作り、古い碑文を蒐集した。顧炎武は「形而上学的な二元論や秘法伝授を強調する、主流の儒教学派の空虚さ」と見なすものに対抗する、一群の合理主義的な著作を生み出そうとした[56]。この種の学者や官僚は後に、疲弊して古めかしくなった（と彼らが見なした）科挙制度を改革しようとした。これらの運動は決して一握りのエリートにとどまっていたわけではなかった。非官僚階級の人々、とりわけ商人たちもこれらの合理的な研究の庇護者になり、たびたび自ら寄附した。歴史家は、知識人が書き、地域間でやりとりされた手紙の量が激増していることに着目している。

これは、一八世紀ヨーロッパの名高い「文壇」の類似物がヨーロッパ以外にもあったことを暗示している。中国では絵画と書道が新たな高い地位に達しており、印刷業者や出版元はこの新しい広範な読者の要求に応えて繁盛していた。もちろん、その合理主義的な思想は、第一の目的が古典作品の版を改めたり、聖人のような祖先が遺した美術品を蒐集したりすることだったという意味では、しばしば後ろ向きだった。とはいえ、当時は古典研究こそがヨーロッパ思想の頂点ではなかったか、また、一八世紀ヨーロッパのもっとも偉大な実証研究は、ポンペイやヘルクラネウムといった埋没したローマの諸都市の発掘ではなかったか。過去は大きくのしかかってきていたものの、こういった計算、分類、分析に拍車をかけたのは満洲人統治や内外の通商の拡大であった、と結論づけないわけにはいかない。国土や人々についていっそう具体的な見解を得ようとするこうした努力には、中国に畏敬と恐怖のまなざしを向けていた衛星王国の間にも反響が見られた。たとえば、朝鮮の「北学」を信奉した知識人たちは、中国の新しい知識に後れをとるまいとしていた。とはいえ、彼らは朝鮮の教育システムを改善するためにこの知識を望み、その後継者たちはしだいに朝鮮という国自体の詳細な研究へと傾いていった[57]。

世界史は、中国とその衛星国が知的な停滞状態に陥っていたという歴史像を棄却すると、もっと分かりやすくなる。同様に、「封建日本」が一八五四年に領海に侵入したアメリカの提督マシュー・C・ペリーによる水兵のキスを待ちわびていたという考え方を捨て去れば、蒙が啓かれよう。この考え方は、一九世紀半ばの英米人ばかりか、旧体制のイメージを貶めようとした一八七〇年代の若い日本人改革者たちも描いた歴史像であった。二世代にわたる現代の研究者たちは、一八世紀の日本が「封建主義」という烙印を押された政治的な非集権状態にあったにもかかわらず、十分な適応性をもっていたことを示そうと努めてきた。その経済は好況を保ち続け、「蘭」学――西ヨーロッパの医学や植物学の知識――は各地の武士階級の学校を通して日本じゅうに浸透した。ヨーロッパと同様に、印刷、学問、商業の間には興味深い結びつきがあった。日本の大商社〔豪商〕は、通商報告や市場調査の独自のシステムを開発し、ときどき製品に捺染して販売もした。上流層の名誉を重んじる日本の文化があったために、学者たちは、中国あるいは（より問題含みではあるものの）西洋の最新の動きに「追い付く」ことで、地位の維持が保証された。武士階級や一般民衆は、過去の理想的な日本あるいは中国の王朝と比較することで徳川政府を批判した。さらに、彼らの批判は現在の悪弊、悪事、無能さに集中していた[58]。

ここ二〇年間の歴史叙述で明らかになっている以上の事例は、非ヨーロッパ世界の文化が、一八世紀から一九世紀初頭にかけてのグローバルな政治・経済の変化に対応しつつあったという事実を示している。儒教における知の「復興」やイスラームの「教義論争」の背後には、社会や人間の経験を組織化するという難題に取り組もうとする支配者や知識人の姿を探りあてることができる。これらのすべてが、一九世紀の非ヨーロッパ世界における思想の複雑さや豊かさを説明してくれる。それは決して単なる西洋の規範の派生物ではなく、複数の伝統が創造的に作り直されてかなりの屈折を遂げていたものだった。とくに時間の管理や戦争といった領域において、西洋の思想や技術がすでに世界じゅうで影響力を増していたことは疑いない。しかし、知識のシステムは常に相互作用的であり、たとえば、中国の文人がイエズス会士を介してアリストテレスの思想に接触するにいたった時もそうだった。ヨーロッパの思想は、すでに自身の「初期近代性」に取り組むための知的な道具を作ろうとしていた現地の支配者や知識人によって取り上げられ、使われるようになったのである。

とはいえ、世界各地における知的な試みが完全には相互に関連しあっていたとは言えない。繰り返すと、少なくとも中期的には、西洋、アジア、アフリカの間には優位性を伴う差異があったのだ。近代的な教義体系としての「科学」は、西洋において一九世紀半ば以前には出現していなかったにせよ、知的な試みのための手続きは、一八世紀までに西ヨーロッパや北アメリカで普通のものとなっていた。これらが政治や経済の諸制度を著しく活性化させたのである。

協会や印刷文化の結果として西ヨーロッパでは複雑な公共圏が発達し、互いに競合していたが、それは「科学的利己主義」と呼ばれるものに貢献した。アジアやアフリカでは、学者たちは中国の礼部やイスラームの宗派、あるいはその同類のものによって制約を課せられた。対照的に、欧米人は、天文学の知識、工学、医学についての公の場の論争で名声を得て財産をなすことができた。一八世紀のヨーロッパの大学は、しばしば考えられている以上に活発で革新的だった。そこでは宗教の遵奉は、広く表面的なものにとどまった。しかし、主導権を握っていたのは、大学内にポストを保持していたか否かを問わず、哲学者や探究心に富むジェントルマンからなる協会の濃密なネットワークであった。これは、スウェーデンの生物学者カール・フォン・リンネ(カロルス・リンナエウス)による植物種の分類に打ち込む努力にも、太陽系の探査に邁進することにも当てはまる。国家は、とりわけ陸軍や海軍の設備に関して貢献した。けれども、刺激を与えたのは、制服組か否かを問わず、ジェントルマン学者であった。

英米では、特許制度が緩やかに整えられ市場経済が格段に発展すると、職人による革新と学者の世界との間の距離が縮まった。海軍やイギリス王立協会の学識者たちに海軍技術の発展が最初に披露されたとき、彼らはそれをあざ笑ったものの、啓蒙的なアマチュアや王立海軍の船長たちは結局これを採り入れた。最速での積み荷の陸揚げであれ、地域で最良の収穫穀物の育成であれ、金儲けが関わる場合には、実践的な知識と哲学的な知識は分けられなかった。対照的に、インドあるいは中国では、職人と王立製造所の間の距離はもっと大きかったようだ。したがって、もっとも顕著な差異を探究すべきなのは、何らかの技術の実践的な応用というよりも、知識の進展やその物質的な見返りについてのヨーロッパ的な考え方が顕在化したことの方だろう。出現途上の社会科学においても、新たな思想のあり方が、宮廷や大学、そしてジェントルマンによる研究から出現した。ジャンバッティスタ・ヴィーコ（一六六八―一七四四年）による人間の歴史的進化の理論は、アイザック・ニュートンの物理学と同様に重要だとされる。ヴィーコはナポリの教授だったが、彼の知的な生き方はイタリアやヨーロッパじゅうの知識人のネットワークによって育まれていたのである。

むすびに――「後進性」、遅れ、結合

以上のすべての事例で見てきたのは、相互に関連し、連結した問題と格闘したヨーロッパ内外の人々の姿である。これらの問題は、真の理想と変化する社会秩序との間の確執から生まれたものであった。それらは、不均衡な経済成長の結果として生じた、不均等な富の配分に由来した。これらの人々は、政治権力を批判することで自らの近代性を作り出そうと懸命だった。こういった耐えがたい軋轢を解決するために構想された最初の諸革命については、次章以降で論じる。革命はさまざまな時期にやってきた。アラブの各地には一七四〇年代にやってきた。フラ

ンスやヨーロッパの多くや南北アメリカでは、一七七六年と一七八九年が基軸となる年である。イギリスでの基軸の年は一八三二年である。日本では一八六八年の明治維新が同様な旧体制の刷新を成し遂げた。インドや中国における一八八〇年代の植民地ナショナリズムは、おびただしい種類の宗教改革運動とともに、同じ目的を求めた。

かつての歴史家たちは、一九世紀におけるヨーロッパ人や北アメリカ人のグローバルな優越性を説明するために、さまざまな要因を挙げてきたが、今日の歴史家たちは、その強みの多くが、遅くとも一八世紀半ばのアジアやアフリカの多くの地域においても見出せると考えるようになっている。K・N・チョードリー[59]やジャネット・アブー＝ルゴド[60]が強調したように、アジア人は幾世紀にもわたり商人会計や信用取引を柔軟に利用していた。国家や知識人には、情報をやりとりしてまとめる機関があった。技術の革新や変化の記録がアラブや中国の文書館に蓄積されている。政府は学者、宗教や行政の団体からの批判によって、説明責任を持てるまでとはいかなくとも、より効率化された。商業や有益な知識は、ヨーロッパや南北アメリカのみの領分ではなかったのである。

まったく同様に、技術、政治、社会の革新においてヨーロッパや北アメリカの方が比較的長期間優位を保てたのは、単に一七世紀後半から一八世紀までのアジアやアフリカにおける短期の政治的失敗によって説明できるというものでもない。革新においてある程度の時間差があったのには、いくつかの長期持続的で、より一般的な理由があった。このうちの何点かはすでに指摘している。第一に、ヨーロッパ人は一般にアジア人、アフリカ人、ポリネシア人よりも戦争に動員されることが多く、戦争遂行にも無慈悲でいられた。ヨーロッパの地形では、海と陸、山地と平野、身も凍る寒さと焦げつく暑さでの戦いのいずれにあっても、迅速に対応する必要があった。あらゆる比較的小さな政治単位ですらも、こういった多様な地形や天候に対処するために常に革新しなければならなかった一方で、東洋や南半球の大帝国では、それほど規律がなく専門的でもない様式の軍隊が広大な陸地を治めるために作られた。ヨーロッパでは、比較的狭い地域内での競争が熾烈化すると、諸国家は戦争に備えて技術開発に多くを費やし、自分たちの武器が敵の武器と対等以上となることを確実にしようとした。アジアやアフリカの軍隊ばかりか、当初はロシア軍にも、武器や馬を自分たちで用立てした、おびただしいほど多様な非正規的な軍隊が組み込まれたことがあった。こういった軍隊は巨大だったが管理しづらかった。軍事財政によってユーラシアじゅうの国家が振り回されたが、決済や課税の効率的なシステムがヨーロッパの戦争に対処するために出現した。いくつかの点で、一七世紀のアジアにおける相対的な平和は、アジアの零落の元になったのである。

このように戦争においてヨーロッパが優越していたことは、経済の側面での優位につながった。支配者は資金を調達して都市を整備することができるようになり、また企業家は金属細工、化学、ガラス製造、その他の前近代的な諸産業において革新することが、それまでより容易になったのである。しかし、臣民と支配者、地元民と外国人、都市民と農民をともに拘束する法体系が出現すると、欧米の人々には、その内部で信用や長期的な正義への期待が作られていく構造がもたらされた。アジアでは、政治的安定性は、ヨーロッパより大きな規模で司法権を「外注すること」によって保証された。それぞれの共同体は自らの法を作り、宗教法は民法や商法を包括する傾向があった。皇帝は地域の土地管理者の所有権とまではいかなくとも、宮廷の官吏の所有権をしばしば踏みつぶした。こうしたことは、一七世紀の大規模な宗教戦争後のヨーロッパではそれほど見られなくなっていた。ヨーロッパの強みを証明したのは、商業活動の特質、諸都市の組織、あるいは農民の企業家としての能力というよりも、資本の再形成を保証する総体的な構造であった。

最後に、市民社会や協会をめぐる議論から振り返ると、やはり、ヨーロッパとそのアメリカ植民地には国家の外に市民団体が数多く存在した一方で、アジアやアフリカではまだそれに匹敵するものはなかったようだ。アジアやアフリカの支配者には一人として、啓蒙君主であれその他であれ、真の専制君主はいなかった。乾隆帝ですら、地方の郷紳や商人の要求や利益に応えなければならなかった。他方でヨーロッパの場合、印刷や協会を通した世論の表明には別種の重要性があったように思える。政治、商業、有益な発見についての情報は大量に生産され、再生産された。だからといって、ヴィクトリア朝の人々が言ったように、ヨーロッパ以外の社会が道徳的にあるいは政治的に遅れていたということにはならない。中華帝国は、急速な人口増加にもかかわらず少なくとも一九世紀が始まる以前に、西ヨーロッパ人がプロト工業化が進む都市を保護した以上に効果的に農民の福祉を保護した。インドでは、地方で宗教暴動がたびたび勃発していたとはいえ、ヨーロッパを広く苦しめた厄介な宗教戦争や貿易戦争を遅くとも一八世紀までは免れていた。アジアやアフリカの宗教は一般に道徳的な攻撃を控えた。逆説的なことに、この攻撃性は、かつてローマ帝国の征服倫理に適応した宗教であるキリスト教の核心にあった。[61]さらにいえば、この攻撃性を、明確な境界を持つ中規模国家、繁栄する商業、活発な批判の文化と結びつける術を思いついたのがヨーロッパ人だったことを否定するのは難しい。中国の社会ダーウィン主義の学者である厳復は、一九世紀後半における同時代のヨーロッパの自由主義者よりもこのことを理解していたようだ。[62]

次章に向けて

これらは決定的なヨーロッパの強みだったが、中期的にしか維持されないものだった。ヨーロッパ以外の人々は、一八五〇年以後の帝国主義時代の最盛期にあっても、独自の経済的な専門知識、政治倫理、社会的結合に依拠しつつ、ヨーロッパの優越性に挑戦した。一七八〇年から一八二〇年の間に、戦争や征服におけるヨーロッパの優位にはさらなる大きな拍車がかけられた（次章で論じる）。これは、産業革命が「作動」したためではなかった。そうではなく、ヨーロッパ人やそのアメリカ入植者たちが富や権利の不均衡というグローバルな問題を解決しようと試みることで、危険な登場人物——革命国家とその辛辣で保守的な敵——が新たに世界の舞台に躍り出てきたためであった。本章で論じたように、緩やかに出現しつつあった愛国的で情報に富んだ国家が、突然大量に増加した。これらの国家のイデオロギー的野心、グローバルな射程、軍民の労働需要は巨大になった。そして、その食指は大陸を越えて伸びていった。蒸気機関や電信の衝撃が現れる以前に、ヨーロッパの国家、その兵士や官僚は、世界史の「枢軸時代」にあって異常なほど活性化したのである。

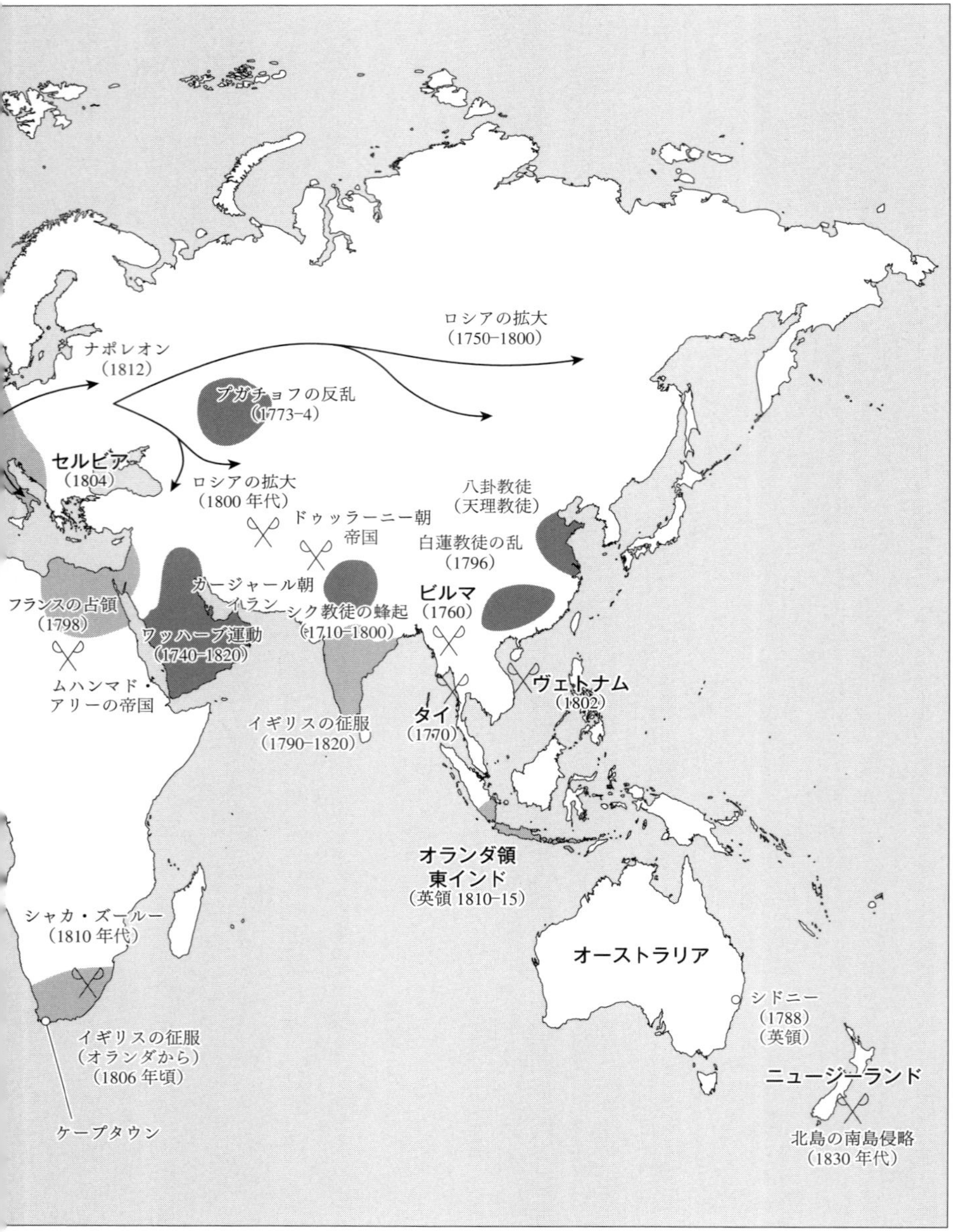

義（1780–1830 年頃）

アイルランド
反乱（1798）
アメリカの拡大
フランス
（1789–94）
アメリカ独立革命
（1776）
スペイン
（1806）
ポンティアックの反乱
（1763）
モロッコ
ジハード
メキシコ
（1821）
ハイチ奴隷反乱
（1790 年代）
フランスの占領
（1830）
フリータウン
ベネズエラ
（1830）
モンロヴィア
（解放奴隷）
ペルー
（1821）
ソコト・カリフ
（1820 年代）
ボリビア
（1825）
アルゼンチン
（1810）
革命の直接的影響か，革命・ナポレオン戦争の結果，占領された地域
他の主要宗教
原地の人々による国家建設

地図 3–1 革命と帝

第3章　収斂する諸革命　一七八〇―一八二〇年

本章では、グローバルな文脈から「諸革命の時代」を考察する。第1章と第2章で描いた長期にわたる政治・経済的変化の過程の分析から、それに影響を与えた「出来事の歴史」へと目を向ける。本章で分析するのは、革命とナポレオン戦争の時代の世界的危機を結びつけた経済・軍事・イデオロギーの複雑な連関である。

一七五六―六三年に南北アメリカやアジアで起きたヨーロッパ人どうしやヨーロッパ人と先住民の闘いは、ヨーロッパの旧体制の危機を早めた。旧体制の財政制度の崩壊を促し、統治者たちの能力、そしてついには、彼らの正当性までもが問われたのである。その後ヨーロッパで起きた諸革命の余波は、南北アメリカ、アジア、北アフリカでの古い秩序を深刻な危機に陥れた。だが、この循環はそこでは止まらなかった。次いで、これらヨーロッパ外での対立の反響が、ヨーロッパの激動を再び招いたのだった。諸事件の影響は、世界じゅうに飛び散っていったのである。ワーテルローの戦いはインドで敗れたとナポレオンが述べたとき、彼はこのことを暗に認めていたのだ。こうした劇的で相互に結びついた社会的対立は、第2章で述べたような西洋とそれ以外の世界との分岐を加速させたのである。

世界的危機を熟考する同時代人たち

同時代人たちが革命の衝撃をもっとも明らかに受けたのは、思想の領域においてだった。すぐさま彼らは、アメリカ独立革命やフランス革命が単なる地域的反乱ではなく、世界規模のイデオロギー的重要性を持つと認識した。観念的思想家たちは、アメリカ独立革命は、すべての人類にとって「時代の新しい秩序」の先駆けだと述べていた。[1] その後、フランス革命をヨーロッパ全域やそれを越えて拡大すべく奔走していたフランスのジャコバン急進派たちは、革命は画期的だと高らかに宣言していた。カリブ海地域の黒人奴隷たちは、革命の理念を自分たちの解放のためのものと捉えていた。「代表なくして課税なし」や「人間の権利」という原理の言明は、甚大な影響を及ぼしたのだった。百年以上にわたって哲学的に議論がなされたあとでは、こうした「権利」の内容自体は、さして衝撃的には見えないかもしれない。注目すべきなのは、これらの権利が「自明」で独立したもの——王であっても、神聖な権威であっても、帝国利害であっても、どれほど優越した人種や信条であっても、無効にできないもの——と考えられていたことである。

この原理は、一九世紀を通してずっと反響し続けていた。知識人たちは、左翼であれ、右翼であれ——この区別で世界じゅうの政治が色分けされ始めた——、人権宣言が、あらゆる古い形態の道徳上の権威や政治的な権威を解体する恐れがあると信じ続けたのだった。封建的権利、宗教的至上権、地域の党派や階層への忠誠はみな、存続するためには、普遍的権利というこの新しい概念に関連づけて——それに賛成であれ、反対であれ——作り直さなければならなかった。英語圏における当代きっての著名な自由主義思想家ジョン・スチュアート・ミルは、自分自身が胸に描きうる「もっともすばらしい栄光」とは、イギリス人の装いをしたフランス革命家——「イングランド人民議会におけるジロンド党員の一人」——になることだと子どもながらに感じていた。[2] スペイン支配からのラテンアメリカの解放を訴えるシモン・ボリバルたちは、フランス革命の教訓を熟考していた。一八四〇年代のカルカッタでは、英語教育を受けた若きベンガル人の第一世代がトマス・ペインの『人間の権利』を読み、政府や年長者のカースト的偏見を愚弄していた。アジアやアフリカの人々は、白人支配者が公言しえた「文明化の使命」よりも、人権の方が上位にあるのだと、にわかに主張し始めていた。

だが、アジア、アフリカ、南アフリカの人々の多くがこの危険で新しい原理を受容し、それを変容させたのは、世界規模のイデオロギー対立によってすでに分裂した状況下であった。（第1章で論じた）強大な農業帝国やその周辺の小規模国家は、アメリカやヨーロッパの諸革命が始まるかなり前から、深刻な社会的緊張に悩まされていた。その原因の一端には、ヨーロッパ自体の激動の時代の背景をなす課税、戦時財政、正当性をめぐる共通の問題があった。さらにまた、強大な国家がそれぞれの地域の多様な文化を侵害することで表面化した、イデオロギーの結合や統合というもっと特定の問題にも起因していた。今や、まったく地域的な抵抗運動が、神聖という普遍的な理想をわがものとして利用し、世界の諸帝国への対抗手段とすることができるようになったのだ。

たとえば、一八世紀初頭、北インドのシク教徒は、ムガル帝国に反目し、法《ダルマ》、すなわち、正義の革命を宣言した。この背景には、ムガル帝国のエリートたちが豊かで勤勉なパンジャーブ地方の資源を奪おうとしたことがあった。だが、シク教徒たちが、別個の戦闘的共同体、つまり、ヒンドゥー教、キリスト教、イスラーム教に続く「第四の道」に属しているという意識を強めると、もっと広くモラルの対立の種がまかれた。ほどなくして、アラビア中央部では、イスラームのワッハーブ派の純粋主義者たちが、純粋な古代のイスラーム世界を求める宗教活動の新時代を呼びかけたため、オスマン帝国の宗教・政治的体制、カイロ、それにアフリカの首長国を脅かした。中国でも、早くも一七六〇年代に、行政組織は腐敗し人民は虐げられているのだから、もはや清の皇帝には「天命」は備わっていないのだと主張し始めた分派があった。すでにアジア、アフリカの人々は、自分たちの「新しい時代秩序」を宣言していたのである。ヨーロッパやその植民地と同じように、大きな政体を解体して、帝国の保護の下で出現していたグローバルな連関を作り直し始めていたのは、旧来の神聖な信仰をあがめ侵略的な帝国に抵抗していた地方の人々だったのだ。

したがって、ヨーロッパと北アメリカだけが、この革命の時代の危険で新たな原理を創出したのではなかった。とはいえ、ヨーロッパの諸革命のイデオロギー的影響や、革命によってヨーロッパ諸国が今までになく独断的になったことで、世界じゅうに対立が広がり深刻さを増したのだった。たとえば、アメリカ独立革命は、北米での白人入植者の劇的な発展を促したが、間接的には太平洋中央部でもそうだった。ヨーロッパによるエジプト侵略やインド、東南アジア、アフリカ南部でのヨーロッパ勢力の急速な拡大は、フランス革命の直接の影響下で起こった。(3)一七九八年にナポレオンがカイロのモスクを訪れた後には、多くのイスラーム教徒が、新たなキリスト教十字軍の時代の到来を憂えるようになった。その頃、東洋では、ナポレオン戦争がイギリスとオランダをジャワ島中央部に駆りたてていた。(4)旧来の支配権が崩壊し、攻撃的な外国人が突如出現すると、世界じゅうで地域固有の歴史が解体させられた。多くの地域では、革命はキリスト教の侵略であった。王の強権を弱め、先祖代々の宗教施設をつぶすことで、信仰の空白をもたらした。さらに悪いことには、太平洋地域の一部では、世界戦争で遠方かつ広域に散らばった兵士、水夫、企業家がユーラシアの病気をもたらしたために、驚くべき大量死を招き、住民の半分を失ったところもあった。

一九世紀初頭の諸体制は、こうしたイデオロギーや社会の混乱による長期的な影響に直面することになった。諸革命の時代のもっとも大きな遺産となったのは、強大さと侵略性を増した諸国家が、ヨーロッパでも、植民地でも、ヨーロッパ外でもつくられたことだった。だが、成果はほかにもあった。それは従来、「進歩的」だとか、温和だとすら、ほとんどの人々が見なしていた成果であった。自由主義や鋭さを増した民族意識もまた、世界じゅうの多くの社会でわずかに根をおろしたが、その成果が成熟するにはかなりの時間がかかった。そういうわけで、一七八〇年から一八二〇年にかけての時期の出来事は、第1章で検討した二つの長期的な変化——強固で侵略的な近代国民国家の出現と、世界じゅうでの「温和で勤勉な商業社会」の勃興――を急速に進展させたのだ。

一七二〇―一八二〇年の世界的危機

歴史家は、「危機」という言葉を多用しすぎるのではないだろうか。歴史的な危機を指摘するということは、たいていの時期は社会や政体は正常であって、それが突如不安定になるのだということを暗に言っているようなものである。実際、対立は人間社会に本来備わった性質であり、人間社会を「安定な状態にあるシステム」として描くのは誤っている。それでもやはり、一七八〇年から一八二〇年にかけての画期的変化に「危機」という言葉を用いるのは適切だろう。対立の度合いは格段に強まったし、物的資源をめぐる争いとともに、深刻なイデオロギー対立が起きたのである。この時期に顕著なのは、経済・政治的動揺がグローバルな規模で結びついたことである。人間社会の大半で統治や経済統制の度合いが高まる一方で、他の多くの社会では、地方の自治を失うという急激な変化が進行したのである。

本章ではまず、世界じゅうでの財政・軍事的危機の結びつきを検討する。次いで、革命時代のイデオロギーの混乱や、革命後の国家を活気づけた新しい原理について考察する。最後に、こうした劇的な出来事の水面下で成熟していた「温和な商業的」革命について考究しよう。

長い平和の終焉――アジアと北アフリカ

一般的にみて、一六六〇年から一七二〇年頃にかけての時代は、第1章で述べたような、アジアとアフリカの強大な農業国家の統合後の比較的平和で安定した状況下で、経済活動が世界じゅうで広範に発展した時期であった。住民たちは、清朝、ジャワのマタラム王国、ムガル帝国、オスマン帝国、サファヴィー朝や、ツァーリ体制による統合から恩恵を得た。東インドは、一七世紀に貿易不況で打撃を受けたかもしれないが、それが南アジアや東アジアに深刻な影響を与えた形跡はほとんどない。ヨーロッパもまた、宗教戦争の時代を過ぎていた。国内の商業が盛んになり、それまでの時代にあった死病の多くが流行病というよりも地方病になるにつれて、都市が急速に発展した。ヨーロッパにとっては良く、アフリカにとっては悪いことには、大西洋奴隷プランテーション経済が大いに進展し、南北アメリカのヨーロッパ植民地は拡大し成熟した。

しっかりした安定と拡大というこの構図に最初に亀裂が入ったのは、ヨーロッパではなく、一八世紀初頭の中東と南アジアにおいてであった。その要因について歴史家は長いこと議論してきた。一般的に言って、アジアと中東の諸国家は、ポール・ケネディが「帝国の過剰拡大」と呼んだことから損害をこうむっていた。領土の内外の境界で戦闘を行わざるをえなかったし、その財源も人的資源もなかったのである。もう一つの要因として、世界貿易の拡大によって金や力を得た農村や地方の有力者が、帝国の支配にもはや我慢できなくなり、統治者が税を引き上げようとすると、帝国に反抗したことが指摘されている。帝国の衰退を招いたのは、これら大帝国の成功そのものだったのだ。

いずれにしても、東洋の二つの帝国が同時期に崩壊したことは、近隣諸国、さらには、辺境のヨーロッパの貿易利害にとっても甚大な影響を及ぼした。一七二二年以降、一世紀に及んだイランのサファヴィー朝が解体した。[5] この解体は、地方の部族主体の政体どうしの一世紀以上に及ぶ闘争の始まりを告げるものだった。サファヴィー朝の美しい都市や芸術は、落ちぶれるか、消滅するかした。ほぼ同じ頃、南アジアのムガル帝国領もまた、分裂し始めた。半ば独立した地方があった一方、北インドは、一七三九年と一七五九年にペルシアやアフガンの軍隊によって侵略された。[6] デリーは略奪され、あるムガルの詩人が述べたところでは、「空と大地の表情が変わった」。ともにデリーの富をねらう、北部出身のイスラーム教徒の冒険者と、西部のヒンドゥー教徒の戦闘的なマラーター同盟との間で、長い政治的闘争が始まった。サファヴィー朝とムガル帝国の衰退は、大きな動揺の波をつくり、そのうねりは西はメソポタミアから東はタイまで及んだ。その恩恵を主に受けたのは、辺境で高みから狙っていたヨーロッパ列強であった。一七五七年から六五年にかけて、イギリス東インド会社は、ベンガルの豊かな織物・耕作地帯を奪った。これが可能になったのは、地方の事情や対立のおかげであったが、それは、世界的に重要な意義を持っていた。今やイギリスは、インドに軍隊をつくることができるようになったのである。産業革命が進展するかなり以前に、世界の力のバランスがわずかながら傾いたのだ。

東アジアの体制は、南アジアや西アジアよりも、あるいはヨーロッパと比べても、長く存続した。だがそこでも、危険な兆候があった。日本では、徳川の覇権が緊張にさらされ、その後七〇年にわたって動揺が続いた。乾隆帝の治世下の中国は、領域的な拡大を続けていたが、早くも一七六〇年代には帝国制度の崩壊の不吉な兆しがいくつかみられた。フィリップ・キューンは、皇帝が、反体制の僧侶、派閥指導者、匪賊らを弾圧できるほど十分な力を地方レベルで持っていなかったために、この時期に「魔術師」に対する恐怖がほとんど手に負えなくなっていたことを描いている。(7) その南では、騒乱の増大は甚だしかった。中国の膨張指向によって、南側の近隣地域はますます圧力を受けるようになった。東南アジアの河川デルタでは沿岸貿易が急速に発展し、それに伴い人口が移動したことで、同地の政治様式はすでに変化していた。ヨーロッパやオスマンの戦闘形態が広がったために、それまで長い間、民族を基盤とした王国どうしの争いが当たり前だった地域において政治・経済的競争が激化した。ビルマとタイは、一八世紀中葉には野蛮な戦闘に悩まされていた。後にヴェトナムとなる地域もまた、小作農の反乱や、地方の将軍どうしの長期的対立の場となっていた。この状態は、王国が正式に再統合される一八〇二年まで続いた。インドでは、ムガル帝国の中心が政治的に衰退したことによってイギリスが利益を手に入れたが、それと同じように東インド諸島では、ジャワのマタラム王国が長い間、衰退と分裂を繰り返したことでオランダ勢力が恩恵を得ていた。

その西側では、一八世紀後半に、オスマン帝国が深刻な経済・政治的停滞に陥っていた。長期的にみれば、オスマン帝国は、ムガル朝、サファヴィー朝、あるいは清朝よりも耐久力を備えていた。だが、一六九〇年代と一七六〇年代にオーストリアとロシアに対して軍事的敗北を喫したことが、体制に屈辱を与え、財源が失われた。中央と地方の実力者との間での激しい一連の権力闘争とともに、こうした対外的危機が襲いかかっていたのである。一八世紀を通して、帝国でもっとも豊かな地域であるエジプトは、事実上独立していた。課税や汚職によって経済的拡大の可能性が失われる一方で、北アフリカでのオスマンの権力——オスマンの権威とまではいかないが——は消滅してしまった。[8]

これらの顕著な出来事のすべてが、軍事侵略、将軍どうしの野心的な対抗、さらには、軍隊の侵攻に続いて起きた貿易の破壊を介して、距離を隔てて直接結びつきあっていた。たとえば、イランのサファヴィー朝の崩壊は、ペルシアの征服者ナーディル・シャーの野心をとてつもなくあおり立て、彼は一七三九年にインドに侵入した。これによってヨーロッパの拡大に直面していた土着のインドの体制は弱体化した。さらにナーディルのペルシアが経済的に衰退すると、オスマン帝国の東部地域が崩壊した。対立は外側に広がり、貪欲で野心的なヨーロッパ人をその沿岸部に引きつけていった。

つまり、これはまさしくグローバルな危機だったのだ。ある意味ではおそらく、最初のグローバルな危機であった。だが、これらの激動がみせるさまざまな外見の裏には、何らかのパターンが見出せないだろうか。その答えの一つは、すでに前節でほのめかしている。すなわち、この当時、世界じゅうの諸体制は、戦争の財政的圧力に対してとくに弱かったのだ。歴史家ジェフリー・パーカーが呼んだ[9]、ヨーロッパの「軍事革命」は、グローバルな重要性を持っていた。[10] 軍事技術の変化——その起源は、ヨーロッパの場合もあれば、ヨーロッパ外の場合もあった——は、一七世紀末以降、イスラームの諸帝国、さらには中国の財政までもますます圧迫したといえる。アジアやオスマンの人々は、武器や戦艦の主導権を、小火器の使用と要塞建設という新しいやり方を開発していたヨーロッパ人に奪われていったのである。

戦争のコストは、急速にかさんだ。これは、イスラームの諸帝国や中華帝国――地方の指導者の糾合や参入を図るというほかならぬ目的のために、緩やかに結ばれていた境界では吸収合併が進んでいた――にとっては、とくに問題であった。しかも、経済状況は全般に良くなかった。一六・一七世紀の長期にわたる新世界からの銀の流入によって、物価が上がっていた。北西ヨーロッパでは、勤勉革命に伴う生産性の向上でコストを相殺できた地域もあった。ロシア経済もまた、政治支配に関する難題があったにもかかわらず、百年間ずっと比較的良好であったと言える。だが、南ヨーロッパ、西アジア、東アジアのほとんどでは、政府や支配層は緊張状態におかれていた。戦争や兵器のコストがかさんでおり、それを同地の高い生産力で相殺できないでいた。しかも、強大なアジアの諸王国は、内部の勢力による妨害も受けていた。支配者が土地への課税を大幅に引き上げれば、小作農が田畑を離れたり、地方の有力者が反旗をひるがえしたりする危険を冒すことになったのである。領土を広げ、課税や搾取のために貿易や農業の用地を獲得しようとすれば、散発的な境界紛争に引き込まれる危険を冒し、そのために、国庫の戦争費用をまたも引き上げることになったのだ。

こうした勝つ見込みのない状況に直面していたのが、まさしくムガル帝国であった。一六七〇年以降、皇帝アウラングゼーブは、小作農の逃亡や帝都にほど近い地域での反乱に向き合うと同時に、西インドのマラーター王国の首長たちと長期に及ぶ占有争いにはまり込んでいた。帝国の過剰拡大に典型的にみられるように、国庫への収入の流れが止まると同時に、アウラングゼーブの軍事費は増大した。一八世紀に彼の後継者たちは、「軍事＝財政」の難題を解決するために過激な方策をとらざるをえなかった。ヨーロッパやオスマンの様式の新しい武器が手に入るようになるにつれ、増大を続ける戦費はさらなる打撃となった。皇帝たちは、自分たちのために戦ってくれるアフガン、アビシニア［エチオピア］、あるいはさらに悪いことには、ヨーロッパの危険な傭兵を採用することになったのである。彼らは、そうした危ない外国人たちのために財源を割り当てることも、武器購入費用を増やすためにその財源を自分たちの屈強すぎる臣民に「委託」することもあった。さらに、帝国内の地方の名士や小作農たちを平定するための間断なき戦闘に金も血も費やしえた。こうした解決策のいずれもが手に負えなくなることは当然だったし、実際にそうなった。ほぼ同様の問題に、同時期の他のアフリカやアジアの体制も直面していた。サファヴィー朝とジャワが最初に屈した。オスマン帝国は、一九世紀まで奮闘したが、その間にもっとも豊かな地域を強力な臣民に割譲させられた。事実上、いずれもが軍事支出の高騰、歳入の停滞ないし崩壊という同じ問題にとらわれたのである。

ヨーロッパにおける戦争と財政

同じ頃のヨーロッパの諸政府も、似たような類いのジレンマに直面していた。一七〇〇年の時点では、全般的にヨーロッパの税制や内政支配のネットワークは、アジアや北アフリカの諸国家よりも規模が大きかった。しかも、それと同時に、もっと広範なグローバルな関心を持っていたため、ヨーロッパの国どうしや、アジアやアフリカとの対立にしばしばさらされた。一七世紀には、ヨーロッパの諸戦争の争点は、宗教的信仰や、反体制や異端を鎮圧する国家権力にあったのに対して、一八世紀の場合は、王室の資産や、都市、貿易、関税の管理をめぐるものであった。ヨーロッパ人のエリート層は、大西洋奴隷経済や地中海およびアジアとの貿易からの収益で地主としての収入を補い始めていた。そのためイギリス、フランス、オランダの東インド会社や中南米のスペイン、ポルトガル政庁の商館といった大企業の政治的重要性は、飛躍的に高まった。このように海外商業は、政治家や政治経済学者がもはや無視できないほど、ヨーロッパの信用をじかに反映していたのである。一七四〇年代と六〇年代のヨーロッパ勢力の争いは、アジアやアメリカの沿岸部での戦争になったが、しばしばイギリスは、アジアや南北アメリカで獲得した交易所や交易品を大陸列強との駆け引きに用いて利益を得た。

このような戦争は、イギリス首相ウィリアム・ピット（大ピット）が「ギニー金貨で窓を割るほどだ」と述べたように、格段に費用がかかった。海軍は、莫大な財源を要した。ネルソンの旗艦ヴィクトリーには、産業革命でもっとも多額の資金が投じられたうちの一つであるエイブラハム・クローリーの製鋼所の五倍の額がかかっていた[11]。一六八〇年から一七三〇年までの間に導入された火打ち石銃といった新しい軍事技術・武器の影響は、今やあらゆる主要な戦争に及んでいた。プロイセンのフリードリヒ大王〔フリードリヒ二世〕が射撃能力の高い隊列編成を進めると、経費はかさんだ。一八世紀中葉には、ヨーロッパ内外の小国までもが、ヨーロッパ式の方法を取り入れ、新式の機械を使って要塞を建設し始めた。こうしてますます戦費がかかるようになった。

世界じゅうの戦争費用を最後に増大させたのは、フランス革命だった。祖国防衛のために大勢の若者を召集するというアイディアが採用され、これをナポレオンが発展させた。皇帝ナポレオンは、オーストリア、プロイセン、ロシアに対抗するため、大量の部隊を投入した。これは、召集年齢の若者がフランスほどには多くなかったイギリスのような国々の反応を刺激した。一七五九年のミンデンの戦いで、イギリスが配備したのはわずか五〇〇〇人の歩兵だった。一八一五年のワーテルローの戦いでは、二万一〇〇〇人を投じなければならなかったが、これとても、ドイツ、フランス、ロシアの巨大部隊と比べれば、小規模だった[12]。イギリスがもっとも費やしたのは金であって、血ではなかった。イギリスは、同盟国が参戦してくれるよう、財政力を活用し、莫大な軍事援助金を支出していたのである。

したがって、ヨーロッパの諸国家で問題となったのは、世界じゅうの戦争にますます加わらざるをえなくなったにもかかわらず、ほとんどの国には、人手と金のかかる戦争を遂行する財源がないということであった。一八世紀の中葉から末にかけての時期はもはや、急速な経済発展の時代ではなかった。実際、人口増加の方が、大陸の多くで進められていた技術革新による農業生産力をしのいでいたと考えられる。ヨーロッパ北部の比較的商業化した社会においてすら、政府は依然として大地主からなる派閥に依存していた。富を生み出す工業化の効果はまだ小規模だったし、その状況は以後二世代にわたって変わらなかった。陸海軍を動員してヨーロッパ内外の戦争を遂行するリカの従属地では深刻な影響をもたらした——の場では、閣僚の地位を危うくすることにもなった。政府はまた、商業や統治業務に依存する大規模で独断的な都市が成長するようになると、都市の下位ミドルクラスや労働者階級に課税をすることもできなかった。ヨーロッパのすべての政府は、徴税、課税、パンの価格をめぐって絶え間なく続く騒擾によって、それを痛感させられたのである。このような問題が、ドイツ、ロシア、オーストリアのいわゆる啓蒙君主たちや彼らを支持する知識人たちによる、旧来のヨーロッパの独裁政治に対する改革を促した。よく知られているように、政府を改革することは、非難を大いに受けやすいものなのである。

ヨーロッパの軍事財政危機の始まり　一七五六—八九年

ユーラシアや南北アメリカにおけるそれぞれ別個な地域での動乱がまとまりを強め、ヨーロッパ内外での対立が激化したのは、一七六〇年代だった。ここで重要となるのは、ヨーロッパ・大西洋地域での出来事であった。オーストリア、ロシア、プロイセン、フランス、イギリスのすべてが参戦した七年戦争（一七五六—六三年）は、ヨーロッパ全域の国家を大いに緊迫させた。ヨーロッパ内部では、戦争が、巨大君主制国家の軍事面や財政面の弱さを暴いていた。ヨーロッパ外では、戦争は、植民地強奪という金のかかるゲームになっていた。いずれの場合も、戦争の経験は、内部の政治改革と対外的膨張という危険な道へと政府を追いやったのである。たとえば、イギリスに敗れた後のスペイン王国は、アメリカ帝国を改造することで、収入や体面を建て直そうとした。だが、その豊かで人口の多い植民地では、中核住民の大半が旧世界ではなくアメリカへの帰属意識を強めており、スペインには支配を強化しようと言明できるほどの力はなかった。三〇年後のナポレオンによるスペイン侵攻後まで、ラテンアメリカの独立は現実に起こりそうもなかったが、すでに一七七〇年代と八〇年代のラテンアメリカでは、クレオール住民と帝国派の間に戦線がしっかり引かれていたのだ。帝国の支配や、小作農から税金を搾り取る政策が原因で起きた先住民の反乱鎮圧に多大な努力を払ったことで、スペインの財政は弱体化した[13]。

もう一つ、一七五七年以降に国際体制の亀裂を広げたのは、ほとんど間断なき英仏間の戦争だった。両国は、カリブ海域、カナダ、インドで戦った。フランスに対してつぎつぎと圧倒的勝利を収めた後のイギリスは、内なる敵と対峙することになった。一七六三年以降、イギリスは、北アメリカでのフランス、スペインとの諸戦争に要した莫大な費用を取り戻そうとした。イギリス内閣は、アメリカ植民地での課税引き上げを決断するとともに、フランスから奪ったばかりの領地を取り締まり、西部のインディアンによる攻撃からそれを守るために、一三植民地に大規模な国王軍を駐屯させた。これに、独立指向の強かった現地アメリカの植民地議会は激怒した。植民地議会にとって、中央集権的な国王政府、とくに国教会の高教会派による国王政府は、憎悪の的になった。アメリカ側では、政府批判の出版物を書く者たちは、東洋との貿易を独占する東インド会社に対してとくに疑念を抱いていた。ロンドンにいる閣僚たちの特別な保護を受けた腐敗の源と見なしていたのだ[14]。アメリカ独立革命は、課税と了見の狭い専制政治とに対する反抗という小規模な形で始まった。その目的は、国王の不法侵害によって失われつつある植民地議会の権限を回復することにあった。アメリカ人たちは、宗教的自由を失うまいとし、イギリス本国政府——すでにカナダのフランス系カトリックに広範な権利を認めていた——の誠意を疑った。次いで、一七七九年にフランスとスペインがアメリカ側について参戦したことで、イギリスの敗北は決定的となり、地域紛争が世界規模の動乱になった。これをフランスは、イギリスによる国際貿易に対する締めつけ——カナダやインドで勝利して以降明らかに強まっていた——を断ち切るチャンスだとみていた[15]。

イギリスは豊かなカリブ海諸島を保持していたこともあって、それらの植民地を失ったことは、イギリスの政治制度にとって致命的だったわけではない[16]。けれども、アメリカ植民地での敗北は、イギリスの帝国政策に大きな変化をもたらし、東洋で高まっていた危機をあおることになった。アジアにおけるイギリス統治は、もっと貪欲で介入的だった。一世代にわたって南アジア史家たちは、東インド会社が一七八三年から一八一八年にかけてベンガルを基点にインドの大半を征服した大きな要因は、軍事費を調達することへの貪欲な欲求にあったと論じてきた。東インド会社は、インド人支配者たちに軍隊費用を払わせるか、あるいは、その代わりに、収入を生み出す領地を獲得した。インドの貿易商品の価値は、領地からの収入の豊かさと比べれば見劣りした。アメリカを失って一〇年たたないうちに、イギリスの矛先は中国にも向けられた。軍備を整え金銭的に困窮していた東インド会社の帳簿に占める中国貿易の割合は、大いに拡大し始めた。イギリスには、中国茶に対するほとんど天井知らずの需要があり、それを購入するための貴重な財源がインドの原綿やアヘンからもたらされた。イギリスがアメリカで喫した敗北による荒波を首尾よく乗り越えられたのは、アジアやカリブ海の植民地の搾取によるところがあった。

それゆえ、皮肉なことだが、アメリカ独立戦争が引き起こした財政問題や政治論争の一番の犠牲者となったのは、イギリスというよりはむしろ、表面的にはこの戦争で勝利を収めたフランスの君主や支配階級だった。イデオロギーの変化も依然として人々を不安定にさせていた。「代表なくして課税なし」というアメリカの叫びは、とくにフランスで意味を持っていた。フランスでは、義勇兵たちがアメリカの歌を歌って街頭を行進していたが、彼らは、アメリカ独立戦争でのフランスの英雄ラファイエット侯爵に動員されたのだった。改革と人民議会による代表という考えが、アメリカの事例を通してヨーロッパにもたらされ、それはフランスの地で急速に発展していった。自由貿易の思想家コンドルセは、「アメリカ合衆国を統べる平等という考えは、……ヨーロッパにとって有益となるだろう」と記している。[17] より現実的には、アメリカ人たちを助けるためにフランス国王が抱えた莫大な財政負担のために、国王政府の閣僚たちは危険で首尾一貫しない改革の道に向かわされたのだった。こうして、君主政の土台が次第に掘り崩されていった。政治変革を進めるために、閣僚たちは、ある程度だが、エリートや人民の同意が必要になった。だが閣僚たちは、旧来からの権力や議会に心から信頼を寄せるほど大胆ではなかったし、パリやその他の大都市の法律家や新しい専門職層の支持を取りつけるほどの先見の明があったわけでもなかった。結局、改革は、反対勢力をあおるばかりだった。この危機を打開するために、多くの専門家が重要だと主張したのは、新しいアメリカ型の立憲議会であった。だが、合意をみることができなかったため、かなり古くて危険をはらんだ代議体である三部会が、一七八九年に召集された。三部会は、身分秩序の代表という古めかしい原則に基づいていたため、貴族、教会、ミドルクラスの対立が激化した。

その結果、一七八九年と九〇年にフランス中央政府が行き詰まったことで、おびただしい数の地方反乱や社会対立が熱を帯び、それは、ある意味で全国化した[18]。小作農の抗議、聖職者への批判、それに、パリやその他の大都市での民衆騒擾の頻発によって、閣僚たちはつぎつぎと打倒され、彼らは、より急進的な方向へと転換を迫られた。すでに一七九二年には、迫りくる闘争へのカードは出そろっていた。旧来の秩序の解体によって、地域的または局地的な自立を求める強い感情――国王政府体制の水面下で根強くはびこっていた――が高揚した。いわゆるジロンド派がパリで代表していた「連邦主義派」は、過激な中央集権主義者のジャコバン派の一団と対峙した。ジャコバン派は、強力な政府によって「徳の共和国」を築き、教会、貴族、国王を粛清できると確信していた。パリやその他の大都市の激しやすい群衆は、その一世代前から街路でますます活発になり、恐怖心をあおっていた。地主、聖職者、敬虔な小作農が反聖職者的な共和主義者の目的を挫こうとしていたとくにフランス北西部では、保守的な反動が急進派たちを激怒させ、彼らは恐怖政治のもとで一七九三年の流血の大虐殺を引き起こした[19]。

転換期――フランスからの世界革命の再輸出　一七八九―一八一五年

フランス革命を激化させた最たるものは、列強によるフランス侵略であった。列強は、国王や貴族の処刑に衝撃

の独占を失うことを恐れた富裕農やブルジョワと同盟を結ぶようになった。両者は政治、軍事の両面での飛躍的進展を促した。外国による侵略で、共和国、後には帝国が危険にさらされたことは、戦場に送る大規模な新規部隊の徴募を進める大きな要因となった。

図 3–1　大西洋を越える革命——オルレアン公の処刑（1793 年，当時の版画）

革命軍や皇帝軍が果敢に戦っていたラインラント、イタリア、スペイン、ドイツの諸国家、東欧、さらにはエジプトでもどこでも、彼らが目にしたのは、変革を望んでいる人々の姿だった。国家やギルドによる独占に嫉妬する商人たち、封建的賦課に抵抗する小作農たち、教会特権に憎悪を抱く反聖職主義者たち——彼らはこぞって、フランスの総督や、後にヨーロッパを支配するナポレオン家の王子たちがやってくるのを歓迎した。[20] フランスの帝国主義の横暴が避けられなくなる以前は、若き急進主義者たちはどこであれ、旧来からの腐敗した支配権がことごとく瓦解するのを「至福の喜び」だと感じていたのである。

現代の歴史家たちは、ヨーロッパ、エジプト、そして、はるか遠方のオランダ領東インドでも、革命軍とナポレオン軍が築いた帝国による社会的影響は限定的であったことを慎重に示そうとしてきた。フランス国外、ベルギー、オランダ、イタリアの近隣諸地域では、貴族

図 3-2　全盛期のナポレオン——『玉座のナポレオン』（ジャン＝オーギュスト＝ドミニク・アングル画，1806 年頃）

たちが所領や特権を保持するために巧みに再編をはかっていたことが指摘されている。イギリス帝国の東インド会社領でも同様に、侵略者たちは、どんなに革命的な意図を抱いていようとも、新たに従属させる土地への課税をめぐる争いを避けるには、現地の名望家と交渉しなければならなかった。わけてもナポレオンの司令官たちは秩序を求めており、一七九五年にパリの民衆を鎮圧した際や、一七九八年のナポレオンによるエジプト侵入後にカイロの市場の騒擾者を弾圧した際にも、現地の名望家による治安維持を期待したのだった。

　とはいえ、変化はあった。新国家は、貪欲で介入的だった。少なくとも、旧来のエリート層のさまざまな要素を溶解し融合させたのである。ヨーロッパの内部や一時的にエジプトにもつくられたナポレオン国家は、当初から世界的危機を進めた軍事的野心と財政的必要とがまさに飛躍的に融合したことを示す好例だった[21]。目的からすれば、ナポレオンによるヨーロッパとその辺境の変容が短命に終わったにもかかわらず急進的だったのは、フランス革命国家の戦術的かつイデオロギー的な必要性の結果だった。だが、ほどなく帝国は、革命期の大量徴募から二〇〇万人にふくらんだ兵力を得て、独自の路線を邁進した。威嚇を受けたり征服されたりした領地や支援する同盟軍に対して課された莫大な賠償金や報奨金は、フランスの戦費を相殺するのに役立った。ヨーロッパ経済の支配もまた、多数の植民地や海外領土をイギリスに奪われた損失を埋め合わせる助けとなった。ヴェネツィアは、一七九七年に、六〇〇万フランに加え、豊かな領土も奪われた。他の敗戦諸国は、財政黒字によってフランスの大陸軍の進軍を支援できるよう、再編された。フランスがエジプトを占領していた短い間だが、その土地からの収入が毎月一〇〇万フラン、ナポレオンに流れていたのだった。

フランスの啓蒙統治体制は、旧秩序における腐敗や買収を一掃するはずのものだった。皮肉にも、それは軍隊維持のための恩給や収入補助の制度をたびたび設けており、オスマン、ロシア、ムガル、およびその後のインドでのイギリスときわめて似ていた。ナポレオンは、征服した領地で、軍人や行政官を支えるための「寄附」や「限嗣相続」の制度を敷いた。たとえば、ヴェネト地方の豊かな領土は、こうした助成金を創出するために収入の一〇%をあてるという了解の下で、フランスが支配するイタリア王国に帰属させられた。同じような政策が中欧や東欧でも実施された。皇帝は、軍隊の指揮や配下の政権を担うフランスやその他の国籍の膨大な数の役人を支援、懐柔しなければならなかった。一八一四年には、五〇〇〇人がこの種の助成金を受給しており、その総額は月に三〇〇〇万フランを超えていた[22]。これとは別に、多数の将校や行政官たちを維持するために、征服地がフランス財務省に支払う種々の助成金や地代があった。戦時下の他の国家と同じように、大陸ヨーロッパの経済は、イギリスで「旧き腐敗《オールド・コラプション》」と呼ばれるものに支えられていたのである。軍事請負人や事業主は、莫大な富を築いた。たとえば、皇后ジョゼフィーヌの友人であるG・J・ウヴラールは、請負補助人や配下の者たちからなる寄せ集めの軍隊をつくったが、それは、帝国全域に拡大し、マドリードを介して、メキシコやペルーの事業主と結びついていた[23]。

革命国家とナポレオン国家の影響は、フランスが征服した版図のはるか周辺部にまで及んでいた。カリブ海地域では、革命政府の命令によって当初、奴隷が解放されたが、後にナポレオンによって無効とされた。だが、どこにおいても、すでに革命以前から危険なほど急増していた奴隷反乱は、イデオロギー的に新たな局面に入っていた。ハイチでは、偉大な「黒いジャコバン」である奴隷の革命家トゥサン・ルヴェルチュールの軍隊が、約一〇万のイギリス軍を糾合し、ヨーロッパの敵から革命を守ろうとすらしたが、イギリス軍の大半は熱帯病で死亡した[24]。後に、一八〇〇年にナポレオンが奴隷制を再び導入しようとすると、その軍隊はハイチにおいて陸上での初の敗北を喫し、新しい帝国の進展のスピードは鈍ってしまった。これらは、ヨーロッパの危機をその他の世界が単に受動的に受けとめたのではなく、ヨーロッパに「はねかえり」、さらなる変革の波を生み出したことを示す最たる例である。東京で羽をひらひらさせている蝶がついにはニューヨークのセントラル・パークで嵐を起こすという［バタフライ効果の］有名なイメージのように、衝撃波ははるか遠方に及んだのである。スペインがナポレオン軍に降伏したことは、スペイン領アメリカ植民地の反抗の引き金となった。同様に、奴隷貿易の崩壊とメキシコやペルーでの銀生産の停止は、西アフリカやアジア、とくに、メキシコ銀の輸入に依存するようになっていた中国において、変化の波を起こした(25)。アフリカ南部でも、ヨーロッパ列強どうしのより激しい対立や、ヨーロッパ人入植社会でのイデオロギー対立は、すでに軍事化と反発の度を強めていた周辺のアフリカ諸王国に連鎖反応をもたらした(26)。

イギリスはというと、一七九八年にアイルランドでフランスが支持する反乱が起きた後、同地に対する支配を強めた。さらに、ナポレオンのヨーロッパ封鎖をめぐって勃発した、アメリカ合衆国との一八一二年戦争が終結した後には、カナダの体制も刷新した。この頃、東洋では、国際的戦争によって、インドに残存していた独立国家を打倒する機会が好戦的な現地指揮官に与えられた。現地での「サブ帝国主義」的な行動として、イギリスは、植民地政権のオランダ・バタヴィア共和国を介してナポレオンと同盟を結んでいたオランダ領東インドも侵略した。

それゆえ、世界的な規模で、ヨーロッパ諸国の新しい軍事力や軍事侵攻は、革命的であれ、反動的であれ、一七〇〇年以降、旧来のアジア政治を混乱させていた国内の対立や矛盾を強めたのである。一八一二年にナポレオンがロシアに敗れた後、エジプトを失い、復活したロシアの新たな軍事的圧力に悩まされていたオスマン帝国は、改革するか、消滅するかを強いられた。ムガル朝インドと中央アジアは、新興の小ナポレオンのように独断的なイギリスやロシアによって分割された。すぐに中国は、一七九三—九五年のマカートニー卿の北京訪問（中国には西洋の飾り物は必要ないと言われ、失敗に終わった）よりも大胆かつ尊大なイギリスの攻撃を受けた。

太平洋の遠隔地でさえも、グローバルな革命時代の出来事は、間接的だが、やはり大きな影響を及ぼした。軍事、経済、イデオロギーのさまざまな形の衝撃波が、オーストラリア、ニュージーランド、ポリネシア諸島を襲った。この地域では、ヨーロッパやアメリカによる大規模な海軍力の増強が行われるようになった。イギリスが、ナポレオン帝国に対して「大陸封鎖」をしているときには、南太平洋での鯨油をめぐる商業的対立が激化し、沿岸には捕鯨船員や「波止場《ビーチ・》ルンペン《コーマー》」があちこちに散らばった。イギリスが、オーストラリアに流刑植民地と布教所を設けたことは、革命の対立から生み出された国家や福音宗教に対する新しい定義と密接に結びついていた。アメリカ人宣教師たちは、正しい道理の共和国をつくってくれた神への感謝を示すために、ハワイに散らばった。ここでもまた、ヨーロッパの有り余るほどの武器とイデオロギーが結びついて、権力の転換がもたらされた。ニュージーランド北島のマオリ人が、ヨーロッパの新しい軍事技術を学び始めた最初の集団となった。これによって、彼らは、南島の首長たちを襲撃し、打倒できたのだった。

国家の正当性の破壊——フランスから中国へ

前節で示唆したように、一七八〇年から一八二〇年にかけての世界的危機が、軍事的必要性に対する国家の認識と財政能力とがますます釣り合わなくなったことに起因していたことを示す有力な論拠がある。この不安が最初に襲ったのが、侵入を受けやすかった西アジアと南アジアの大規模な多民族国家であった。やがて一七六〇年以降になると、西欧やそのアメリカ植民地でもそれが明らかとなり、一七八九年以後にはついにヨーロッパの諸王国からなる広範な体制を解体させた。それ以来、軍事財政の必要性が、ヨーロッパ内外の攻撃的な諸国家を動かした。けれども、これでは、「国家の世界的破綻」と当時の人々が呼んでいたことを完全に説明したことにはならない。

もちろん、あらゆる歴史において、財政危機と軍事的敗北は、体制崩壊の主要な原因であった。一七八〇年から一八二〇年にかけての時期が典型的だが、このような衝撃は、遅々として進まない経済発展や、経済的利益と損失の不均等な配分によって生じる根本的な経済的緊張にまで及んだ。しかし、この時期の世界的危機は、ほとんど唯物論的な説明に終始してきたこれまでの記述が示唆する以上に根深く、もっと根本的だったのだ。本節では、世界じゅうのさまざまな社会における、社会的危機と権威に対する抵抗のあり方との関連を検証する。

貧困、収奪、社会的対立によって、統治者の統治権を根底から疑う事態がいたるところで生じた。「文化」と「経済」には実際の区別はない。瀕死の状況にある社会では、とくにそうである。一八世紀のヨーロッパとアメリカでの出版や政治結社の飛躍的成長については、前章で論じたが、それによって人々は既存の権威に対する疑念や敵意を強めたのである。こうした敵意がさまざまな形で表出したことを説明するには、イデオロギーの対立や民衆信仰の歴史に目を向けなければならない。経済的対立を大規模な社会的危機に変容させるのに重要な役割を果たしたと思われるのは、さまざまな背景の下での「対立の文化」の性格であった。これは、異なる社会が、革命の時代を通して、異なる原因から異なる軌跡をたどったにもかかわらず、広範でグローバルな結果がもたらされたのはどうしてなのかをわれわれが理解するのに有益だろう。それはまた、経済や政治過程に関する旧来の歴史と、表象や言説に関する新しい歴史との対立を和解へと導くのにも役立つだろう。対立しあう学派双方の主唱者の多くは、それを可能だとも、あるいは、望ましいとすら思わないかもしれないだろうが、歴史資料は、和解に向けてすでに役立っているのだ。

アメリカの場合、最大の反対勢力には、「暴政」やローマ・カトリックに対する敵意から生じたものがあった。一七七〇年代のカナダで、イギリスが新たに征服したカトリック教徒に対して懐柔策をとると、彼らはいきり立った。課税に対する怒りは、彼らを「結束させた」。第一回大陸会議は次のように非難した。

［イギリス議会が］同じ会期に可決した法律〔ケベック法（一七七四年）〕――ケベック植民地にローマ・カトリック信仰を確立し、イギリス法による公正な制度を廃止し、同地に専制政治を樹立する――は、［宗教、法律、政治がまったく異なるために］隣接するイギリス植民地にとって危険が大きい。同地をフランスから奪取したのは、隣接するイギリス植民地の血と富の支援によるものだった。(27)

同様に、近年の著述家たちは、フランスの事例に関して、王室の財政的無能力という表象がモラルの問題へといかにして変わったのかを描いてきた。宮廷が貪欲で無責任に課税を引き上げたのは、宮廷が贅沢で、堕落していて、性的に異常であったからだと見なされた。革命の二、三〇年前にフランスの人々が何を読んでいたかを考察したロバート・ダーントンは、禁書、論争、風説の織りなす世界の全体を明らかにした。(28)これらはまとまって、忌まわしい言葉や政治的中傷を通して、君主政、貴族政、教会の道徳的基礎を切り崩していった。人々は、宮廷は堕落しており、利己的であり、さらには冷笑の対象だとすら見なすのに慣らされたあまり、一七九一年から翌年にかけて政治危機がピークに達した頃には、どんなことでも信じることができたのだ。ダーントンとモナ・オズーフは、こうした腐敗の表象がジェンダーに関連して表現されていたケースが多かったことを指摘している。パンフレットや噂話は、王妃マリー・アントワネットの下品さや浪費を題材に、口汚く、執拗に描いていた。外国人の浪費家は、夫である国王をいとも簡単に堕落させられるし、パリやほかの大都市――ヴェルサイユの王宮からかなり離れたところでも――で広がっている新たな形の激しいフランス愛国主義を裏切るよう国王を仕向けることもできるのだと、人々に信じられていたのだ。(29)

政治の成り行きから距離をおいていた急進的思想家たちの人民主権という確固たる理念は、権威不在という真空状態になだれ込んだ。一九八〇年代にリン・ハントが指摘したように、王室、貴族、宗教の儀礼はひどく汚されていたために、まったく新しい儀礼を古典や千年王国的なものから発明しなければならなかった。(30)革命政権が短期間実施したキリスト暦の廃止ほど、深刻な精神的破綻は思い浮かばないだろう。フランスの旧秩序の空疎な象徴や言説がいったん崩れると、危機は加速した。今度は、憤ったカトリックや忠誠派の面々からの激しい抵抗によって、反動や恐怖がもたらされた。というのも、短いが破滅的な時期にあっては、法律、宗教、政治に関する穏健な言説では正当な位置を確保できなかったからである。

この二〇年以上にわたって、ロバート・ダーントン、キース・ベイカー、フランソワ・フュレ[31]、グウィン・ルイスは、フランスの専制政治とその古めかしくて冷酷な統治という性格こそが、中傷やスキャンダルという政治文化の重要性を増大させたのだと論じてきた。イギリスにも、独自の政治戯画や不道徳な風刺があった。だが、議会とロンドンの新聞が圧力装置となって、政治に対する怒りや嘲笑を強めることも弱めることもできたのだった。歴史家たちは、イギリスでは、過激な抗議や騒擾というもっと古くて暴力的な伝統が、革命の頃になって実際に根づきつつあったと指摘している。知識人や職人たちの改革組織である、一七九〇年代のロンドン通信協会は、保守派からは扇動的と見なされていたが、実際には、行儀のよい穏健な団体であり、まさにイギリス社会主義の曽祖父的存在だった。戦争が始まると、効果的なコミュニケーション網によって、フランス、カトリック、ジャコバン主義に対する恐怖が、ジェントリや商人たちに広く伝えられた。彼らは、王室や首都を軽蔑していたとはいえ、社会秩序には関心を抱いていた。法律以外のものをよりどころにしようとする者は、ほとんどいなかった。王冠に対する忠誠は、奇異で不人気な王室の行動に対する姿勢とはまったく別だった。フランスでは宮廷に対する嘲笑の要因となった政府の負債ですら、イギリスでは国家の成熟の表れだと見なされていた。「国債」があることは、破ることのできない社会契約にイギリス人があずかっていることの証拠であり、貴族の放蕩や道楽の証拠ではないと解されていたのである。

同様に、著名な思想家たちが訴えた教会に対する疑念や、福音派の宗教改革者たちの熱意は、フランスで見られたような教会に対する全面攻撃ではなかった。イギリスの――ドイツもそうだが――啓蒙思想家たちの多くは、

「神を後部座席に座らせる」ことを望んでいたかもしれないが、神をすっかりなくしてしまうことを望む者はほとんどいなかった。それどころか、イギリスの福音主義者やメソジスト、また新敬虔主義者と呼ばれるドイツのプロテスタント改革者らは、保守的な形の啓蒙を望んでいた。これらの信仰家たちは、貧困や無知の問題に合理的な博愛を適用することで社会を改良しようとしていた。イギリスのメソジストやドイツやスカンディナヴィアの敬虔派は、カトリックのフランスや北イタリアでの激しい反聖職者主義には影響を受けておらず、社会革命や財産没収を支持しようとはしなかった。もちろん、こうした節度は、二〇年前の英領アメリカ植民地においては明白ではなかった。そこでは、フランス王政と同じくらい住民の多くにとって正当性を持たなかった国王政府に対して、反対し公正な政府を要求するというお決まりの行動がとられていた。国王は、宗教や社会の自由の擁護者どころか、暴君と見なされていたのである。

したがって、民衆文化、信仰、政治の表象は、社会的な緊張と急進的な政治崩壊との間に位置する革命「モデル」の重要な中間段階をわれわれに示してくれる。それらは、根本的な政治・社会的対立を混沌とした状況にしてしまう、いわば概念の「加速装置」のような役割を果たすのだ。しかも、「表象」に関する新しい歴史の大きな強みとは、それをどんな人間社会にも当てはめられるということである。フュレ、オズーフ、ダーントンの研究と呼応するものが、ヨーロッパ以外の世界に関する歴史記述の中にある。それゆえ、世界的危機における他の重要な出来事、つまり、アジアや北アフリカでの大王国の衰退についても、同じような解釈が当てはまるものがあるのだ。権力保持者を追放し彼らを古代の普遍的な価値に従わせようとする運動は、アジアやアフリカのいくつかの地域ですでに起きていた。それゆえ、フィリップ・キューンの『中国近世の霊魂泥棒』は、スタンダードな政治・経済史から出てくるものとは異なる乾隆帝時代の中国像を描いているのである。多くの社会史家や経済史家が論じてきたように、一八世紀の中国は、経済成長と帝国の版図拡大を続けていたと言えるだろう。だが、早くも一七六七年に、中華帝国は、経済的緊迫状況を原因とすると同時にそれを深刻化させてもいた種々の反体制運動に対処するという難題に直面していた。

キューンが明らかにしたのは、妖術ないしは悪霊の出現をたえず警告する終末論的な流言という中国の民衆文化の存在だった。行脚する僧侶たちは、千年王国的な仏教の考え――やがて救済が訪れ、地上では現世の権力は消滅する――を広めていた[32]。これは、フランスで中傷的な書物が貴族、教会、宮廷を弱体化させたのと同じように、儒学者の士大夫層の正当性に打撃を与えたが、辺境の地ではとくにそうだった。中華帝国自体が、満洲族か漢民族か、儒教か民衆仏教かの意識をあおっていた。北京政府は、満洲族の官職要求の方が優位だと主張したり、宮廷でチベットや中央アジアのラマ教を奨励することで、中国少数民族の憤激をさらに買った。一七九九年に乾隆帝が死去すると、満洲族の貴族の派閥が官職特権や新皇帝の監督権をめぐって争い、政府の腐敗の大きさが明らかになった。一部の学者たちは、清朝は、明朝よりは優れているものの、今や天命を掌握できなくなっていると暗にほのめかし始めた。その後の二〇年間には、中国の北部と南部で一連の反乱が激発した。反乱者たちは、さまざまなイデオロギーに基づいて正当性を主張していた――つまり、千年王国的仏教、「社会的」匪賊、民衆的道教、中国的な気の宗教、ローカルなキリスト教の千年王国論などである。これらがすべて伝達媒体となって、中心となる見方を伝えていた。腐敗した官僚と悪政が、中流層や貧困層のモラル・エコノミーを侵害してきた、と。

しかし、一九世紀初めの諸反乱は、清帝国の崩壊の始まりというよりも、激動の前兆であった。それらは一七六〇年代の「魔術の恐怖」のように、中国社会で緊迫した事態が進行していることを明らかにしていた。しかも、その事態が、ヨーロッパや大西洋の諸革命の経済・政治的影響を受けて深刻化しうることも示していた。だが、一九〇〇年になっても、中国の士大夫層の中には、引き続き体制を支持しようとする者もいた。フランスとは異なり、当時の批判的言説は、宮廷よりも、官僚制の腐敗に対して向けられていた。正当性に関する限りでは、中国王朝は、一九世紀に入ってもなお、大きな痛手を受けていなかったのである。新仏教や道教の預言的指導者たちが皇帝を攻撃していたのはたしかだが、当時成功を収めていた運動が激しい非難を浴びせたのは、地方の役人に対してであり、敬虔な人々にその地を離れて辺境で暮らすよう促すある種の分派をしばしば説いていた。繰り返して言えば、抵抗という儀礼の試みは社会によって異なっており、現実の苦境の度合いとはかかわりなく、抗議運動の規模に影響を及ぼしていたのである。

論点を広げすぎてはならないのだが、中国とフランスに類似性があったように、イギリスと日本の間にも類似性が見出せる。日本は、革命の時代の緊張を免れていたわけではなかった。日本もまた、一七八九年以降、三世代以上にもわたって、内戦、外国による攻撃、政権交代に直面していた。たしかに日本は、深刻な社会的緊張を経験していたのである。経済拡大のスピードは落ち、徳川政権の能力や正当性に対する不満が募っていた。農村部では農民による反乱が噴出し、街々は不穏になっていた。たとえば、一七八七年には江戸で大反乱〔天明の大飢饉による一揆や打ちこわし〕が起きたが、これを学者たちは、同時代のパリで起こった儀礼化したパンの反乱——歴史家リチャード・コッブが見事に描いた——と比較してきた。江戸での出来事を目撃したある人物〔杉田玄白〕は、押し寄せる群衆について、「更に昼夜の分ちなく、穀物を大道に引出し切破り」と記していた[33]。

だが、日本の工業国家への移行は、中国以上にたやすかったし、早かった。日本は、中国が被った外国による占領、体制の破綻、数千万人の死を回避した。ある意味でこれは、第2章で示唆したように、根本的な経済的差異を反映していた。日本の人口の伸びは、中国よりも緩やかだったし、政治的には分権的であったにもかかわらず、地方の経済は互いに結びつき、補完しあっていた。しかし、日中の相違は、政治文化とイデオロギーの観点からさらに説明することができる。明らかに徳川政権末期の学者や役人たちには、中国のエリート層よりも、反体制や異端の運動に対処できる実行力があった[34]。徳川時代の日本の国家権力は、かなり分権化されていたと言えるのだが、政府とそのコミュニケーション網は、町や農村のレベルで、中国以上に緊密だった。つまり、日本は、小規模で人口の少ない社会だったのだ。武士と富裕商人からなる整った秩序は、教育制度や宗教改革運動によって指導力を発揮し、反体制の動きを抑え込むことができた。一八六八年の徳川幕府に対する大反乱——日本独自の「フランス革命」——の時でさえ、支配集団は、きわめて迅速に支配権を取り戻したのである。

したがって、国家がなぜ上位にとどまったのかという問題は、政治的ないしは経済的な「要因」に単純に還元することはできない。権力や礼節《シヴィリティ》という古来の形態が革命、あるいは「インカラーブ」（ペルシアや南アジアで大変動を指すのに用いられる言葉）にさらされる場合には、歴史家は、対立するイデオロギーや言説を吟味する必要がある[35]。しかも、これらの言説が、ローカルなレベルの社会的結合関係の網の目を介してどのように伝えられたのかも考察しなければならない。イギリスでは、フランス革命の反響を受けて、「ジェントルマンたちはすっかりおびえていた」。戦争前後の都市や郊外での騒擾や暴動が示したように、社会的緊張は全土に広がった。イギリスの「安定」とフランス、イタリア、あるいはドイツの「混乱」の違いは誇張されやすい。にもかかわらず、すでに筆者が示唆してきたように、イギリスのジェントルマンたちは、法律に対する民衆の幅広い信頼や、財産や秩序に対する関心を頼りにできたと言えるのである。これらが、ジェントリ、商人、中流層を結束させたのだ。フランス人は、権力、法律、教会は根本的に腐敗していると、下劣なパンフレットや大っぴらな嘲笑によって二世代にわたって叩き込まれていた。また日本では、ジェントルマン、つまり武士の収入は、商業の発展によって減っていたかもしれない。だが、彼らは、社会の指導者としての役割を依然として担い、広がる民衆不安で勢いづいていた新しい宗教、社会、教育の運動を抑えることができた。

これとは対照的にインドでは、統治王朝やインド・イスラームの支配エリート層は、正当性への新たな要求を掲げて台頭してきた地方勢力の反抗の増大を政治的に抑えることができなかった。たとえば、一八世紀の北インドでのシク教徒の運動は、単に小作農の経済的貧困によってもたらされていたわけではなかった。すでに示唆したように、それは、シク教の師である導師の教義にしたがって、世界じゅうに法《ダルマ》、すなわち有徳の統治を築くための道義的運動でもあった。デリーの統治者たちは、概して寛容なイスラームだったのだが、それに対抗するには、軍事とイデオロギーの両面で不利だった。一方で、シクやヒンドゥーの新体制は、旧来のムガル朝のカリスマ性に関わる諸要素を取り入れることができた。他方で、その熱烈な支持者たちは敬虔な新しい秩序を要求していたが、そこには、公然であれ、暗黙であれ、イスラーム教徒の居場所はあまりなかった。(36)

オスマン帝国は、これらの両極の間に位置していた。スルタンは、遠方の領地では力を失っていた。だが、ロシアや西洋列強と長い間戦ってきたイスタンブルの結束した支配層は、一八二三年以降、改革運動「タンジマート」と連携することができた。(37)この運動は、スルタンの地位の存続にも、宗教の保護にも共鳴していた。それでもやはり、諸革命の時代に始まったイスラーム社会のあり方に対する激しい攻撃は、引き続き支配者や世界じゅうのイスラーム教を脅かした。本章の最初の節で指摘したように、サウジアラビアで生まれたワッハーブ派の純化運動は、ヨーロッパの革命以前ですら、オスマン政府の脅威になっていた。ある点でそれは、イスラーム世界の「革命」であり、ヨーロッパの革命と同様、逆戻りもあったが、終わることはなかった。創始者アブドゥル・ワッハーブは、宗教的「刷新」や、貿易拡大で裕福になったアラブの街々の腐敗を非難していた。預言者の敬虔な旧聖地メディナの回復を求めている点で、それはたしかに古臭かった。だが、アブドゥル・ワッハーブのメッセージは、都市の貧困者や勇敢なアラブの遊牧者に向けられており、政治的でもあった。アラブの年代記作者は、次のように綴っていた。

しかも、首長や都市の圧政者たちが心得ていたのは、いかにして人民を弾圧、支配し、互いを戦わせるかだけだった。シャイフ［アブドゥル・ワッハーブ］は、［神の］絶対性とは何か、それを否定するとはどういうことか、いかなる刷新という罠に多くの人民がはまっているのかを悟ると、これらすべてを否定し始めた。(38)

地方部族の首長イブン・サウードは、ワッハーブの教えを広め、新しい「イスラームの家」を築こうと誓いを立てた。きわめて保守的な考えだが、にもかかわらず、ワッハーブ主義は、後の世代にとって近代の象徴となった。最初の征服の波が今日のイラクまで広がったあと、ワッハーブ派はオスマンのエジプト人部隊に抑え込まれた。だが、急進的な一神教に感化された信徒たちが、以後二世紀以上にわたり、インド中央部、中国国境、西アフリカの遠方の地でも誕生したのだった。

以上すべての事例では、道徳的な言説が社会の動きと連動し、さまざまな政治的結果をもたらしたのである。表面的には、過去二〇年以上における歴史学の言語論的かつ「表象論的転回」の結果、一七八〇年から一八二〇年にかけての世界的危機で各地がたどったさまざまな運命を説明することが難しくなっている。大きな物語は有効でなくなった感があるのだ。そうなった理由には、儀礼、印刷メディア、美術を通して言説や権力表象を扱う歴史家たちが、まずはなぜ変化が起きたのかについて、それ以前の歴史家ほど関心を持たなくなったことがある。おそらく、自分たちの方法は、変化を「モデル化」するにはあまりにも限定的すぎると思っているのだろう。一九六〇年代や七〇年代には、歴史家は、フランスの生活危機の度合いをイギリスの農業革命と大胆に対比したり、中国と日本の人口増加のレベルの違いを指摘したりすることは容易だった。だが、こうした課題を解決する見込みがないわけではない。というのも、経済的なことや政治的なことと言語論的なこととを区別するのは、当時の人々が意識していたことというよりも、歴史家の意識によるものだからだ。統治者の正当性は、モラル・エコノミーを公平に統率しているという統治者自身の認識にかかっていた。他方でそのモラル・エコノミー自体も、民衆の期待が変わったことによる変動だけでなく、物資、サービス、労働力の流れの変化による意図せざる影響によって生じる変動にも左右されていたのである。

近代左翼と近代国家のイデオロギー的起源

一七八九年以降、混乱やイデオロギー対立が激しさを増したため、支配層は、国家のイデオロギーの土台を建て直し、部分的にも近代化をはからねばならなくなった。その拠りどころとしたものはさまざまだったが、とりわけ寄りすがったのは、ヨーロッパの啓蒙思想家たちが説いていた人類の統一という理想と「改良」の可能性だった。だが、アジアやアフリカの在地の支配層は、グローバルな政治的混乱や侵略に直面した際に、個人や国家の適切な行動に関するイスラームや中国の認識に基づいて合理的方法をさまざまに再構築することもできた。本節では、世界的危機の時代における国家によるモラルの再武装について考察する。

最初に述べたように、一九世紀初頭の同時代人や評者たちは、革命期のイデオロギーが持つ解放的効果に関心を寄せていた。国家は、その受益者ではありそうもなかった。人民主権という考えは、決定的な勝利を収めたかに見えた。ほとんどの自由主義者は、平等への衝動は、管理統制されれば、人類に多大な恩恵をもたらすと考えていた。フランスの思想家たちは、迷信を否定した。スコットランドや大陸ヨーロッパの経済学者の思想は、腐敗と独占を非難していた。哲学者《フィロゾーフ》や革命家の教えを受けた人々が生み出した――あるいは、彼らと関係づけられる――リバタリアン的イデオロギーは、次の一世代以上にわたってほとんどの商業社会に影響を及ぼした、参政権や労働権の要求の中に広く取り込まれた。啓蒙された個人からなる一般市民という考え方は、アメリカ合衆国ではたまらない魅力があった。ヨーロッパでは、スペイン（一八二〇年）から、ナポリとシチリア（一八二〇年）、ピエモンテ（一八二一年）[39]へ、そしてついにはフランス（一八三〇年）へと革命の連鎖が及んだが、それは自由、平等、友愛の絶え間ない訴えの証しであった。同じような考えが、貴族政、カースト制、教会特権という重荷をかなぐり捨てたいと思っていたインドやスペイン領アメリカのような、はるか遠方の若者の心を捉えた。こうした考えは、イギリス、フランス、そして後にはアメリカ合衆国での反奴隷制運動の力強い流れをつくった。

政治思想以上におそらく重要だったのは、「人民」という象徴だった。人民には権利があり、政治において創造力を持ち、革命的な力にもなれるという考えは、グローバル化した。それは、いわば文化的な型を提供し、どこであっても圧政に対しては当然の報いと抵抗があるという見方を強化、先鋭化することができた。カリブ海地域の奴隷反乱者、インドの低位カーストの活動家、ジェノヴァの反抗的な職人はこぞって、「人民」の権利に訴えることができたが、それは、それぞれの地域を越えて理解され、恐れられたりもしたのだ。こうした民衆蜂起の多くは、実際には「地に呪われたる者」「植民地支配に抑圧された人々。この表現は、フランツ・ファノンの著作のタイトルになった」によって率いられたのではなかったとか、革命家は怒れる人々だったが比較的恩恵を受けていたことが多かったと、歴史家は指摘してきたが、これはさほど重要ではない。重要なのは、「人民」という考えが世界規模で訴えられたことである。これは、キリスト教やイスラーム教の初期の闘争において神の民という考え方によって間接的に予兆されていたとはいえ、革命以後の時代の新しい特徴だった。

もちろん、急進主義が、思い通りに進められたわけではなかった。自由、平等、友愛には別の面があった。アイルランド系イギリス人の保守的思想家エドマンド・バークによれば、フランス革命が直接導いたのは、群衆による暴政や、ジャコバン派のフランス政府が何千人もの自国民を殺戮した一七九三年の恐怖政治という暴挙であった。実際、フランス革命が明らかにしたのは、旧体制の「差異の政治」とはまったく異なる積極的で保守的な思考様式であった。この新しい動きに反応したのは、特権層だけではなかった。革命の波やその後の経済的変化による甚大な衝撃を受けたのは、社団、とくに職人ギルドだった。これらの貧しいがレスペクタブルな人々の地位や名誉は傷つけられた。女性が労働力として参入したため、賃金全体を低下させる事態も起きた。もっと長期的にみれば、織工、職人、レスペクタブルな貧困者の怒りは、保護や社会的正義の復帰を求める協調組合主義のイデオロギーを強力に推し進めた。ヨーロッパでは、革命による変化に反応して、共同体的なイデオロギーが復活した。これは、小規模な共同体や旧来のやり方の価値を強調していた。時には、反近代主義や反ユダヤ主義の右翼的反動を増進した。[40] 共同体的なイデオロギーは、初期の社会主義が持っていたきわめて保守的な側面を強めることもあった。ヨーロッパの外では、社団を一掃した経済的変化と法的合理化によって、排他的な経済保護の考え方が生まれる状況がもたらされた。たとえばインドでは、知識人たちは、「われわれ自身の価値ある産品」の保護（スワデシ）の必要性をただちに訴え始めた。ヨーロッパとの競争に加え、都市ギルドを統制しようとする革命以後の試みにも悩まされていたエジプトとオスマン帝国では、職人たちが、自分たちの生活手段が損なわれているとして、イスラームの純化主義や反西洋の運動に結集した。これらは、単なる消極的反応ではなかった。前世紀の初頭以来、「過度の」神秘主義を抑制する運動を支持していた敬虔な商人や穏健な職人たちは、名誉、礼節、近代性に対する独自の形を主張してもいた(41)。

だが、一七八〇年以降のイデオロギーの混乱からもっとも学び、しかも最終的に恩恵を受けたのは、国家の側であった。まさにこの時期の最初に起こった唯一の例外は、アメリカ合衆国だった。アメリカ独立革命は、「国家に対する革命」であり続けた。というのは、少なくとも、この新しいネーションは、一七八三年以降の長きにわたる生存をかけた戦争に放り込まれなかったからである。ほかの地域では、革命の舞台が一番揺れた時でさえも、国家は再び「上位に立って」いた。それは単に、人々が保護を切望し、反動的征服者が旧来の秩序を再び押しつけたからではなかった。その理由としてより重要なのは、革命の時代が、皮肉なことに、ヨーロッパ国家内部にも、その植民地国家にも、新しいイデオロギーの装置をもたらしたことにある。普遍的人権の考えに近いのは、啓蒙と博愛が持つ普遍的基準という考え方であった。こうした考え方は、革命と帝国主義の戦争によって誕生した活気あふれる新国家にとって、容易に役立ちうるものだった。一般的に言って、軍事財政主義の新帝国には、君主が信仰の保護者だった旧体制ほどには、宗教的正当性に関して時間をかける余裕はなかった。ナポレオン自身、人々が望むように人々を治めたいと述べていた。

私がヴァンデ戦争［フランス西部での反革命戦争］に勝ったのは、私自身がカトリック教徒になったからである。エジプトでの地位を不動にしたのは、私自身がイスラーム教徒になったからである。イタリアで人心をつかんだのは、私自身が教皇権至上主義者［ローマ教皇の帰依者］となったからである。ユダヤの人々を統治するとすれば、私は、ソロモンの神殿を再建するだろう。[42]

このような統治の新しくて異質な方式は、政治的正当性の根拠についての問題をいたるところで提起した。それは、社会変化が直接影響を及ぼす範囲が限られているところでも、そうだった。スチュワート・ウルフが述べているように、当初、ナポレオンは、ヨーロッパの改革にあたって、王朝や伝統よりも人種や民族に力点をおいていた。[43] これは、その後のヨーロッパ人の自己認識の方法に多大な影響を及ぼした。ナポレオンは、王政以後のすべての人物の中でずば抜けていた。彼は、このように新たなヒエラルキーや安定化を正当なものとするのに、デリー市を奪取したペルシア人ナーディル・シャーや、アメリカ人のジョージ・ワシントンやトマス・ジェファソンにならっていた。ナポレオンは、これら王政以後の初期の人物たちのように、旧体制のさまざまな面にも頼っていた

図 3–3　イランのナポレオン——ペルシア王ファトフ・アリー・シャー（ミルザ・バーバー画，19 世紀初頭）

が、同時に、王権神授説や伝統的承認といった恩恵にあずかることなく、革命や帝国が持つ正当性の純粋な原理を自ら体現していると主張した。ナポレオンのやり方は、やがて重要な事例となった。一九世紀初頭エジプトのムハンマド・アリーのような啓蒙専制君主にせよ、スウェーデンを統治したナポレオンの元帥ベルナドットにせよ、はたまた、ナポレオン以後のドイツやブルボン朝以後のラテンアメリカの復権・再建を担った政治家たちにせよ、彼らを考慮に入れれば、「国家理性」や近代化への訴えは新たな力を得ていたのだ。

ヨーロッパの他の地域の革命政権は、ゲットーからのユダヤ人の解放や、それ以前の時代から続いていた宗教的理由による無権利状態の解除を慎重に開始していた。フランス、イタリア、ドイツの復古王政でさえ、しぶしぶそれに続いた。イギリス帝国は、古色蒼然とした国教会の影響を依然として受けていたが、統一した形態の市民的地位を課すために、宗教的多様性を認めるようになった。カトリック教徒はイギリス軍に任官され、東インド会社軍のために長期間戦った。アイルランドでカトリック教徒が解放されるにはさらに二〇年を要したが、国教会の中枢、とくに、インド総督を務めたコーンウォリス卿やウェルズリー卿のような帝国主義者たちは、すでにそれは不可避だとみていた。インド、あるいは、カナダ、オーストラリア、ケープのような新しい英領植民地では、非国教徒たちは、一世代前には考えられなかったほどの社会・政治的影響力を発揮していた。ヒンドゥー教徒やイスラーム教徒を入隊させていた帝国国家が、キリスト教の他の宗派を依然として排除しているのは馬鹿げていると思われるようになったのである。

だが、新しい国家や帝国が宗派に対して比較的穏健な態度をとったからといって、差異が考慮に入れられなかったわけではない。歴史や社会に対する新しい考え方が広まっていたのだ。それによって、エリート支配層は、すべての人類に対する共通の判断基準に基づく上下の序列に従って、民族、人種、文化を分類するようになった。この統治イデオロギーの理論的土台を提供したのが、啓蒙思想家、とくにアダム・スミスとウィリアム・ロバートソンであった。暗黙の序列が受容され、部族民やアフリカ人たちは、商業社会や承認に値するような国家をつくれなかったために、もっとも遅れた社会として位置づけられた。この図式では、それとは異なる文化であるイスラーム、ヒンドゥー、中国の文化は、古代のギリシア人やローマ人が達した理性のレベルにあると判断されたが、他の優秀な人種による善意にあずからなければそれ以上の進展はありえないとされた。(44)

このような人種に対する見方は、生物学や進化論に体系的に基づいていたわけではなかった。当時の学問的方法では、「人類の地図」の全貌を発見すること自体が目的だった。差異と同時に、関係も発見の対象となった。そのため、たとえば、ウィリアム・ジョーンズによる古代インド語やペルシア語の研究では、古代言語とヨーロッパ言語の結びつきが見出され、それを一九世紀初頭のドイツの言語学者たちは詳細に考察した。観察は、それ自体が目的となった。クック船長とブーガンヴィル提督による太平洋航海では、人類と博物学の新しい軌跡が発見された。観察は、軍隊の地図作成者の技術が新しい天文学の精度に基づいていたインドやアイルランドでの調査のように、百科事典や地図作成事業で評価された。(45) 知識の獲得をめざす政府の事業は、規模が拡大し、整備されていった。ナポレオンは、フランス・アカデミーの学者たちをエジプトに同行させたし、イギリスでは、かつてクックの航海に私費で同行したジェントルマンであるサー・ジョゼフ・バンクスが、王立協会、海軍省、東インド会社による公費助成を受けた科学的調査のネットワークを組織した。(46) ナポレオン以後の時代になって軍事支配層による陸海の支配が強まると、こうしたデータ収集は、旧体制のときよりもはるかに容易になった。

人類学や博物学の分野でのデータの体系化の当初の試みは、公的支援を受けていたとはいえ、直接的で実用的な目的を持っていたわけでは必ずしもなかった。実用的というよりも宣言的といった方がよいことも多かった。つまり、その試みは、特定の国家、政府、支配層が持つ力や知識、啓蒙思潮を表していたのだ。だが、リチャード・ドレイトンが指摘したように、当時もてはやされた理論家たちは、一七八〇年代以降に征服された人々や地域を「改良」するのに躍起になっていた。先住民たちがどうしようもないほどに原始的で腐敗していたり、古代人のレベルに陥っているのならば、イギリス、フランス、アメリカ、ドイツの人々は、彼らに国家、商業、自由貿易の恩恵をもたらしてやらねばならなかったのだ。ナポレオン期イタリアの軍隊と政治に関する近年の研究は、イタリア人が堕落していて、家庭を基盤とした原始的な価値や腐敗から抜け出せないでいると根強く信じられていたことを明らかにしている。優越感を抱いたフランス人行政官たちにとってみれば、イタリア人には市民社会や「公」「私」の観念が欠けていた。彼らの都市制度から旧来の特権を取り除かねばならないし、彼らの土地社会から封建時代の遺物をなくさねばならず、有力な地主に与えられていた権力は、強大で明確な財産権によって守られなければならなかった。

こうしたイデオロギーは、短期間に終わったエジプトや一八三〇年以後のアルジェリアでのフランス統治における実際の政策の中で実行されていた。それは、英領インドで広く普及した。同地ではコーンウォリス卿が、何世紀にもわたる専制政治が「腐敗」を育んだとの理由で、政府の要職から混血人種やインド人を排除したのだった。彼はまた、将来ホイッグ支持の地主となる人々に権利を与える土地制度をベンガルに築いたし、貿易を意図的に自由化した。一九六三年にラナジット・グーハは、コーンウォリスが一七九三年にベンガルで行った永代定額地租査定〔ザミンダーリー制度〕は、フランスの「重農主義」——つまり、社会的価値は、固定した穏当な税を課された人々による土地財産の良好な管理から生み出されるとする考え——の何らかの影響を受けていると論じた。[47] ケープからインド、そして大陸ヨーロッパまで、土地収入の取り決めは、互いにますます似かよっていった。これにより、国家は、地方の責任を委ねられる安定した名望家集団を持てるようになった。旧来の名望家階級が成熟すれば、新しい国家の意図を操作したり、その権力を効果的に守ることも可能になったのだ。コーンウォリスと後継者たちがベンガルでつくった地主たち（ザミンダール）は、自分たちに課せられた新しい税基準にたちまち順応するようになった。だが、イギリス人による法・制度的枠組みはまた、地主たちに対して、彼らの配下の小作農を支配する権限を与えていた。これによって、きわめて不平等な農村社会がつくられ、小作農の反乱の頻発を招いたのだった。

ナポレオン支配下のラインラントという非常に異なる状況の中で、新しい征服国家は似たような考え方を導入した。フランスは、旧来の権利や税の多くを取り上げ、「近代化した」統治の基盤に地主階級をおいた。この過程で、地主たちは、農業労働者や小作農に対する新しい権力を蓄えた。[48] ライン地方の経済や政治への彼らの支配は、一八七〇年までほとんど揺るがなかった。実際、財産所有に対する普遍的な基準を設けたことは、当時を通じてもっとも重要な変革の一つだったし、一八四八年以降の革命の第二波の時期にはさらに強固になった。重要なのは、それが、ユーラシアや南アメリカの大半の地域での新しい商業階級の出現に先んじていたことである。それは、新たな活気を帯びた国家によるイデオロギー面での試みの結果生まれたものであり、「ミドルクラスの勃興」の後に起きたというよりも、それを円滑に推進したものだったのだ。

ヨーロッパ人が入植した地域では、この新しい財産権規定は、弱者を威嚇する厳しい手段になりえた。白人入植者や、時には先住民エリート層が、共有地や労働力を元来の住民から取り上げることができるようになったのである。ハワイでは、一八四一年にすべての土地が私有化された。オーストラリアとニュージーランドでは、ヨーロッパ人入植者が土地を囲い、土地の自由保有権を得ようとした。遅かれ早かれ、これは、土地はすべての人々に供する共有財産という考えを抱き続けていた元来の住民たちとの衝突を招いた。[49] 勝者と敗者の違いは、単純に人種の違いではなかった。国家の反動に続く社会の体系化や組織化において、新しい秩序の中で積極的な役割を果たす土着のエリート層もいた。彼らは、政府の下層レベルでの行政官や情報提供者にとどまった。多くの土着の知識人たちは、征服者が押しつけようとした文明・野蛮観を受け継ぎ、それに順応した。

国民対国家・帝国

新しいタイプの国家や帝国がまさに成功を収めたことが、反対派や批判者を生み出した。大規模な軍隊が闊歩し略奪や征服を行った革命時代の大混乱は、この激動を生き抜いた人々のアイデンティティ意識を高めたのである。長い間、ヨーロッパ史やラテンアメリカ史では、一八世紀の漠たる愛郷心から輪郭のはっきりした近代国民国家への転換を促したのは、革命戦争、さらにはナポレオンによる占領経験だったと理解されてきた。これよりははっきりしないものの、それに伴う「革命的帝国主義」は、海外の現地知識人や政治指導者を刺激し、より鮮明な国民意識の萌芽をもたらした。

諸大陸でのこうした新しいアイデンティティの動きをたどってみよう。もちろん、もっとも動きが激しかったのはヨーロッパであった。一八世紀の旧来の愛郷心には活気があったとはいえ、フランス軍による征服と占領の経験が、国民意識を大いに高めた。イタリアの愛国者ジュゼッペ・マッツィーニは、少年の頃、フランスの新聞から「イタリア」と自由について学んだのだった。[50] 革命による普遍的自由という考えは、やがて、彼自身がダンテの言葉の土地にしてジョットの芸術の継承者と定義した祖国イタリアの名誉に対する関心に取って代わった。同じように、ロシアを皇帝の領土や東方正教会の座というよりも祖国へと変容させたのは、ナポレオンに対抗するための大衆動員だった。ロシアの貴族たちは、一八一二年の戦場において小作農を「発見」したのだ。後に急進的貴族の指導者となるある士官は、皇帝に対して、「彼らを誇りと思われるべきです。小作農たちはみな、愛国者であるからです」と進言していた。[51] ドイツでも同様のことが起きていた。一七九三年以降のゲーテが希望を託したのは、もはや神聖ローマ帝国ではなく、ドイツ諸国家がフランスに敗北を喫した後のドイツ「民族《フォルク》」に対してだった。イギリスやアメリカでも、ナポレオン戦争に伴って行われた徴募によって、すでに強かったアイデンティティ意識があらために育まれた。トラファルガーやワーテルローでの勝利やイギリスによるワシントン焼き討ちは、これらの国民の自己意識を強めたのだった。

ヨーロッパ内部の従属民の指導者たちも、将来の国民の預言者だと自任し始めた。一七九五年のロシアによるポーランド分割は、戦闘的な「ポーランド人意識」を活気づかせ、それは一九世紀を通して強固なものになった。貴族や議会の旧来の秩序が失われたため、ポーランド人には、国民としての将来を想像するほかなかった。やはり一七八〇年から一八二〇年の間に、一七八〇年にアイルランド議会を誕生させていたプロテスタントのアイルランド愛国主義は、明確なカトリックのアイルランド人意識に取って代わられていた。それはミドルクラスから生まれ、小作農にも受け入れられる徴候があった。これを促したのが、二つの重要な変化だった。一つは、革命戦争の絶頂期にアイルランドがグレート・ブリテンと政治的に結合したために、アイルランド人の間に大きな不満が長期的に生まれたことである。二つ目に、カトリックの小作農の中でプロテスタントの宣教師が活動したことが、宗教的反動をあおり、広い基盤を持つ民族意識をさらに強く刺激したことである。

これは、世界規模の現象だった。北アフリカ、インド、セイロンでは、革命戦争やグローバル帝国主義もまた、それまで流動的だった愛郷心を強め、ときには宗教的復興意識も刺激した。モロッコやアルジェリアでは、イスラーム教徒たちは、ナポレオンやその後継者たちによる新たな聖戦と受けとめ、それに向き合うことで、自分たちの信仰を郷土と同一視するようになった。ジハード、つまり聖戦は、宗教的な義務であるとともに、愛郷的義務になった。ムハンマド・アリーが、再編し直したエジプトのサトラップ制でローカルな帰属意識を意図的に育んだのは、こうした考えのささやかな表れであった(52)。アラビア語の学者たちは、「エジプト」とその歴史について著し始めた。イギリスの征服に直面したインドの地方国家の統治者たちもまた、侵略に対抗して臣民を鼓舞するために、地域的な郷土愛——郷土、家庭、慣習への関与——に暗黙裡に訴えようとした。こうした戦闘的な愛郷心を唱える者と後の時代に西洋式教育を受けた民族主義者との間には直接的な関係はほとんどなかったにせよ、祖先たちの英雄的行為は、後世の指導者にとって感情的なシンボルという強力な遺産となった[53]。統一されたヴェトナム新王国は、英仏の貿易や布教活動に対して大きな不信感を示し、郷土への感情を鼓舞し、ヴェトナムとしてかつ儒教の王国としての意識を強調していた。中国、ヴェトナム、日本、朝鮮では、一八三〇年代の統治者や知識人は、外側世界に対しても、自分たちの王国を妨害する危険な異人種に対しても、鋭い意識を持っていた[54]。

ヨーロッパでも、世界との交流やコミュニケーションの拡大は、不意で突然の征服と同じく、こうした新しい意識の醸成を促した。一八二〇年代末、カルカッタの新市街のベンガル人は、その長であるラージャ・ラーム・モーハン・ローイとともに、彼らが「ヒンドゥー人種」と呼ぶものや、少し後には「インド」自体も発見し始めた。ヒンドゥーの過去とヨーロッパ的な現在の双方を指摘することで、この人種や文化には「権利」があり、それを示すものが必要だということに思いをめぐらすようになったのである。世界の危機的事件を扱ってきた新聞は、アイルランドやジェノヴァでの革命後の闘争を彼らに意識させていた。人民としての権利を持つアイルランド人やジェノヴァ人と呼ばれる人間集団がいるのであれば、「インド人」にも権利があるのは当然だったのだ。

一九世紀においてさえ、歴史家たちは、革命とナポレオンの時代のヨーロッパやその植民地に新しい形の国民や国家が出現したと主張していた。前節では、この判断をおおむね認めつつも、それが世界規模の展開だったと説いてきた。旧来の秩序の危機は、ヨーロッパはもとより、アジア、アフリカ、アメリカにも起源があった。その影響もまた、グローバルに及ぶものだった。国家の要求の高まりや混乱から生まれた明瞭な国民意識は、ヨーロッパの啓蒙思想にたしかに依存していた。それらは、世界のさまざまな地域で、イスラーム教、ヒンドゥー教、仏教、その他の思想体系の諸要素も取り込んでいた。このような地域的・民族的アイデンティティの形態の変容は、その社会の新興の富裕なミドルクラスや統治階級の間でも関心を引いた。革命や帝国の戦争によって形作られた国民アイデンティティや国家権力というイデオロギーは、次の世紀を通して密接に絡み合い、世界じゅうの政治指導者が利用する強力で、しばしば破壊的な手段となっていった。

第三の革命――世界じゅうの穏健で商業的な人々

グローバル帝国主義の最初の時代やヨーロッパと南北アメリカでの政治革命による衝撃に伴い、一七八〇年から一八三〇年にかけて起きたのが、より穏健な第三の革命であった。それは、北西ヨーロッパと北アメリカや、その他グローバル経済の拠点で起きた商業的ミドルクラスとその価値の台頭であった。この動きは、工業生産における甚大な革命とは、まだ結びついていなかった。近代的工業は、鉄道が登場するまでは、まだ北部・中部イングランドの狭い地域におおむね限られていた。そこでの工業は、商業の拡大を加速させる役割をすでに担っていたが、その他の地域では、商業的なミドルクラスの台頭は、消費パターンの再編やグローバル化や、職人部門で積み重ねられてきた経済的変化によるところが大きかった。これは、「産業革命」だったと言える限りにおいて、ジェニー紡績機や蒸気機関よりも、親方織工や奴隷プランテーション所有者の合理化によって展開していた。それがはっきりと示していたのは、革命期の諸事件がもたらした経済的影響によって勤勉革命の進展が促されたことだった。世界規模の競争によって、ヨーロッパの兵士、船乗り、商人、入植者はアジア、アフリカ、太平洋を越えて広がり、そこで彼らは資源、労働力、貿易の搾取の新しい方法を生み出していた。

この第三の革命の最たる例が、アメリカ合衆国である。一八三〇年になっても、この若き共和国は圧倒的に農業中心であり、人口が一〇万人を超えていたのはニューヨークだけだった。そのため、二〇世紀半ばの歴史家には、一七八〇年から一八三〇年にかけての時期の重要性を無視し、植民地社会は流動的で商業的であり、工業化と鉄道によって初めて真の変化が訪れたと主張する者がいた。近年になると、異なる記述がなされるようになった。植民地後期の社会は、生産形態を除けば、依然として貴族的で階級支配の様相を呈していた。続く二世代の間に緩やかだが根本的な変化が起こった、というのが現在の歴史家たちの主張である。一七八〇年には、一三植民地の商業会社はわずかに六社だった。一八三〇年には、数十万社になった。「少なくとも南部以外では、社会の非常に高い割合が、売買に従事していた。……社会はますます繁栄できるのだと人々が実感し始めた。それは、海外に売るからではなく、もっと重要なことに、互いに売りあえるからだった」[55]。それぞれの州は多数の新設銀行を認可し、銀行はこぞって紙幣を発行したため、この商業発展が可能になったのだった。個人消費が急増し、一般家庭でも陶磁器、高級調理器具、キルト縫いの寝具を買えるようになっていた。

つまり、これは、ヤン・ド・フリースが言うところのもっとも強力で連続的な勤勉革命の一つ——工業的大量生産ではなく、基本的には職人活動の小規模な改良によってかなえられるもの——であった。アダム・スミスの提唱した系譜にならうこのような「有徳な」分業に伴って起きたのが、とくに小規模なタウンに集中した人口激増だった。一七九〇年から一八二〇年までの間に、ニューヨーク州の人口は四倍になり、ケンタッキー州は八倍になった[56]。ヨーロッパからの移民が急増し始めたのは一八一五年以降になってからだったが、「アメリカ人は、彼らが植民地期のまる一五〇年をかけて占領したよりも広い領土を、一世代で占有したのだ」。その北側では、イギリス領のカナダ植民地が、同様に内陸へと膨張していた。こうした開拓面積の急増によって、耕作や放牧のための処女林、木材、鉱物の大量の資源が利用可能になった。ケープタウンやシドニーの発展も、小規模だが、同様の変化を遂げていた。

アメリカ合衆国の人口、消費、交換の増大に伴って起きたのは、社会、政治、知識面での変化であり、それは元祖のアメリカ独立宣言ほどには鮮やかさはなかったが、きわめて甚大だった。一八三〇年には州選挙での白人成年男子の参政権が拡大した。識字レベルは高くなり、多数の新聞が全土で入手できるようになった。ホイッグ党も民主党も指導者の主義信条は古めかしかったが、事実上、最初の教養ある大衆選挙民に向き合うことになった。イギリス国教会の非国教化が進み、バプティスト、メソジスト、カトリックが拡大するにつれ、個人の良心という考え方が静かに浸透していた。アメリカ人は、都市や景観を改造し、一七八三年になってもリパブリカンの高尚なエリート層の領分だった文化を、大多数にとっての消費物と見なすようになっていた。革命的平等という旧来のアメリカの考えは、ヨーロッパからもたらされる新しい考え方によってますます強化されていた。ヨーロッパでは経済的圧力によって従来以上に多くの移民が流出し、その移民の多くは、意識する、しないにせよ、大陸ヨーロッパで諸革命を経験したことでクローズアップされた、自由と平等の思想の影響を受けていた。

一八四〇年代から五〇年代には他のイギリスやアイルランドの入植植民地——カナダ、オーストラリア、ニュージーランド——の住民たちが政治的な自覚を強めると、彼らもまた、一世代前のアメリカ合衆国民に似た意識を示すようになった。[57] アラン・アトキンソンが説得的に論じたように、一九六〇年代の左翼歴史家たちは、初期オーストラリアの入植を残忍な流刑植民地化として誇張していた。[58] だが実際には、当初から同地でも、一八世紀の啓蒙思想の要素が入っていた。オーストラリアの白人社会でも、レスペクタブルな商人という考え方は、後になって、あらゆる徳の源泉にあるのは独立農民だとする見方と共存したり対立したりしたのだった。ここでもまた、アメリカ合衆国と同様、地主層は、貴族政が持っていた階層的地位を失っていた。宗教は国家と切り離され、地方の教会は、自助やレスペクタビリティという考えを独自に植えつけていった。

ミドルクラスの消費社会というこの形態は、アメリカ合衆国とほぼ同様にイギリスでも急速に進展した。もっとも、イギリスのミドルクラスは、上部にいる依然として有力な地主貴族と、下部にいる農業労働者や台頭する都市労働者階級にはさまれていた。あらゆる時代のイギリス近代史家たちが、ミドルクラスの上昇を認めていることはよく知られている。そして、この時期を通して彼らが上昇したことを示す多くの証拠がある。消費パターンが変化し、そのため、普通の人々が新しい工場でつくられた生地の服を着ることができた。よく知られているように、ウェッジウッドは、一世代前であれば貴族しか手に入れられなかった古典的な様式の陶磁器食器具を大量生産していた。ロンドンの北部や東部、新興の工業都市、旧港には、中間的収入層のための質素だが清潔なタウンハウスが大量に建設された。

このような社会変化は、またもや政治や知識の分野で起きていた。アメリカや商業的なドイツ北部と同じように、福音主義的キリスト教信仰の興隆に伴い、教育、社交、さらには政治・道徳的社会の基盤に対して新たに重点がおかれた。国教会は教義の理解に努めたが、有能で進取の気性を備えた人々は、国内の貧困者や海外の異教徒に対する布教に関心を向けるようになった。福音主義者たちは、世界は前千年王国の段階にあり、不信心者を集団で改宗させれば、キリストの二度目の降臨が差し迫っていることを示すことになると確信していた。世界じゅうの野蛮な人々を服従させることは、勤勉な商品生産者や敬虔な家父長によって野蛮な自然を制御することにつながるとされた。一九世紀前半のイギリス、アメリカ、ドイツ、オランダ、スカンディナヴィアの団体によるグローバルな布教活動は、世界、とくに、アフリカ南部、太平洋地域、アジアの広域の社会・経済的様式に影響を及ぼすことになり、それは長く続いた。布教や教化のための雑誌の購読や「役に立つ知識」の普及は、大衆レベルにまで達していた。反奴隷制運動は、一八〇七年から二五年にかけて弱まったものの、史上最大の自発的な道徳改革運動となった。一八三二年の選挙法改正案をめぐる政治では、同じくミドルクラスの勤勉な人々の関心が集まった。これによってアメリカ合衆国のような大衆選挙権が設けられたわけではなかったが、地方政府や救貧法の改編、教育の拡大、帝国全域での自由貿易を促す一大要因となった。それは、奴隷制廃止の直接的な誘因にもなった。アイルランドでは、コークやダブリンの新興ミドルクラスが発した大多数の要求が、ダニエル・オコンネルによってまとめ上げられ、一八二〇年代末にはカトリック解放は避けられなくなった。

同種の利害を持つミドルクラスは、革命後のヨーロッパ北部の多くの地域で台頭した。ハンブルクは、独立したばかりのアメリカ合衆国と直接に貿易する権利を手に入れた一七八三年以降、世界の商業的中心として発展し始めた。ナポレオン戦争の最後の段階では大きな損害を被ったが、一八一五年になって上昇傾向を急速に取り戻した。戦争に対する懸念や攻撃の可能性が減った一八一六年には、エルベ川に最初の汽船が登場した。戦争期に生産拠点に刺激が与えられたことや一八二〇年代に農業の繁栄が戻ってきたことは、おそらく重要だった。だが、国家の発

図 3-4　礼節，敬虔，勤勉——祈禱会でのハンス・ニールセン・ハウゲのノルウェー人信者たち（アドルフ・タイドマンド画，1852 年）

展や、革命家やナポレオンの副官たちによる旧来の社会の階層秩序の解体も、同じくらい重要であった。ハンブルクやその他の商業港湾都市の外側では、ドイツの新中流層をなしていたのは、ほとんどが法律家、教員、行政官であった。大陸ヨーロッパの大半では、政治活動が、フランスの一八三〇年革命まで抑え込まれていたが、革命期に盛んだった活発な出版業は、一八二〇年代まで繁栄を続けていた。

ヨーロッパの外部やヨーロッパ入植植民地、北アメリカでは、いくつかの関連した変化が起きていた。一八三〇年代のオスマン帝国でのタンジマート、つまり再編による大規模な行政改革が行われる以前ですら、教養ある新たな国家官僚層が、旧来の軍事階級や宮廷役人とは別の階級として台頭していた。彼らは学校、図書館、討論クラブを設立し、最終的にそれらは、活力を得た新国家が計画したものと同じくらいの影響力を持つようになった。オスマン帝国の周辺部にあるギリシア人、ユダヤ人、シリア人の商業街では、地中海貿易の拡大によって、商業を担うミドルクラスが徐々に繁栄し、豊かになっていた。ベイルート[59]とアレクサンドリア[60]は、新しい構想によって拡大し活気づいていたのに対して、古くからの内陸の中心部は沈滞した。ヨーロッパの植民地では、ヨーロッパ人と同盟して富を築いていた先住民の指導者たちと入植した住民とが交流を深めることは難しかった。一八二〇年以前には、カルカッタ、ボンベイ、ペナン、バタヴィアといった港湾都市で、インドや南アジア人の小規模だが勢いのあるミドルクラスが台頭していた。彼らは、ビジネスのためだけでなく、政治情報を得るために英語やオランダ語を読解していた点で、同地の旧来の商業社会とは異なっていた。彼らは、教育改革や宗教的変革を進めようと、協会、クラブ、図書館を組織した。このような協会に頻繁に出入りしていた知識人や専門職の人々は、互いを意識し、思想や技術を相互に取り入れようとしていた。思想家が言うところの「国際的市民社会」が出現し始めたのである。それを構成していたのは、勃興する国家や帝国国家ほどには明確ではないにせよ、啓蒙や革命の時代のまぎれもなく重要な産物としての、情報や政治主張の一連のネットワークだった。ここでもやはり、一八〇〇年以降急速に地球規模に広がっていたキリスト教布教所が、こうした現地の知識人に対して大いなる刺激——プラスにもマイナスにも作用した——を与えていた。宣教師たちは、図書館の設立、出版、議論、公開討論を率先して進めた。彼らは、アジアの古典やアフリカの神話の調査を開始した。現地の知識人たちは、その方法を取り入れたが、自己防衛を目的とすることが多かった。

それゆえ、このような自己形成にあたって、西ヨーロッパや北アメリカのモデルは大切だった。だが、重要だったのは、国家やグローバルな商業の体制が大きく変わったことであり、公人や事業家の参加が認められるには、彼らが穏健で合理的な振る舞いをしなければならなかった。参加といっても、それはきわめて不平等だった。たとえば、ジェンダーによる区別は、革命後の都市では、多くの点で厳しくなった。ローマ元老院議員ブルトゥス（ブルータス）の妻ポーシャにならって、女性を象徴としつつも家庭の領域に限定したのがフランス革命での公式の主張だったのだが、これに対して、この穏健な革命〔第三の革命〕では、市民社会に入れるわずかな入口が女性に開かれつつあった。女性がもっとも活発に動けたのは、宗教、教育、慈善の分野だったが、これとても、アメリカ合衆国や、イギリスやヨーロッパの新興社会、ヨーロッパ人入植民地に限られていた。同様に、この新しい地味で穏健な社会は、貴族的なプランテーション所有主や商人による旧来の「メスティソ社会」以上に、しばしばやみくもに人種差別的であった。その社会は、ポルトガルのカスタ、インドのカースト、中国本土の結社の原則に基づいて区別されていた。この新しい時代になると、ヨーロッパ人は、商業都市の郊外に固まって住みつきだした。中国人、アラブ人、インド人は締め出されたのである。

革命期は、本書冒頭で述べた人間社会における二つの変化——社会間の統一性の進展と、社会内部での複雑性の進展——を劇的に加速させた。土地や財産の権利から、商業活動、統治、それにイデオロギーまで、その形態は、地球上の多くの場所でますます似かよってきたのである。と同時に、ヨーロッパ人の征服者たちは、世界の新たな地に、より複雑で専門的な知識を広めていた。一八三〇年頃には、フランスやスコットランドの思想家の著作は、マドラスからペナンやシドニーの公共図書館にも収められ、さらには、公共性や図書館、あるいは書物といった概念すらまったく新しかった土地においても見出されるようになっていた。

長い一九世紀のもう一つの特質である、世界の経済や住民に対する欧米支配の増大も、格段に進んだ。人類の大半は、資源や威信をめぐる闘いの中で、長期にわたる敗北者となっていた。ロンドンやボストン、それにブルターニュの港の温和な商業社会は栄えたが、その理由の一つは、世界じゅうの奴隷や隷属的な小作農がつくる大量の安価な原料があったからである。国家独立後や植民地征服後、彼らは労働負担に応じたり、収入課税を支払ったりするのに、それらを生産したのである。ブラジルのコーヒー産業は、世界規模の戦争終結後の数十年間、増加した奴隷のおかげで、生産量を飛躍的に増大させた。インドやインドネシアの小作農たちは、新しい植民地支配者に提供する換金作物を育てたが、食糧用の作物はしばしば犠牲にされた。

戦争の終結はまた、大量の白人入植者が世界各地——アフリカ南部、太平洋、アメリカのフロンティア——に拡散するのを促し、先住民はさらに従属させられた。同地で白人入植者たちは、やはり移動しつつあった先住民と衝突した。入植者の中には、政治難民もいれば、戦後の景気後退を逃れてきた経済移民もいた。さらに、手に負えない労働者階級や小作農の追放や、軽犯罪者の排除に躍起となっていた冷徹な政府によって追い出された者もいた。

オーストラリアでは、ヨーロッパ人の人口は、一八二一年にはすでに三万人に達していた。入植者や彼らの家畜は、先住民を土地から追放し始めており、抵抗した者を虐殺した事例もすでに報告されていた。[61] こうした入植者の本国社会もまた、ますます分極化していた。工業の発展に関してさえも、経済史家の判断は揺れ動いているが、今日では、増大する工業労働者階級の人々は、それ以前の職人社会のときよりも低い生活水準に悩まされていたとする見方が支持されている。

次章に向けて

以上すべての社会・地域的不均衡から確実に言えるのは、大規模戦争後のヨーロッパやより広範な世界における「秩序の回復」に続く時代は、よく言えば、政治的均衡の時代、悪く言えば、流転と亀裂の時代となりうるということである。これについては、次章で述べることにしよう。統制と反乱、繁栄と飢餓、寛大と抑圧の間の釣り合いは、あらゆる場所で絶妙に維持されていた。本章で論じた革命後の帝国的国家の活発な活動は、一八一五年以降、すっかり下火になった。世界じゅうでの勤勉革命が形作った傾向の多くが、再び見られるようになった。初期の工業主義は、効果を表していた。だが、民主政であれ、新たな独裁であれ、どのタイプの国家権力も、ヨーロッパ内外で確固たる基盤を築くことはなかった。それでも、一八一五年から一八六〇年にかけて、ヨーロッパと北アメリカは世界の支配を強化したのだった。

第Ⅱ部　生成する近代世界

ロシア帝国
ヤクート人
プロイセン
オーストリア
カザフ人
ブハラ
ギリシア
オスマン
帝国
ペルシア
（カージャール朝）
パンジャーブ
中国（清）
朝鮮
日本
（徳川）
ネパール
シンド
カルカッタ
インド
ムハンマド・
アリーの領地
ボンベイ
アデン
（1839）
タイ
フィリピン
（スペイン領）
エチオピア
セイロン
ヴェトナム
キクユ人
シンガポール
（1819）
マサイ人
コンゴ人
ルンダ人
オランダ領東インド
ショナ人
ボーア人
ズールー人
ナタール
ケープ植民地
ケープタウン
（1806）
パース
（1828）
オークランド
（1841）
ニューサウス
ウェールズ
ウェリントン
（1840）
ヴァン・ディーメン島

体制（1830 年頃）

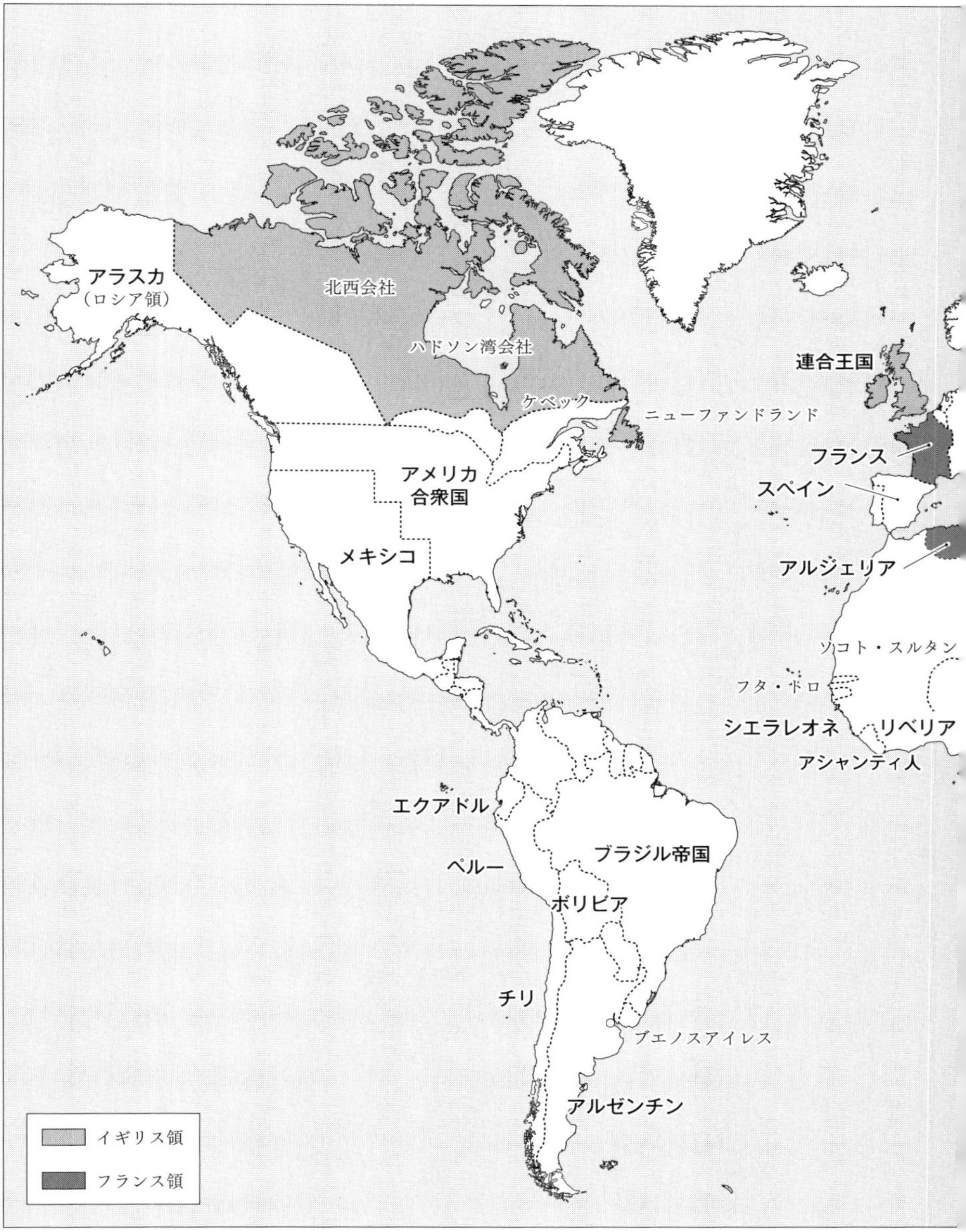
アラスカ
（ロシア領）
北西会社
ハドソン湾会社
ケベック
ニューファンドランド
連合王国
フランス
スペイン
アメリカ
合衆国
メキシコ
アルジェリア
ソコト・スルタン
フタ・トロ
シエラレオネ
リベリア
アシャンティ人
エクアドル
ブラジル帝国
ペルー
ボリビア
チリ
ブエノスアイレス
アルゼンチン
イギリス領
フランス領

地図 4-1　復活し

第4章　世界革命のはざま　一八一五―六五年頃

本章では、敗北したナポレオンが一八一五年にセントヘレナ島に流刑されたことに伴って築かれた脆弱な「新世界秩序」の特徴について考察する。私は、これを流転と亀裂の時代、つまり、新しい形態の国家、経済、イデオロギーが唱えられたものの、まだ固まってはいなかった時代として特徴づける。一八二〇年になると、適度な愛郷心を育もうとする国家が、かろうじて「再び上位に立った」。ただしそれは、革命国家のグローバルな野望や、その勃興と消滅に伴って起こった民衆の激昂をほとんど抑えることはできなかった。旧来の専制政治は刷新され、行政の専門家や「穏健で商業的な」人々のうち、ごく限られた者を取り込んだが、政治的代表制や経済的平等の問題は、未解決のままだった。アジア、アフリカ、太平洋地域では、ヨーロッパ人が先住民の支配者に取って代わったが、その統治に対する反発は大きく、流動的な事態が続いた。その存続は、力によって威嚇することや、不安定な社会のばらばらな特権集団からの支持をなんとか取りつけることにかかっていた。本章では、革命後の秩序が一九世紀中葉に崩れていくという新たな緊張関係を描き出す。中国、南アジア、ヨーロッパでの一九世紀中葉の大反乱や北アメリカでの南北戦争はいずれも、地域的であると同時に、グローバルな衝撃でもあった。これらの影響もまた、世界じゅうで絡み合っていたのである。

「国家の破綻」の評価

一七八〇年から一八二〇年にかけて繰り広げられた戦争や革命は、多くの命を奪い、経済を崩壊させた。対立の初期段階では、ヨーロッパ人は他の大陸でも争っていた。しかも、これらの戦争は、海岸線に沿った場所や、島、入植農耕地の辺境で起きていた。旧来のアジアの体制の衰退やアメリカとフランスの革命に続くグローバルな危機の影響は、あらゆる大陸の島嶼部にまで浸透していたのだ。カイロ、モスクワ、デリー、ジョクジャカルタ、パリといった名だたる政治、商業の大中心地のすべてが、征服軍の手に落ちた。イギリスは、新しいアメリカ合衆国の首都ワシントンを焼き討ちした。チャールズ・ティリーの厳密な計算によれば、ヨーロッパの諸戦争における戦死者は、一七五〇年代から一八〇〇年代までの間に一〇倍に増えていた(1)。

メキシコでのスペイン軍とクレオール反乱軍との戦闘に伴って起こった世界規模の銀の欠乏によって、戦争による経済的損害は増大した。一八一〇年以後に正貨不足が突如起きると、経済的緊張が広がり、東欧からジャワに至るユーラシアやアフリカの政治を崩壊させた。中国では、経済・政治的混乱という、悲惨な一九世紀を特徴づけることになる長期的混迷の兆しがみられるようになった。ヨーロッパでも、和平の後に決まって起こる需要の落ち込みが始まると、戦争の痛手は工業や農業の問題に取って代わった。仕事を求める失業兵士は、民兵と争った。戦時には穀物価格が高かったことで恩恵を受けていた地主は、新規の厳しい措置や旧来の封建的課税の復活に悩む小作農と対立した。賃金や労働条件の改善を求めて労働組合に結集し始めていた工業労働者は、共謀犯罪者として扱われた。

一八〇〇年から一八二〇年にかけて世界じゅうを震撼させた経済的混乱よりも大きな衝撃を与えたのは、革命や世界規模の戦争によって解き放たれたイデオロギーや主義の影響だった。新しいアメリカ共和国の指導者たちは、ドレッシング・ガウンや室内用スリッパを着用して外国の大使を迎えるなど、意図的に貴族流の礼儀作法を破っていた。もっと不吉だったのは、フランス革命の輝かしい始まりに代わって、誇らしげな人民政府が行った一連の手荒な政治粛清であった。フランスの王族や貴族の処刑が、残忍さは抑えながらも、大陸じゅうで執行された。教皇はローマから追放された。千年の歴史を持つヴェネツィア共和国は消滅し、その至宝の美術品は略奪された。戦争は、プロイセン、オーストリア、はたまたロシアの専制政治や貴族政のもろさをさらけ出した。

さらに、革命的な変化自体が突然に止まった。革命が最初に放った光に希望を抱いた多くの集団や階層が失望したのである。急進主義者たちは、一八一五年以降に王権側の警察国家が再びつくられるのをおののきながら見ていた。アイルランド人カトリックたちは、一八〇一年のイングランドとの合同の後に、宗教的理由による無権利状態が解かれなかったことを裏切りだと感じていた。一七九五年には、長い歴史をもつポーランド共和国が、オーストリア、ロシア、プロイセンによって分割された。フランス革命期には短期間ながら自由の香りを嗅いだ奴隷たちは、新たな束縛の時代を思い描いていた。バルバドス、ジャマイカ、南カロライナ、ブラジルでは、奴隷が反乱を繰り返し起こした。スペイン領アメリカでは、解放者シモン・ボリバルが推進した自由主義憲政構想は広まらなかった。広大で自由な南アメリカは分裂し、疑似国家どうしが対立した。発展を遂げる商業都市は、二〇年にわたって、荒々しい地方の軍事ボスであるカウディーリョによって危険にさらされていた(2)。革命はまた、急速に家父長制へと転じていき、ナポレオン体制は、女性の公務への完全な参画という、一七八九年以後に短期的ながらも実現可能と思われた成果に水をさしたのだった。

ヨーロッパや南北アメリカの外で恐怖にさらされたのは、旧来の伝統的支配権だけではなく、あらゆる文明が持つ自信や自律性だったと思われる。フランス人異教徒たちは、イスラーム世界でもっとも偉大な教理機関であるカイロのアズハル寺院《モスク》を一時的に支配した。数年以内には、イスラームの純粋主義的な熱狂的信者らは、イスラームのもっとも神聖な場所であるメッカ、メディナ、カルバラを奪取した。イギリスは、セイロンでムガル皇帝の身体やブッダの歯の遺物を手に入れた。オランダとイギリスは、ジャワの国王禁域である王宮（クラトン）に侵入した。一九世紀初頭にはまた、ヨーロッパの思想家たちによって「野蛮な部族」と呼ばれた人々が苦痛を受けるようになった。太平洋や南北アメリカでは、先住民の文化や聖地は、伐採、狩猟による動物の絶滅、白人入植者の外向きの圧力――戦後のヨーロッパの苦境のために新たな移民が流出したのに伴って強まった――によって、すぐさま脅威にさらされた。イギリス、そして一時期だがフランス政府は、奴隷貿易を禁止していた。けれども、奴隷制は存続し、奴隷貿易は、他の港や、スペイン、ポルトガルの商船に譲られたにすぎなかった。この人身売買は、生産的な人材を奪い、内紛を引き起こし、大陸内部で奴隷制を拡大させるなど、アフリカ社会をゆがめた。カリブ海やアメリカ合衆国南部の諸州では、改革派の人々――白人、黒人とも――が人類の最大の罪だと声高に訴えていたにもかかわらず、奴隷制は永らえた。

旧来の秩序の理論的な土台になっていた、服従と理性という前提を大きくくつがえしたこの「国家の破綻」の影響に、世界じゅうの政府や支配層が対応をはかった。フランスの自由主義的保守派アレクシス・ド・トクヴィル[3]から、デリーの指導的神学者アブドゥル・アジーズ[4]に至る思想家たちは、自分たちが慈しんできた考えや行為をできるだけ維持しつつ、変化に順応しようとした。中国では、危険な外国人たちが迫っているのに気づいた賀長齢が、清の政治にとっての最善策をまとめ、大運河の修復や王朝の正当性の再構築を試みた[5]。一九世紀の初期には、権力者や知識人たちが、解き放たれた変化の力を抑え込もうと、さまざまな方策――政治、経済、イデオロギー面で――を模索した。彼らは、ある程度は成功を収めた。この時期は、「不安定な多元性」の時代とでも言うのが一番適切だろう。つまり、王朝国家、強化された帝国王権、正当性を欠いたヨーロッパの植民地属州が寄せ集まっている一方で、西ヨーロッパでは小規模な工業経済と限定的な代議制が栄えていた時代として捉えられる。

だが、一八一五年のヨーロッパでの和平協定の政策立案者や、アメリカ、アフリカ、アジア、太平洋での同種の人たちの成功は部分的であり、その後に起きた数々の政変や小規模な対立を考慮すれば、当時は中間点にすぎなかった。一八四〇年代から五〇年代にかけての時点では、旧来の国家秩序の効率化を進める試みは明らかに失敗していた。一七八九年以後の第二の大革命の年である一八四八年に、その構想は、ヨーロッパとその植民地の多くで、小作農や職人らの新しい急進主義によって粉砕された。中国、インド、北米の先住民、オーストラレーシア、それにアフリカ南部の人々が、ヨーロッパ人による宗教や君主への攻撃に最後の抵抗を試みたり、土地の収奪争いをするなど、白人と非白人との間で一連の野蛮な戦争が勃発した。一八六〇―七〇年代の体制は、一八二〇年とはすっかり違っていた。旧来の秩序の痕跡がまだ残っていたかにみえたビスマルクのドイツ、ロシア、あるいは中国のような体制でさえ、官僚、ブルジョワ、そして国民という理念に権力を大きく譲らねばならなくなっていた。ヨーロッパの植民地では、国外在住のヨーロッパ人が、政治権力をしっかり掌握していた。先住民の統治者が少数のヨーロッパ人と協力して支配権を共有するという幻想は、脇へ追いやられていた。

イギリスの海上覇権、世界貿易、農業の復活

ナポレオン戦争終結時に世界を支配していた政治家たちは、自らのために国内外の世界をもっと安定させようとして、世界規模の戦争中や戦後に高まった政治的急進主義、および文化・階級間対立を抑えるための政治制度を考案した。彼ら支配者たちが大いに必要としていたのは、国際経済が戦後不況を脱するための貿易・商業の急速な拡大だった。そうすることで、彼らの資金を取り戻し、企業家や富裕農から前向きな支持を得ようとした。もちろん、繁栄が自動的に政治的平穏を保証するものではなかったが、飢餓や貧困が急進派たちの主張を正当化させるのは確実だった。少なくとも一時的だが、政治や技術の数多くの発展によって、保守的政治家たちの企てはうまく進んだ。本章の続く二つの節では、一九世紀初頭の世界における政治、経済、イデオロギーの安定材料について――

不安定材料についても――考察しよう。

まず第一に、イギリスは、フランス、スペイン、オランダの海軍を破ったことで、確固たる海洋国家になっていた。これによって、武装したヨーロッパの貿易国家どうしの衝突という、前世紀の国際緊張の大きな要因の一つが取り除かれたが、それに代わって、非ヨーロッパの人々が戦闘に巻き込まれていった。一八〇六年から一四年にかけてのイベリア半島や地球規模での土地戦争によって、イギリスの軍事力は極端に拡大したとはいえ、同国は、一八一五年の和平時には、世界商業の調停役として台頭した。もちろん、イギリスの覇権といっても、空白があった。バルト海や黒海で驚くほど大規模な海軍を有するロシアは、諸戦争によって台頭し、オスマン帝国やイギリスを不安定にした。北アメリカの海域では、理論上は西半球へのヨーロッパの介入を禁じたモンロー・ドクトリンによって、少なくとも建国まもないアメリカ合衆国の北部勢力圏が築かれていた。だが、イギリスは、南アメリカや太平洋の海域において優勢であった。(6)

一八一二年から一四年にかけての英米戦争〔一八一二年戦争〕後の両国は、大西洋貿易、移民、プロテスタント福音主義で利害を共有していたため、関係は急速に改善した。イギリスは、南アメリカにできたばかりの諸共和国に対して支配権を保持していた。地中海西部や西アフリカ海岸部では、フランス復古王政がある程度の影響力を保っていた。もっとも、それ以外では、イギリスの海軍と商船が、東インド会社の代理人、アラブ人や華僑の顧客と手を結んで、海域支配を固めていた。ケープタウン（一八〇六年）、アフリカ沿岸のフェルナンド・ポー島（一八二〇年代）、マルタ（一八〇二年）、アデン（一八三九年）、シンガポール（一八一九年）といった新たな重要拠点や定期寄港地、それにオーストラリアやニュージーランドの拡大を遂げつつあった入植地を有するイギリスは、世界じゅうで陸海の権力を発揮することができた。これらのルート沿いでは、海軍が、一八一五年以前に海域で独自に課税したり輸送を支配していた港市国家の王侯たちを抑え込んだ。今やイギリスは、彼らを「海賊」呼ばわりするようになった。ヨーロッパ世界をまたぐ戦略や商業に関する情報の伝達手段は、電信の敷設や汽船の開発以前とはいえ、一九世紀初頭には改善していたようだ。[7] 私企業が商売に関する情報を収集し、かつてはアクセスができなかった港町に代理人を配置していた。この頃、安価な海上保険の普及や、当局による船舶条件規制の試みによって、商業の透明性や信頼度が高まった。世界貿易は、一八二〇年代に、そして再び一八四〇年代に急激に発展したが、その間、かなりの中断があった。

貿易の回復には不安定な変動があったとはいえ、革命による変容に苦慮していた君主や帝国支配者は、商人、用心深い地主、打算的な小作農の中にわずかながら支持者を確保することができた。この増大する貿易の多くは、一八世紀の生活危機で大きな被害を受けつつもいまだ増加する住民たちに食糧や衣料を提供していた。中東、アフリカ、南アジアの住民は、引き続き飢饉や疫病の恐れがあったが、当時のヨーロッパ、アメリカ、東アジアの人口は急増し続けていた。旧来の商品貿易の形をとりつつも、新しい換金作物を輸出する地域ができつつあった。初期には、地方での消費や貿易の主要商品は毛織地や亜麻布であったのに対し、一九世紀には「綿花は王様」だった。綿花を栽培する農民や奴隷プランテーションは、世界じゅうに何百万といる古くからの織布職人のみならず、増え続ける力織機にも原料を提供した。

エジプトの事例は、経済成長と中期的な政治の安定が結びつきあっていた好例である。長い間、同地は、オスマン帝国や南ヨーロッパの地中海の港向けの穀物を生産していた。一七九八年から一八〇〇年にかけてのフランスの侵略後、アルバニア出身のオスマンの皇帝（スルタン）代理ムハンマド（メフメト）・アリーが政権を掌握し、旧来の土地所有の統治階級を排除した。[8] 彼は、換金作物を輸出し、収益を公共事業やヨーロッパ式軍隊にあてることで、エジプトを強力な軍事国家にしようと目論んでいた。一八四〇年には、エジプトは英仏への原綿の主要輸出国になっていた。エジプトのデルタ地帯は、大規模な綿花畑になった。アレクサンドリアは、古代ローマの終焉以来、地中海の静かな港だったが、さまざまな要素が混在する典型的な一九世紀のユーラシア港湾都市へと変貌しつつあった。パレスティナへの拡大というムハンマド・アリーの企ては、英仏によって阻止されたものの、彼の統治は、近隣地域を威圧し、国内の敵対者を鎮圧できるほど強力だった。それを可能としたのは、綿花から得た収入だった。

一八五〇年までには、インドの西部や東南部の沿岸の港からも原綿の大規模貿易が行われていた。[9]その大半は、依然として人口が急増していた中国での生産不足を補うことを意図したものだった。とはいえ、需要がとくに高かったイギリスや北西ヨーロッパの力織機向けのものもあった。インド沿岸部の綿花やその他換金作物の輸出業者や生産者は、新しいイギリス帝国政府に多数の商人や地主の支持者——あるいは少なくとも中立派——をもたらし、彼らは、今や急速に力を失っていたインドの旧王国中心部にいる御しがたく敵対的な住民と対立した。ボンベイでは、ゾロアスター教徒のパールシー商人が、綿花やアヘンをインド西部から中国、東南アジア、東アフリカに輸出するのに重要な役割を果たしていた。彼らはまた、インドの新エリート層の中でもっともイギリス化した物言う人々であったが、他のインドの港湾都市の人々と比べて、経済保護主義を声高に唱えることはなかった。

新世界では、ほとんど未開拓の土地への急速な拡大によって、新共和国アメリカの安定化が進んだ。フェデラリストと州権派との憲政をめぐる政治的対立は続いていた。だが、アメリカでは、イデオロギーや政治面での対立の激化が、土地や資源をめぐる社会的対立によって引き起こされることは、旧世界ほどはなかった。対外貿易もその原因となっていたからである。合衆国の南部諸州は、奴隷が生産した原綿をイギリスや北西ヨーロッパの工場に順調に輸出していた。[10]かつてこの南部の奴隷プランテーションは、カリブ海のプランテーションに米を、ヨーロッパにタバコとインディゴを輸出していた。だが、これらの商品は他所からでも入手可能であり、南部は輸出の拡大を望めないでいた。綿花は、需要の高い新しい資源となり、一時的には南部を経済やイデオロギーの危機から遠ざけていた。そのおかげで、南部の指導者たちは、一九世紀半ばには工業化が始まっていた北部諸州の指導者たちと、連邦政治の場で半世紀にわたって対等な立場にいられた。綿花は、南部の奴隷主が奴隷労働に対する社会の支持を集めるためにごく最低限の資金を投じるのを促すことで、奴隷制度を永らえる役割も果たしていた。

図 4-1　世界貿易の拡大——ブエノス・アイレス（版画，1840 年）

こうしたことは、規模は小さいものの、アメリカ大陸のほかの地域でも起きていた。中央アメリカや南アメリカの辺鄙な地においてすら、遠方の市場向けに——一八四〇年以降は一時的に地方の綿工場向けに——アメリカインディアン農民が栽培した綿花が、政治的混乱が絶えなかった時期に商人、都市、地主にとっての重要な安定的資源となった。この点で大成功を収めたのが、世界最大のコーヒー輸出国として台頭したブラジルだった。コーヒーによって、ブラジルは、旧スペイン領アメリカ諸国家よりも効率的に負債に資金をあてることができ、一九世紀まで中南米を襲った政治的混乱を回避することができた。[11]

商品貿易の発展は、他の脆弱な生産地域の農民や商人を救済した。その貿易利益はまた、活気のないヨーロッパ経済も助けていた。たとえば、一九世紀初頭のオランダは、ジャワの農民に現物課税をしたり、いわゆる強制栽培制度の下で世界市場向けのタバコ、砂糖、米を彼らに生産させることで得られた富によって、消滅の危機を事実上救われたのだった。[12] これとは対照的に、ピエモンテやトスカーナは、フランスやイギリスの変動の激しい市場への農産物供給に依存していた。[13] 代わって一八世紀末から一九世紀初頭にかけてイタリアに原綿を輸出したのが、アルバニアのブシャトリ家の有力者たちだった。ケープ植民地は、一八〇六年以来、脆弱で問題の多いイギリス植民地だったが、フランスの輸出が再び急増する少なくとも一八二〇年代までは、ヨーロッパ市場向けにワインや皮革を生産していた。[14] 新しい駐屯地かつ入植植民地だったオーストラリアでさえ、大規模な刑罰施設としてではなく、集約的な羊毛生産によって新世界の自由貿易における存在理由《レゾン・デートル》となりうることが一八三〇年代末に突如見出され、変容していった。[15] 西アフリカのイギリス人入植地は、パーム油のような主要商品の輸出を緩やかに開始した。短期間だったが、ラゴスやアクラの進取の気性に富む黒人商人が、イギリス帝国の人種制度においてヨーロッパ人入植者と対等な立場にあると見なされる状況さえも生まれていた。[16] こうしたいわゆる合法貿易は、一八〇七年以降、イギリスが沿岸部での奴隷貿易を公式に禁止してから苦境に陥っていたアシャンティのような内陸の諸王国にも、重要な資源を提供していた。

当時の技術革新は、郊外や地方の地主や企業家を助けた。一八二〇年代には、西ヨーロッパや北アメリカじゅうで、収穫と脱穀の機械化がかなり進んでいた。その後一八四〇年代には、鉄道によって、余剰の活用資金のある農民や地主の地方市場へのアクセスが変化し始めた。北アメリカのプレーリー地帯は、鉄道沿線にある東部沿岸都市に供給し、農作物はヨーロッパに大量に輸出された。[17] 西ヨーロッパの運河・鉄道網は、すでにナポレオン戦争期に治安上の理由で改良されていたが、引き続き商業的理由から拡大していた。東欧、中東、インドの大河川では、一八三〇年以降、汽船の到来によって穀物貿易が増大した。よく知られるように、ミシシッピ川での汽船の登場で、綿花、タバコ、米の生産は拡大した。

農業の法的枠組も、地球規模で改められた。これによって、多くの地域では、初めて陸上に真の市場が誕生したのである。革命以後の西ヨーロッパの諸政府は、前世紀に農民を苛立たせていた封建的な税や権利、教会の十分の一税の多くを廃止した。これらの法的措置によって、農業社会は格段に安定した。カナダ、アフリカ南部、オーストラリアの英領植民地では、かつては大所有者が「スクウォッターズ（開拓民）」に貸すのが一般的だったような土地に対して、通常の入植農民に法的権利が与えられた。もちろん、先住民は通例、こうした取り決めからは排除されるか、アメリカ合衆国のように、保留地――それも次第に減らされた――に住まわされるのがせいぜいのところだった。ケープ植民地やナタールでは、イギリスの法律によって土地所有者の権利が強められ、アフリカ人の農民や牧畜民の土地を剝奪することが認められた。セイロンでは、さらに強い権利が土地所有者に認められたため、中央高地で新しいプランテーション制度が生まれた。

土地に基盤をおくヨーロッパの諸帝国もまた、一時的だが安定性を得ていた。オーストリアやその他のドイツ語圏の諸国家では、経済が戦後不況を脱すると、一八世紀末の穏健な土地改革の影響が出始め、地方社会は安定していった。[18] 一般的に言って、この恩恵を受けたのは、小作農自身というよりも、彼らへの課税の損失を補塡された地主の方だった。しかも、農村争議の最悪の原因のいくらかは、短期的には軽減された。保有農の改革が遅れていたプロイセン東部のような地域ですら、交通・通信の変容や大規模な都会市場の発展のおかげで、地主や一部の小規模農民が農業や生産性向上に相当投資することができるようになった。南方では、ヴェネツィアおよびヴェネト地方が、ナポレオンの下で統治していたロンバルディアの支配を離れた。その豊かなワイン、オリーブ油、トウモロコシの栽培地域は、今やしぶしぶながらウィーンの領主に税金を支払っていた。だが、ハプスブルク家による金銭や徴兵の要求は、第一帝政のときよりも執拗ではなかった。その一方で、憲兵のようなもっと能率的なフランス式の行政制度が、オーストリアの支配者によって維持されていた。[19]

移民――安全弁？

商品の輸出に付随して起きたのが、人の輸出であった。[20] 第11章で述べるように、一九世紀前半においてアフリカ人奴隷制は存続するどころか、拡大すらしていた。一八〇七年にイギリスが奴隷貿易を廃止したことは、けっして革命ではなかった。それは、奴隷貿易を他国の船舶、とくにスペインやポルトガルの船舶に振り向けたにすぎなかった。イギリス帝国において制度としての奴隷制が廃止されたのは一八三四年になってのことだったが、一八四〇年代半ばまで、姿を変えた形で残っていた。アメリカ合衆国、キューバ、ブラジルでは、さらに数十年運用された。しかし、一九世紀前半における人の輸出で新しかったのは、とくにイギリス、アイルランド、北西ヨーロッパから世界の他地域に移動する「自由」移民の規模がきわめて高い比率にまで上昇していたことである。戦後の貿易の停滞や、南北アメリカ、南アフリカ、そして後にはオーストラリアやニュージーランドでの成功談が、向上への自意識が強かった時代に、数十万もの人々を引きつけたのである。ヨーロッパの政治家たちは、これによって厄介者や急進派を排除できると期待した。彼らは、ある程度正しかったと言えよう。

北米やその他の「白人」入植地へのヨーロッパ人の流出に続いて起こったのは、これと同規模だが、それほどには知られていないアジア人の海を越えた流出だった。彼らの場合、奴隷同然から自由移民まで、あらゆる形態があった。[21] これによって農村部から圧力がいくらか取り除かれるとともに、アジアの海岸地域は相対的に上昇傾向を持続できた。中国人は、労働者や商人として東南アジアじゅうに広がった。その後、中国人や日本人は、太平洋を越えて南北アメリカに移民した。インド人の歴史家ラジャト・K・レイは、旧来の市場経済がアジア全体で新たな発展をみせたのは、[22] 近代経済の出現の主たる特徴であり、それ自体、工業化と同様に重要だったと指摘した。インド人の年季労働者は、茶、コーヒー、砂糖を生産しに、セイロン、モーリシャス、カリブ海地域に、さらに後には、フィジーやナタールに向かった。旅費や生活費は雇用主に頼っていたため、彼らの輸出は、事実上、「新しい奴隷制度」であった。[23] 陸上のフロンティアに沿っての移住も、とくに一八四〇年以降になって加速した。一九世紀の最初の数十年にロシアの人口増加が急激になると、ロシア人入植者は、ステップ地帯やシベリアにどんどん向かった。フランス人入植者は、一八三〇年以

表 4-1　アメリカ合衆国への移民の出身地域（1820-1930 年）

	移民数（人）
ヨーロッパ大陸から	32,121,210
アジア大陸から	1,058,331
南北アメリカ大陸から	4,241,429
合　計	37,420,970

出典：Chris Cook and David Waller, *Longman Handbook of Modern American History 1763-1996* (London, 1997).

降に北アフリカに向かい、ケープにいたオランダ人入植者は、ケープ植民地のイギリス統治による厳しい規制や文化的蔑視を逃れて、内陸に移動した[24]。

このように人の移動が激しくなったことで、ヨーロッパが工業製品や半工業製品を供給し、他の世界が第一次産品を生産するという、新しいグローバルな分業の土台がつくられた。さまざまな形態の商業都市や生産地域が出現し、インドの内陸部や南北アメリカにもつくられた。人の大量移動はまた、北西ヨーロッパや中国の人口圧力も軽減したが、保守派の人々は、旧世界においては民衆の急進主義の危険が軽減されると信じていた。

だが、安定性という特徴と並んで、移民がもたらしたのは、反抗的な考えだった。すでにイギリスやスペインの本国政府は、意気軒昂な海外クレオール住民が本国に対する忠誠を捨て、結局は祖国との経済的な争いが起きることを認識していた。イギリスやフランスの地方総督や軍司令官たちも、アルジェリア（一八三〇年以降はフランス領）、南アフリカ、カナダ、オーストラリアといったさまざまな土地での入植者の飢餓が、先祖伝来の土地を侵略者から必死に守ろうとする「先住民」との、それぞれの地域独特の戦闘を引き起こしうることを承知していた。こうした背景の下で、入植者と先住民との一連の戦争が一八五〇年代から六〇年代に勃発した[25]。社会や経済の安定と、対立や経済的崩壊の諸要因とのバランスはどこでも不安定だったのである。

「新世界秩序」の敗者たち　一八一五―六五年

本節では、戦後の入植地の脆弱な安定性を脅かしたり、一八四八年以降のもっと広範な対立を予兆したりした衰退や対立が起きた地域について論じる。まずもって、一八世紀に生産の世界的中心地であった旧来の生産地域のいくつかが衰退していた。それらは、新しいグローバルな分業の恩恵を受けなかった。たとえば、カリブ海島嶼地域の砂糖生産は、一八二〇年代と三〇年代に奴隷反乱や他の生産地との競争によって確実に衰退の道をたどり始めていた。インドの織物輸出は、鉄道や汽船によってイギリス製品が流入するよりも前の一八二〇年代に停滞していた。海外在住のイギリス人たちは、不当に手に入れた収益をヨーロッパに送る手段として、もはや織物貿易を利用することはなかった。東南アジアの香料貿易もまた衰退していた。だが、こうした初期グローバリゼーションによる犠牲者の問題は、イギリスが海上を支配する以前の一八世紀ほどには他の地域に及ぶことはなかった。

世界の多くの地域でも、一般の小作農社会にこうした影響が及ぶことがあったとしても、かなり遅いか、ごく部分的でしかなかった。地方経済は良・不良の季節のサイクルに左右された。一七八〇年代には、ヨーロッパやアジアでの政治的混乱に加え、世界じゅうで自然災害が頻発した。一八一五年から一八年にかけての時期は、戦争終結時の需要の落ち込みに不作が重なったため、ヨーロッパの広範囲で貧困を招いた。再び、一八三〇年代と四〇年代には、ユーラシアじゅうが不作と飢饉に見舞われたが、その程度はさまざまだったようである。断続的な干ばつと洪水に輪をかけたのは、疫病だった。一八四七年から四八年にかけて、大陸ヨーロッパ、スコットランド、アイルランドでの疫病によって、ジャガイモの作付不良が起こった。ジャガイモに依存していたアイルランドでは、一〇〇万人以上が死亡した。[26]だが、アイルランド農業経済の惨状は、もっと広範な問題の代表例の一つだった。とくにアジアの大規模な経済において、人口増加の回復は、ごく小さい区画の土地に満足しなければならなかった貧困農民の利益の搾取につながった。その頃、イギリスの工業化や、後の大陸ヨーロッパでの工業化に直面して、旧来の職人産業が世界じゅうで相対的に低下したことは、より多くの人々を土地に依存させるようになったと思われる。

グローバルな分業を道徳に基づいて行うことは人間の徳を明らかに高める前兆となる、と期待していたスコットランドの哲学者・経済学者アダム・スミスにとって、一九世紀初頭という時代は、理想的な世界ではなかった。国際貿易体制の中で激しい対立が続いていたのである。それは、一八四〇年代から五〇年代の国際的危機をあおったのだが、これについては本章後半で述べよう。まずもって、経済学者たちが言うところの、世界貿易の「統合」

は、まだ始まったばかりであった。経済に関する情報は、五〇年前と比べればたしかに信頼性が高まっていたものの、やはり不完全だった。一八五〇年代初頭には、電信の価格が安定し始めたばかりだったし、コミュニケーションが迅速化することで、投資家の間に「根拠なき熱狂」やパニックを誘発するようになった。重要な輸出商品の大半は農産物であり、それは不安定な季節、小作農による生産、地方の政治状況に左右されていた。急激な物価上昇が起きたかと思うと急落することもありえたのであり、将来の利益、あるいは生き残れるかどうかさえ、誰もが確信を持てなかった。生産者である小作農たちは、ある年は大儲けし、翌年は大負債を抱えるかもしれなかったのだ。インディゴ染料やタバコなどの大規模貿易では、兵士が得た財産や、イギリス、フランス、オランダの諸帝国の植民地政府が不正に取得した儲けを本国にもたらすこともあった。つまり、こうした貿易は、供給と需要という通常の法則に従っていたわけでは決してなかったのである。こうした類いの需要は、突如、ある商品から別の商品へと移りえた。しかも、人為的に生産を促されていたために、小作農は自分たちの作った穀物の市場が突然なくなっていたり、職人が製品市場を失うこともありえた。したがって、生活水準が向上したところであっても、人々の間の不平等は増していたのである。

一般的に言って、実際に金儲けをしていたのは、ヨーロッパ人の商人、積出人、保険業者であった。現地の人々で、おおむね儲けていたと言えるのは、金貸しと大商人だけだった。すなわち、ボンベイのパールシー、ギリシア人、マルタ人、アレクサンドリア、ベイルート、イスタンブルのシリア系キリスト教徒、本国のスペイン人、ポルトガル人、リオやバルパライソのイギリス人である。貿易は、利潤と凋落を慌ただしく繰り返していた。アジアと北アフリカでのインディゴと綿花の過剰生産がヨーロッパでの商業停滞と重なった一八二〇年代末には、経済全体が深刻な不況に見舞われた。同様のことが一八四〇年代中葉に起こったが、その影響はもっと深刻だった。綿花は、南北戦争期のアメリカでの生産停止によって世界の綿花貿易にひずみが生じるはるか以前から、非常に不安定な商品だった。世界じゅうでの原料の消費と生産のバランスは、まったく不安定だったのである。

このような一九世紀初頭の貿易をめぐる対立は、単に利益と損失に関するものではなかった。政治やイデオロギーも争点となったのである。一八世紀の海外戦争は、「重商主義」の問題をめぐって展開した。旧体制の理論家や政治家たちは、世界の富は有限であり、主に金塊で数えられると考えていた。誰かが分け前を沢山とれば、他の者の分け前は少なくなる、と。そのため政府は、独占を図ろうと、国家による会社や貿易を大々的に支持した。だが、一九世紀になると、とくにイギリスやアメリカ合衆国の南部諸州は、自由貿易には価値があるが独占は害悪だと考え始めた。これは、スコットランドの経済学者アダム・スミスやフランスの経済学者フランソワ・ケネーの著作のような経済理論にとどまらなかった。それは、自由市場という法則は、事実上、神が人類のためになしたもくろみの土台にあると考える政治家や理論家がいたように、自由貿易は信仰の問題になっていた。国内外の貿易の独占を維持していた政権は、経済的に非効率であるばかりか、まったく邪悪だとますます見なされるようになったのである。一八四五年から四六年にかけて、イギリスでは、古臭くなった穀物法をめぐって激しい争いが繰り広げられた。この規制法は、外国からの輸入品に課税することで、食糧用穀物を生産するイギリス人地主を助けるものだった。同法の起源は、イギリスが自分たちの住民への食糧提供ができない不安にかられ、地方での生産性を向上させようとしていたナポレオン戦争の時代にあった。一八三〇年代から四〇年代の自由貿易主義者には、それは時代錯誤に映っていた。穀物法の廃止は、イギリス保守党を分裂させ、反穀物法同盟の煽動という形をとりながら、大衆向けの経済政策の始まりをもたらした。[27] これ以来、イギリスは、今や急速に工業化し増加の一途をたどる住民に、世界じゅうから集められた食糧や基本原料を提供するようになっていくのである。

イギリスは、国家の富を、工業製品の販売と海外での原料や食糧の獲得にますます依存するようになった。その結果、高い関税を支払わずにアジア、アフリカ、ラテンアメリカの大市場に入れるように要求することが重要な政策となった。イギリスの政治家全般、とくにイギリス外相兼首相のパーマストン卿は、世界貿易の開放を熱烈に希求し、必要ならば武力に訴えることは適切だと確信していた。市場の開放を強制するこのようなぶしつけな方策が激しさを増すにつれ、貿易の自由化に何らのメリットも感じない政権やビジネス利害との対立の危険性が強まった。ヨーロッパ内外で緊張が高まった。ヨーロッパやラテンアメリカで新たに選挙権を得たエリートの中には、自身にとって不利益になることもある自由貿易を盲目的に追求する者がいた。その他の地域では、抵抗が起きていた。ドイツでは、フリードリヒ・リストが、イギリスは支配的工業国として自国の利益になるという理由で自由貿易中毒にかかっていると判断し、「国民的政治経済」制度を支持する論文を書いていた。[28] このモデルは、外国との競争による打撃を受けることなく幼稚産業を軌道に乗せるために、あまり優遇されていない生産者のために高率の関税をかけ続けるものだった。リストの思想の著作や訳書は普及した。[29] ハンガリーからアイルランド、さらにはインドに至るまで、政治指導者たちは、彼らの現地での生産が西ヨーロッパからの輸入によって打撃を被るようになると、リストの処方箋には利点があると思い始めていた。

市場へのアクセスをめぐって戦争が勃発した。一九五〇年代にロナルド・ロビンソンとジョン・ギャラハーは、イギリスが他の体制を自由貿易に従わせようとした経済的覇権は、ある種の「非公式帝国」であると論じた。このようなタイプの帝国主義では、イギリスは領土を支配することはなかったが、その軍事力や政治的影響力が体制の独立性を奪うような状況にあった限りにおいて、帝国と言うのは妥当である。[30] たとえば、一八二〇年代と三〇年代には、イギリス政府は、イギリス商人が商品輸入のために支払わなければならない関税や税金をめぐって、自由貿易に加わらなかったラテンアメリカの独立国家の政府とたえず衝突していた。一八四〇年、パーマストンはナポリ湾に艦隊を派遣して、ブルボン家ナポリ政府に関税引き下げを迫った。その結果生じたイギリス商品の流入によって貿易不況と失業が引き起こされたことが、一八四八年のナポリ王国での反乱の大きな原因となった。[31] ほかに「自由貿易の帝国」の実情をよく示しているのが、中東地域の例である。列強は、オスマン人に対して、あらゆる関税を大幅に削るよう威嚇した。これは、列強がイスタンブルからのギリシアの独立を支持した理由の一つだった。一八三八年、イギリスとフランスがオスマン帝国に関税引き下げを強要すると、西洋と競合しうる小規模産業を打ち立てようとしたスルタンやエジプト指導者らの試みの失敗は決定的になった[32]。

自由貿易を強要する利己的なイギリスとそれを懸念する非ヨーロッパ政府が対立したもっとも顕著な事例が、中国および一八三九—四二年のアヘン戦争のケースである。一八二〇年代以降、中国政府は、中国からの銀の流出を憂えていた。インド亜大陸からイギリス東インド会社によって中国に運ばれるアヘンの増大する消費に、銀が支払われるようになっていた。アヘンは中国軍の力を蝕むようにもなっており、小作農層まで使用が広がっていた。一八三四年以降、事態は危機的状況に達した。同年、自由貿易派が、東インド会社によるインドから中国へのアヘン貿易の独占の廃止にこぎつけた。その結果、同社から貿易を受け継いだイギリスとアメリカの自由商人たちが、さらに大量のアヘンを中国に運びこんだのだった。アヘン貿易を合法化したい中国人官吏と、政権を再び掌握してアヘン貿易を全面撤廃したい保守派との激しい内部論争が起こった。広東港にアヘンの密輸品が積み上げられるようになると、宮廷は、アヘンを廃棄するため、欽差大臣を派遣した。イギリスの商品へのこの攻撃は、イギリス政府による武力反撃を招いた。

イギリスは、インドのアヘンを引き続き中国に送りたかったため、中国と戦争し、その脆弱な王朝の衰退を急がせた。インド政府の歳入、したがってイギリス政府の歳入は、危険にさらされていた。アヘンへの課税は、インドの収入のおよそ二〇%にのぼっていた。イギリスは、国際市場で売れた中国商品を担保に、アメリカの原綿のような原料を買うことができたのである。一八三四年の自由化で中国貿易に参入した多数のヨーロッパ人やアメリカ人貿易業者の生計も、危機に陥っていた。一八五六年から六〇年にかけて、「中国貿易の開放」——つまり、拡大する中国市場にインドのアヘンやその他の商品を売ること——をめぐって、二度目の衝突が起こった。これが、戦争の原因だとされているイギリス船アロー号にちなむ、いわゆるアロー戦争であった[33]。この機にイギリス軍は中国皇帝の夏季の離宮〔円明園（のちに頤和園《いわえん》と改称）〕を焼き払ったが、これはほとんど前例のない帝国的蛮行であった。ここでもイギリスは、独占的な優位に立つために経済侵略政策を正当化しようと、「自由貿易」の主張や国際法を利用していた。

一九世紀の国際商業の営みは、一八世紀のようなヨーロッパ内部での大規模な諸戦争を回避したとはいえ、発展の中核である北西ヨーロッパの外側の人々の経済的従属を拡大させた。それは単に武力の問題であることが多かった。今やヨーロッパ側は高度に武装していたため、一世紀前にムガル帝国がイギリスに、またアルジェの現地人統治者がフランスに背いたほどには、現地の政府は反抗できなくなっていた。ヨーロッパやアメリカの大商人や大船主が利用できるようになった情報、商取引方法、資本、保険を、インド、中国、アラビアの商人たちはしばしば利用できなかったという原因もあった。皮肉なことに、優位にあるイギリスが、一八一五年以降、船上の安全や条件を改善するための法制化に着手すると、貧弱な装備で資金も乏しい現地商人が競合することはますます難しくなった。この商業的従属は、ヨーロッパとアメリカでの緩やかな機械化によるのと同じくらい、現地の職人産業を衰退させた。今やヨーロッパ人商人たちは、主要換金作物を輸出することで、ヨーロッパに送金したり、帰りの船を満たすようになった。もはや彼らは、一八世紀のヨーロッパで盛んだった南アジア、東アジア、中東の職人による製品を取引することはなかった。現地の商人たちには、自分たちの輸出先や輸出方法がなくなっていたのだ。さらに、この当時の価値ある産品――茶、アヘン、香料、コーヒー、タバコ、砂糖――を地方が生産するようになればなるほど、彼らは競争力を失い、不利な立場に追いやられた。ヨーロッパの工業化が加速するのに伴い、「交易条件」は経済的中核以外の地域では決定的に不利になったのである。

さらに、当時は、工業生産がヨーロッパや北アメリカに戻されるようになる重要な時期であった。すでに一八世紀には、ヨーロッパや北アメリカの海軍力によって、これらの地域の商人たちは、勤勉革命によって高められた世界貿易の価値の相当な部分を手に入れることができていた。一九世紀初頭、ヨーロッパが圧倒的な軍事力を持ち、工業化が徐々に加速し始めると、力の不均衡はさらに広がった。長期的に見れば、こうした変化によって、国際レベルにおいて、豊かな「北」と貧しい「南」と現在われわれが呼びうるような、一人当たりの収入の大きな格差が強まったのである。

ハイブリッドな正当性の問題――誰の国家なのか

本節では、王政復古体制の脆弱な政治体制の経済的条件から、その正当性やイデオロギーという関連する問題へと目を転じよう。統治者にとって、飢餓をなくし、少なくともある程度の繁栄を臣民に確約するだけでは、不十分であった。革命期における良き統治の性質をめぐる激しい議論や、当局に対する激しい批判の根強さを考慮に入れれば、統治者には、神と人間双方の権威に基づいて行動しているようにさえ思われる必要があった。

一八一五年に復活した国家体制は、世界じゅうのもっとも急進的なイデオロギーを持つ敵対者たちをなんとか抑えることができた。そのバランスを保つのは難しく、それは一八四八年以降には大きくひっくり返されてしまった。だが、中期的に見た場合、君主政や貴族政は、甚だしい濫用をやめており、法律家やキャリア官僚からなる今まで以上に強力なグループに支えられていた。人々は依然として信心深かったし、国王の権力は神によって与えられていると広く信じられていた。無政府状態が続くことへの不安、そして、前節で述べたように、繁栄の不均等な広がりもまた、秩序が持つ力を増大させていた。

皮肉なことに、フランスおよび大帝国全域で革命後の安定性や正当性の問題に取り組み始めたのは、ナポレオン自身だった。登りつめた権力の座を確固とするために、彼は、パリやその他の大都市にいる騒々しい革命的群衆を厳しく抑え込んでいた。その一方で、ナポレオンは、革命家たちが教会や貴族の土地を没収したことで生まれた新地主階級を受け入れ、それを強化していた。ナポレオンがローマ教皇と結んだ政教協約《コンコルダート》は、教会側が財産の損失を最終的に認めたことを確認したものであり、これによって、一八一五年以降にブルボン家の国王が復帰する問題がきわめて単純化された。[34] ナポレオンは、かの有名なナポレオン法典によってフランスの司法制度を再編し、県を介した中央集権的な統治形態を完成させた。この県という単位は、一九世紀において、フランス本国および帝国の頑丈な枠組みであり続けた。イタリア中部、ラインラント、東ヨーロッパ、エジプトのように、一八一五年以降に貴族の権力者が復帰したところでさえも、国家の特徴は、一八世紀よりも厳格で「合理的」だった。と同時に、ナポレオンは、教会に対しても、王朝原理に対しても、それぞれの役割を暗に認めていた。一八〇六年から〇九年にかけては、オーストリア王家と姻戚関係を結ぼうと躍起になったし、自身の家族を国王、王妃、王子として征服地に送りこんでいた。一八一五年までには、共和主義はかなり弱められ、ブルボン家は、わずかな追放と社会対立を招いただけで、体制に舞い戻ってきたのだった。

ナポレオンにとってもっとも卑屈な敵であるイギリスもまた、君主政を再創造したり、甚だしい政治的濫用を追い払ったりして、急進的な挑戦を退けようとしていた。リンダ・コリーは、王室に対する新しい崇拝が、精神的に問題を抱えた国王ジョージ三世という好ましくない人物のまわりにつくられていく様子を跡づけている。放蕩者にして女たらしのジョージ四世は、君主政の威光の擁護者としての資質をまったく欠いていたのだが、当時の大陸ヨーロッパに引けをとらない偉大で輝かしい宮廷をつくろうとした。これもまた、不品行の噂や、妻キャロライン王妃とのよく知られた離婚によって、水泡に帰した。だが、一八三二年の議会改革によって主要都市のミドルクラスや一部の自作農に選挙権が与えられる以前ですら、改革派たちは、不満を抱く住民にとってイギリスの政治体制が近づきやすくなるよう、工夫をこらしていた。[35] 議論が分かれるところだが、一八二九年から三五年にかけての議会改革の認可、奴隷制の終結、カトリック解放は、一八四〇年代のはるかに危険な混乱からイギリスとイギリス帝国を救った。しかし、この時期のイギリスの「改革」は、政府による営みというよりも、自発的結社の活動や貴族の活動家個人によるところが大きかった。これとは対照的に、政府の営みが大きかったのは、ドイツ、とくにプロイセンの特徴であった。[36]

アイルランド王国のイングランドとの合同は、カトリック系アイルランド人に対する当面の一時的緩和剤でしかなかった。とはいえ、この合同によって、アイルランド王国の悪名高い腐敗はなくなった。人道的改革によって、法体系の野蛮な点のいくつかが取り除かれた一方、帝国による統治は強まった。一八〇七年のイギリス奴隷貿易の廃止によって、奴隷プランテーション制度のもっとも過酷な側面のいくらかが撤廃され、さらに一八一三年には、イギリス政府は、東インド会社の特権を廃止した。このいずれもが、急進派や、あるいはウィッグ改革派さえも黙らせることはできなかったものの、これによって、イギリスが産業革命による大規模な新しい富によって活気を取り戻すはるか以前から、旧体制を復活させ、台頭する福音主義者のミドルクラスをなだめることができた。

イギリスやフランスの新しい帝国支配を担うウィーンの人々やワーテルローの復員軍人たちは、政治的バランスを築こうと果敢に取り組んだが、彼らには、純粋に経済的な利点に加えて、重要な利点がいくつか備わっていた。まず、革命の大混乱の記憶があり、保守的政権は、無政府主義者、原初的社会主義者、分離主義者を打倒するために、ミドルクラスや都市民の支持に頼ることができた。戦後世界の政治権力者のほとんどは、過激な国王論者であったにもかかわらず、混乱に対する恐怖によって育まれた抜け目のない柔軟性を発揮していた。一八二〇年代末イギリスのウェリントン公爵の旧態依然とした議会、一八二〇年のスペインのブルボン体制[37]、最終的には一八三〇年のフランスのように、保守的政権が正当性を失ったところでは、それに取って代わったのは、代議政体を口先だけしか支持しないような、保守性を若干弱めた政権だった。オーストリア帝国では、一八二五年以降、代議制議会（ハンガリーやトランシルヴァニアの議会）が改革を行ったが、それほど徹底していなかった[38]。ピエモンテでは、きわめて活動的なジュゼッペ・マッツィーニが指揮して失敗に終わった一連の蜂起にせきたてられた結果、一八三七年の新法典のような断片的改革が結局行われた。独裁政治は、すすんで自由主義を認めようとはしなかった。一八三〇年夏のパリで出された無署名の宣言は、妥協であることをうまく表していた。すなわち、「オルレアン公は、革命の大義に身を捧げた王侯である。……オルレアン公は、市民的国王である。オルレアン公は、自ら宣誓した――

われわれが常に望んでいるように、憲章を受け入れる、と。彼が保持しようとしている王冠は、フランス人民からのものなのだ」と。[39] アイルランドやギリシアのように、民族運動が抑えられなくなると、妥協がなされた。ギリシアについては、一八二〇年代に列強が独立を認めたのに対して、アイルランドの要求は、一八三〇年のカトリック解放によって一時的に鎮静化した。フランスでは革命的伝統が根を下ろすようになり、新しいオルレアン王政が、ナポレオン的な流儀を一部取り入れ、人民主権を認めた。オーストリア、イタリア、スペインでは、さらに約十年にわたって、教会、貴族、官僚からなる同盟がナショナリストや共和主義勢力を排除していた。

スペインでは、北部のカトリックの小作農が、自分たちが適切な王位継承の原則だと見なしたものを擁護して、マドリードにいる自由主義者に反抗した。このいわゆるカルリスタ戦争は、一九世紀ヨーロッパで最大の反革命運動となり、全人口の三%以上が死亡した。自由主義者の評者は次のように綴っていた。

多くの事柄が、ナバラの反乱の原因となった。ナバラでは、迷信的宗教の霊力がとくに影響力を持っている。そこの住民、とくに山岳地帯の者は、半島の他地域にはないほどの自然のままの素朴さを、言語とともに依然として保持している。彼らは、盲目的にすぐ信じこんでしまい、聖職者の意向に従ってしまうがために、他の判断の導きを知ろうともしないし、知る能力もないのだ。[40]

他の地域では、秩序が持つ力は相変わらず強かった。一九世紀初頭のロシアは、ヨーロッパの辺境での保守主義の一大源泉であり続けた。小作農にとって愛国的感情の中心は、依然として皇帝や東方正教会にあったとはいえ、ナポレオンの侵略によって、ロシア都市部ではそれまでになく強力な民族意識が高揚した。人口増加と東部辺境地の開拓によって、帝国の経済的影響力は相対的に向上した。ヨーロッパ的な官僚制が発展し、地主や軍事入植地が支配する地域と結びつき始めた。だが、いまだに社会はきわめて階層的で農村的であったため、モスクワ、サンクトペテルブルク、リガ、ワルシャワのような都市の自由主義者や急進主義者は不満であった。国家はジレンマ状態にあった。アレクサンドル一世やニコライ一世は、一時的だが、ポーランド人に対して政体改革を認めたかもしれなかった。けれども、実際のところロシア人に対しては同じことはしなかった。というのも、そうすれば、農奴を所有する貴族の権力を安定させるだけだったからである。独裁は改められ強化されたが、それには一八六〇年代まで、地方に根づいた利害に反抗するほどの力はなかった。この改められた保守主義の影響力は、ポーランド――一八三一年に大蜂起が鎮圧された――や東ヨーロッパでの自由主義や反ロシア民族主義を抑えるのに利用できた。それは、オーストリアのドイツ人やハンガリー人に対する威嚇に使われた。そしてついには、一八四八年から五一年にかけてのヨーロッパの革命への軍事的対抗勢力をもたらしたのである。(41)

ヨーロッパ以外でも、革命的危機の時代に伝統的秩序に対して繰り広げられたもっとも過激な攻撃の原因のいくつかが取り除かれたり、制約が加えられたりした。ラテンアメリカでは、新しい統治者たちが、自分たちの統治を正当化したり、独立に伴って起きたアメリカインディアンや貧困クレオールによる蜂起を鎮圧したりする困難に直面していた。統治を始めた頃の彼らは、いささか突飛なのだが、自らをスペイン王以前の時代の古代アステカやインカの諸王の家系だとしばしば主張した。その後、一八三〇年代以降になると、フランスがナポレオンやその家系を次第に復活させるにつれ、むしろ、解放者世代のボリバルやその他の指導者を、共和的価値の偶像《イコン》とするようになった。オスマン帝国では、独裁政治の改革が行われ、政府の統治における文官の役割を強化する一八三九年の再編（タンジマート）によって完結した。これによって、帝国東部での統治が初めて機能するようになったようだ。(42)帝国全域では、一八世紀に自治を主張していた強力な貴族たちが征服された。オスマン帝国の総督は、アラブ純粋主義のワッハーブ派の運動の鎮圧に向かい、部族的なイスラーム千年王国派の反乱をスーダンに抑え込んだ。これらは、政府のみならず、宗教的ヒエラルキーに対する脅威でもあった。

少数のヨーロッパ人が多数の非ヨーロッパ住民を統治したところでは、正当性の問題はもっと重大だった。植民地総督が現行の王宮を支援しようとしたことも、時にはあった。かえって彼らが反対の的になることもあったため、それは危険な戦術だった。インドでは、総督ウェルズリーや彼の後任たちのイギリス政府は、一時的だが、ムガル帝国の当局に対して口先だけの敬意を表していた。彼らは、表面上ではあるが、旧秩序を維持し、いくらかの藩王国の再建もした。たとえば、マイソール王国では、東インド会社にとってもっとも豪勢な金づるである「古代ヒンドゥー制」と一般に言われるものが復活したが、一八世紀の支配者が行った再編には手をつけなかった[43]。と同時に、植民地総督は、千年王国運動や小作農による反乱を鎮圧するため、有力者たちと協働した。もう一つの戦術は、先住民のエリートたちを、ヨーロッパ的な価値や文化との対話に引きずり込むことだった。一八五七年の大反乱以前でさえも、西洋の知とイスラームの信仰との和解を説くいわゆる近代主義的思想家たちが、南アジア、東南アジア、中東のいくつかのイスラーム社会で台頭していた。しかも、それに対抗的な純粋主義のイスラーム運動では、異教徒に対する聖戦が主張されることはめったになかった。たしかに、一八〇四年、インド亜大陸で復活したイスラーム教スンナ派の主唱者であるアブドゥル・アジーズが、インドは「戦争の地」であって、もはや「イスラームの家」ではないと宣言した。彼はまた、インドでは聖戦が成功するような条件はまったくないとして、イギリス行政側に加わるよう、暗黙裡に支持者に求めていた。実際、世界じゅうでイスラームの聖職者のほとんどは平和を指向していた。しかも、一八二〇年代にサイイド・アフメド・バレールヴィーが南アジアでの聖戦を説いた際、攻撃を受けたのはパンジャーブ地方のシク教徒であって、東インド会社政府ではなかった。インド人聖職者たちは、内部の道徳的改革を説いていた。彼らの関心は、政治上の王国を求める以前に、世界的危機による社会や知識への影響を改善することにあった。

その他、中国、日本、ヴェトナム、オスマン帝国といった独立国家では、これとはほぼ正反対の問題に直面していた。政治や宗教上の正統からわずかでも外れれば、危険な外国人やその代理人を勢いづかせてしまいかねなかったのである。だが、変化をある程度認めることは必要だった。中期的にはやはり、脆弱な安定が続いていた。中国では、一八〇三年以降、千年王国的な仏教運動の最初の波が収まるにつれて、保守的な儒学者や地方の郷紳たちが

料金受取人払郵便

千種局
承認

2036

差出有効期間
平成32年6月
30日まで

郵便はがき

464-8790

092

名古屋市千種区不老町名古屋大学構内
一般財団法人
名古屋大学出版会
行

ご注文書

書名	冊数

ご購入方法は下記の二つの方法からお選び下さい

A．直　送	B．書　店
「代金引換えの宅急便」でお届けいたします 代金＝定価（税込）＋手数料230円 ※手数料は何冊ご注文いただいても230円です	書店経由をご希望の場合は下記にご記入下さい ＿＿＿＿＿＿ 市区町村 ＿＿＿＿＿＿ 書店

読者カード

（本書をお買い上げいただきまして誠にありがとうございました。
このハガキをお返しいただいた方には図書目録をお送りします。）

本書のタイトル

ご住所　〒

TEL（　　）　―

お名前（フリガナ）　　年齢

歳

勤務先または在学学校名

関心のある分野　　所属学会など

Eメールアドレス　　@

※Eメールアドレスをご記入いただいた方には、「新刊案内」をメールで配信いたします。

本書ご購入の契機（いくつでも○印をおつけ下さい）

A 店頭で　B 新聞・雑誌広告（　　）　C 小会目録
D 書評（　　）　E 人にすすめられた　F テキスト・参考書
G 小会ホームページ　H メール配信　I その他（　　）

ご購入書店名　　都道府県　　市区町村　　書店

本書並びに小会の刊行物に関するご意見・ご感想

帝国への忠誠を要求した。一八〇〇年から五〇年にかけての時期に関する近年の歴史研究はわずかしかない。だが、一八五〇年代の太平天国の乱の危機を一九世紀初頭にさかのぼらせるのは誤っていると思われる。白蓮教徒の乱後、一世代の間、体制はかなり復活の様相を呈していたのである。在ネパールのイギリス帝国人ブライアン・ホジソンの賞賛を得るほど、中央アジアやチベットでは、政治的にも文化的にも効率的な安定化がはかられていたのだ。体制は、大多数の学者や郷紳の支持を引き続き得ていた。経済は、盤石ではなかったが、まだ混乱してはいなかった。天命と言ってもよいような生態学上の問題が生じたのは、一九世紀後半になってからのことだった。一八二〇年代には、広東の総督が、王朝の利益となる実用的な知識や経世術を結集するため、「学海堂」を設立した。彼は、アヘン密輸業者にも巧みにてきぱきと対処しようとした(44)。実際、清の皇帝らは、西洋の膨張主義に照らしてみても、けっして無能ではなかった。満洲族の天命の正当性に対する攻撃が最高潮に達したのは、西洋列強、そしてそれに続いて日本が体制を壊滅的に破壊した一八四二年以降であった。

国家の強化とその不十分さ

したがって、改造された一八世紀体制には、ある程度の正当性に加え、機敏に対応する余地が残っていた。だが、国家の強さを最終的に決めるのは、やはり武力であった。軍事的にみて、復活した王政や帝国はたいてい、世界規模の戦争が起きる前よりもいくぶんかは強い支配を、国内の辺境に対して行使できた。兵役に服した数百万の人々を外国の敵と戦わせた経験は、国内の反対派を抑え、帝国支配を拡大するのに有利に働いた。一八一五年以降、騎兵と小騎兵は、たくさんそろっていた。彼らは、一八一九年に起きた悪名高きピータールーの虐殺でイギリスの労働者階級の活動家を鎮圧するのに使われた（図4-2を参照）。ジェノヴァやスペインの危険で急進的な共和

図 4-2　弾圧と改革のはざまで——「ピータールーの虐殺！　あるいは，イングランドの自由の標本，1819 年 8 月 16 日」（J・T・マークスのエッチング）

国——保守的政治家の間に一七八九年の不安な記憶を呼び起こした——を打倒するのに、フランス軍が用いられた。同じく、オーストリア、プロイセン、ロシア帝国でナポレオンと戦うためにつくられた軍隊は、革命思想を依然として追い求める都市急進派を鎮圧するのに利用された。不安定な帝国辺境を確保するためにも、軍隊が使われた。皇帝アレクサンドル一世は、退役兵士団に対して、ウクライナ全土や中央アジアの土地を下付した。彼らは入植団としてはまったく成功しなかったのだが、混乱が続く農業開拓地を抑え込むのには役に立った[45]。

世界戦争の残党兵士たちは、ヨーロッパの海外帝国への拡大にも貢献した。国内の対立から注意をそらすため、一八三〇年、フランス政府はアルジェリア併合を決定したが、同地を征服したのは、ナポレオンによる輝かしい遠征を記憶していた欲求不満の士官たちだった。インド、ケープ、カナダに至るイギリス帝国を統治していたのは、ワーテルローの戦いでナポレオンと戦った者たちだった。一七九八年の反乱では多くの者が反乱側に付いたアイルランド人兵士たちは、世界の列強としてのイギリスの力をはからずも勢いづかせた。アフリカ人反乱者に対して喜望峰で用いられた軽騎兵縦隊の速攻戦術は、スペイン半島戦争での奇襲部隊を模倣していた。コイ人や混血の人々からなる非正規軍は、コーサ人による北部への侵入に対抗して、辺境を監視した。北アメリカでさえも、イギリス系アメリカ人とインディアンの戦争の恐れから、軍事国家は強大化したが、それはほとんどの英語圏世界ではみられない規模だった。西部や北部のカナダを制圧したのは、開拓入植地に加え、軍事的あるいは準軍事的な騎馬警察だった。アメリカ合衆国では、諸戦争を通じて、より強力でより官僚的な組織としての軍隊が登場したが、それはインディアンの襲撃から守るために戦うという形態をとることが多かった。新たな武力行使策が軍事や兵站の管理と結びつくことで、国家や植民地政府の地方やその資源に対する支配は、前世紀よりも格段に強められたのである。

同じく世界戦争の時代において長期に及ぶ恩恵にあずかったのは、法律家や官僚だった。どこの政府も、政体の違いはあろうとも、税率を引き上げる必要があったため、成功し繁栄した。その典型がドイツの諸公国だった。過多状況から淘汰され数を減らした諸国家の旧体制は、表面的には一八一五年以降復活し、一八四八年まで存続した。実際、復活した君主たちは、大学出の法律家や小役人たちにますます頼るようになっていた。国家による課税や規制の動きが広がるのに対応して、それを理論づけたりそれがもたらす進歩について説明するようになった。われわれは、メッテルニヒ侯爵やタレーラン公爵など、旧体制の貴族の生き残りをこの時代の典型的人物として想起するが、国家とその改良という考えに関する偉大な学術理論家であるヘーゲルも、同じくらい時代を代表していた。状況がやや違っていたのは、フランスである。同地で革命の大きな原因の一つとなったのは、旧体制下でさまざまな裁判所や法律家が存在したために司法が混乱したことだった。中期的には、訴訟件数、個々の管轄区域、法律家が急減した。もっとも一八三〇年以降は、急速な商業化によって新しいチャンスが生まれ、法曹は復活した。一八七六年には、フランスの法律家の数は三万三四一人であった[46]。

イギリス帝国でも、法律家は大いに繁盛していた。イングランドでは、運河網や鉄道の発展によって土地市場が活況を呈するようになるにつれ、一八〇〇年から五〇年にかけて彼らの数も財産も大幅に増えており、それは人口増加よりも先行していた[47]。法律家たちは、植民地でもチャンスを握っていた。一九世紀中葉には、インドやほとんどの従属地では、外国から到来した者や現地で訓練を受けた少数の者からなる法律専門家が繁盛していた。これらの法律家たちは、土地をめぐる訴訟、とりわけ、先住民から搾取した土地権の売却増で潤っていた。王権裁判所が現地住民の刑事訴訟に関与するようになると、こうした法律問題も増加した。ほぼ同様の状況がアメリカ合衆国でも起きていた。同地では、初期の時代から、政治家に加えて、法律家も憲法問題や社会、経済をめぐる紛争の解決にあたることが多かった。

国家権力の行使に伴うかなり不気味な点は、警察、とくに秘密警察の台頭であった。旧体制でも政府の秘密諜報員や騎馬警察の類いはあった。だが、一九世紀の初めまで、準軍事的な官僚の監視諜報員という考えは、多くの社会で目新しかった。一八世紀末には、オーストリアの「啓蒙専制君主」ヨーゼフ二世が、他の多くの点でもそうだが、この点でも時代を先んじていた。彼は、国内の敵を監視するため、警察官のネットワークを設けた。革命的な転覆に対する警戒を強める政府が派遣する新しい形の秘密警察の到来を告げたのは、ナポレオン統治下で警察大臣兼政府諜報網指揮官だったジョゼフ・フーシェ（一七六三―一八二〇年）だったが、彼は、ヨーロッパじゅうで「不正工作」の代名詞となった人物である。政治警察は、犯罪だけでなく、扇動や異端思想までもかぎつけていた。

しかし、文民警察も秘密警察も、権力や効率を格段に高めたのは、一八三〇年と四八年の諸革命の後の反動の時代においてだった。一八五〇年代初頭のフランスで、ナポレオン三世が帝国に検事総長職を導入すると、警察官僚が政治的理由で逮捕するケースは、二万六〇〇〇件にものぼった。逮捕された者の多くは、アルジェリアに流刑となった。[48] その間、フランス革命の憲兵組織によって、日々の取り締まり、群衆の監視、情報収集のモデルができていた。ドイツの諸国家、イタリア、ロシアでは一八三〇年代以前にこうした組織がつくられたが、アイルランド、シンド、香港では、イギリス帝国に普及するひな型となる警察隊が設けられていた。中央警察という考えを「大陸的な」専制に結びつけて捉えていたイギリス本国やアメリカですら、警察は、負債や犯罪を監督していた非公式の代理人たちに次第に取って代わっていた。とはいえ、まだ彼らは地方組織の監督下にあった。

以上すべてが示しているように、一九世紀初頭において、諸政府は、自分たちの領域内での裁判や暴力に対する管轄権を行使し、反体制派の実態を把握し監督しようとしていたのである。そうするために、政府は、復権した強力な執政権力者の残党たちと手を結んだが、場合によっては、新しい専門職や商業階級も取り込まねばならなかった。だが、はっきりしているのは、たいていの場合、その目的はわずかしか達成できなかったことだった。不満や暴動の増大——これは後に本章で述べる——を別にすれば、大半の社会は、中央当局の監督外に依然としておかれていた。軍事集団や地主たちは、メキシコや南アメリカの革命体制を継承していた。アメリカ南部の奴隷主やユーラシアの大半の地主やブローカー集団は、政権側の理論家や役人が毛嫌いしていた権力やパトロネジの行使を続けていた。不可解な臣民集団による物騒な行為に関する「情報パニック」が増大したのは、政権の力が依然として不完全で不確かな状況を表していた。発展するイギリスの都市では、エリート層が、不用心な放浪者を絞め殺す強盗や、レスペクタブルな人々から強奪するようなアイルランド人の浮浪者や犯罪者がたむろする「スラム」におびえていた。フランスやその他のローマ・カトリックの国々は、フリーメーソンの邪悪な勢力を、あるいは、革命的伝統が見られる場合には、イエズス会やその他の反動的と目される人々を警戒した。ドイツの諸政府は、軍事教練をする革命クラブが存続しているのを危惧していたのに対して、イタリアでは、急進的なカルボナリ党の秘密結社に悩まされていた。ヨーロッパの植民地帝国では、イスラーム狂信者、インドのタグ（やはり銃殺強盗集団）、中国の天地会、マレーシアの「狂信殺人者」といった種々の者たちが、現地の情報提供者や未熟な警察制度に依存していた脆弱な植民地政府の不安をあおっていた。アメリカ合衆国でさえも、大規模団体、略奪する移民、あるいは奴隷反乱が政体を脅かすのではないかという恐怖が広がっていた。

こうしたパニックが断続的に起きた要因の一つは、政府が、社会の資源や教養ある人材を効果的に管轄できるような物理的能力を依然として欠いていたことにあった。実際、一八二〇年から七〇年にかけてのイギリスでは、資産階級が世界規模の戦争時に課せられた高い税金に反対していたため、中央政府とその財政力は後退していた。アメリカ合衆国では、権力は依然として分裂しており、諸州と連邦政府の間に分割され、革命の後継者に対する懐疑は強かった。だが、前の二つの章で示してきたように、世界の多くの地域で資源に対する政府の能力が相対的に欠如していたのは、イデオロギーのもろさに反映されていた。一七八九年以降のヨーロッパでは、戦争期の非ヨーロッパにおいて多くの権力中枢の弱体化や解体が起きたのと同じ頃に、権力の真空状態の拡大、つまり、正当性をめぐる広範な危機が続いていた。人民主権は論じられてきたが、旧来の支配層は、自国内で、あるいは国際協定――その際たる例が、ヨーロッパの革命に対抗した神聖同盟である――を通して、復活していた。教皇権、教会秩序、正統王権はいずれも挑戦を受けたが、利害、恐怖、信仰によって、とくに農村部では、引き続き信頼が寄せられていた。

ラテンアメリカにできた新しい共和国では、フランス共和国をまねた冗長な憲法が制定された。けれども、地主の小集団の不安定な支持を頼みとする軍事指導者の世代が権力を掌握したかと思うと、再び失墜した。メキシコ大統領に一一度就いたアントニオ・ロペス・デ・サンタ・アナ（一七九四―一八七六年）は、この政治的浮沈の典型である。何度も大統領宮に入り裏口から追い出された彼の統治下では、テキサスを含むメキシコのかなりの領域をアメリカ合衆国に奪われた。政治的権威のしっかりとした拠りどころを持たなかった彼が捧げることができたのは、自身の身一つだけだった。「一八三五年にフランス軍の侵略に対する闘いで片脚を失った」サンタ・アナは、「一八四二年、最初の埋葬地からその脚を掘り出され、弔辞が捧げられる中でメキシコ・シティに正式に埋め直された」[49]。数年後、サンタ・アナが再び権力の座を追われると、怒り狂った暴徒が教会を襲撃し、彼の脚が埋葬されている墓を破壊したのだった。

かくして、このような流転と亀裂の時代は、ヨーロッパ、南アジア、東アジア、北アメリカのそれぞれの中心地で集中して起きた一連の対立とともに終わりへと向かう。混乱の度は、すさまじかった。混乱がしだいに増大していたという特徴は、一九世紀を一七八九年と一九一七年の激動にはさまれた比較的安定した時代と捉えがちなヨーロッパ史の中では忘れ去られている。一八四八年のヨーロッパでは、結局は撃退されたとはいえ、フランスやロシアの革命に匹敵する急進的活動や反乱の激増が見られたのだ。階級に基盤をおいた革命的社会主義の初期の発現がみられた一八四八年のイデオロギー的影響は、たとえその後に起きた戦争がさほど破壊的ではなかったとはいえ、重大だった。しかも、グローバルなレベルでは、生命や財産の損失は莫大だった。次の一〇年間に起きた中国の太平天国の乱やインド大反乱は、史上最大の破壊的な内戦の一つであった。さらに次の一〇年間に起きたアメリカ南北戦争は、長く続いた文化・経済制度を破壊し、経済的な衝撃波を地球全体にもたらし、本章冒頭で述べたような換金作物地帯の大半に影響を及ぼした。そのイデオロギー的影響は、わずかしか記録されていないとしても、やはり大きかったのだ。

本章の最後の数節では、この一連の混乱のそれぞれを検討した上で、共通の特徴を見出し、一九世紀中葉の危機どうしの差異を詳述してみよう。長期的には、それらは国民国家、西洋植民地主義、国際的市民社会をさらに進展させることになるのである。

アジアでの正当性をめぐる戦争——概略

前節で示唆したように、一九世紀初頭のアジア、アフリカ、中東では、解体と再建の諸力が非常にうまくバランスをとっていた。一八二〇年代から三〇年代のオスマン帝国は、一連の内部クーデタによって政府機関が改組されたり、三〇〇年間続いた軍事・官僚制度が廃止されることによって動揺した。また同帝国は、一八二七年から三一年にかけて、ギリシア独立戦争に参戦したヨーロッパ列強に屈辱的敗北を喫した。イスラーム教徒の中には、もっと大きな危機が信徒の間に広がることを察知していた者もいた。一八二五年から三〇年には、ジャワ中央部のイスラームの諸王国がオランダ植民地政府と解放戦争を戦い、最終的に敗北した。ペルシアでは、一八四八年にバーブ教の千年王国的セクトが迫害に対して武装蜂起し、イスラームの「救世主《マフディー》」の到来を祝った。その後、反抗のペースはアジアじゅうで急激に加速した。一八五一年には、中国南部で清朝に対する太平天国の乱が勃発した。以後一五年にわたって、この反乱は、推定で二〇〇〇万人の死者を出し、中華帝国の財政を崩壊させ、同帝国は、一八五六―六〇年の第二次アヘン戦争〔アロー戦争〕の際にイギリスの侵攻を受けて致命的に弱体化した。これらの事件すべてがもたらした政治的影響は甚大だった。それは集団モラルを危機に追いやる前兆ともなった。人々は、加速するグローバルな変化によって、自分の信仰や崇めてきた聖像を打ち砕かれてしまったのである。

太平天国の乱が勃発したのは一八五一年末、ある霊的教主が、キリスト教の教義を千年王国を願う仏教と融合し、地上に新しい秩序を打ち立てる新宗教を宣言した時だった[50]。上帝会、つまり、「天国への道」の信者たちは、広東地方に住むかなり大勢の小作農、移民、反体制派郷紳の支持を集めていた。当初、彼らは、土地を再配分したり、女性を解放したり、後世の評者が一種の土着的社会主義と解釈したような共同体宣言を発布したりしていた。やがて反乱軍は中国南部全域に広がり、南京を奪取した。この運動は、中国史上で新王朝の樹立に成功した多くの革命にかなり類似した様相を呈するようになった。指導者である洪秀全は、清朝の前の明朝を復活させているのだとすら公言するようになっていた。だが、もっと改良された武器の入手ができ、地方の郷紳の支持を獲得できた中国各地方の長官〔総督・巡撫〕たちが、地位を失うことを恐れて結束し、親北京の軍隊を配備したために、反乱は失敗した。しかし上帝会は、一八六二年頃まで完全に廃絶されたわけではなく、中国南部・南西部における地方の暴動やイスラーム教徒の反乱は、引き続き一八七〇年代まで頻発していた。

他の農村での大規模な抵抗運動すべてと同様、太平天国の乱には多くの原因があり、そのいくつかについては、第11章でもっと詳しく述べよう。人口の圧力や、常用されるアヘンに支払われる銀貨の流出によって、小作農たちはインフレにさらされていた。彼らは、税を銀で支払わねばならなかったが、自分たちの生産物と引きかえには

地図 4-2　東アジアにおける反乱と帝国（1825–70 年頃）

図 4-3 帝国当局の抵抗――南京の兵器庫（ジョン・トムソン撮影, 1868 年頃）

銅貨しかもらえなかった。人口増加によって役人になれる有資格者が増えたのにもかかわらず、受け入れる役所が十分にはなかったため、不満を持った郷紳の中には、農民反乱に加わる者もいた。千年王国的仏教と中国版のキリスト教千年王国論が、今や衰退の一途をたどる北京政府から遠く離れた帝国南部の地方で熱狂的に混じり合ったのである。これらすべての緊張が、一八五〇年代初頭に激しく爆発した。

しかし、太平天国の乱は、中国にとどまらない、アジアの大激変であった。それは、ヨーロッパ列強間の長期的関係にも影響を及ぼした。太平天国の乱の絶頂期に中国が弱体化したことは、英仏に東アジアでの覇権争いを再開させ、世界じゅうで両国の競合が繰り広げられることになった。その後まもなく、ロシアがこの機をとらえて、大陸北西部に版図を拡大した。これがユーラシア全体での英露の競争をあおるとともに、日本の若き民族主義者たちを警戒させた。中国での宗教・社会的混乱はヴェトナムにも広がった。ここでもフランスの干渉が強まり、[51] ヴェトナムの新儒教〔朱子学〕的君主政は不安定になった。自信過剰の新しいフランス第二帝政は、一八五九年、ヴェトナム人キリスト教徒の集団追放を口実に、コーチシナの南部領域に干渉した。さらに西部では、独立したビルマ王国の残党が、イギリスによる黙認策の下で生き残っていた。一八七〇年代には、太平天国の乱やその後に中国南西部で起こった暴動によって中国との貿易が途絶えたため、ビルマの財政が疲弊した。ビルマが絶望的なほどの負債を抱えるようになると、インドからのイギリスによる最後の攻撃の脅威がますます強まった[52]。

ヨーロッパ外での混乱は、中華帝国の版図を越えて広がっていた。一八五四年、アメリカのペリー提督が徳川幕府の日本の門戸を無遠慮に蹴り開け、若き指導者たちに、徳川政権が道義的にも財政的にも破綻していると説得した。

太平天国の乱は、これと関連する、一九世紀を分裂させたもう一つのアジアの危機と重なりあっていた。一八五七年から五九年にかけてのインド大反乱は、一八五七年五月に東インド会社のベンガル軍のインド人兵セポイ、すなわち現地兵士の反乱として始まった。彼らは、給与、条件、地位の喪失に対して抗議していた。イギリス権力が崩壊したことで、小作農による運動、追放された支配者による蜂起、都市職人の暴動といったさまざまな類いの事態に火がついた。イギリスによってデリーに幽閉されていた今や無力なムガル皇帝が、重要な象徴となり、暴動の中心となった。ほかにも、地位を追われた一八世紀の地方統治者の後継者たちが、再征服を試みるイギリス軍に抵抗して守りを固めていた。イギリスが勝った原因には、反乱が北部・中央インドに限られていたこと、そして他のインド諸州の軍隊や、同じ頃、中国皇帝のために上帝会と戦う目的で海路にて輸送中の部隊を戦闘に投入できたことがあった。

アジアの諸革命の経済・イデオロギー的要因

これらすべての運動には、非常に根強い、しかも大きく異なる、内部の社会・イデオロギー的要因があった。だが、共通の特徴もあった。三つの大きな状況が当てはまったと思われる。第一に、これらの暴動は、西洋植民地主義の世界規模の拡大と、それがもたらした新しい形の統治、商業、経済活動に対する反動であった。一七八〇年から一八二〇年にかけての世界的危機の到来を告げた初期の動揺以来、西ヨーロッパが経済的にも軍事的にもますます優位になるにつれ、この圧力は限りなく強まった。第二に、これらの大規模な政体内にある民族・宗教的共同体に対処するという内部問題が、新しいイデオロギー、とくにキリスト教やその土着の形態の普及によって深刻化した。最後に、世界システムにはごく間接的にしか関係しない人口増加や地方経済の不均衡が影響していた。

一八五〇年代と六〇年代の危機以前に、これらの状況が絡みあって増幅する兆しはすでにあった。準西洋化を遂げつつあった列強ロシアは、ナポレオンの世界戦争以降、オスマン帝国やカージャール朝イランへの圧力を強めていた。その後、内部の統治機構を改革したり、西洋の脅威に立ち向かうために、新しい官僚制度、透明度の高い課税制度、近代的軍隊、士官学校を国家に設けることが試みられた。だが、こうした内部改革は、支配の正当性の問題を惹起した。スルタンやペルシア王は依然としてイスラームの王なのだろうか。もしそうでないとしたら、誰が信仰を守るのか。近代化が検討され始めると、多くの近代論者が台頭してきた。たとえば、一八四八年のペルシアにおけるバーブ教徒の暴動や、それに続いて出現したバハーイー教は、ロシアやイギリスの圧力を著しく受けやすい地域で起きていた。そのもっとも熱烈な支持者は、新設の電信会社の事務員や作業員に多く、彼らは外国の近代性に気づき、それを自前のものにしたがっていた。オスマン帝国では、国家の再編は、キリスト教徒とイスラームの関係をめぐる問題を引き起こした。一八六〇年代には暴動によってオスマン帝国のバルカン地方が破壊された。キリスト教徒の住民たちは、北部や西部でオーストリアやロシアの勢力が増大しているのに十分気づいていた。

同様に、太平天国の乱でも西洋の進歩の模倣が多くみられた。千年王国を希求する指導者の洪秀全は、自身がイエス・キリストの弟だと言明していた。彼は、宣教教育で学んでいた聖書からの引用句を、千年王国的イデオロギーの中に入れ混ぜていた。信奉者たちによれば、セクトの創設者は死亡し、死者の中から立ち上がり、「誰もが神を崇拝し徳を修めるよう、熱心に説いた。神を崇拝する者は、他の神を崇めてはならない。他の神を崇めた者は、罪を犯したことになるのだ、と」[53]。この運動の指導者の一人は、鉄道建設を含む近代化計画を主張していた。

その一方で、上帝会の信奉者の多くは、西洋の到来によって打撃を被っていた。彼らは、一八三九―四二年の第一次アヘン戦争での敗北後に政府によって除隊された兵士だった。そのほかにも、戦後に広東地方を襲った不況で失業した茶の運搬人や商人がいた。太平天国軍には、ヨーロッパの海軍がシナ海や沿岸都市を監視するようになったため内陸に移動してきた海賊や悪党もいた。ともあれ、イギリスの外交官たちが中国の威光を踏みにじり、ちっぽけな中国のジャンク船を砲艦で吹き飛ばすと、天命による統治に対して疑念が抱かれたのだった。

もちろん、中国以上にヨーロッパの統治や経済進出の圧力をじかに受けていたのは、インドであった。世界の他の地域と同様、ナポレオン時代の急進的変革に取って代わったのは、東インド会社がもたらした新しい国家組織とともに旧来のインドの主権が部分的に維持される慎重な時代であった[54]。インド人を介してインドを統治する方が安上がりだった。インドの王、土地所有者、聖職者の優位を維持すれば、インド人の黙従が得られるだろうと、東インド会社の多くの役人は信じていた。だが、一八四八年以降になると、新世代のイギリス人統治者たちは、インドの諸国家の低級な政治や独自財政への執着に苛立ち始めた。彼らは、ムガル朝以後の宮廷の「尊大さ」を軽蔑し、ギルドのようなイギリスのベンガル軍隊に疑念を抱くようになった。インド生まれのイギリス人のこのような態度は、工業化を遂げつつあるイギリスに対する初期ヴィクトリア時代の自信が高揚していたことを遠回しに反映していた。領土獲得や軍隊改革の新しい動きに、インドの様式や王族に対するあからさまな侮蔑が合わさったことで、不満が一気に増大した。これが引き金となり、一八五七年から五九年にかけてイギリスに対する軍隊の蜂起や反乱が起こった。政治面では、これらの衝突は、新しい地主制度の出現に伴う地方での広範な緊張、植林地や牧草地をめぐる対立、収入課税の不平等と結びついた。インド北部の都市では、イギリスからの輸入製品との競争に苦しむ貧困な職人社会が一役買っていた。そこでの反乱は、民衆イスラーム教の形態をとることがあった。

ペルシア、中華帝国、ジャワの事例のように[55]、われわれが考察している主要な反乱すべてにおいて、宗教の違いや愛国的な自己主張が重要な役割を果たしていた。それらは、数名のインド史家が主張したように、民族主義の初

地図 4–3　インドと大反乱（1857–59 年）

期形態ではなかったかもしれない。だが、それは共同体や祖国への強い関心を反映していた。一八五七年の反乱は、「ヒンドゥー」でも「イスラーム」でもなかった。しかし、それは、特権的派閥が地方の道徳団体や外国政府が支持する団体を排除したように、キリスト教——インド的であれ、インド系ポルトガル的であれ、ヨーロッパ的であれ——に対するかなり普遍的な敵意の表れだった。中国の場合、千年王国的仏教と福音主義的キリスト教が合わさったことで、異質な満洲族を排除し、新たな協調の治世と正義を地上にもたらそうとする上帝会が力を得たのだった。

図 4-4　帝国当局の抵抗——セポイの反乱者に対してイギリスが防衛するビハールのアラー・ハウス（ウィリアム・テイラーのリトグラフ）

満洲族の統治層や漢民族主導の郷紳の軍隊の側はというと、彼らは外来のキリスト教に対する敵意を言明していた。つまり、一九〇〇年の義和団事件やその後に至るまで、中国での愛国的運動には、反キリスト教の主張が吹き込まれていたのである。ヴェトナムでは、一九世紀初頭の皇帝たちは、増え続けるキリスト教徒を扇動の巣窟と見なしていた。オランダの統治者が布教活動にほとんど関心を示さなかったインドネシアにおいてすら、一八三〇年代のジャワでの暴動や、その後スマトラ島で起きた運動では、「正義の王の帰還」と敬虔な社会の復活がイスラーム教の預言者的言辞で語られていた。しかし、多様な宗教に対する旧来の教団や地方社会の反応は、単に、ヨーロッパによる挑戦に対するアジアの反応という問題ではなかった。それは、キリスト教とその新しい道徳観が地球規模に広がっていることに対する、より広範な懸念でもあった。キリスト教の担い手の大半は、現地住民であって、ヨーロッパ人の宣教師でも役人でもなかった。したがって、キリスト教は何らかの共通点となるものの、アジアでの正当性をめぐる戦争の要因としてヨーロッパの影響が果たした役割を過大視してはならないのである。

つまるところ、一九世紀中葉のアジアの危機は、農民や社会の緊張の高まりを露わにしたのである。これらの危機は、単に西洋の膨張の影響ではなく、経済的権利の形態をめぐる深刻な緊張を映し出していた。中国の人口増加は長期に及び、一九世紀中葉には四億五〇〇〇万人を数えていた。人口増加の大半は一七〇〇年以前に起きていたが、それは平和や良好な食糧事情によるものだった。人口増加は農業資源に影響を与えたが、ちょっとした気候不順や内部混乱で苦境に陥りやすい中国南部でとくにそうだった。もっと安定した南部の農地への域内移住によって同地の生活水準が低下し、住民と移住者との対立が増大した。これが、太平天国の乱とそれに続く中国中央権力の低下の要因となった。人口圧力は、インドでも重要だった。旧来から支配的なインド北部の小作農層は、地代生活者が増加するにつれて、土地からの収入を長期にわたって減らしていた。彼らの脆弱な地位は、イギリスの徴税役人の取り立てに加え、内部の社会変化によっても脅かされていた。

だが、このような深刻な社会・経済的緊張においてすら、地域間の比較や対照がやはり有益なのである。一七世紀後半以来の人口や商業の急速な拡大は、グローバルな現象であり、相互に結びついていた。資源に対するこの共通の圧力への対処の仕方では、第2章で若干触れたように、ヨーロッパは有利な立場にあったのだが、一九世紀前半にその優位は徐々に高まった。たとえば、ヨーロッパの人口増加は、南北アメリカやオーストラレーシアへの移民や、急速な都市化の効果によって緩和された。つまり、生活水準の低下という危険な事態を大幅に回避したのである。北ヨーロッパの農民の多くは、家庭の消費や労働を新たな方向に転換させる勤勉革命に共鳴した。アジア、アフリカ、南アフリカでこのような適応ができたのはごく一部に限られており、ヨーロッパ人の侵入によって失敗することも多かった。従来の歴史家たちは、どこにその責任があるのかを突きとめるのに躍起になっていた。彼らは、植民地統治や現地民の無気力さを非難したが、こうした指摘は自分たちの政治的偏向によるものだった。とはいえ、総じてヨーロッパとアジアの違いが誇張されてきたと言えるだろう。ヨーロッパで見られた変容とは、ヨーロッパの厳然たる経済発展というよりも、生活水準を向上させたさまざまな条件が結びつきあったことの表れだったのである。一八四八年のヨーロッパでの諸反乱でピークに達したさまざまな対立が示すように、ヨーロッパ大陸およびその入植植民地は、経済・政治的適応の圧力を明らかに免れていたわけではなかった。だが、ヨーロッパ列強やアメリカ合衆国は、直接的な植民地支配を広く源とする大規模なグローバル商業網を今や有するようになったために、この適応の課題をうまく乗り越えられたのだった。

ヨーロッパにおける飢餓と反乱の時代　一八四八―五一年

一九世紀中葉のアジアでの混乱を説明するのに、われわれはいくつかの重要な特徴を強調してきた。すなわち、新しい異質な統治形態の導入、旧来の権利の解体に対する地方社会の反応、宗教的変化による上流階級の没落、そして、不均衡な人口動態や経済発展に対する反応である。一九八〇年頃まで、歴史家は、ヨーロッパにおける一八四八年の革命を「進歩への戦い」と見なし、明らかに後ろ向きの動きとは考えなかった。カール・マルクス自身の古典的表現に従い、新しい工業プロレタリアートや急進的知識人の指導者の自己主張を反映した階級闘争と解されていたのである。台頭する彼らは、一九一七年の革命を見据えており、かつてのヨーロッパの宗教暴動や農民一揆に後戻りしてはいなかった。近年、歴史研究は変化し、ほかの多くの事例と同様、ヨーロッパ、アジア、アフリカの間の違いを、最終的には消せないとしても、小さく捉えるようになっている。一つには、歴史家は、地方の側に重心を移すようになった。一八四八年春に起きた都市での急進的知識人、職人、若き民族主義者たちの蜂起は、政府を脅かし、そのいくつかを崩壊させすらした。それが、パリ、ベルリン、ミュンヘン、ウィーン、ブダペスト、ヴェネツィアといった旧秩序の主要中心部で起きたことは、きわめて象徴的で重要である。しかし、都市の暴動は、一七八九年の民衆の記憶がいまだ生々しい富裕な市民が支持するきわめて穏健な軍隊によって鎮圧できた。だが、こうした都市の暴動は、物語のごく一部でしかなかった(56)。

当局にとってもっと危険だったのは、農村争議が広範囲に拡大したのと同じ頃に革命が勃発したことだった。農村の明らかに不穏な状況を抑えるのは、はるかに難しかった。というのも、政府の多くは、地方における支配が手薄なままだったからである。農村争議や地代支払い拒否の運動の展開は、とくに東欧や南欧で生き延びて引き続き領主税を課していた旧来型の地主層を危険にさらした。さらにまた、一八一五年以降に出現した新保守的な政権の支持基盤になっていた、商業に長けた新しい地方有力者をも脅かした。地方暴動の要因の一つは、燃料、牧草、その他の商品を共同体に提供していた植林地が手に入りにくくなったことだった。ヨーロッパ中央部やイタリアの小作農たちは、かつての共有地で、徐々に大地主が独占所有するようになっていた植林地に侵入した。彼らは、森林の番人や所領の従者たちを襲撃した。動物の飼料にならない植林したばかりの種々の商用木は切り落とされ、村々の家畜が牧草地に放し飼いにされた。ほかのところでも、小作農たちは、柵や境界標識をはずし、それまで区画されていた共有地を取り戻した。金を貸したり、裁判で貸付金を取り返そうとしていた高利貸や豊かな農民に対する襲撃も頻発した。このような農村での動きと都市での民主的運動との間には、かなりの隔たりがあった。地方の住民の中には、自由の言語を引き合いに出し、国民国家を求める三色旗を掲げて都市の広場を行進する者もしばしばみられた。だが、往々にして、都市の住民たちは、農村の反乱者を自由の言語を誤解した無政府主義者だと非難した。一八四九年以降、最終的に多くの自由主義者を法と秩序の支持へと向かわせたのは、都市での混乱に加えて、不穏な地方に対する恐怖があったからである。

主要都市での自由主義者や民族主義者による反乱に伴って、あまり裕福ではない住民の暴動が起きていた。この動きの中では、かつて社会主義の歴史の神話にあったような、新しい工業労働者階級による武力の誇示は、あまり広範には起こらなかったように思われる。一八四八年の時点で、ベルギー、ルール地方、ラインラントの一部といった地域を除く、革命がとりわけ成功しなかったところでは、工業化はかなり限られた現象だった。他の地域では、工場労働者がストライキや工場設備の破壊行為に出ることはなかったし、その傾向はほとんどなかった。むしろ、暴動の中心にいたのは、旧来の職人や、大工場主が零細の家庭単位の職場と契約する下請け制度で雇われた者たちだった。そこでの不満の原因のほとんどすべてが、職人家庭やその組織に対する引き締めが労働市場全体で弱まっていることと結びついていた。機械打ちこわしは、ごく一部でしかなかった。工員たちは、それまで非合法だった組織や労働組合に参加し、所有者を威嚇しようとしたり、所有者を守る警察を攻撃したりした。ドイツ南部のある都市では、何千人もの織工が、自分たちが織った布地量について、長年にわたってごまかし続けていた一人の商人を襲撃した。小作農の共同体の事例のように、弾みをつけたのは、新しい労働慣行や人間味のない市場の力が、イギリスのラディカルな歴史家E・P・トムスンが「民衆のモラル・エコノミー」と呼んだものを侵害しているという意識によるものだったと思われる。数年前にインドの総督が述べていたように、「インド人の織工の骨でヒンドスタン平原が白くなっていた」とすれば、それと同時に、ヨーロッパ中央部や東部では、親方織工が犠牲を払っていたのだ。

これらの暴動は、ヨーロッパ内部の文化や宗教をめぐる衝突の表れでもあった。近年、歴史家によって指摘されているのは、一八四八年の都市と地方の双方の運動に広くみられた反ユダヤ主義である。借金取り立て人、地方商人、卸業者として多くの地域でもっとも人目を引いたユダヤ人たちは、都市や地方にしのびよっていた吝嗇な資本経済のスケープゴートになることが多かった。彼らは、一八五七年のインドのバニアー〔ヒンドゥー教徒の金貸し〕や、中国太平県の高利貸がそうだったように、暴力を招きがちだった。とはいえ、こうした緊張は、純粋に経済的なものではなかった[57]。都市における新しい代議制議会は、市民の階級間の差異を撤廃しようと取り組み始めていた。ユダヤ人を解放したり、支配的な宗教組織を国教会指定から外したりするところもあった。このような措置は、「他者」を陰謀にかけるのではないかという、過去三〇年間の道徳・政治的パニックによって募っていた隠れた恐怖心を広く呼び覚ました[58]。ヨーロッパ南部では、プロテスタントとカトリックの騒ぎが散発的に起こったところもあった。東ヨーロッパでは、外来者社会と地元民とのあらゆる類いの衝突があちこちでみられたが、これは、同時代のアジアで起きた暴動と比べうるもう一つの点であった。しかし、ヨーロッパでの正当性をめぐる危機は、聖俗両面の性格を持っていた。イタリアでは、オーストリアの支配に対する嫌悪は、民衆の暴徒を反聖職者主義に向かわせた。というのは、オーストリアの支配者の最大の支持者は、在地の自由主義者や急進主義者を恐れていた教会だったからである。一八一五年の復権後、抜け目のない教会は、空になっていた正当性の座を短期間ながらも占めていた。だが、教皇グレゴリウス一六世（在位一八三一—四六年）は、強力な反動主義者であり、自身の領地での改革をすべて阻止し、他の地域に保守思想を広めようと躍起になっていた。後任の「自由主義的教皇」ピウス九世は、まずはイタリアの統一を支持し、次いで自由主義からさっさと身を引くことで、二度にわたり教会を動揺させた[59]。

もちろん、一八四八年の諸革命について、民衆、共同体、宗教の側面のみを主張し、政治的、民族主義的な要求を考慮しないのは間違っているだろう。これは、教養ある参加者の最重要課題であったし、三〇年前までは歴史家の主要テーマであった。一八四八年の指導者たちは、選挙権改革や民族自決を要求していた。人権という言い回しや革命の伝統への言及がなされたことは、ほぼ同時期にアジアで起きた諸事件で示されたかなり未熟な愛国意識による暴動とは異なっていた。たしかにベンガルには都市青年の急進派「青年ベンガル《ヤング・ベンガル》」がいた。一八五〇年代には、ペナンや香港のような都市でヨーロッパの言語を話す中国人たちも、西洋の急進主義の言葉を使い、自分たちの近代性について熟慮し始めていた。だが、そうした人々と、同時期にインド北部や太平天国の乱の震源地の広西省で起きた内陸反乱との関係は、ヨーロッパでの都市と地方の反乱どうしの結びつきよりも、かなり距離があった。

これとは対照的に、ヨーロッパでは、都市の不満は、すでに都会的で民族主義的な反乱になっていた。小作農による強制的な土地占拠や織物商人に対する攻撃を別にすれば、イタリアの諸革命は、ナポレオンの敗北後に再び支配したオーストリアに対する愛国的な法律家、商人、自由主義的な地主による革命であった。ピエモンテ王カルロ・アルベルトは、外国人によるイタリアの土地の支配を終わらせることを要求し、これに他のイタリアの都市や諸州が続いた。ドイツでは、ベルリンの自由主義の新内閣が、統一と境界地域でのオランダ支配の終焉を求める運動を支持した。ウィーンでは、穏健自由主義の政権がメッテルニヒ侯爵の長期支配に取って代わり、すべてのドイツ語圏を統一するための汎ドイツ運動へと慎重に重点をおいていった。ともに外国の政権に支配されていたポーランドとハンガリーでは、地方の愛国主義も勢いづいていた。自由主義的民族主義は、小規模だが活気のある政治団体の刺激を受け、成長を遂げる新聞、酒場やコーヒーハウスの仲間、それに「改良」協会や科学組織の結社的文化に引き寄せられながら、一八四八年から五一年にかけて短期間だが全盛期を迎えた。

こうした民族主義の高まりが持っていた特徴として、一七九〇年代と比べても大きかったのは、その国際性であった。ドイツ、イタリア、とくにポーランドの急進主義者たちは、おのおののバリケードに閉じ込められているのに気づき、最終的には南北アメリカに逃れた者もいた。たとえば、ルートヴィヒ・ミエロスラフスキー（一八一四―七八年）は、青年ポーランド運動とカルボナリ党で第一歩を踏み出した。彼は、一八四六年から五〇年にかけて、ベルリン、パリ、ハンガリー、シチリア、ポーゼン、バーデンでの急進主義運動を率い、一八七一年にはパリ・コミューンを支持したが、ほとんど成果をあげなかった[60]。

一八四八年から五一年にかけての急進主義的運動は、完全に敗北した。君主政が、資産家や大商人の結束した利害との妥協によってかなり修正されたものの、復活したのである。そうなった原因が、ロシア皇帝、オーストリア帝国、ルイ・ナポレオン・ボナパルトに忠実な兵士にあったことは間違いない。軍事当局側は、一七八九年や一九一七年とは違う形ですべての政権を抑える立場をとっていた。[61] ラヨシュ・コシュートが率いるハンガリーの革命家たちは、オーストリアの帝国軍を何度も撃破したが、数百万のロシア軍を封じ込めることはできなかった。その理由の一つは、群衆が再び街頭に繰り出したように、人々は一七八九年を記憶し、その結果を恐れていたため、反動が力を持っていたからだった。復古王政への畏怖や宗教的義務感から、急進的思想が依然として抑え込まれていたことも、一つの理由だった。革命家たち自身も、階級、イデオロギー、民族で分かれていた。一八四八年の活動家たちの目的は、イタリアやドイツの統一やフランス第三共和政の樹立の結果、二〇年かそこらで達成された。けれども、その当時は、一八四八年の反乱者たちが主張した民主主義理念や社会的再分配論には、説得力がさほどなかった。

この一八四八年のパターンをとらなかった国は、イギリスであった。もっとも、イギリスでも、アイルランドは一部例外としなければならない。イギリスの農村部は、大陸ヨーロッパよりも早い時期に、小作農と労働者の経済へと変容していた。実際のところ、一八一〇年代に起きた機械化に対する暴動は、危機にさらされた地方の農村による最後の反動の試みであった。アイルランド以外では、流転の時代は、改良の時代へとたちまち転換した。一八二〇年以降の都市部における工業の雇用口の急速な増加や外国への移民によって、ヨーロッパ大陸全域で強まっていた地方での社会不安のいくらかが緩和されていた。一八三二年には、進歩的な地主からなる政府が、選挙権の拡大を認めるようになり、活発な結社・宗教的文化が急進的政治の進展を鈍らせていた。都市の急進主義者や小売商が普通男子選挙権を要求した一八四六年から四七年にかけてのチャーティスト運動は、イギリス初の大衆政治運動であった。だが、それを刺激したイデオロギーは、階級に基盤をおく社会主義の初期形態というよりは、腐敗や課税をやめさせようとする一八世紀の要求に似ていた。急進的チャーティストたちは、敬虔な自由土地保有者からなる有徳の社会をめざしていた。それが攻撃したのは政府であり、適切に使われていた個人の財産や富に対してではなかった。

とはいえ、マイルズ・テイラーが論じたように、一八四〇年代、広大なイギリス帝国では、ある種の社会的動揺が起きていた。これは、イングランドを例外とみる主張を修正し、大陸ヨーロッパの状況との比較へといざなうものである。カリブ海地域での社会・人種的緊張は、一八四〇年代から五〇年代初頭の間じゅう、とくにジャマイカで再び高まった。[62] 解放奴隷たちはプランター階級が容易に従わせられる労働力ではないことは明らかだった。土地や政治参加に対する権利という考えが、彼らの間に急速に広まっていたのである。当時のジャマイカ島の経済状況は、悪化していた。イギリスの自由貿易主義者たちは、帝国全域での砂糖関税の平準化を勝ち取っていた。こうした点や労働コストの上昇によって、キューバやブラジルといった奴隷制が残っている地域と比較して、競争力は低下した。一八四〇年代のヨーロッパの経済危機も、需要を減少させていた。

同じく一八四〇年代には、お粗末な経済状況や旧態依然とした植民地政府への怒りにかられた現地の愛国主義者たちが、カナダ、オーストラリア、南アフリカで活動していた。南アフリカでのイギリス人とオランダ人の入植者どうしや、カナダでのイギリス人とフランス人の入植者どうしの民族的分裂のために、彼らの運動は、当局側からみて危険なほど激化した。そこではどこでも独立心旺盛な人々が奮闘しており、そのため、当時のヨーロッパ人急進主義者たちによる民族自決の要求は注視されていた。イギリス帝国の一部であり、同時にイギリス国内社会の一部でもあったアイルランドでも、ヨーロッパの諸革命の直前に開花していた宗教に基づく民族主義に農村や都市の不穏が結びついた徴候が、いたるところでみられた。一八四八年には、短期的だが、農民暴動が高揚した。同年に起きた広範な政治運動が阻止されたのは、ほかでもない、百万人の命を奪った破滅的な飢饉によるものだった。アイルランドがならったのは、一八三〇年代のインドの悲惨なパターンであって、一八五七年の暴力の方ではなかった。もっとも、後になって、アイルランドの急進主義者たちの多くは、インドの反乱者たちに喝采を送っていた。

ユーラシアや北アフリカにおける一九世紀中葉の諸戦争から話題を移す前に、これらの戦争が、社会的起源の点でわずかに比較が可能であるばかりか、因果関係の連鎖と直接結びついていたことを再度指摘することは価値がある。だからこそ、たとえば、一八五〇年以降、ルイ・ナポレオンは、フランスのローマ・カトリックの信条に訴えることで、革命以後の政権を安定させようとしたのである。彼がそうした理由の一つは、中東や東アジアでより攻撃的な布教活動を進めるためであった。この政策は、一方では、フランスをヴェトナム王国との戦いに巻き込んだ。他方では、パレスティナの聖地をめぐるフランスとロシアの対立は、フランス、イギリス、ロシア帝国の間での一八五三年のクリミア戦争の重要な引き金となった。クリミア戦争の諸事件は、新しい因果関係の連鎖を生み出した。同戦争は、ロシアの近代化を加速させるとともに、衝撃を受けたイギリスに、国内およびインドの軍隊の再編を促した。東インド会社のベンガル軍の改革が失敗したことは、一八五七年から五九年にかけてインドで大反乱を引き起こした。事態は、制御できなくなり、すでにグローバル化していた世界に拡散していった。

因果関係の連鎖は、他の方向にも作用した。アジアの出来事がヨーロッパに影響を及ぼしたのである。もっともそれは、一七五〇年代やそれ以降ほどではなかった。だが、わずかな変化が、イデオロギーや組織に生じていた。たとえば、インド大反乱でイギリスが狼狽したことは、アイルランドや北アメリカでのアイルランド急進主義を多分に刺激した。白人の一部の急進主義者たちが、自分たちの政治的苦境に似たものを、白人ではない「民衆」の反乱の中に見出すようになったのは、おそらく初めてだった。このような類推は、数年前にインドの「民衆」の代表たちがしていたものだった。逆に言えば、インド大反乱は、英語圏での新しい形の急進主義を確かなものとするのにも役立ったのである。さらに、太平天国の乱の時代やその後の英仏の競争は、ヨーロッパや太平洋地域での両国の競合を激化させた。太平洋地域でのフランス勢力の台頭は、ニュージーランドでのイギリス支配の強化を促すとともに、この当時は連邦化を拒否したものの、オーストラリアの諸植民地が何らかの協力を検討せざるをえない状況をもたらした。

グローバルな出来事としてのアメリカ南北戦争

一九世紀を分裂させた地域間の衝撃の三つ目は、アメリカ南北戦争だった。人口四〇〇〇万人のうち死者六〇万という数値は、割合としては、太平天国の乱よりもひどくはなかった。だが、その波及効果は断然大きかった。というのも、南北戦争は、準工業社会で勃発し、もっとも近代的な武器を用いていたからである。[63] この「諸州間の戦争」を、これまで論じてきたヨーロッパやアジアの出来事と同じ解釈の枠組で扱う根拠はどこにあるのだろうか。近年の歴史家は、一八四〇年代から五〇年代の時期の「退嬰的な」アジア社会とヨーロッパの「近代性」というこれまでの区別を弱めがちである一方、ユーラシアでの対立と同時代のアメリカ国内の対立とを本質的に類似したものとみることには、限定を加えてきた。その理由の一つは、アメリカ合衆国の大半が、地主に支配された貧困農民というよりも、富裕農民によって占められていたからである。アメリカ合衆国の政治制度はきわめて最近の発明であり、少なくとも白人住民に関する限り、宗教や民族をめぐる論争は抑えられていた。ヨーロッパの保守陣営はアメリカ南部連合に幅広い共感を寄せていたにもかかわらず、イギリスもフランスも直接的な介入には関心を示さなかったため、世界戦争にはならなかった。[64]

しかし、アメリカ南北戦争は、中南米のみならず、ユーラシア全域にも広範な影響を及ぼした。それは、世界経済や外交秩序における連関が強まったことを間接的に証明しているのである。たとえば、戦争のさなかのアメリカ合衆国が関心を寄せせなかったために、メキシコは、短期間ながら、独自の外交政策を講ずることができた。南北戦争は、フランスがモンロー主義に基づく不可侵領域を急襲することも可能にした——もっとも、一八六二年から六三年にかけて親フランスのメキシコ帝国建設を支援しようとするその試みは失敗したのだが。南北戦争が終結すると、今度は、フランスの侵略者の方が圧迫を受け、メキシコの自由主義共和国は保護された。外国の露骨な干渉によってかきたてられた農民たちの愛国心は新たな高まりをみせ、一九一一年の本格的なメキシコ革命期まで持続した。その一方で、ナポレオンの企ての失敗はまた、ヨーロッパでのフランスのライバルたち、とくにビスマルクに、フランスの力を制限しようとする強固な意識を植えつけた。南北戦争は、太平洋や極東におけるアメリカ合衆国の積極的膨張政策も頓挫させた。極東の日本では、西洋からの圧迫が猶予されたが、それは短いながらも、貴重だった。

さらに、この西洋の混乱の中心から外側へと経済的因果関係の連鎖が広がっていたことから、その連鎖をたどることができる。たとえば、アメリカが原綿やタバコの輸出をひとたび再開すると、南部側の敗北はキューバで商業不況を引き起こした。これは、キューバのクレオールたちによる、憎悪すべきスペイン支配からの独立要求に弾みをつけた。同時に、キューバの反乱は、これまたフランス皇帝ナポレオン三世の保護を受けていたスペインの自由主義政権の転覆の一因となった。その間、キューバの革命家たちは、ドミニカ共和国に戦争と革命の火種を持ちこんでいた。

大西洋海運業におけるイギリスの優位は、一八六一年以前には脅かされていた向きがあったのだが、南北戦争によって活気を取り戻していた[65]。イギリスの綿布工場も活況を呈していた。綿花の供給が突如止まったため一時的に困難な時期があったが、原綿の在庫過剰がなくなるにつれて、織物工業は回復した。アメリカの原綿の大消費者だったイギリスは、戦争によって南部諸州の港が閉鎖されたため、供給先を他所に求めた。繊維の長いエジプト綿は代替品としてもっとも望ましかったが、インドの繊維の短い綿毛も世界じゅうで需要が高かった。インドや中東の綿花輸出業は、大金を稼いだのである。副王《ヘディーヴ》イスマーイールのエジプト政府は、軍隊の近代化や公共事業の野心的な計画を続けるために、依然としてヨーロッパの金融市場に大きく依存していた。イギリスの企業家たちは、オスマン帝国のアナトリアでの綿花栽培事業に着手した。したがって、南北戦争の時期は、ヴィクトリア朝中期イギリスの帝国経済がもっとも急発展した時代となった。こうした綿花やタバコの価格高騰や、同時期のオーストリア南部や北アメリカ西部での金鉱の発見によって、成長は加速した。商人たちは、メルボルン、ボンベイ、アレクサンドリアにネオゴシック様式の大邸宅を建てていた。綿花栽培で儲けたインドの豊かな新興農民たちは、荷車の車輪に銀貨をはめこんでいると噂されるほどだった。

アメリカでの生産が回復したのに続いて物価の暴落が起きたが、それは非常に深刻で、一八七〇年代から八〇年代にかけて世界経済を憂鬱な長期不況に追い込んだ。一八六七年以降の綿花価格の急落は、エジプト財政にとって致命傷となり、一八七〇年代を通して苦しめることになる憲政危機をもたらした。インドの綿花価格も同時に下落し、同じ頃にインド西部で発生した飢饉もあって、都市や地方で新たな政治活動が広がった。綿花地帯での貧困農村の拡大は、直接的な結びつきはないにせよ、インド西部での反英ナショナリズムの伸長を強力に後押しした。遠くはロシアにおいてさえ、アメリカの綿花供給に危険なほど依存していることが南北戦争で明るみに出ると、活動家たちはそれを、穀物栽培に適した中央アジアの豊かな黒土地帯の獲得を正当化する理由としたのだった。

つまり、アメリカ南北戦争は、貿易、政治、イデオロギーにおける直接的な連関が地球全体に影響を及ぼしたという理由で、太平天国の乱や一八四八年の諸革命と同じ意味で、グローバルな出来事だったのである。だが、南北戦争の原因と結果は、同時代のヨーロッパとアジアで起きた出来事と一般的な結びつきを持っていたのだろうか。かすかな類似点があるように思われる。すなわち北部側は、台頭する南部連合を鎮圧する際、大規模な統一国家や、より中央集権的で経済的に洗練された主権国家が、一九世紀初頭のばらばらで雑多な政体に取って代わるような、はるかに広範な再編に向けて力を尽くしていたのである。これまで以上に自信に満ちた経済・政治的国家が、アメリカ北部諸州にまたがって出現しつつあった。北部人たちは、南部や西部の「奴隷国家」との競合を恐れていた。というのは、そうなれば、外国からの影響を受けやすくなってしまいかねなかったからである。台頭するドイツの住民と同様に、北部人たちは、幼稚産業の強化を望む保護主義者であり、南部の自由貿易指向やイギリスとの結びつきをいぶかっていた。

一八六〇年以前のアメリカ連邦政府は、当時のヨーロッパ政治の水準からしても、もろい制度であった。そもそも南部諸州がアメリカ連邦から分離できた理由の一つも、そのもろさにあった。大統領エイブラハム・リンカーンは、戦争を行うため、北部諸州に対して軍事支援を要請した。南北戦争自体がもたらしたのは、一時的とはいえ、明確な介入政策方針と大規模な官僚制を有する武装した強力な中央集権的政府であった。だが、連邦政府の力が再び弱体化してもなお、個々の州は、戦争中に発展させていた新しい統治形態のいくらかを保持していた。連邦よりも広範にわたる、アメリカ・ナショナリズムに近い何か——州や地域に対する忠誠によって依然として分裂してはいたが——が、断続的だが生成され始めていた。この点でもやはり、血まみれの中で強力なアメリカ連邦が誕生したことは、イタリアやドイツの統一運動や日本の近代化とわずかに関連しているのである。英語圏における同じ時期のカナダ連邦結成（一八六七年）やイギリス領ニュージーランドの統合もまた、同様の展開を表していた。今や、経済的変化は、より大規模で統一した国民国家の建設を求めていたと言える。教養や自己意識の高いミドルクラスの人々は、そうした国家がもたらしてくれるはずの心理的保護を求めていた。もちろん、例外はあった。オーストラリアに散らばっていたイギリスの諸植民地が、互いの利用のために資源を蓄えるようになったのは、二〇世紀初頭に入ってからのことだった。同地での国家建設は、この南方の広大な大陸での貿易、立法、信仰を通じて植民地住民が共有物の多さに気づくにつれ、下から上へとゆっくり進んだ。その発展の様子は、もしアメリカ合衆国に奴隷制や西部開拓という不穏な問題がなければ通ったかもしれないパターンに類似していた。

アメリカ南北戦争はまた、古い一八世紀イギリスの世界経済における西側の片腕の中心が最終的に崩壊したことを意味していた。一八世紀のイギリス世界のもう一つの重要な機関である東インド会社が解体してから一〇年以内に、イギリスが主たる支援者だったアメリカ南部諸州の大規模奴隷プランテーションが消滅したのは、象徴的なほど重要である。東インド会社による旧来の腐敗的独占は、残存した軍事・統治機能に照らしても無能だということがようやく明らかになっていた。奴隷制や奴隷所有もまた、アメリカ人の自由主義的改革派の眼には、それと同じくらい非効率で腐敗していると映っていた。共和国が大陸西部で開拓している新しい土地に、奴隷制という、市場外で労働を管理するような「奇妙な制度」を根づかせるわけにはいかなかったのである。州権は憲法に明記されていたものの、北部の共和・民主両党で主流になり始めている考えとは相容れない社会形態を擁護するのに、歴史や文化に訴えることはもはや不可能だった。

大西洋の両側での改革運動は、モラルや経済の議論が絡み合う中で、直接結びつくことが多かった。ヨーロッパでの一八四八年の諸革命、イギリスでのチャーティスト運動、アイルランドでのフェニアンの台頭、アメリカ合衆国での奴隷廃止の風潮は、同じようなイデオロギーを表明していた。その一つとして、いずれもが、市民としての個人の権利に関わっていた。活動家や出版物が大西洋を越えて行き来したことで、禁酒運動、反奴隷制運動、女性運動、教会団体が結ばれた。また救世軍が、イギリス国内と帝国に登場したのと同じ時期にアメリカ合衆国で活発になった。

図 4-5 廉直なテロリスト――『奴隷廃止論者ジョン・ブラウン（1800–59 年）』（オーガスタス・ワシントンの銀板写真，1846–47 年頃）

大衆の解放という考えは、実践面では欠陥があっても、モラル面での効果は過小評価してはならない。イギリスの急進派であるジョン・ブライトは、「民主主義、自由、労働の威厳」をめぐる世界的闘争として、アメリカ南北戦争を例に挙げていた。[66] ブライト、そして彼にならってグラッドストン自身は、アメリカの奴隷解放と、一八六七年と一八八五年に達成されることになるイギリスでの小自作農と労働者への選挙権付与との類似を指摘していた。ヨーロッパのプロテスタント圏の大衆政治にはカリスマ派〔聖霊がもたらす超自然の力を説く一派〕のような新しい風潮が入ってきたが、これは道徳的な立場からの奴隷制廃止論の言説を起源としていた。道徳面での再武装を強化した原因は、深刻な政治的懸念にあった。綿花供給を失ったために引き起こされたイギリス工業の崩壊は、当初、労働急進主義の再来を予兆するものだと見られていた。だが、ランカシャーの労働者階級は暴動も反乱も起こさなかったし、実際、多くの者は、彼らの利益を損なうことは明らかだったとしても、アメリカ北部側の主張を支持していた。織物労働者たちが政治的に成熟していたことは、選挙権のさらなる拡大が適切だと、保守・自由両党の政治家たちを説得するのに大いに役立った。[67] イギリス帝国じゅうの初期の植民地ナショナリストたちもまた、南北戦争の結果に、間接的だが強い影響を受けていた。民主主義、あるいは少なくとも代議制は、一八四八年から五一年に後退した後、再び進展し始めたようだった。

とはいえ、南北戦争によるもっとも幅広く長期に及んだ影響は、当然ながら、戦術面においてだった。それは多くの点で史上初めての重装備の戦争だった。重砲が軍隊の陣形を崩し、砲撃によって都市全域が破壊された。被害を記録し、愛国心をあおるために、カメラが存分に用いられた。ヨーロッパの軍隊の指揮官たちは、ただちに学んだ。戦争物資の生産が大幅に増えたことで、新しい形の武器、とりわけ小火器が世界じゅうに広がった。合法的取引、はたまた密輸によって武器がヨーロッパ、アジア、アフリカに渡り、国王や植民地の軍隊の武力を向上させたが、革命家、無政府主義者、小作農の反乱者たちも熱心にそれらを欲しがった。

収斂か、差異か

本章では、一九世紀を分裂させた大規模な対立を結びつける直接、間接のつながりについて述べてきた。世界史の「均質化」を試みたわけではない。電子コミュニケーションや大陸間の瞬時の資本移動が行われる現代においてすら、アルジュン・アパデュライのような社会学者たちは、依然として地方主義が、より広域の世界を「解体」し融合させる形成力を持っていると主張している。一九世紀中葉にあっては、特殊なものや「断片」は、計り知れないほどはるかに重要であり続けていた。アメリカ南北戦争、太平天国の乱、あるいはインド大反乱に巻き込まれた人々は、自分たちの地域や国が持つ社会・神話的背景に照らして、こうした出来事を理解していたのだろう。彼らの指導者は、地方の郷紳や敬虔な職人だった。本章で論じた運動の多くでは、広域の政治当局が崩壊したことで、貧者たちが自己主張できるようになっていたが、彼らの道徳的主張は、社会の支配層のイデオロギー、あるいは、反対派の郷紳や入植農民のイデオロギーと関係がほとんどないか、まったくなかった。一八五〇年代のインド、中国、東南アジアでは、「部族」たちが、この混乱に乗じて、数十年ものあいだ拒否されてきた土地や生産物に対する権利を主張した。一八四〇年代のヨーロッパの運動では、われわれが垣間見たように、周辺におかれた多くの集団——非熟練労働者、初期の女権主張者、宗教分派、社会主義無政府主義者——が権利を主張していた。「諸州間の戦争」〔アメリカ南北戦争〕では、短期間ではあったが、奴隷プランテーションからの逃亡者や北部軍兵士としてアフリカ系アフリカ人が活動する門戸が開かれていた。

一九世紀中葉の諸戦争を主唱した人々の間ですら、彼らのイデオロギー的立場は、五〇年後の一九一七年と比べても、はるかにばらつきがあった。一九一七年の時点では、戦争の前線から遠く離れた小作農や都市住民でも、ボルシェヴィキ革命やオスマン朝カリフの屈辱についていち早く知っていた。一八五〇年代と六〇年代には、千年王国的宗教の声高な主張が、依然として広がりをみせていた。中国では、男も女も、弥勒菩薩《マイトレーヤ》やキリストの弟の再来について語っていた。インドでは末世《カリユガ》が訪れることを、アメリカ合衆国では、罪人たる奴隷主に対して神による復讐がもたらされることを予言していた。流転の時代を終わらせた激しい動乱の波は、非連続な時間を寄せ集めた経験の歴史であって、あまりにも不用意に共通のパターンにねじ込むべきではない特殊な歴史なのである。したがって、「断片」を扱う歴史家は間違っていないのだ。

これに対して、本章で論じてきたのは、歴史家は、これらの特殊な歴史どうしのモラルや物質面での連関も検証しなければならないし、グローバルな見方をすれば、そうした連関が鮮明に浮かび上がってくるということだった。一八五〇年代の反乱の指導者の誰かを考えてみればよい。太平天国の乱の主唱者は、キリスト教のミッションスクールで教育を受けた人物だった。インドのカーンプルでのインド人反乱者ナーナー・サーヒブは、イギリス人教師から英語やフランス語の小説を読むことを学んでいた。両人とも、自分たちの反乱にフランスあるいはアメリカ合衆国が介入することを期待していた。一八四八年のヨーロッパの民衆運動の中心的指導者や、同じ頃、入植植民地で自治を唱えていた者たちが受け継いでいたのは、フランス革命や人権宣言を重要な出来事だと見る世界像だった。アメリカ南北戦争の両軍とも、普遍的な人権憲章として独立宣言を利用していた。これを、それ以前と比べてみてほしい。グローバル帝国主義の最初の時代が始まった六〇年前は、事情は異なっていた。その頃、つまり、一七八〇年代には、ムガル皇帝シャー・アーラムや将軍ジョージ・ワシントンは、それぞれ違う形だが、イギリスの力が地球規模に拡大するのに直面し、フランスとスペインが均衡勢力となるのを求めていた。だが、彼らの世界認識は大きく異なっていた。当時は、中華帝国という中国の思想、ティムール朝のカリスマ性というムガル帝国の認識、北アメリカで盛んだった旧ウィッグ的共和主義の理念をつなげるものはほとんどなかったのだ。一八四〇年代から五〇年代になると、世界を動揺させた大規模な反体制の指導者や、もっと有力なその支持者でさえも、自分たちが直面しているグローバルな覇権についてかなりはっきりと理解していた。

台頭しつつあった左翼は、奴隷解放や同時期にアジアで起きた反乱にとくに注目していた。カール・マルクス自身、同時代人の中でおそらく最初にヨーロッパとアジアの反乱を同じ概念枠を使って検討した——結局、「東洋」を別の概念枠に分類したとはいえ——人物だった。本章および前の数章では、民衆や「サバルタン」の暴動がグローバル・ヒストリーにとって持つ意味について、やや複合的な像を提示してきた。もちろん、暴動の持つ直接的な重要性を消し去ることはできない。反乱は、世界じゅうの権力や経済的搾取の構造に甚大な影響を与えたのである。一七八九年から九三年の、そして一八四八年のパリの群衆は、古い貴族政を廃止するのに一役買った。一八一五年から三一年にかけてカリブ海地域で起きた奴隷反乱は、最終的にプランテーション制度を弱体化させた。一七〇年代のロシアや一八五〇年代のインドでの農民反乱者たちは、当時の搾取制度に壊滅的なダメージを与えた。だが、一般的に言って、効果があったのは、エリート層の活動家や「中流層」の人々が執拗に批判し転覆させようとしたために、すでに制度が著しく弱まっていた場合に限られるのである。エリートによる攻撃を受けても統治制度がぐらつかなかったところでは、何ら影響を与えなかったり現状を強めさえしたような都市暴動、小作農や奴隷による蜂起も多かったのだ。

したがって、一九世紀を通して、民衆やサバルタンの反乱自体が抗しがたい変化の力になったというのは神話なのである。だが、まさにこのように神話であることが、民衆反乱という概念を、グローバルな次元でのかくも強力な政治的産物に変えたのである。すでに一八五〇年代と六〇年代の急進主義者や初期の社会主義者は、鎮圧されたアイルランド人とインドの「大反乱者」の反乱どうしを、あるいは、アメリカ黒人と一八四八年のヨーロッパの労働者階級の闘争どうしを結びつけていた。あらゆる人種の「人民」によるグローバルな闘争という見方は、すでに定着していたのだ。長期的には、この神話が歴史をつくりだす力は、世界経済を一時的に支配していた中核を離れ、多くの中心部で見られるようになっていった。革命が中国や遠隔のロシアの炭田で起こり、大衆運動がインドの諸都市やアフリカのプランテーションで勃発するようになるのである。こうした急激な変化がグローバルな動きとして捉えられることは、たとえ、それぞれの間の連関が希薄だったとしても、きわめて重要だった。最後に、こうした出来事と後に勃発する対立との間には、どのようなつながりがあるのだろうか。一八六〇年代と七〇年代にドイツ、イタリア、日本、メキシコでさまざまな形で起きた国家建設の諸戦争は、流転の時代を終結させた混乱が残した課題の後片づけだった。その間、急速な経済成長によって力をつけてきた国家は、大きな方針と目的を達成していた。ビスマルクやカヴール、それに明治日本の改革者たちは、自分たちがどこに向かい、何を実現しようとしているのかを、数年前の小作農の反乱者、知識人、詩人たちよりもはっきりと理解していた。国民の意味するところは、さらに限定されたり、包括的ではなくなったりしたが、それと同様に、国家はますます侵略的になっていた。

最後の問題群は、特定の文脈におく必要がある。世界のいたるところで、土地をめぐる戦争が、遊牧民、森林居住者、半入植者の側と、ヨーロッパ人入植者との間で勃発したが、一八六〇年以降は激しさを増した。この点については、第12章で詳述しよう。戦争の目的物は土地だったが、国家、主権、土地利用に対するヨーロッパ人と現地民の認識の対立が戦争原因となることが非常に多かった。一八四六年以降、アフリカ南部でのコーサ人とズールー人の戦争やニュージーランドでのイギリス人とマオリ人の衝突は、アメリカの大平原やブラジルの森林への新たな侵略と類似していた。ハワイや他の太平洋諸島の人々が共有していた権利に向けられた攻撃は、土地の独占権を求める破壊的な運動になった。アジア諸国では、現地民に対する開拓民の略奪行為が広がる一方で、植民地の企業家たちは、寝台列車用の資材や新しい工業に供する鉱産物を本国に執拗に求めていた。

本章で描いたさまざまな混乱は、植民地でのこうした土地戦争の促進剤のような役割を果たしていた。ヨーロッパでの大規模な「飢餓」と一八四八年以降のヨーロッパ諸革命は、処女地への入植移民を促した。インド大反乱に加わったイギリスの復員軍人たちは、ニュージーランドや南アフリカでの戦争に参加した。フランス領ニューカレドニアで現地のカナク人が暴動を起こしたのは、一八七八年になってのことだったが、その原因となる政治や農業をめぐる緊張は、革命後の移民が増加した一八五〇年代初頭には高まり始めていた。後になると、植民地にいた何千人ものフランス人受刑者たちに、一八七一年のパリ・コミューンの政治囚が加わった[68]。同様に、アメリカ南北戦争は、残っていたインディアン領地への大規模侵略の道を開いた。中国ですら、一九世紀中葉の反乱の時代に政権が崩壊したことで、帝国辺境、とくに雲南や満洲の丘陵地帯や高原地帯への小作農による移住の波が拡大した。以上のすべては、経済上であれ、文化上であれ、グローバル・ヒストリーの時期区分を定めるのが難しいことを気づかせてくれる。当初下した政治・経済的決定がもたらす予期しない影響は、世界の権力の中心部から外側に向かって、手に負えないほど拡散し、権利、名誉、資源をめぐって繰り広げられるローカルな対立に取り込まれるに従って、ますます増幅し、変化していったのである。

議論をふり返って

一九世紀中葉の世界的危機の起源は、多くの点で、一七八〇年から一八二〇年にかけての初期の「国家の破綻」の延長線上にあった。一八四八年から六五年には再び、不均衡な経済成長や、あらゆる形態の権力の正当性をめぐる問題群によって、世界じゅうに対立の坩堝がつくられた。ヨーロッパや北アメリカの人々は、こうした危機を大量殺戮によって解決した。旧制度の多くは倒壊した。だが、西洋では、より強大な国家が出現し、以後、その力をさらに効果的に拡大することができた。アジア、アフリカ、ラテンアメリカの人々や太平洋地域の住民たちは、戦争や対立、またそれらと同じくらい暴力を伴う革命に悩まされた。このような動乱の間には、グローバルな連関がはっきり存在していた。アジアやアフリカでの対立の波紋は、一七八〇年から一八二〇年にかけての時期と同じように、西洋側の危機に「はね返り」、それを悪化させることもあった。とはいえ今や、一般的にみて事件の波は、ヨーロッパや北アメリカで発生して外側に向かっていた。

もちろん、非ヨーロッパの人々は、外側から受けた圧力を利用したり、変容させたり、それに抵抗したりするなど、能動的な主体であり続けた。だが、西洋と他の世界との力や知識の活用の格差は、一七八〇年の時点よりもはるかに大きくなっていた。それは、一八六〇年から一九〇〇年の間に最大となった。ヨーロッパが兵器や国家的地位をさらに向上させたことは、格差拡大の原因の一つとなった。しかし、一八五〇年までには、深刻な経済的変化も明らかになっていた。第2章で論じたように、一八世紀末の時点でのグローバルな社会史の主たる潮流は、早期の工業化というよりも、「勤勉革命」や世界経済の一貫した成長だった。ヨーロッパや北アメリカの人々はとくにうまくこうした発展にあずかり、彼らの市民社会の特徴が、この利点を際立たせていた。けれども、その変容は独自なものではなかった。

一八五一年にロンドン郊外のクリスタル・パレスで万国博覧会が開催される頃には、本格的な工業化が始まっており、やがて、今で言う国際秩序なるものを変容させていった。これは、一部のマルクス主義者がかつて主張したような形では、産業資本家やその代理人が突如政治権力を掌握するようになったことを意味しなかった。工業化は、国王、聖職者、貴族を大いに助けたのだった。西洋でも、一九世紀の末までは、地主、ミドルクラスの官僚、産業資本家、商店主がまとまって支配していたのだ。だが、ヨーロッパ人、ヨーロッパ植民地の人々、アメリカ合衆国の旧植民地人の身の回りには、電信、蒸気機関、新たな計画都市が、それに、大学、政府省庁、博物館、美術館に集積されたおびただしい知識があった。彼らは、序章で述べたような近代への決定的な一歩を進んだと熱烈に信じ始めていた。その背景を理解するために、次章では、グローバルな政治過程の歴史から視点を戻し、生産体制や都市生活の根底にある変化を見ることにしよう。

第5章　工業化と新都市

工業化は世界各地で不均等な作用を及ぼし、新しい強国、新しい属領、新しい生活様式を生み出した。一九世紀半ばまでに工業化にはものごとを大きく変容させる効果があることがはっきりと観察された。本章では、なぜ近代工業の拡大には一貫性がなかったのか、またなぜ近代工業がとくに西洋世界の一部にのみ利益をもたらすようになったのかを考察する。またこの章では、これらの新しい生産様式や政治権力の新しい表現が生み出した、都市生活の変化について考える。続く第6章では、工業社会が完全に出現した二世代間と同じ時期に起こった、ナショナリズムの最盛期を考察しよう。

歴史家、工業化、都市

一九世紀後半の人々が同時代と結びつけて考えるあらゆるダイナミックな変化の中でも、工業化と巨大かつ没個性的な大都市《メトロポリス》の成立とが、彼らにとってもっとも印象的なものであった。非常に多くの場合、彼らはこれら二つの展開の間に密接な関連性を認めたのだが、実際には、工業化はずっと以前に田園地方で起こっており、大規模な

「工業都市」はその後になって初めて出現したのである。しかしながら、これら二つの現象は、それより一五〇年前に一般的だったものとは根本的に異なる生産、消費、生活の仕方を表していたという点で、広い意味では結びついていた。それゆえ、一九世紀の非常に多くの知的エネルギーが、この二つの現象を理解するために注がれたのである。その時期の初めに、経済的専門化と規模の経済に関するアダム・スミスの理念は、経済成長の加速という現象を分析する知的手段を提供した。ただし、製造業の重要な発展は、アダム・スミスの死後かなり後になってから生じた。また、一九世紀末までに、アルフレッド・マーシャルのような経済学者が、工業社会の周期変動を研究するための科学を発展させていた。

工業主義と都市に関する考察は、社会・文化的生活のあらゆる面に及んだ。マルクスとエンゲルスは、工業化は新しい型の人間、すなわち自己の労働力以外に所有物を持たないプロレタリアをも生み出したと論じた。北ヨーロッパと北アメリカの警世家や詩人は、飲酒、病気、売春、無宗教、貧困といった工業都市の悪徳を非難した。第一世代の社会学者たち、とくにエミール・デュルケームは、疎外化する都市生活が社会的連帯に与える影響について熟慮した。フランス、イギリス、ドイツにおいて、急増する都市住民の数と健康状態を監視する目的で、統計学という新しい科学が発展した。トゥールーズ＝ロートレックのような芸術家は、都市の異国風でエロティックな外国人居留者を描いた。リヒャルト・ヴァーグナーは、一八四〇年代に彼が見たロンドンの荒涼たる工場のシルエットの記憶に基づいて、楽劇「指輪」の連作の中で神話的なニーベルンゲン族の陰鬱な世界を制作したとされている。他の人々は新世界に熱狂的に反応した。一九世紀が終わる前に、アメリカの建築家は摩天楼を建てて、近代工業都市で生活するための新しい装置とした。

二〇世紀最後のおよそ三〇年間の歴史家たちは、一九世紀についての考察において、工業化の重要性を軽視する傾向があった。多くの経済史家は、イギリスとベルギーを除けば、一八五〇年代半ばまでは工業化は何ら成果を達成せず、農業生産のリズムが経済・社会的生活の重要な規定要因であり続けたと主張した。一九七〇年代にフランクリン・メンデルスが提唱した中世末以降の長期的なプロト工業化という考え方もまた、工業化の諸条件の緩やかな蓄積の方が、工業化のいかなる急激な加速よりも重要であると示唆していた。第2章で述べたように、ヤン・ド・フリースは、効率的な貯蓄と消費パターンの方向転換とを強調するために、産業革命そのものから独立した「勤勉革命」の概念を提唱した。合衆国以外のほとんどの著述家たちは、工業の富は既存の社会的ヒエラルキーを革命的に変えたのではなく、固定化しただけだということに同意するように思われる。かつて「最初の工業国家」と見なされたイギリスについて、ピーター・ケインとアンソニー・ホプキンズは、イギリスの国内経済と帝国経済の主要な特徴は工業生産よりも金融サービス、銀行業務、株式取引にあると主張するために、「ジェントルマン資本主義」という用語を使っている。[1] マーティン・ウィーナー[2]は、反工業的な価値観によって、イギリスの産業企業家精神は順調にスタートもしないうちに息の根が止められたことを証明しようとした。さらにパトリック・オブライエンは、イギリス経済の複雑な統計分析を行い、国内総生産の成長率は一七八〇―一八六一年のほとんどの期間、年率一・五%あたりで落ち着いて推移していたことを示した。[3] 経済史家はかつて、困惑しながらも、大文字の産業革命《インダストリアル・レヴォリューション》について語ったが、今や、趨勢が緩やかに上昇していたということで合意していると言えよう。彼らは、せいぜい小文字の「産業進化《インダストリアル・エヴォリューション》」なるものを提示している。

近年、研究者は、工業化や都市化の政治的影響力についても以前よりも懐疑的になっている。これまでの各章で論じたように、かつて社会主義の歴史家は――また保守的な歴史家も――、工業労働者が政治変化の先頭に立っていたと理解していたが、現代の歴史家たちは、一八四八年の諸反乱やパリ・コミューンは実際には希望を失った旧式の職人たちによって引き起こされたと論じている。一九〇五年のロシア革命の考察においては、今や工業労働者よりもむしろ、農民と兵士が中心的役割を担っていたとされる。一九七〇年代以後の歴史家の多くは、ロシア、中国、インドでは、一九世紀にわずかに見られた工業労働者階級は、正真正銘の都市プロレタリアートではなく、実際には「変装した農民」から構成されていたと主張している。彼らの心性は明らかに前工業的・農業的であった。

本書の各章で示すように、旧来の農業・政治的秩序の特徴の多くが、二〇世紀初めまで存続した。しかしながら、生産手段と生活様式の革命が緩慢にしか広まらず、また徐々にしかその真の潜在能力を示さなかったと主張することと、革命がまったく起きなかったと言うこととは同じではない。本章では、一九世紀後半までに、主要な列強の国内では、国内総生産のうち工業生産が生み出す割合は相当なものになったと主張する。政治家や都市指導層は、このように成長する工業を育成し、統制し、扶養するという課題と折り合いをつけざるをえなくなった。彼らは、戦争遂行のために科学的な工業部門の製品に、そして戦争の資金調達のために工業から徴収する税に依存するようになった。工業化の影響力は、世界の人口のうち実際に工業に雇用されたわずかな部分をはるかに超えて広まった。工業諸国における農業は、新たな大規模都市市場の出現と農具の機械化によって、その形を変えた。農業経済の中でもっともダイナミックな部門は、工業化世界への輸出農産物の生産部門であった。その中には、西アフリカのカカオ、エジプトとインドの綿花、オーストラリア、ニュージーランド、アルゼンチン、北米中西部の「タンパク質結合体《プロテイン・チェーンズ》」――ヨーロッパやアメリカ合衆国東部沿岸地域へ食肉を供給して、増大する工業労働者階級を養う――が含まれていた。

一八八〇年の時点で、アメリカと北西ヨーロッパ以外の世界の都市で、真に工業化していた都市はほんのわずかであった。しかし、ナポリ、アレクサンドリア、カルカッタ、上海、ラゴス、ブエノスアイレスのような多くの中心都市は、すでに、この種の外国向け食料と第一次産品の集散地となり、工業製品を受け取る流通地点となっていた。これらの都市のエリートは、西洋のエリートと同じくらい、工業の世界システムに組み込まれていた。とくにこの時期に、工業発展の長期にわたる深刻な差異によって、世界の富裕地域と貧困地域の間で生活水準の格差が拡大した。とはいえ、工業化が本格的に始まる以前の一七八〇―一八二〇年に、国家間の権力と富の格差はすでに拡大していた。一八八〇年までにその差異は相当なものとなるが、その差異を拡大させ続けた主な原因は工業化だったのである。また、本章では、工業化と結びついた近代都市の生活様式が、世界じゅうの知識人や政治指導者にほんのわずかな影響しか及ぼさなかった場合でも、彼らにとって基準点となったことを明らかにする。

工業化の前進

イギリスの歴史家がイギリス史とグローバル・ヒストリーの転換点として工業化を重視しない点にこだわっているとしても、イギリスの工業化は、依然として工業化についての包括的研究の出発点である。やはり、工業への転換は顕著なものであった。一八八一年までに、イギリスの労働力の四四%が工業ないし工業関連職に雇用されていた一方、合衆国では二六%、ドイツでは三六%であった。(4) それよりもっと著しい違いは、その年に農業に雇用されていたイギリスの労働者はわずか一三%にすぎなかったのに対して、合衆国が五二%、ドイツが四三%であったという事実である。(5) イギリスでは早くから農業が商業化されていたと主張されているが、たとえそうであっても、一七八〇年代以来の変化は非常に大きかった。一八八一年までに、イギリスの非工業的労働人口の多くは、鉄道を含めた運輸業に、あるいは工業的に生産された食料や衣服の販売を含む商業に、雇用された。さらに、イギリスは、一八四〇年までに世界の工業生産の四五%を占めており、一八八〇年でもなお三〇%近くを計上した。近年の計算では、イギリスの工業生産は一八一五年から一八六一年までの間に年率約三・五%で成長していたことが示されている。(6) この数値は、今日のタイガー・エコノミー〔急速な経済成長を遂げたアジア諸国〕の基準ではそれほど高いようには見えないが、当時は並外れたものであった。

一部の歴史家は、イギリスが早くから工業化した原因を、溶鉱炉、蒸気機関、ジェニー紡績機などの技術の進歩に求めた。別の歴史家は、とくにナポレオン戦争期のイギリスにおける熟練労働者の相対的な不足に求め、そのことが機械化を促進したと考えた。(7) 例によって、フランスの大歴史家フェルナン・ブローデルは一九七〇年代に、イ

図 5-1　工業の時代——ランカシャー綿織物工場で働く女性（1897 年）

ギリスの企業家たちが外部世界に目を向けたのは、イギリスがヨーロッパの辺境に位置したからだと主張した。さらにプラサナン・パルタサラティは、イギリスの工業化は世界のほかの地域、とくにフランスとインドの職人による効率的な繊維生産に対する一つの反応であるという議論を展開した。[8] インド人織布工は、非常に低コストで高品質の商品を生産し、イギリスの繊維工業にとって脅威となっていた。一八世紀半ばにイギリスの製造業者は、それに対応してインド製品を排除しようとした。一八〇〇年までに、彼らは、布をもっと安く生産する機械を導入することによって、対外競争に対応しつつあった。これは興味深い考え方である。というのも、「産業によるもの」であれ「勤勉によるもの」であれ、技術の変化は始めから多中心的でグローバルな権利だったことを明らかにするからである。技術の変化は社会関係に完全に組み込まれていたのであり、必然的に社会の変化でもあった。この考えは、工業投資のための資本形成の問題とも関係する。奴隷・砂糖貿易もしくは東インド会社の商業・財政活動を通じて外部世界で生み出された富は、イギリスの増大していた投資向け資本ストックを確実に積み増した。それが全体のうちの五%、一〇%、一五%のいずれに達していたのかは、まったく不明である。[9] とはいえ、世界貿易におけるこの急上昇は工業化が始まる前に起きており、勤勉革命の文化・経済的再編成を映し出していたことは想起されてしかるべきである。もっと重要なことには、こういった国際的な企業の活動が単一のグローバル市場という概念を創ったのであり、その市場において、新興の工業家たちが今や販路を求めていた。

イギリスの工業化の起源に関するこれらの異なる立場を理解するには、一七九三年から一八一五年までの戦時期に労働と生産へのさまざまな圧力が積み重なった結果、多様な技術の飛躍的進歩が、緩やかだがはるかに広い範囲の経済構造の変化へと転換できたという仮説を立てる必要がある。一七五〇年までにイギリスの農業と鉱業はすでに高度に商業化され、国民市場に統合されていた。スコットランド北部、ウェールズ北部、アイルランド以外では、小作農は姿を消し、土地は自由に売買できた。資産と資本は、長期の国内平和とコモン・ローによる寛大な懲罰によって保護されてきた。なによりも、一六八〇年代以降イギリスは、投資に巨額の資金を提供できる豊かな資本市場を有していた。家計消費における勤勉革命が促進した労働不足と需要増加によって、製造業が有利で魅力的なものになったとき、企業家、金融業者、発明家は利益を得ようとして工業投資に殺到した。例によって、陸軍と海軍の技術は巨額の資本投入を受け入れた。その結果、新型軍艦、野砲、武装汽船が、オスマン帝国、中国、南アメリカを保護市場にしようとする動きを壊滅させたのである。

アメリカの工業化は、後の時期に、また結局はより大規模に同じ道をたどった。一八八五年までに、合衆国は世界の工業生産の三〇%を占め、イギリスのシェアとまったく同じになった[10]。アメリカの工業化は、イギリスの事例と同じく、成功した大西洋貿易商人や土地所有者が、弾力的な資本市場を通じて、機械化された生産部門へ投資したことを示している。アメリカの工業製品は、急速に拡大するたいへん豊かな消費市場向けにつくられた。鉄道によって西部や南部の巨大な国内経済が、北東部諸州や後に中西部の企業家たちに開放されると、非常に速やかに輸入代替——以前はイギリスが主要な供給者であった——が起こった[11]。しかしながら、一八九〇年代以前にはアメリカの工業生産は、イギリス、ベルギー、フランスの工業生産とはかなり異なった様相を呈していた。早くから工業化した諸国の、とくに織物や工作機械のような主導産業においては、所有と経営がしばしば同一人物の手中にあった。合衆国では会社の経営が所有から分離し始め、所有は多数の株主の手に渡った。合衆国の経営者は、所有から距離を置いていたため、同族関係者や職員層の妨害を受けずに、技術革新に基づく生産と販売を行うことが可能となった。大規模工業化の初期段階は、労働組織の革新の段階へと急速に移行した。この分野での決定的な進展は、一八九六年におけるヘンリー・フォードによる自動車生産ラインの発明であった。それによって経営陣と労働者のより弾力的な配置が可能となったのである。[12]

ドイツ、オーストリア、イタリア、ロシアの工業化の場合、歴史家たちは、とくに重工業や防衛産業において、製造業の投資家兼創業者としての国家の役割を常に強調している。しかし、これは誇張である可能性が高い。ザール・ルールおよびケルンテンでは、商人や土地所有者による民間投資が、おそらくイギリスや合衆国と同じくらいに重要であった。確かにドイツの諸国家は、最初は一八三四年に始まった関税同盟を通じて、後にドイツ帝国内の特恵制度を通じて、保護された大規模国内市場に向けた条件の整備を支援した。[13] しかし、近年の研究では、これらのさまざまな分野における国家の役割を明確に特徴づけることはできなくなっている。やはり、イギリスにおいても、帝国国家による海外への干渉は、製造企業のための有利な諸条件を創出することになった。巨大な大西洋奴隷経済は、一八世紀後半を通じて、経済成長と市場形成の原動力の一つであった。国家は、イギリス海軍を隠れみのにして、かなりの費用をかけてこのシステムのために必要不可欠な保護を提供したのである。一九世紀には、北アメリカとヨーロッパが工業製品の主要な輸出先であったとはいえ、帝国の拡大は、イギリスの繊維工業と武器製造業に有利な副次的市場を創出した。スコットランドでは工業化は帝国と密接に関連し、イギリス国家の活動とも関係していた。

ベルギーは、大陸ヨーロッパで最初に工業化した国であったが、国家が弱体でその正当性が不十分だったため、差し迫った必要性から投資に拍車がかかった。その位置と資源もまた有利なことが判明した。ベルギーは英仏海峡のイギリス側の港に近く、イギリスの鉄道技術を初期に受容しており、大量の石炭・鉄資源も所有していた。現在ほとんどの専門家は、それらの資源が、ヨーロッパ全体において初期の工業化を促進する主要な要因の一つであったと考えている。ベルギーがフランス、ドイツ、オランダなどの北西ヨーロッパの巨大国内市場に参入したことも同じく重要であった。これらの諸国は、農業と職人的工業によってある程度繁栄していたが、まだそれほど急速に工業化してはいなかったからである。

大陸ヨーロッパの工業化の中心は、ルール地方からオーストリア帝国西部諸州を通って伸びる弧状地帯にあった。一九世紀初頭のドイツ人、オーストリア人、ハンガリー人、チェコ人は世界標準では比較的豊かであったが、革命の心的外傷が消え去ったあと、一八五〇年代に生じた一連の変化が重なったことで、彼らの潜在的な生産能力が十分に発揮されることになった。一八四〇年代の不作の時期に比べると、一八五〇年代に穀物の収穫は著しく改善した。ドイツ政府、さらにオーストリア政府も、政治的統一への動きの一環として、国内の自由市場化を目指して国内障壁を除去し続け、イギリスとの競争の懸念も消え始めた。世界的規模の諸変化も重要だった。カリフォルニアとオーストラリアからの金の流入が、世界貿易を拡大させた。東方問題とアメリカ南北戦争は、イギリスの貿易と同様に、実際にドイツの貿易を増大させた。繊維工業、鉱業、金属工業はすべて、一八五〇年以後の三〇年間にひときわ急速に成長した。かくして、たとえばルール炭鉱の雇用は一八五〇年から一八七〇年までに一万三〇〇〇人から五万一〇〇〇人に増加した。[14] 一八八〇年代、九〇年代に、化学、電気、光学、精密機器の各工業が急速に発展し、ドイツの経済力はその後長くこれらの工業と結びつくようになった。カリ（ポタシュ）のような鉱床の利用可能性は貴重な資産ではあったが、熟練と教養を身につけた労働力のほうが重要であり、統一ドイツはそれを支援したのである。理工系大学の卒業生の安定的な供給は、ドイツの大学の近代化を立証するものだったが、戦争の要請や理論・応用諸科学の急速な発展によって大学の近代化がもたらされたのである。

フランスでも一八五〇年代の一〇年間は工業化にとって非常に重要だったと思われる。もう一度、国家は工業化に決定的な促進効果を与えた。ルイ・ナポレオンは、偽善的にボナパルトの剣を鍛えてすきを作りながら、次のように宣言した。「帝国とは平和である……われわれには、耕すべき未耕作の土地、開通すべき道路、開くべき港、改修すべき河川、仕上げるべき運河、完成すべき鉄道網などの広大な領域が待っている。これらは、私が思いを巡らせている征服である。あなた方すべては……私の兵士なのだ(15)」。

フランスでは、リール地方がイギリスとベルギーの特徴を部分的に備えていた。他方、リヨンは職人的な絹織物業の伝統を利用して、一九世紀後半に地元の繊維工業を近代化した。絹織物生産は、比較的安価で低水準の機械化投資によって旧式産業を転換させることができる工業部門であった。極東と中東から生糸の大量供給を確保できたことも、フランスの国際的・植民地的貿易関係が重要だったことを証明した。

工業活動の中核は、一八五〇年代以降、ヨーロッパのその他地域においても定着するようになった。北イタリア、とくにピエモンテ地方は、独自の繊維工業や金属工業を発展させ、イタリアの新しい工業中心地となった。ここでは、職人的熟練労働者や優れた運輸システムという既存の遺産と同じく、長期に及ぶイタリア統一戦争期の国家投資が重要だった。

これに対して、ロシアの工業化は非常に緩慢であったが、一八九〇年以後急速に進展した。一八九〇年から一九〇〇年までの間に、ロシアの銑鉄生産は二〇〇%以上増加し、鉄道の総距離は七〇%増加した。多くの点でロシアは、西ヨーロッパとではなく、中国やヨーロッパの植民地帝国の領域と対比されるべきである。実際、一九〇〇年にはロシアよりもインドに、より多くの力織機が存在した。ロシアが直面した問題とは、厳しい気候、貧弱な交通手段、投資不足、無教養な労働力であった。一九〇〇年においても、工業労働者の多数は依然として田舎に居住していた。たとえば、ドン地方における石炭鉱業あるいはスモレンスク周辺の鉄生産のように、工業が発展した場合、操業を始めるには外国の専門技術や経営管理者が必要であった。工業力のこのような脆弱性が、大量の人的・物的資源を持ちながら、ロシア帝国が一九世紀の国際競争において不十分な記録しか残さなかった理由だった。ロシアは、イギリスやフランスとのクリミア戦争に敗北し、さらに一九〇五年にはロシア艦隊が日本艦隊によって撃沈されたのである。

工業の不在と貧困

工業化を促進したり遅らせたりする要因は何だったのだろうか。工業化とは、工場を建設するだけではないと理解しなくてはならない。工業化は、熟練労働の管理と監督のシステムを確立し、原料を調達し、輸送と販路を確立することを意味した。工業化に有利な政府と関税の体制が決定的に重要だった。しかしながら、どのタイプの政府介入が工業化を促進したのか、それとも妨害したのかについて、歴史家や経済学者の間でイデオロギー論争が存在する。ヨーロッパと北アメリカから離れて、世界の工業生産額の約一五%を占めた地域――この数値は現在ならば「発展途上国」と呼ばれる諸国によって一八九五年に計上された――に視点を移すと[16]、これらの対外的・政治的諸要因はもっと重要になる。この一五%のうちかなりの部分は、換金作物の第一次産品加工と鉱業の生産体制によってもたらされた。ここでの典型的な事例としては、オーストラレーシア、ラテンアメリカの食肉輸出地域の缶詰工場と、亜熱帯地方における綿繰りが挙げられる。一次生産者は、低水準の生産加工から、より大型の工業製品の生産へと移ることが理想であり、食肉や果物の缶詰工場が農産物そのものの輸出貿易を補完していたイギリス自治領や南アメリカにおいて、ある程度それが実現していた。もっとも、一九世紀後半に一次生産者であることは、低い生活水準を意味するものでは決してなかった。実際、いくつかの推計によれば、食肉と穀物の生産国アルゼンチンは、相対的に見ればほとんど工業化されていなかったが、一九〇〇年前後の世界で、一人当たり所得がもっとも高い国の一つだった。コーヒーの国際的な消費拡大やイギリスからの鉄道・港湾向け投資の流入によって、ブラジルの一部の地方は豊かになったが、その一方で、人口増加の圧迫によってその他の地方は停滞した。それとは対照的に、イギリスを訪問したイギリス自治領の政治家たちは、全体的になお農業国だった自治領で得られる恩恵と比べて、イギリスの労働者階級の健康状態、栄養水準、受けられるサービスなどが劣悪だと論評した。

開発途上世界の多くが相対的な貧困状態のまま放置されたのは、さまざまな状況の組み合わせの結果であった。地元工業の保護を妨害するような対外的貿易体制と結合した場合に限って、農業生産国であることがその地域を貧しくすることを意味した。逆に、南アジアや東アジアの大半の地域のように、国家が工業への転換過程を援助することが可能で、その意思を持つ場合に限り、熟練職人による大規模な工業が有利な立場をもたらした。さらに、その新しい企業や銀行をまさに誰が所有したかが、重要であった。地元の海運業、銀行業、金融サービスが外国人居住者によって支配されてしまうと、国際貿易への参入によって増加した富は、結局は外国人の手に渡ることが多かった。公式帝国か非公式帝国かという対外的な体制がどうであれ、結局は、急速な人口増加、労働力の相対的な非移動性、貧弱な教育の機会といった国内の諸要因も重要であった。

メキシコは、スペインから独立後一〇年間、すなわち一八二〇年代に工業化を試みた、おそらく唯一のラテンアメリカの国であった。最初は政府金融にかなり依存していたが、一八五〇年までに健全な繊維工業が発展した。しかしながら、対外関税制度が有利には働かず、また経済首脳部がイギリスの自由市場イデオロギーに大いに影響を受け政府の介入には懐疑的だったため、その試みは他の産業へは広まらなかった。[17] メキシコは、一八八〇年以降の運輸とインフラに対する健全な外国投資によって、一九〇〇年までに食糧と原料の主要輸出国となった。しかし、第二次産業の成長が相対的に未熟だったため、二〇世紀に入ると、メキシコでは比較的高い生活水準を維持することも、農村の貧困を克服することも不可能になってしまった。これらの状況が、宗教・文化的衝突と相まって、一九一一年以後数十年間におよぶメキシコ革命の舞台を準備することになった。

イギリスによって支持された国際自由貿易体制は、すでに急速に工業化を進めていた北西ヨーロッパと北アメリカ諸地域を除けば、広い範囲に抑圧的な効果を及ぼした。たとえば、オスマン帝国、ペルシア、さらに中国においてさえ、現地の企業家による製造工場建設の初期の試みは、一八九〇年代に至るまで自由貿易に固執していたイギリス率いる列強が強いた関税体制に阻まれ、中断を余儀なくされた。一八三八年のオスマン関税協定は、帝国全土で外国産工業製品への輸入関税を引き下げたことで、エジプトに二次的な綿工業プラントや軍事工業生産を発展させようとしていたムハンマド・アリーの試みを混乱に陥れ、オスマン帝国のほかの地域の工業にも損害を与えた。[18]外国からの輸入品が国内産業を圧迫した結果、一八九五年にこの地域にかろうじて存在していたわずかな工業力は、外資系のものだけであった。中東における特殊な問題は、カピチュレーション──都市部のヨーロッパ系住民に特別な法規と課税の恩恵を与えた──の存在であった。地元の企業家は法的にも金融・文化的にも不利な立場に置かれた。エジプトにおける非常に急速な人口増加は、これらの問題をさらに悪化させた。しかしながら、必ずしもオスマン国家が市場におけるその影響力を抜け目なく利用したわけでなかったことも、認めなくてはならない。官僚は、新しい金融手段や経済的主導権の展開を促進するよりも、州の貴族や商人、ギルドに対する支配権を回復することに、はるかに関心があるように見えた。一九世紀半ばにおいても、復活したオスマン国家は、富裕な商人兼企業家には依然として懐疑的であり、しばしば、懲罰的課税によって、あるいはありえないほどの供給契約を要求することによって、彼らを破産に追い込もうとした。それゆえ、もっとも有望な商業的事業の多くは、イスタンブルから離れたバルカン半島において行われ、ユダヤ人もしくは、ますます反抗的になりつつあった帝国のキリスト教臣民の手中にあった。

一九世紀への世紀転換期に中国は非常に強い立場にあったとケネス・ポメランツは主張しているが、非西洋的な政体の中で、中国は多くの点でオスマン帝国にもっとも類似していた。[19]「儒教精神」が近代性に抵抗したという西洋人の主張にもかかわらず、中国人は、アヘン戦争中、西洋の軍隊と海軍の技術に遭遇するやいなや、その技術に順応しようとした。一般的に言えば、郷紳や清の官僚が工業化に反対したのは、彼らが頑迷な保守主義者だったからではなく、ヨーロッパの技術、管理、技能を導入すると、市民に対する彼らの法的・道徳的権威が失われるから

図 5-2　1880 年代オランダ領東インドのスラバヤにおける換金作物の集荷

だった。このような支配が保証されるならば、近代技術は速やかに採用されたのである。一八七〇年代、八〇年代には、〔直隷〕総督李鴻章は中国南部沿岸地方を近代化することによって、中国の力を回復しようとした。彼は兵器工場を設立し、近代的な石炭鉱業を発展させようとした。李鴻章はさらに、国家と民間資本が共同出資する輪船招商局を設立した。[20] 一八九八年と一九一一年の中国の改革者たちは、日本人がうらやましく思い始めていた中国北部の巨大な埋蔵量の鉄と石炭を前提に、中国の工業インフラの発展をなお一層強く望んだ。しかし、中国はその幼稚産業を成長させる上で多くの問題に直面した。海外に展開したヨーロッパ、アメリカ、また後には日本の企業が手強い競争相手となった。中国は外債や、これまた外国人によって徴収される海関収入に依存していたため、中国政府は海外からの輸入品に対する関税を引き上げることが困難であった。沿岸都市に外国の裁判権を許した開港場制度は、外国人にさらなる利益を与えた。日本政府が工業化のための直接投資を計画し始めた時に持っていた財政的自立性を、中国政府は持たなかった。しかしながら、中国の工業発展に対する外的制約条件が、国内の諸変化をすべて頓挫させたわけではなかった。歴史家は、とくに一九世紀末に、絹織物、綿製品、紙などを製作する商人所有の工房が広まったことに注目している。これらの工房は、当初は国内の巨大な運輸部門や追放された農民から調達された、プロレタリア化した民衆の膨大な労働力に支えられていた。[21]

日本は「成功した非ヨーロッパ社会」の事例として常に取り上げられているが、それは、一八九五年までに日本の工業生産が世界の総生産の一%を超え、同時期のロシアの一人当たり工業生産と同等の水準になった、という意味においてである。[22] 日本の相対的な成功は、近代の経済部門の成長にとって、相互に重なり合う一連の有利な条件が重要であることを明らかに示している。つまり、国内の好条件と良好な対外貿易体制が共に作用したのである。前者は一九六〇年代、七〇年代の経済史家によって誇張され、後者は一九八〇年代、九〇年代の「世界システム論者」によって強調された。確かに、日本は古くから金属加工や絹織物、染色の伝統を有していた。[23] 日本には、訓練され、熟練し、教育を受け、移動性のある労働力があった。人口は増加していたが、経済成長の利益をすべて使い果たすほどの速さではなかった。日本の豪商は以前から、地域の消費者の意見を取り入れて販売機構を創出することに長けていた。日本政府は、徳川時代の末期にも、新しい軍事・工業技術を求めてヨーロッパと合衆国に使節団を送っていた。日本の指導者たちはときに「封建的」と言われるが、彼らは国家への強い忠誠心と西洋に対する激しい競争心を持っていた。

一八六八年の「革命」の後、明治新体制[24]は、「開発資金」——政府の公債と引き替えに旧武士身分から得られた金銭——を獲得するという幸運な立場にあった。中国とオスマン帝国の国家財政は、一方は地方の有力者すなわち旧来の満洲八旗と緑営[25]へ、他方はオスマン債務管理局へと流出した。対照的に、日本の地方において政治権力が長期間存続していた

表 5-1　世界人口推計（1800-1900 年）

（百万人）

	1800(a)	1800(b)	1850(a)	1850(b)	1900(a)	1900(b)
アフリカ	90	100	95	100	120	141
北アメリカ	6	6	26	26	81	81
ラテンアメリカ	19	23	33	33	63	63
アジア	597	595	741	656	915	857
ヨーロッパ・ロシア	192	193	274	274	423	423
オセアニア	2	2	2	2	6	6
総　計	906	919	1,171	1,091	1,608	1,571

注）(a) の数値は A. M. Carr-Saunders, *World Population* (London, 1936), pp. 30-45 による。
(b) の数値は W. F. Wilcox, “Population of the world and its modern increase,” in Wilcox (ed.), *Studies in American Demography* (Ithaca, NY, 1940), pp. 122-51, 1511-40 による。
出典）A. J. H. Latham, *The International Economy and the Undeveloped World 1865-1914* (London, 1978), p. 104.

表 5-2　主要国の人口

（百万人）

年	オーストリア[1]	イギリス	フランス	ドイツ	合衆国	オスマン帝国	中国	日本	インド	ラテンアメリカ
1750	—	7.4（スコットランドを含む）	21.0	18.0	1.59		179.5	26	100	
1800	14.0	10.5（アイルランドを除く）	27.4	23.0	5.30		295.3			12
1850	17.82（A） 31.10（A-H）	20.8（アイルランドを除く）	35.8	33.4	23.26	36	429.9		206.2（1872）	
1900	26.15	37.0	38.5	56.4	76.09			44	294.3（1901）	

注 1）（A-H）はオーストリア＝ハンガリー帝国（1760-1860 年），（A）はオーストリア（1830-1910 年）。
出典）オーストリアと合衆国は Mann, *Sources of Social Power*, vol. 2 および Colin McEvedy and Richard Jones, *Atlas of World Population History*（Harmondsworth, 1978）による。イギリス，フランス，ドイツは Cook and Waller, *Longman Handbook* による。中国は Ping-ti Ho, *Ladder of Success* による。日本は J. D. Durand, *Historical Estimates of World Population*（Philadelphia, 1974）による。インドは ibid. および *Census of India*, 1872, 1901 による。オスマン帝国は Davison, *Reform in the Ottoman Empire* による。

結果、新国家は社会に対してより強力な支配権を及ぼすことができたのである。それゆえ、明治期の政治家は、造船所、軍需品、鉄道への投資を誘導することができた。一部の歴史家は、これらの投資を企業家に行わせたならば、もっとうまく使われたはずだと主張するが、この主張はおそらく、一九〇五年以前におけるこれらの潜在的な投資家たちの「動物的本能」の脆弱性を過小評価している。当局の指導、とくに天皇の大臣たちの指導は必須のものであった。

それでも、日本の比較的急速な工業化の一面は偶発的なものであり、管理の及ばない政治・経済的諸要因が有利に作用したことに規定されていた。たとえば、一九世紀後半を通じて世界の生糸需要が増加傾向にあったことは、日本にとって幸運であった。日本は、絹織物と生糸加工にほんのわずかな技術的改良を導入することによって、国際収支を適度に維持することができた。また、幸運な対外状況も有利に作用した。中国と異なり日本は、少なくとも一八五〇年代にペリー提督が開国を強要した後、帝国主義列強による総攻撃を受けなかった。また、一八九五年の帝国主義戦争の後に中国から受け取った巨額の賠償金によって、日本政府は一時的に黒字を維持することができた。日本の新興工業力は、一〇年後に日本がロシアに勝利することを可能にした。これによって今度は、日本の工業への外国からの有利な投資が殺到した。中国とロシアに対する日本の勝利の後にイギリスが日本を防衛のパートナーとしたのは、イギリス企業、とくにスコットランドの企業が技能と工作機械を日本に輸出しようと強く望んだからでもあった。それゆえ、日本の発展は、国家の主導権と現地の技術および経験とが幸運にも結合したことによって、支援されたと考えられるのである。日本の事例が示すところによれば、工業化を世界的規模で考察する際には、広い政治的・思想的変化の場合と同様、変化の伝播モデルと、内発的な資質や発展を強調するモデルとを組み合わせることが、もっとも説得力を持つように思われる。

植民地世界では、植民地権力は、本国の工業生産者を阻害するような競争を引き起こそうとはしなかったため、緩慢な工業発展という状況が続いた。イギリス、オランダ、フランスの植民地政府は、工業製品の輸入にはきわめて低率な関税をかけただけであった。その税率では、初期の工業を保護するにはまったく不十分であったが、それにもかかわらず、ある程度の成長は生じた。植民地軍がカルカッタ周辺で砲架や軍事鋼板の現地生産を発展させようと試みたとき、インドにおける最初の持続的な工業活動が必然的に始まった。現地調達の必要性は常に、軍事技術が反体制インド人あるいは（初期の頃は）反抗的なヨーロッパ人の手に渡るのではないか、との懸念と比較考量された。しかし、インドの巨大な潜在的織物需要を前提とすると、対外関税状況がまったく不利なときでさえも、イギリス人およびインド人企業家が織布工場を開設したのは驚くことではない。一八九五年のインドでは、ボンベイとアフマダーバードの都市に、相当な数の力織機が集中していた。ベンガル州は、主に外国人所有の大規模ジュート加工業を支援した。[26] インド人企業家は早くも一八五〇年代には工業投資をすでに開始していた。彼らは、イギリスとほとんど競合することのない布地の低価格・大量生産によって自国市場の隙間を開拓することができた。この議論には曖昧な部分もあるが、インド西部やインド南部の古い商人階級の間で普及していた商事信託や協業といった特定の文化が、苦闘するインド人企業家にとって明確な強みとなったと思われる。イギリス人実業家も、楽に儲ける手段として、低品質・低賃金の織物生産に投資した。[27] こうした植民地政府による無視にもかかわらず、インドは一定の持続可能な工業とともに二〇世紀を迎えた。問題は、その工業が農村の貧困という巨大な負の遺産にほとんど影響しなかったことにあった。

植民地ナショナリストの重要な主張の一つが、ヨーロッパやアメリカの工業製品の輸入が在来の職人的工業を荒廃させたというものであった。一八〇〇年になっても、これら在来の職人的工業は、世界市場向けに貴重な商品を生産し続け、地元市場を支配していた。ヨーロッパ工業の成長が生産を西洋に集中させ、非ヨーロッパの職人的生産をヨーロッパ市場と世界市場の両者において周縁的地位に貶めたことは間違いない。しかし、在来の職人的織布工業が完全に抹殺されたわけではなかった。ヨーロッパと同様、職人的工業はある程度機械化に順応し、低水準の技術改良を利用した。半近代的な織布その他の職人共同体は、世界のほとんどの地域において、工業化の開始後も長いあいだ社会的に重要であり、その一部は生き残って、家族世帯内部の小規模生産として、ポスト工業化時代に再び繁栄した。今やほとんどの経済史家が一様に、工業社会は巨大工場への集中の時期を必ずしも経過する必要はなかったと主張している。すでにわれわれが見たところであるが、リヨンと日本の絹織物工業のように、分散的な職人的工業が、近代的工場への生産集中を欠いたままで近代化した事例が存在した。これは、生産性そのものよりも、労働を規律化する必要性の認識の問題であった。もしこれが正しいとすれば、ここでもまた、「遅れた」アフリカ、アジア、南ヨーロッパの職人的生産と、「発展した」北ヨーロッパ、アメリカの工場生産との間の区別は、いささか陳腐なものに見え始める。一九世紀末までに明白となった生活水準の著しい世界的格差は、技術進歩の差よりもむしろ、対外的な通貨体制と軍事力の問題であったと言えよう。工業的な生活様式は、経済効率そのものと同じくらい、貧民を管理しようとする富者の欲望の問題であった。

それゆえ歴史家は、工場での大量生産は人間社会の発展において必須の「段階」ではないと主張し始めている。工業化は、西洋の支配と同様に、数世代前に思われていたよりも、今やもっと緩やかで不均等な過程であると見なされるようになっている。都市化や階級政治の発展における工業化の社会的影響力についても、これまでよりも懐疑的に論じられている。こうした議論のバランスを取るのは難しい。過去には明らかに、ナショナリズム、都市的生活様式《アーバニズム》、工業化のような力はあまりに強固で必然的であると見なされていた。小規模地域社会を変容させるその力は誇張され、早くに始まりすぎたとされてきた。その結果、「工業と帝国の時代」の力強さと同様に、旧制度の停滞も過大評価されている。本書では、実際の急激な変化は、とくに一九世紀の最後の一〇年から二〇年間、二〇世紀の最初の一〇年間に生じた、と主張する。旧制度以来、形を変えて存続していたヒエラルキーと地域主義という二つの異なる体系は、この時期に至るまで、これらの変化に適応する際立った力を示していたのである。

生産、消費、政治の中心としての都市

「都市化」という言葉はプロセスを指す。その言葉は、一万人以上の都市に住む人口の比率が増加することを意味するが、しかし同時に、都市の価値観が田舎の価値観よりも優位に立つ文化的変化を指している。前者の意味では、都市化の速度は一九世紀に非常に高まったが、かなりばらつきがあった。白人の定住以前には都市は小規模であったか、あるいは存在しなかった北アメリカ、サハラ砂漠以南のアフリカ、太平洋地域では、都市化は急速に進んだ。一九世紀に総人口が急速に成長した中国、インド、中東の大規模農業社会では、都市域に住む人口の比率はほんのわずかしか増加しなかった。新しい形態の商業・半工業都市は確かに出現したが、しかしその成長は、一部の旧中心地の衰退によって相殺された。しかしながら、後者の意味では、都市化の影響は甚大であり、経済領域をはるかに超えた意味合いを持っていた。大規模都市は新しい社会関係の出現を可能にし、情報の移動速度を速めた。一八世紀後半の都市ミドルクラスの間で未熟な状態で見られた「アソシエーション文化」は、下位社会集団や女性に広まった。本節では、世界的規模の都市の形態変化を考察し、その後、都市化と都市の工業生産がそのあと

図 5–3　シンガポールの新たに建設されたショップ・ハウスの通りに集まる中国人・インド人労働者（1890 年代）

に残した、文化と政治の変化を議論する。

一七八〇年における都市の空間編成、機能、文化の基本パターンは、一六世紀の世界経済の大拡張や、それと同時に起こった尊大な巨大国家の発展の始まりと、驚くほど類似していた。多くの都市は、商業中心地型の港湾都市ないし内陸部の集散地であって、富裕な商人共同体と後背地の地主によって支配されていた。その他の都市は、たいていは古来の創建になる政治権力の中心地であったが、王宮生活の拡大や官僚制の開始によって、今やより大規模なものになった。北西ヨーロッパや東アジアのいくつかの都市、とくにロンドンとアムステルダム、そしておそらくは江戸は、一七・一八世紀に、明らかに新しい型の金融機関——株式取引所、国立銀行、保険ブローカー——を数多く生み出した。しかし、そのパターンはほとんど同じであった。一六〇〇年の時点では、世界の人口の約九%が都市化されていた。一八〇〇年までにその数値は一二%に近づいていたと思われるが、その変化率はなお緩やかであった。イギリスは、早くも一九世紀の最初の三〇年間に総人口よりも都市人口が急速に増加した、数少ない国の一つであった。

一八世紀には、内陸部の権力中心地のほとんどは、城塞、貴族の居住区、王宮、専門化した市場、宗教建築物などで構成される複合的な集合体という形態をとった。その大部分はまた、宗教と王の権力とを対照的に配置する、一つの世界観を表していた。バシリカ式教会を城塞式王宮の対面に配置する古代キリスト教の様式と、その周囲に貴族の館群と行列路を置く配置は、中南米のほか、東洋のゴア、マラッカ、マカオのような場所にも輸出された。モスク、スルタンの宮殿、市街（マディーナ）は、イスラーム社会における同様の三者関係《トライアド》を構成した。インドの都市やその影響を受けた都市では、居住の優先権は司祭であるバラモン家系に与えられ、彼らは寺院領域周辺の「穢れのない」地区に居住した。中国では、「四神相応」としての伝統的な都市概念は、北京の広大な土地においても維持された。貴族のほとんどは生涯のある期間を宮廷で過ごし、また他の期間を地方の先祖伝来の領地で過ごした。この様式は、徳川時代の日本では参勤交代として制度化された。日本の統治者である将軍は、同時代のヨーロッパやオスマン帝国の統治者と同じく、家族の一部や領地が将軍の御殿から非常に遠くにある大名に対して、力づくの支配を及ぼした。御殿の生活や権力の中枢へ近づくことそれ自体が魅力的であった。パリでは、大規模な都市の別邸《タウンハウス》という本来の意味でのホテルが、地方エリートの首都における宮殿を意味した。ロンドンでは、都市の職務や刺激を求める若い貴族たちの社交を提供するため、クラブができ始めていた。中国の都市や中国の影響を受けた都市では、都会的な団体生活は、同郷だと主張する人々から構成される組合や協会を中心に構築された。

南アジア、東南アジア、アフリカの都市人口はなお非常に流動的であった。兵士、奉公人、彼らの家族からなる大集団が、支配者に従って巡察や従軍のためにその領地の周辺に居住したからである。インドでは、ムガル帝国の移動式野営地に首都デリーの人口の半分が集まることもあり、デリーの人口はその分だけ少なくなった。多くの都市はまた、とくにその外辺では明確に農村的な特徴を示し、そこでは農民家系は、彼らに食糧と結婚相手を供給する村落と強い結合関係を持っていた。困窮や戦争の時には、都市住民の大多数は田舎に逃れた。これらの都市では、港の商業中心地や内陸の集散地と同様、職人による小規模生産が依然として重要であった。地元の商人によって資金を供与され、地元農産物を利用した親方職人は地元の名士であった。彼らは組合や職業団体を通じて貧民に慈善を施し、托鉢修道会や女子修道院、スーフィー教団、仏教僧院、グルの宿泊所《ホスピス》など、地元の多くの宗教機関を支援した。

グローバル危機の都市への影響　一七八〇—一八二〇年

これら古くからの都市のパターンに初めて大きな断絶が生じたのは、工業化によってではなく、一七七六年から一八一五年の間に勃発した革命戦争とヨーロッパの帝国的拡大によってであった。旧秩序下のいくつかの大都市は実際に規模が縮小した。その他の都市は緩やかに拡大し続けたものの、政治・文化的優位性の一部を喪失した。もっと深層では、世界貿易の拡大と工業化の進展によって、商業都市が次第に豊かになり、新しい労働者階級の集合体が生み出された。これらの「新しい」都市では、古い中心地に比して過剰なほど近代的で独自な社会・文化的生活様式が展開した。そこでは経済成長によって急速な都市化が進展し、地位だけでなく階級によって区分された都市が生み出された。

西ヨーロッパじゅうで都市は革命戦争の被害を受けたが、拡大し続けた。それよりも人目を引いたのは、空間利用をめぐる政治・イデオロギー的対立であった。パリでは革命と帝政の間に、王と貴族の広大な居住地区、とくにルーヴル、パレ・ロワイヤル、ヴォージュ広場が公共空間、美術館、共同住宅に改造された。聖ドニ教会の歴代の王の墓は冒瀆された。北イタリアじゅうの、またドイツの一部の公爵宮殿や教会堂も同じ悲運に襲われた。スペイン領アメリカでは、王宮がクレオールの政治指導者によって占拠され、一八二〇年以降、彼らが新共和国の大統領や知事に就任した。革命期に、より多くの都市空間がブルジョワの人々に開放されたことは確かであった。さらに、戦争と革命を経験した結果、エリートたちが貧民の空間から自分たちを効果的に隔離し、それを管理しようとする緩やかな過程が始まった。革命期にはその他の面でも空間利用が進展した。

アジア・アフリカの一部の地域では、その変化はもっと突然に起こった。ムガル帝国の大都市――デリー、アグラ、ベンガルのムルシダーバード――は、帝国の分割以前にすでに衰退しており、貴族の逃亡の結果、見る影もないものになってしまった[28]。このパターンはイランとジャワでも繰り返され、帝国の衰退と外国の征服によって古代都市が倒壊した。スルタンと地域の有力者との間の闘争は、中東のいくつかの大中心地を破壊した。偉大なクルアーン学者やサアディーの詩の伝説的な発祥地イスファハン、コム、シラーズなどのペルシア諸都市は、ロシアの一州都のような新首都テヘランに比べると、顧みられなかった。カイロは、宗教と王家の中心地として緩やかに拡大し続けたが、地中海の典型的な中心都市アレクサンドリアに対する影響力を一世紀以上にわたって失っていた。アレクサンドリアは、半ばエジプト人の、半ばヨーロッパ人の富裕な商業的寡頭支配の中心地となった。その発展する都市文化は、「イスラームの」影響よりも「ヨーロッパの」影響を表していた。

これらの古い諸都市の一体性に対して、より巧妙かつ強力な脅威を与えたのは、経済発展全体の方向性であった。工業化が進展する以前でも、貿易の大成長は新しい商業中心地に大きな優位性を与え始めていた。大西洋世界では、ナント、ブリストル、グラスゴー、ボルドー、ボストンの急成長が見られた。地中海ではベイルートとアレクサンドリアが著しく成長した。インド洋やシナ海では、ボンベイ、カルカッタ、マドラス、上海、シンガポール、その後の香港、天津、旅順、大連は、旧来の内陸諸都市の文化的優越性に挑戦し、また、直接の植民地支配が強要されるはるか以前に、新しい理念とスタイルを生み出す温室となった。ボストンやニューヨークで確立したミドルクラス的な節度という行動様式が、新しい共和国の社会規範となった。イギリスでは貴族的な地主社会が存続し、一九世紀にも繁栄するほどであった。しかし、ヨーロッパの他の地域と同様、イギリスでもブルジョワ都市が政治的にも文化的にも重要となった。イギリスやフランスにおける反奴隷貿易運動は、リヴァプールやナントのような新たな商業中心地の勃興と密接に関係していた。イギリスにおける政治改革への要求もまたこのような地域か

表 5-3　主要都市の人口

（千人）

年	ベルリン	ボンベイ	カルカッタ	エディンバラ	ロンドン	ニューヨーク	シドニー	東京
1800	172	—	—	83	1,117	60.5	—	1,200
1850	419	644.4 （1872 年）	633 （1872 年）	194	2,685	515.5	54	500 （1863 年）
1900	1,889	776 （1901 年）	847.8 （1901 年）	394	6,586	3,437	500	1,750 （1908 年）

ら生まれた。

アジア・アフリカ沿岸地方でも、すでに工業化以前に貿易が拡大した結果、富裕な商業階級が生まれていた。彼らは、過去の独立した都市国家を、植民地世界あるいは半植民地世界の内部においても再生させた。スペインとオランダの東南アジアにおけるそれぞれの中心地マニラとバタヴィアは、新しいハイブリッドな都市として出現した。現地に駐留したヨーロッパの海軍国は、現地の商人に、これらの港市で貿易するよう強制したり、促したりした。一七七〇年から一八〇〇年までの三〇年間に、カルカッタ、マドラス、ボンベイはすべて、南アジア内陸部の政治権力中心地の最大規模のものをも、規模において上回ることになった。これらの都市の豪商は宮殿を建設し、新しい型の公的なヒンドゥー教礼拝やハイブリッドな一種の貴族的虚飾を再創造した。リヴァプール、コーク、ボストンの同時代のジェントリと同様、慎ましくかつ用意周到に現地の政治的代表権を最初に要求したのは、これらの「インド紳士」であった。彼らはまた、植民地権力や宣教師が自分たちの宗教的慣習に干渉しないよう要求した。彼らに匹敵する強力な商業有力者は、シンガポール、広東、アデン、アレクサンドリア、ベイルートなどのあらゆる大港湾都市に見られた。内陸部の交通の中心地では、依然として地主が支配していたものの、商業的ミドルクラスが成長しており、彼らは商業や政治の情報を熱心に求め、印刷機、鉄道、電信に進んで順応した。アマゾン川沿いのマナウス、長江沿いの重慶、ヤムナー川沿いのカーンプルはすべて、「内陸港市」の好例であり、それらは、沿海諸都市に広まっていた新しい近代的な生活様式も備えていた。

前節で示唆したように、製造業を主に営む都市の発展は非常に遅れた。これは一部には、工業化そのものが遅れたからであり、また一部には、非常に早期の工業化が炭鉱周辺や鉄道の終着点にある「田園地域」で生じたからである。マンチェスター、バーミンガム、リエージュ、エッセンは一八五〇年代に自立した。次の一〇年間には、工業都市や炭鉱都市が合衆国やヨーロッパの一部で急速に誕生した。ゴールド・ラッシュやダイヤモンド・ラッシュによって、メルボルン、サンフランシスコ、キンバリーのような諸都市が生まれた。一八六〇年代にインド西部では綿織物工場が、インド東部では麻織物工場が出現したが、これらの工場のインド人所有者たちは、輸入されたイギリス製織物からの保護を要求した。一八二〇年から一九〇〇年までに都市化率は世界各地でかなり加速し、約一二%から二〇%へ上昇した。同じ時期に、産業労働者階級は約一五〇〇万人から五〇〇〇万人へ増加したようである。

変化はとくにサハラ以南のアフリカやオーストラリアで著しかった。伝統的な大貿易都市がナイジェリア北部に存在していたし、一九世紀以前のガーナとジンバブエに大規模な王宮があったことが記録に残されている。スワヒリやギニアの沿岸地方には、奴隷制度を持つ都市国家が点在した。後に南アフリカ連邦となる地域では、鉱業入植地と農産物の大規模交易地が発展するにつれて、一八六五年から一九〇四年までに都市人口が総人口の約七%から二五%へと増加した。ケープタウン、ダーバン、キンバリーは、サハラ以南における最大規模の都市として、東アフリカ・西アフリカ沿岸地域の諸都市を一気に追い越した。ヴィクトリア州の三六の金鉱都市は、一八七一年に一四万六〇〇〇人の人口を擁したが、その多くは後に衰退した。[29] オーストラリアでは同様の都市ブームがもっと早くから始まっていた。オーストラレーシアではマオリ人定住地の一部が都市に似た特質を示したが、アフリカ南部および東部以上に、都市はヨーロッパからの輸入品であった。

新しい都市の人種と階級

これらの都市では、社会・経済生活の再構築が起こった。それは、疎外やアノミーだけに注目する社会主義者や社会学者が認めるほど深刻ではなかったにせよ、それでもかなり甚大なものであった。家族構成は都市化に伴って変化した（これに関する過去の議論は誇張しすぎであったが）。世界の多くの地域で、以前の大規模拡張家族は小規模な単位に分解したものの、人々はなお、安心と結婚のために農村の親族とのつながりを保持していた。一九〇〇年までには、イギリスやベルギーの国内移動のほとんどは地方から都市へではなく、都市間で行われていた。しばしば適切な排水や上水利用のないままに、大規模な低家賃の都市住宅建設が進み、工業汚染、長時間労働、さらには医療施設不足によって、新たな都市生活の不快感は貧民にとってさらに悪化した。金持ちと貧民の間の生活水準格差が拡大したことを疑問視する歴史家はほとんどいないが、ヨーロッパと北アメリカの労働者階級の状態については激しい論争が展開されてきた。近年の研究では、たとえ人々がより多様な商品を入手できるようになったとしても、寿命、栄養、健康が工業化の第一段階でやや減退したという点で、再び悲観論に傾く傾向が見られる。死亡率はさまざまな社会階級の間で著しく異なっている。たとえば、一八五五年から六〇年までのベルリンに関する研究では、専門職の人々は平均五四歳まで生きたが、工業労働者は平均四二歳までしか生きられなかった[30]。非ヨーロッパ世界では状況はなおいっそう過酷だった。金持ちと貧民の間の普遍的な格差は、現在まで続く豊かな「北」と貧しい「南」の間の不平等の急速な拡大によって、さらに複雑化した。格差の拡大は、技術の進んだ製品を生産するヨーロッパ・北アメリカと、世界貿易上の価値の少ない原材料農産物や鉱物を主に生産するアジア・アフリカとの間に見られる、不利な交易条件を如実に示していた。

だが、制度的な要因も同じく重要であった。ヨーロッパ以外で、現地の労働者が外国人もしくはクレオールの雇用主に強い影響力を持てなかった地域では、都市の労働者の状況はもっと急速に悪化し、彼らの経済状況は農民よりもはるかに過酷なものとなった。新しい都市への人口集中の結果、彼らはとくに病気に対して無防備となった。都市住民は、彼らに食糧を供給する社会的ネットワークになかなか接近できなかったため、栄養失調による死亡は毎年のように多い状態が続いた。田舎では、きわめて例外的な飢饉の年以外では、そのようなことは起こらなかった。植民地社会や半植民地社会の都市の日雇い労働者には、食糧、商品、サービスへの権利が構造的に欠けていたのである。上海、ボンベイあるいはバタヴィアのような植民地の中心都市では、貧民の平均余命は二八年という低さで、周辺農民の平均余命をはるかに下回っていた。

一八七〇年以後拡大した都市労働者階級の人数とその貧困は、ミドルクラスと都市支配層にとって悩みの種となった。扇動的サンディカリスム、犯罪、浮浪、暴力などから周期的に生じる恐怖によって、ほとんどの都市社会が動揺した(31)。ヨーロッパ人の植民地都市では、都市の若年男性住民がかなりの割合で収監された。それは、初期には主として重大政治犯に対して取られた措置であった。「犯罪」に対する恐怖心が広まり、都市に迷い込んできた麻薬常習者、宗教的神秘主義者、さらには、言葉の通じない部族民は、これら新古典主義ないしはネオゴシック様式の見事な建物に収監されてしまったのである。一八四〇年代、五〇年代のイギリスやフランスでは、より厳格な都市の治安維持手段が導入され、犯罪の巣窟とされた「バワリー」や「ビドンヴィル」などスラム住居地区に特別な関心が払われた。治安維持の水準は非常に高く、一八四八年のイギリスのチャーティスト暴動の期間には、二万人の警官がロンドン中心部に配備された。宗教や言語のまったく異なる都市流入民は、不安を感じた都市資産家の、また同様に都市群衆の特定の攻撃目標となった。イギリス、合衆国東海岸、イギリス自治領では、一八四八年の飢饉の後に何百万人も移住したカトリック教徒のアイルランド人が、犯罪と病気の運び手として、また後にフェニアンのナショナリスト運動が表面化するにつれて政治扇動の担い手として、とくに疑われるようになった。ドイツとオーストリアでは、スラヴ地方から南部や東部への移民が同じように疑われた。ヨーロッパのほとんどの都市、とくに中央ヨーロッパにおいて、商業を営むユダヤ家系に多くの憎しみが向けられたが、また、ロシアやオーストリアでは、貧しいユダヤ人都市居住者が暴動と嫌がらせの犠牲者となった。そこでは一八九〇年代に、都市の政治的反ユダヤ主義がとくに敵意に満ちたものとなっていた。ロシアでは一九〇四—五年の日本に対する敗北の屈辱感が、治安警察と保守的群衆によるユダヤ人商店や住宅への襲撃のさらなる機会を与えた。ユダヤ人は容易に反国民的と見なされる可能性があった。合衆国の諸都市でもユダヤ人への襲撃がときおり行われた。

正式な法律上の解放がヨーロッパ諸都市の貧しいユダヤ人の地位を改善しなかったのと同様に、合衆国の都市に住む少数の黒人は、都市のサービスや仕事、白人教会から自分たちが排除されていることに気づいた。人種を超えた民主主義が実現しそうに思われた短い期間のあと、一八八〇年代、九〇年代までには、奴隷制よりもはるかに巧妙な差別制度が始まっていた[32]。南アフリカと同じくここでも、声高な白人の下位ミドルクラスと労働者階級は、拡大する都市の中に非公式な人種隔離制度を作り出すために、都市エリートと協調して行動した。南アフリカの鉱山都市では黒人を、オーストラリアではアボリジニーを、ニュージーランドでは都市のマオリ人を、新世界ではアメリカインディアンを犯罪者として扱い、収監し、隔離するために、浮浪者取締法が使われた。実際、一八八〇年代、九〇年代は、ほとんどすべての社会で人種意識と人種隔離が顕著になった時期であったと思われる。明らかに、人種間戦争や優生学というエリートのイデオロギーがここでは重要であった。しかし、それらが著しく流行したのは、急速に成長する都市において、これらの理念が一連の実践として応用される可能性があったからである。これらの理念は、ミドルクラスだけでなく、猜疑心が強く窮地に陥っていた、自立した生計を営む白人労働者にも訴えたため、立法化され、政治綱領化された。

また、それと同じくらいに、階級区分が政治問題化したように思われる。このことは、階級闘争が近い将来に起きることを意味したのではなく、政府やミドルクラス、勤労者が「労働問題」の重要性をこれまで以上に意識したことを意味したと解釈すべきである。旧制度下の社会においては一般に、社会の序列に基づいた人々の分類は、身体的実践に基づく生得的な問題であった。しかし、一九世紀後半の都市では、ミドルクラスと労働者階級の間で生活空間をめぐる競争が見られた。これはかなり後になって生じた。一九世紀初頭の革命や政治体制の大変動に伴って発生した示威行進や権利要求は、職人、商店主、都市の年季明け職人、店員など、不満を持った人々で構成される緩やかな集団によって、力を与えられたようだ。しかしながら一八八〇年代以降、多くの中核都市で、地方政治や集会・行進に製造業労働者の活発な参加が目撃され、さらには公園あるいは「パブリック」な酒場のような公共の場で彼らの姿を見かけるようになった。その結果、階級政治が、新聞で注目され取り上げられる重要事項となった。下層階級は、従属的な民族と同じく犯罪者や病気の運び手として、次第に不審な目で見られるようになったのである。

労働者階級の政治

急進的な工業労働者階級は、新しい工業や都市の政治において、どの程度まで活動的担い手だったのだろうか、また、彼らはどの程度までミドルクラスや管理者によって操られた「代理人」にすぎなかったのだろうか。二〇世紀転換期までに、急進的活動家や社会主義思想家はすでに社会の発展神話を精巧に作り上げ、世界の労働者階級を新しい人間類型の先駆者と見なした。彼らは、工業プロレタリアート内の階級意識はいかなる場所でも成長すると考えた。労働組合主義やフランス式のサンディカリスト的小規模労働者団体の普及が、その証拠とされた。一九七〇年代までの社会史家のほとんどは、このような論法を使ったが、革命や労働者の急進的活動が期待されたほど広く生じなかったのはなぜかという点について、論争が生じた。イギリス労働史家は、労働貴族がミドルクラスの生活様式や自由主義の政治的価値観によって「取り込まれた」と論じた。合衆国では移民間の「エスニックな」差異が関係していたが、その一方で、インド、中国、日本の大規模農業社会を研究する歴史家は、これらの地域の労働者はなお「農民的心性」にとらわれていたと考えた。

近年の研究は、労働者階級の政治の特質について、より巧妙な説明を展開している。今や労働史家がしばしば主張するのは、世界のさまざまな中心地における労働者階級の活動の強さは、特定の工業形態や都市の生活条件によって規定されたのであって、労働者階級、民族、農民などの「意識」の一般的特徴によってではない、ということだ。新世紀とともに頻発するようになったストライキは、何か一般的な社会変化の産物でも、ましてや急激な革命志向でもなく、世界経済循環——雇用主が価格上昇期に賃金を切り下げようとする原因となった——の産物であった。ナショナリズムがヨーロッパの戦争の原因ではなく、むしろその結果であったのとまったく同様に、労働者階級意識は、大混乱や革命の原因ではなく、むしろその結果であった。革命とは、階級関係における避けがたい統一的な諸変化の結果ではなく、むしろ直接の政治的・軍事的起源を持っていたのである。この種のアプローチによって、歴史家は、一九世紀後半および二〇世紀初頭の都市社会を特徴づけた、都市労働者階級の出現や新しい型の社会関係を強調することが可能になる。そして、このアプローチを取ることで、一九世紀労働者階級の歴史では単一の階級意識が必然的に成長して革命の中でついに爆発する、という思い込みから解放されるのである。

もっとも発展した工業社会——イギリス、フランス、合衆国、ドイツ——では、とくに電信、造船、化学のような技術集約型工業において、高度に熟練した労働者が腕力を誇示するような形の労働争議が起こった。とくにフランスの石炭鉱業はこの時期の大規模な「争議行為」の舞台となった。後世の歴史家と同じく、同時代人の多くも、これらを革命の前兆と見なした。しかし、実際に起きていたのは、比較的富裕な労働者が、一八七〇年代、八〇年代の不況の終了後に始まった急速な景気拡大の利益の一部を、自分たちのために確保しようとした試みであった。これらの諸国において、自由党、民主進歩党、急進党、社会民主党が選挙で成功して政治変化の意識が広まった結果、労働者側の交渉への熱意が高まった。ストライキはすでに処罰の対象から除外されていたのである。それゆえ、一九〇五年から一四年までに先進工業経済において操業停止の割合が増加したにもかかわらず、これらの社会が一九一四年に大規模な階級闘争寸前の状態にあったと主張することはできない。それどころか、このようなストライキの蔓延は、すでに急進主義が飼い慣らされ、去勢されていたことを示している。一九一四年以後の総力戦の経験によって初めて、一線を画すことができたのである。

世界じゅうの活動家や労働者階級知識人が今やマルクス、レーニン、プルードンその他の急進的思想家の翻訳を読んでいたために、これらの工業労働者の運動が相互に結びついた。とはいえ、彼らはそれぞれの背景の中で、多様な条件に対応した。一九〇五年のロシア革命は主として労働者の革命ではなかったし、ましてや農民の革命でもなかった。ロシアの諸都市で国家と社会の関係に危機が蔓延した結果、労働者たちは、資本不足の旧式工業における労働条件や雇用の保障について、長期的な不満を表明することができたのである。一八九〇年代以来、産業ストライキの波がますます押し寄せていた。一九〇四—五年の冬の革命のきっかけとなったのは、学生と急進的な地方政府機関（ゼムストヴォ）の代議員会によるストライキであった。日本との戦争の惨めな敗北によって、独裁政治の正当性に致命的な一撃が加えられていた。一九〇五年一月九日にサンクトペテルブルクで多数の非武装の労働者が虐殺された時に初めて、労働者階級が関わるようになった。当初は決して急進的な革命家ではなかったこれら労働者たちは、ある聖職者によって組織されていた。彼のメッセージは、階級闘争ではなく道徳改革であったし、彼は社会主義の教義を阻止するために王党派の労働組合を創設しようとした[33]。一九〇五年の春と夏にかけて、ロシアのさまざまな工業から約五〇万人の労働者がストライキに参加した。ストライキは、主に労働条件の改善に向けられたものであり、組織的ではなく偶発的であったと思われる。これは国家の弱点を利用する試みであり、ドゥーマ〔国会〕における代議政治を求める運動でもあった。一九〇五年秋の短命に終わったサンクトペテルブルク・ソヴィエトに労働者の代表が送られたが、これは基本的には急進的な都市政治家によって創られたものであり、当時出現しつつあった労働組合とはあまり関係を持たなかった。一九〇五年以後は、ロシアの工業労働者の間におけるストライキの盛衰は、労働組合が法的に認可された事実を映し出していたのである。それは、政治目的に向けられた労働者階級の闘争性が増大したことを証明する、推定証拠とはならない。

ボンベイにおける同時代のストライキは、急進的な国民会議派指導者バール・ガンガーダール・ティラクがイギリス人によって投獄されたことによって引き起こされたものであって、この都市の繊維労働者の間で鬱積していた憤りに基づいていた。これらの人々は、変装した農民で、ティラク一派の宗教的信条に動かされたのであり、いわゆるストライキに参加したわけではなかった。また、彼らは、新しい均質な階級イデオロギーに依拠して自分たちの労働を引き揚げたわけでもなかった。というのも、彼らは地位、出身、技能においてばらばらだったからである。騒動が勃発した理由は、イギリス人・インド人双方の経営側が住宅建設費と食糧価格が上昇する時期に賃金削減によって利益を得ようと広範に試みたことだったように思われる。[34] 一般的に言えば、ヨーロッパと同様、一九一四年以前の中国、アフリカ、中東においてもっともよく組織化されたストライキは、特権的な労働者の間で起こった。それは一般に、ヨーロッパ人の海外居住者、すなわち上海、ケープタウン、ポートサイドのような所で波止場や電信局、鉄道や路面電車で働く人々であった。南アフリカでは労働争議がとくに激しかった。一九〇六年にチリ当局は沿岸都市アントファガスタの労働争議を弾圧して、数百人を殺害した。ブエノスアイレスでは一九〇七年だけで二三一件のストライキが発生した。[35] そのような人々は、ヨーロッパの同時代人と同じく、社会革命の先駆者というよりもむしろ、昇進を競い合っていたのである。

都市化は生活様式を一変させ、政治の舞台に階級の差異を投影させた一方で、都市の労働者は二〇世紀初頭までは集団としての疎外を経験していなかったように思われる。彼らは、世界から私有財産を排除しようとは望んでもいなかったのである。都市が重要だった点は、都市が労使関係の政治を劇的に表現し、人々が政治に関する思考と行動において新しい様式を採用できるようにしたことである。都市は、民衆的で急進的な政治劇が上演される大舞台となった。世界でもっとも工業化が進んだ地域においても、おそらく、揺るぎない「労働者階級意識」が存在したことはなかった。しかし、労働者階級の理念は世界的な現象として確立していた。これは一方では、当時、各国政府がサンディカリストとアナーキストのネットワークを恐れたからであった。彼らは、ロシア皇帝やフランス大統領の暗殺という特異なクーデタをいくつかすでに計画的に実施していたのである。左翼新聞が、マルクス主義として知られるようになっていたものを広めたため、国際的社会主義のレトリックが頻繁に政府の目に触れた。しかしながら他方で、統一的な工業的・都市的生活の普及によって、別の大陸の勤労者にも同じような状況が強制され、勤労者に集団としての力の意識が与えられ始めていたからでもあった。労働者階級活動家の実践、それ以上にそのイデオロギーが、二〇世紀初頭と半ばの重要な特徴となるのであった。

世界的な都市文化とその批判者たち

王国、共和国、聖者の中心地として評判を得た都市は常に存在していた。しかし、一九世紀には、グローバルな都市文化がより均質で明確な生活様式として出現した。一八世紀の終わりにはすでに、アメリカと北ヨーロッパの諸都市は、ジェントリ、商業エリート上層、さらに勤労者が、共通の余暇や社交を演じる舞台となり始めていたが、一九世紀にはこれがさらに一般化した。多くの都市団体、クラブ、集会場、地域団体とは別に、カフェが男女が集まる場としても、政治や哲学を議論する場としても、都市の公共空間の強力なシンボルとなった。これらの変化を速める上で革命期が重要であったことを強調するためには、フランス式飲食店「ビストロ」を示せば十分であろう。その起源は、一八一五年にパリを占領したロシア軍のために組織された「ファーストフード」キッチンにあった。ヴェネツィアのクアドリやフローリアンのような最初のコーヒーハウス――前者は親オーストリア派、後者はナショナリストの行きつけだった――は、ヨーロッパじゅう、とくに急進主義政治の二大中心地パリとウィーンに、何千という模倣を生み出した。ウィーンの社会主義者で社会改良家のカール・クラウスや、フランスの政治や軍事の体制派にとって不幸の元凶だったエミール・ゾラのような急進主義の編集者は、カフェを通じて彼らの戦いと運動を組織した。同じく重要なのは、一八八〇年代ないし九〇年代までに、レスペクタブルな女性たちがカフェや大規模なレストランで目撃されるようになり、しかも人に見られることを望んでいたという事実である。公共空間は、世界じゅうの大都市で著しくジェンダー化していた。カフェやレストランという男性の社交の砦に女性が参入したことは、男女間の勢力均衡を少しでも変化させる上で、女性参政権の大キャンペーンと同じくらい重要であった。

公共空間の再秩序化にアメリカが大きく貢献したのはデパートであった。パリには早くもナポレオン三世の統治期に「スーパーマーケット」があったが、アメリカ人はそれをもっと大きく優れたものにした。都市の巨大店舗は、さまざまな専門商品を一カ所で一度に購入したいという、広く分散して存在した農業共同体の要求に起源があったが、それが一九世紀の終わりまでに新しい消費主義の源泉となった。そうした店舗は、とくに女性にとって、贅沢消費という共通パターンを通じて社交を享受する場所となっていた。シカゴのシアーズ・ローバックのようなところで確立したパターンは、第一次世界大戦前に、ロンドンのハロッズやセルフリッジに広まった。これらの店舗はすべて、とくに女性向けの施設だった。ヨーロッパ以外の世界では、大規模なホテルはしばしば、ヨーロッパ人海外居住者という膨大な移動する人々や、中国人、インド人、マレー人、インドシナ人、エジプト人の貴族や裕福な有力商人向けに、クラブ、店舗、レストランの役割を果たすようになった。他の植民地都市でも、公共空間はジェンダーによって区分されると同時に、人種による分断もなされるようになった。ただし、それには若干の例外もあった。フリーメーソン、神智学、心霊主義のような博愛主義運動は、一部の教会、キリスト教青年会（YMCA）、さらに少数のポロ競技や競馬と同じく、人種の境界を越えた。一般に、増大する都市の地元ミドルクラスは、訴訟、高等教育、結婚のために今や頻繁に移動を余儀なくされた住民の要求に応じて、自分たち専用のクラブ、協会、ゲストハウスを設立した。これらの団体は、政治的な議論や論争を育む場となった。カレッジ・ストリートにあるカルカッタ大学のコーヒーハウスや、上海ＹＭＣＡの談話室は、一九一四年以後のダブリン中央郵便局やアムリットサル虐殺事件の現場と同じくらいに、反植民地的な政治運動の出現を効果的に示すシンボルとなった。これら都市生活のシンボルは普遍的なものでもあった。ヨーロッパの植民地、中国、日本出身の急進主義的な青年たちは、ロンドン、パリ、アムステルダム、ベルリンの似たようなコモンルームやコーヒーハウスにおいて、精神的仲間を見つけることができた。インドシナ共産党の未来の指導者ホー・チ・ミンは、第一次世界大戦以前にはパリのレストラン「ポリドール」で働いていた。専門職やアカデミックな教育がグローバルに統一されると、マハートマ・ガンディーやヤン・スマッツはロンドンへ、孫逸仙〔孫文〕はホノルルへ、インドの「不可触賤民」の将来の指導者Ｂ・Ｒ・アンベードカルはニューヨークに赴くことになったのである。

工業の拡大とともに、都市の社交という共通のパターンが、労働者階級の間にも現れ始めた。伝統的に男性がスポーツに興味を抱いていたことが役立てられた。レスリング・サークルは、オスマン帝国、イラン、中央・南アジアの伝統的な貴族社会の呼び物であった。今やレスリングクラブである「アカーラ」が、ボンベイ、アーメダバード、テヘランの男性労働者の間で数多く開設された[36]。こうしたクラブは、社会・政治的動員のために活用されうる組織や利害に基づく強力なネットワークを、職場の外に提供した。さらに、それらは国民的な民衆文化のシンボルとなった。同様にヨーロッパの都市においても、社交的なスポーツ——とくに、サッカー、ボクシング、グレイハウンド・レース——の急速な拡大によって、一八七〇年代以降、少なくとも男性はますます職場と家庭以外に関心を向けるようになった。一九世紀末に世界じゅうにサッカーが驚くほど普及したことは、一般の人々の間で仲間づきあいへの欲求がいかに強かったかを証明する。スポーツクラブ、労働者カフェ、パブは、社会・政治的な討論の中心となり、広告や模倣によって共通の消費パターンが促進される販路でもあった。

こうして、世界じゅうの都市が五〇年前よりも外見上統一化されたのである。大規模な都市内集落が多様な形で存在するという初期の居住地区パターンは崩壊した。政府や支配集団は、都市空間の秩序化に明確な関心を持ち、広い幹線道路と格子状の都市居住パターンを提供した。これによって当局は、大規模な街頭デモの時代に、公共の秩序を維持することができた。それはまた、木材・泥・編み枝による過去の住宅建築につきものだった、都市の大火を封じ込めることを容易にした。また、一九世紀を通じて流行したコレラやペストの伝染病に直面したときに、住民を隔離することもできた。その結果、ミドルクラスと労働者階級、白人と非白人とがより均一化された集団に分離し、それぞれの集団間には、排他的でときに対立する帰属意識が形成された。

将来の世界的な居住パターンとしてとくに重要な展開は、ミドルクラスの「郊外《サバーブ》」の発展であった。古い都市域において、大都市の周辺部には、不規則に延びる一大運輸地域・商業地域があった。奉公人や貧民の住居が、金持ちの住居と混在し、それを取り囲んでいた。一九世紀の終わり頃に、中所得層が都市の中心部から流出するにつれて、高級住宅からなる大規模な孤立地域が周辺部に現れ始めた。これは、工業化の結果として、鉄道、路面電車、自動車に代表される交通機関が発展したことで可能となった。ミドルクラスは郊外において、政治的混乱の喧噪や貧困を目にする機会がなくなり、隔離された衛生的な生活を楽しむことができた。これら飛び地の建築物は、マンチェスター、メルボルン、ボンベイ郊外のネオゴシック様式、あるいはアムステルダムやバタヴィア郊外の「ネオ・バーガリッシュ」のように、意識的に古風なこともあれば、ニューヨークあるいはバルセロナ郊外のように、モダニズム様式のこともあった。このような飛び地の形成に、国家が関与する場合もあった。とくに植民地社会では、都市改良トラストが郊外の村落住民の土地を接収することによって、ヨーロッパ人海外居住者や豊かな地元民向けの定住地用の空間を創り出した。白人兵士が居住する軍の大規模居住地は、アジア・アフリカ世界の多くの都市外辺部に建設された。郊外はまた、権力と富の中心からそれほど離れることなく、大きな庭園付きの隔離された環境に住みたいという、ミドルクラス自身をモデル化したものであった。

政府はまた、街路を拡張し、灯りを点し、さらに新たに画定した公共空間を居住者が侵害することがないよう、象徴的な形で意思表示を行う場合があった。政府は自らの近代性と科学への執着を宣言した。サンクトペテルブルクは、一九世紀における近代ロシアの新古典主義のシンボルとなった一方、モスクワは、旧ロシアの伝統を賞賛する「スラヴ主義者」に愛された宗教的中心地であり、皇帝即位の場でもあった[37]。旧来の王室や宗教の中心としての役割と、都市の大舞台で国家が自らの近代性を宣言する必要性との間の緊張関係は、非ヨーロッパ世界においてとくに激しかった。エジプトの副王やタンジマート以後のオスマン帝国統治者は、自らの都市において、広い並木道《ブールヴァール》、オペラ劇場、彫像で装飾された公共広場、新しい鉄道駅に隣接する花園を建設する特別事業を実施した。厳密な経済管理の基準に照らせば無駄な出費だったが、これは、統治者を過去のオリエント的な古い社会から引き離し、大官庁街、大使館事務局、法廷などにつぎ込まれた、自慢の国家権力を補完する役割を果たしたのである。

図 5-4　新建築――シカゴのリライアンス・ビル (1895 年)

マドリード市中心部の巨大な「アール・ヌーヴォー」建築は、意図的に大聖堂と親和性を持たせた旧ハプスブルク王宮とは異なる新しいタイプの権力を象徴していた。同じく、新古典様式のホテルや銀行が建ち並ぶ上海の川岸地区外灘は、「四神相応」に基づく中国の古い低層都市とはまったく異なる都市景観を示している。

世界の知識人すべてがこれらの変化を賞賛したわけではなかった。伝統的とされたイギリスでは、ヴィクトリア朝のアーツ・アンド・クラフツ運動に参加した少数の懐古趣味の人々が抗議したにせよ、イギリスの一般大衆は広大な都会のジャングルを創出することには無関心に見えた。合衆国の新しい富は、一八九〇年代に巨大な高層建築の開発に着手することで、都市の近代性の新たなイメージを自らのために打ち立てようとした。それは、都市の不動産価格の上昇によって、開発の正当性が実際に認められるはるか以前のことであった。その代わりに、都市の疎外やアノミーに対するもっとも強い反発は、大陸ヨーロッパやアジアの一部から、保守主義者と急進主義者から、また、社会主義者と芸術家から現れた。「深層のフランス」の偶像化とドイツにおける「大地への回帰」運動の出現は、いずれの社会においても都市人口が総人口の七〇%を上回るずっと以前のことであった。中国では、儒教の伝統が常に都市の深い両義性を想起させていた。それによれば都市は商人の領域で、しばしば腐敗の巣窟であると見なされたのである。近代主義の著述家たちはこういったテーマを再創造して、自らを資本家や外国人に対峙させた。アジアの多くの都市知識人が都市の異質性に対して感じた激しい不信感は、新しいミドルクラスを酷評したベンガルの民衆道化芝居の脚本家たちによっても、また「高貴な農民」を偶像化する日本の詩人によっても、表明されていた。彼らは、ガンディー主義や日本の政治的膨張主義が農村への回帰や水田労働の尊厳を主張する二〇年も前に、自分たちの嫌悪感を表明していたのである。

むすびに

一九世紀の知識人は、工業化と都市生活の拡大を彼らの時代のもっとも重要な特徴であると考えた。彼らは正しくもあり、間違ってもいた。歴史家によれば、工業化は一九世紀の比較的遅い時期に生じたし、しばしば農村的であったこと、さらに、工業化の影響力は強力であったにせよ、一九一四年になってもまったく限定的であったことが証明されている。工業化によって均質で自己意識的な大量の労働者階級が生み出されたという考え方も、今では支持しがたい。しかし、労働者階級の理念と近代都市が、政治的、社会的さらには芸術的なシンボルとして世紀末までに巨大な力を与えられたという意味では、同時代の知識人の認識は正しかった。右翼の政治家も左翼の政治家も同じように、成長する強力な労働者階級と彼らが信じたものを、育成あるいは懐柔するために活動した。ほとんどの社会思想家や芸術家は、近代都市の生活が生み出す道徳的・芸術的堕落を恐れた場合でも、それが提供する解放と平等を祝福した場合でも、近代都市の生活に等しく夢中になった。

たとえ一九〇〇年以前には産業資本家と債権保有ミドルクラスが揺るぎない政治権力を握ることはできなかったにせよ、少なくとも一九世紀半ば以降、工業化と都市の政治は強い影響力を明確に示した。一八五〇年代には、ヨーロッパの支配者は鉄道、電信、軍需産業の育成、さらには都市計画に資金援助を行う上で、より積極的な役割を引き受けていた。合衆国連邦政府という介入に消極的な国家でさえも、この分野に力を入れた。日本と中国の当局はすぐに追随した。こういった介入によって、一九世紀末のナショナリズムと帝国建設は、より広い視野とより激しい侵略的な力を持つに至った。しかし、一八四八年以後の「鉄血」の政治家たちには、存分に活用できるもう一つの利点があった。それは、戦争の中で構築され、印刷物によって普及し、プロパガンダによって強化された臣民のナショナリズムであった。次章では、新しいナショナリズム、新帝国主義、民族の新しい定義を考察しよう。

第6章　国民、帝国、エスニシティ　一八六〇―一九〇〇年頃

本章では、一九世紀後半の主たる特徴をなすナショナリズムと帝国建設の軌跡をたどる。この二つの大きな歴史記述の課題をめぐる議論をまとめるとともに、国民から排除されたり帝国の周辺に追いやられたりした民族、エスニック集団、宗教集団についても考察する。本章で主張するのは、一九世紀後半に国民としての地位がきわめて激しく動揺したのはグローバルな現象だったということである。それは、はじめにヨーロッパで生じたものが、後に「海外」に輸出されたというよりも、アジア、アフリカ、南北アメリカの大半の地域で同時期に生じたものだった。多くの場合、ナショナリズムが高揚した原因は、西洋側からの悪意のある押しつけというよりも、現地の土地や人々についての伝承、歴史、感情までも利用したことにあった。今後、ナショナリズムの理論家たちは、ヨーロッパ以外の世界を、自分たちの分析の「おまけ」というよりも、中心的な位置におく必要があるだろう。最後に、本章では、一九世紀末にインターナショナルな〔「国民」間の〕市民社会の建設に着手した台頭する国民組織どうしの数々の結びつきについて検討する。またしても、グローバル化が持つ逆説が明らかになる。一八六〇年以降、国民国家と帝国との境目がはっきりしてくると、人々はその境界を越えて結びついたり、交流したり、影響を及ぼしあうような方策を模索するようになった。

ナショナリズムは（帝国と並んで）、徹底的に「理論化」された数少ない歴史テーマの一つである。それゆえ、

「ナショナリズムはいつ現れたのか」や「それを築いたのは誰/何か」という問いを検討する前に、ナショナリズムの「理論」を考究することは有益であろう。

ナショナリズムの諸理論

二〇世紀後半の歴史家たちにとって、「ナショナリズムの諸理論」は、主たる論点の一つであった。そうなった理由の一つは、早くから歴史家に影響を与えた社会主義理論において想定されていたように、ナショナリズムがなくなることはなかったからである。また、社会科学者たちが少なくともこのテーマについて一定の方針を持った記述をしていることに、歴史家たちが刺激されたからでもあった。以下の節では、これらの理論を、理論プロパーというよりも、実際の解釈の道具として捉えるべきだということを示したい。そうすることで、個別であれ、まとめてであれ、一九世紀後半のナショナリズムのあれこれを明らかにできるのだ。そうでなければ、これらの理論には叙述的な価値はないし、そのどれをとっても、ナショナリズムの台頭の時機についてはもちろんのこと、その特質を説明することはできないのである(1)。

ナショナリズムに関する一つの見方として、一九世紀後半の思想家や愛国主義者の仮定に直接的な系譜を持つ考えでは、近代国家は初期の言語文化的共同体から自然に発生したものだと主張される。依然として今日の文化ナショナリストの大半は、この見方をかたくなに守っている。一九世紀後半の諸事件というのは、国民としての地位とそれを保証する国家的地位を求めてきた初期の人々の広範な行動の結果にすぎないと、彼らは主張する。これは、イタリアの愛国者マッツィーニやガリバルディ、彼らを崇拝し「国民の生成」について著したインドのスレンドラナート・バネルジーが求めた歴史的正当化だった。国民をめぐるこのような自然主義的な解釈は、ドイツ「民

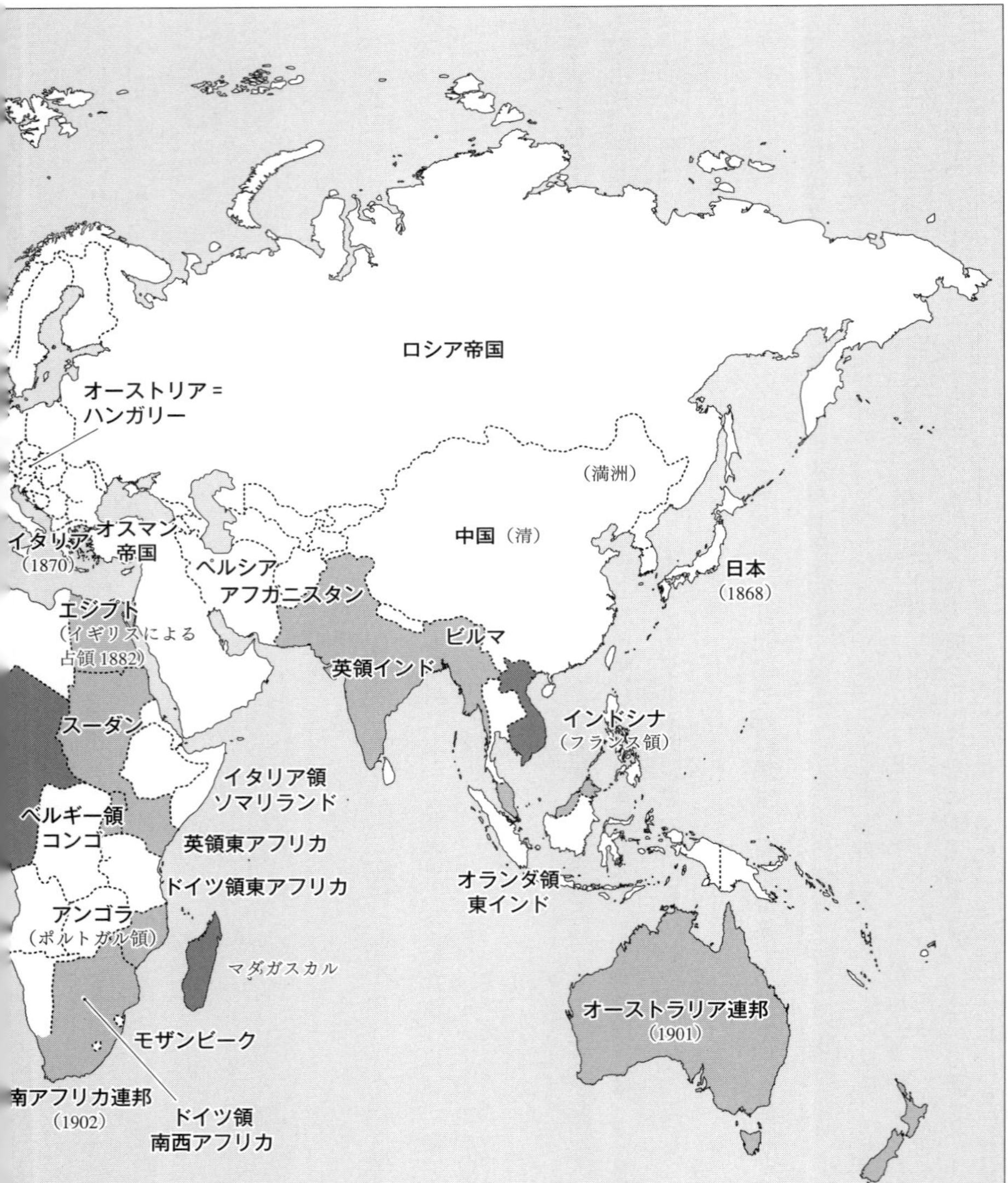

い帝国（1860–1900 年頃）

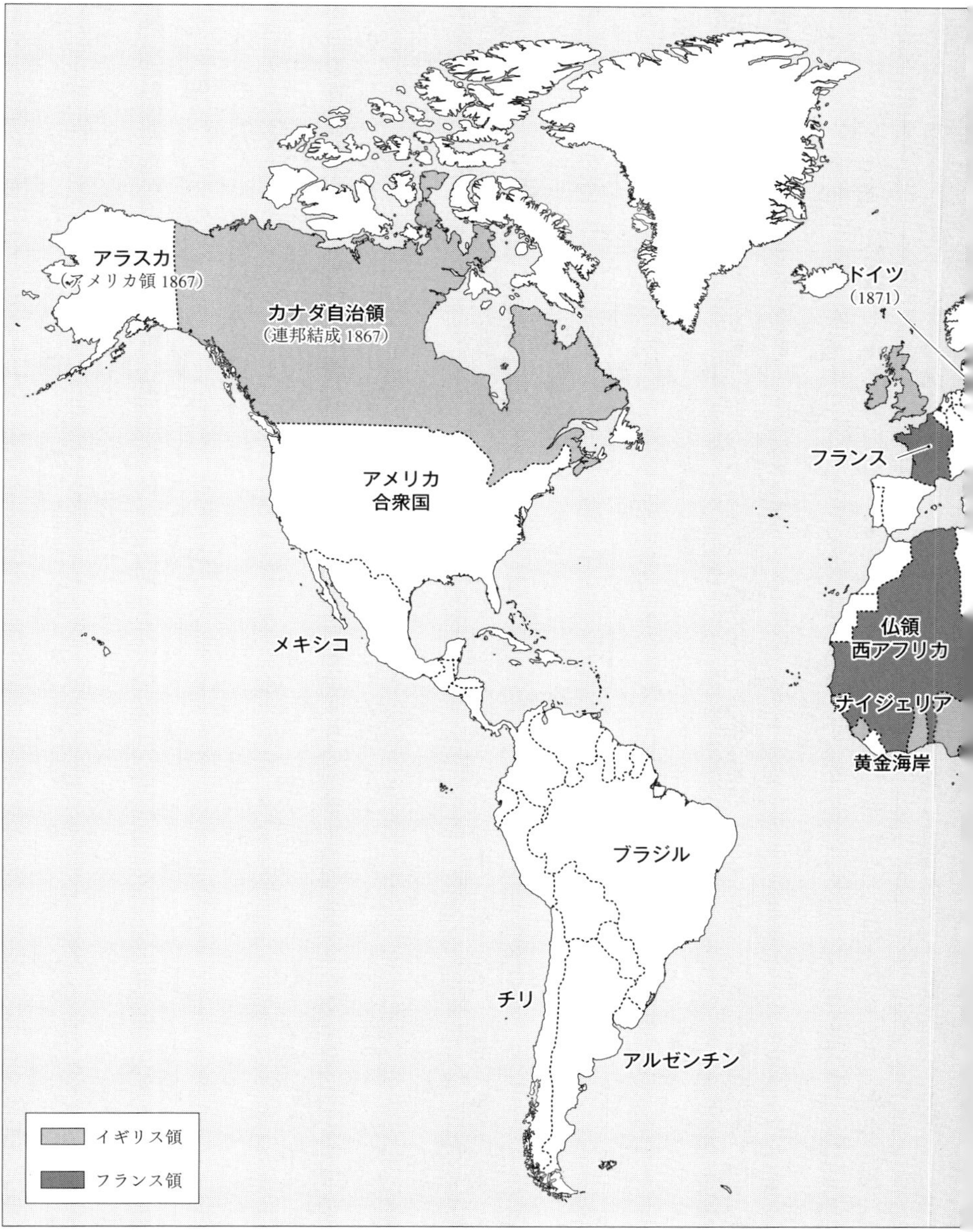
アラスカ
（アメリカ領 1867）
カナダ自治領
（連邦結成 1867）
ドイツ
（1871）
フランス
アメリカ
合衆国
メキシコ
仏領
西アフリカ
ナイジェリア
黄金海岸
ブラジル
チリ
アルゼンチン
イギリス領
フランス領

地図 6–1　新しい国家，新

族」、「フランス国民」、「エジプト人のためのエジプト」を讃美した何千もの小説、オペラ、国歌で発せられたメッセージであった。ギリシアの革命詩人リガス・フェレオスの「戦争讃歌」は、こうした感情がほとばしり出た典型だった——「わが英雄たちよ、われらは尾根や頂にいるライオンのごとく、どれだけ長く、孤高のまま、束縛の身を生きねばならないのか。洞窟の中で暮らし、われらの子どもたちが郷土から厳しい奴隷状態に落ちるのを見ながら。奴隷としての四〇年よりも、一時間、自由な身でいる方がよい(2)」。

近代史家たちから激しい懐疑の眼が向けられたにもかかわらず、一九世紀後半には、ヨーロッパの内外であれ、ほかよりはるかに古い系譜を持つと堂々と主張できた野心的な国民もいた。そのような国民が現実に存在したわけではなかったが、かといってそれは、民衆煽動家や頑迷な知識人による後世の捏造でもなかった。これまでの章で示唆してきたように、旧来からの愛国的アイデンティティ、宗教や言語の同質性、稠密な民族的郷土が重なりあうことは、しばしばみられた。エイドリアン・ヘイスティングズは、イングランドとフランスを好例とみてきた(3)。ヴェトナム、スリランカ、日本についても、歴史家たちは同じような連続性を説いてきた。異なる文脈だが、T・C・W・ブラニングが、一九世紀よりも前に諸邦の領域を越えて広がったドイツの文化的ナショナリズムの濃厚なアイデンティティ意識——熱狂的愛国主義ですらあった——を考察してきた(4)。インドのいくつかの地域でも、エリートたちが、近代初期に民間宗教、言語、侵略者への抵抗をめぐって愛国的アイデンティティ意識を醸成していたと思われる。一九世紀後半のナショナリストの指導者たちは、内外の敵に対して近代国民国家を強化しようと、こうした生きた伝統や歴史を利用したり基礎においたりしたのだった。この点で、理論家A・D・スミスが「エスニー（エトニ）」と呼んでいるもの——つまり、旧来の文化・言語的範疇——と近代的国民との連続性に関する彼自身の考え方は、説得力があるように思われる(5)。

しかし、一九世紀の歴史家とは違って、現代の歴史家たちは、こうした主張に対してきわめて懐疑的である。国民とは、生物のように成長していくものというよりは、政治力や想像行為によって最近になって「構築された」とする主張が大勢を占めているのだ。しかも、実際、一九世紀後半の多くの地域でもっともはっきりしていたのは、ナショナリスト意識が国家主導で構築されたことだった。それゆえ、議論は、エリートたちが国民を発明したり構築したりできるのはどのような条件下なのかへと向けられるようになった。一九八〇年代には、多数の専門的歴史家が、ナショナリズムは都市化や工業化と密接に結びついていると説く人類学者・哲学者のアーネスト・ゲルナーを信奉していた。(6) 一九世紀、および二〇世紀初頭のヨーロッパや一九三〇年代以降のアジア、アフリカでは、自分たちを結束した人間集団として描いたり、国家的地位を要求したりする可能性が高かったのは、新しい都市中心部に集まる人々だったと、彼は述べていた。たとえば、一九世紀ウィーンでのハンガリー人、セルビア人、イタリア人の乱闘や、資源や仕事をめぐる競争が、これらの「人種」どうしの違いを際立たせ、国民的自立要求を促したのだった。

したがって、ゲルナーの考えは、一つの近代化理論であった。それは、ナショナリズムが、資本主義、工業化、核家族、「独占的個人主義」の政治において、徐々に近代世界を支配していくと考えられる諸力に相当する機能を備えていると見なしていた。この見方に立てば、ナショナリズムは、西から東、そして南へ移動し、資本主義と都市化が「最後の大陸」に浸透した二〇世紀にアフリカに到達するものなのだ。予想通りと言ってよいが、ゲルナーの学説は、自身がもっとも重視していた中欧や東欧の社会に一番当てはまった。実際、オーストリア帝国内でのチェコ人、ドイツ人、ハンガリー人の対立は、急激な都市化の中で起きたのだった。たとえば、プラハの人口は、一八五〇年の一五万七〇〇〇人から、一九〇〇年には五一万四〇〇〇人へと増加していた。(7) 彼の学説は、ドイツの事例や、ピエモンテが少なくとも新しい工業中心部であった頃のイタリアにも言及している。しかし、工業化がきわめて低い段階にとどまっていた社会で、活発な国民運動が立ち現れた事例も多数あるのだ。

資本主義や個人主義の前向きな進展に確信が持てない著述家たちは、ゲルナーの著作にやや遅れる形で、ナショナリズムは国家自体の産物、つまり、純粋な権力法則の作用だと主張するようになった。エリック・ホブズボームが述べているように、ナショナリズムは国家に従うものであり、逆ではない(8)。わけても、彼とジョン・ブルーリー(9)は、とくに一九世紀後半の新しい政治エリートによる意図的な政策によってナショナリズムが形成されたと主張した。大衆教育を促進し、市民の地位と義務を定義したのは国家だったし、人々を数えたり、拘束したりしたのも国家だった。資本主義の欲求、社会主義の勃興、労働者階級の直接行動、犯罪に対する恐怖によって、国家の危機意識が高まった。政府が、定期的な国勢調査を導入したり、パスポート制度の活用によって移入出民をしっかり管理しだしたのは、この時期だった。これらすべては、意識するかどうかにかかわらず、ナショナリズムの感情を強化し、周辺部の人々に国民国家のどれかを選択させるのを促した。一九世紀後半のアメリカ合衆国ですら、このモデルは見事に当てはまった。

この理論とは別個というよりも、それに付随する理論と言えるのが、一九八〇年代にベネディクト・アンダーソンが提示した学説である(10)。これはもっと人類学的な見方であって、権力や資源の変化よりも、ナショナリズムの創造に対する想像力や共感の役割を重視していた。国民は、「出版資本主義」によって創られた「想像の共同体」であるとされた。本や新聞が世界各地で普及することで、エリート層の間に、後にはそれを読む一般の人々の間に、帰属意識が刻み込まれたのである。アンダーソンの立場には、一つの大きな利点があった。それは、資本主義、産業都市主義、はたまた強力な国家に従属していない領域の人々が、国民としての地位を要求するようになったのはどうしてなのかを説明できるからである。したがって、オランダ領インドネシアに関する研究から生み出された彼の学説は、一九世紀のインドやアフリカを研究する歴史家にとくに人気を博したのである。

一九世紀後半の競合的なナショナリズムの出現を十分に説明するには、前提としてのこれら別個の「諸理論」をすべてまとめることになるだろう。ある場合には、理論のいくつかを、残りの理論よりも重視しなければならなくなるだろう。実際、たとえば、アジア、中東、北アフリカのいまだ農村然とした社会では、近代的産業都市化や、出版資本主義の広範な普及にはるかに先行して、ナショナリスト運動が生じていた。こうした社会では、一九世紀末まで都市化が一〇%を越えることはめったになかったし、男性の識字率は、おそらく数パーセント以下であった。事実、これは単なる非ヨーロッパ世界の状況というものでもなかった。ナショナリズムと呼べる何かが明らかに進行していた一八四八年ですら、同じことがドイツに当てはまっていたのを想起することは重要である。ドイツでは、住民の七五%が農業を生業としていたし、都市住民の大半は役人や旧式の職人であった。

さらに、ナショナリズムの出現は、単一の出来事というよりは、一つの過程であった。ジョン・ブルーリーやエリック・ホブズボームの議論に従えば、初期の愛国主義の記憶や伝統が生み出した萌芽的な国民意識は、新興の強力な国家の活動によって磨かれ陶冶することができた。これは、国家がゼロからナショナリズム意識をつくったということを言っているのではない。たとえば、アメリカ合衆国では、南北戦争によって、少なくとも支配的な北部住民の間にアメリカ国民としての意識がかなりしっかりと醸成された。一八六五年以降、北米大陸じゅうで「国民」という言葉を耳にすることがはるかに多くなったのだった。

この最後の例は、主要な「理論」の大半がさほど重視していないナショナリズムの出現の条件をわれわれに気づかせてくれる。それは、武力衝突であり、とくに諸州間の衝突だけでなく、現地の住民どうしの対立が持つ重要性である。一九世紀にナショナリズムが強まったのは、明らかに戦争や侵略の結果だった。ナショナリズムは、「他者」に対抗して自己規定したのである。共同の兵役、集団での基礎的教育、エリートによる指導という経験が、小作農や労働者をナショナリストへと大きく変えたのだ。また、この武装したナショナリズムが、戦争や侵略を引き起こすこともしばしばあった。一八世紀末の世界規模の戦争は、旧体制下の愛郷心をもっと排他的で攻撃的なナショナリズムへと変化させる過程を早めた。この変化は、ヨーロッパのみならず、南北アメリカ、中東、アジアにおいても、一九世紀中葉に起きた多種多様な危機によって大幅に強められた。前章で論じた新しい産業装置や交通・通信によって、国民の共同体は、よりはっきりし、少なくとも実現可能となったのである。

ナショナリズムはいつ現れたのか

では、世界レベルで新しいナショナリズムはいつ現れたのか。これは、大半の理論家には大したことではないが、歴史家にとっては重要である。これについて詳しく述べておく必要がある。すでに述べたように、ナショナリズムは、進んでいると思われている白人から、遅れたアジアやアフリカの人々へと伝えられる意識のようなものとして見なされることが多かった。この伝播理論は大きく修正されるべきである。たしかに、サハラ砂漠以南の大勢のアフリカ人は、広域の社会的アイデンティティがほとんど意味を持たずヒエラルキーがしっかりしていない地方・地域社会に暮らしていた。だが、そこでさえも、一九世紀中葉には、聖書の伝道活動に応える形で、アフリカ現地語で著述を行う現地の知識人が、アフリカ「民族」の要求を唱え始めていた。さらに、一八八〇年代にはインドとエジプトで、一九〇〇年にはその他のアジアの地域じゅうで、激しい独立運動が起きていた。日本は、徳川政権が終わる一八六八年以前から、多くの点で国民国家であった。そのナショナリズム意識は、同時代のドイツと同じくらい強く、イタリアよりもはるかに進んでいたと言ってよい。それゆえ、ヨーロッパとの対比を誇張すべきではないのである。結局のところ、一八四八年のヨーロッパでのナショナリストの革命で幅広い支持を得ていたものはほとんどなかった。ジョナサン・スパーバーが述べているように、同年にルーマニアで出された代表的なナショナリスト新聞を購読していたのは、たった二五〇〇人だった(11)。

この点に留意すれば、ヨーロッパだけではなく、世界レベルで変容が生じたと言える主要な時期について述べることができそうである。一七八〇年から一八一五年までと一八四八年から六五年までの相互に結びついた二組の世界危機は、初期の国民的アイデンティティを多分に刺激した。ヨーロッパにおけるナポレオンの征服がドイツ、イタリア、ロシアの国民的アイデンティティを刺激したことは、広く受け入れられている。同様に、フランスとロシアの侵略は、オスマン人、エジプト人、その他の北アフリカ人に対して、無防備さを痛感させ、社会の建て直しが必要だと気づかせた。二世代後の一九世紀中葉のユーラシアの諸戦争は、徳川時代末期の日本のエリートたちに、自己強化の必要性を認識させた。インドでは、一八五七年の大反乱とそれがもたらしたイギリスによる新たな侵略が、沿岸地域の商人や専門職に、帝国内での自分たちの位置を再考させた。

けれども、国民意識がこのように高まったり広まったりしたのは、世界規模の諸戦争という潮流によってもたらされただけではなかった。それは、新たに生じた地域間交流の機会や、イデオロギーの伝播や適応の表れでもあった。インドの改革主義者ラージャ・ラーム・モーハン・ローイは、一八二〇年代にカルカッタの英語新聞でナポレオン以後のヨーロッパでの諸革命について知り、民族自決について著述活動をしていた。一九一四年以前には、グエン・アイ・クオック――ホー・チ・ミンの変名――が、フランス語の学校教科書で、アメリカ建国の父であるトマス・ジェファソンの思想について読んでいた。これらの思想やモデルは、西洋から「それ以外の地域」へと、単に移動したのでもなかった。一八八〇年代になっても、日本特有の異種混合的《ハイブリッド》な近代性は、他のアジアやアフリカのナショナリストたちの有力なモデルとなっていたのである。

古典的なヨーロッパ通史では、一九世紀後半は、新たに工業化した国民国家間の同盟と対立の時代として描かれている。これらの国家は、とくにアフリカ分割に示されるように、「新帝国主義」という装いで、権力を海外に向けて行使していた。この広い時期区分は、単純なヨーロッパ的区分ではなく、グローバルな区分であるけれども、依然として有効である。一八六〇年以降、ヨーロッパ内外の政治指導者たちは、国民国家の建設計画を急速に拡大していった。一八七〇年には、イタリアが、かつての大君主オーストリアへのフランスとプロイセンの介入後に急速な工業化と近代化を進めていたピエモンテの主導の下、統一した。とくに南部では土地を所有する有力者たちが大きな影響力を保持していたものの、トスカーナ方言のイタリア語を意識的に採用したミラノやトリノで工業に従事する小規模ミドルクラスが、イタリアに統一性をもたらした。一八七一年には、ドイツ語圏のかつての二大君主であるオーストリアとフランスに対する戦争でプロイセンが勝利を収めた後に、ドイツ統一が果たされた。ドイツの各領邦の祖国はその民衆からの忠誠を依然として引きつけてはいたが、共通の文化や言語、そして、外側世界で果たす役割が増大したことによって、東部の地主、ライン河流域のブルジョワ、南部のカトリックの小作農の間の結束が強められた。

同じ頃、アメリカ合衆国では、急速な社会変化と連邦の再建によって、もっと激しいアメリカ国民意識が生み出された。一八六〇年から一九〇一年にかけて、イギリスの自治領であるカナダ、オーストラリア、ニュージーランドが連邦国家となった。その頃日本では、若き改革者たちが、明治天皇の権威を国民の中心として作り直していた。東ヨーロッパでは、強圧的になっていたロシアに刺激を受けた汎スラヴ主義によって、一八七八年のバルカン戦争後、オスマン帝国のヨーロッパ地域が攻撃的なキリスト教小公国へと分割されていった。一八八二年にイギリスがエジプトを占領すると、それに士官、聖職者、地主が結束して対峙したが、これは、かつてオスマン帝国の南部の州だったこの地に新しいアイデンティティ意識が誕生する前兆となった。アジアでは、一八八五年にインド国民会議が結成され、一八九〇年代には沿海部や海外の中国人青年らが満洲族に対して激しい非難を浴びせたが、これらは、アジアの新しいエリートたちが「自分たちの」萌芽的な国民国家を奪取する意向を示すものだった。

誰の国民か

同じような時期に戦争や社会変化によってナショナリズムが生み出されたとはいっても、ほとんどの場合、国民という共同体の形態は曖昧なままで、激しい論議を呼んだことを想起するのは重要である。今日のナショナリズムの形態を、一九世紀後半、ましてやそれ以前にまで「遡及」するのは賢明ではない。たとえば、一八八〇年代や九〇年代のいわゆるアイルランド・ナショナリストの多くの人々にとって、アイルランド自治とは、別個のアイルランド国民国家の要求ではなかった。両世界大戦では、多数のカトリック教徒を含む何千ものアイルランド人がイギリス軍に入って闘うことになった。イギリスの白人自治領の指導者たちも、イギリスとの絆への深い忠誠心を依然として持っていたが、一八九九年の南アフリカ戦争の頃には、オーストラレーシアやカナダでは、社会・経済的結束によって別個の地域としてのナショナリズムが形成され始めた。まったく異なる状況下だが、一八七六年以降のエジプト侵略後の数年間には、エジプトのいわばナショナリズムの主唱者たちが、はっきりと「エジプト人のためのエジプト」を叫ぶようになっていた。だが同時に、その多くは、イスタンブルが世界の中心であり続けるのだと考える「オスマン愛国者」でもあった。一八九六年以降の中国人ナショナリストの中には、「満洲族（満洲人）」というカテゴリーをつくった一因がまさに満洲族の清朝にあったという事実を忘れて、「満洲族」を非難した者がいたかもしれなかった。だが、このような民族の分割は、一九三〇年代に日本が満洲を占領して初めてきわめて重要になるのである。したがって、一八六〇年以降、ますます多くの知識人や政治家が「国民」について語るようになっていたとはいっても、自分たちがどの国民なのか、あるいは、国民とは何かについて、意見の一致があったわけではなかった。

けれども、われわれは、多義的という隠れ蓑の中にすっかり引きこもってしまうには及ばない。さまざまな波長を持つものとしてナショナリズムの型を分類するのが有益だろう。そうすれば、かなり容易に歴史的な転換点を特定することができるのだ。波長帯の一方の極にあるのが、「旧来の愛国主義」——つまり、比較的同質な言語・宗教的共同体——から生まれたナショナリズムであった。これは、かなり持続した中央集権国家や有徳な統治の伝統によって強固になることが多かった。イングランド、フランス、日本、さらに、断言はできないが、インドのマハーラーシュトラやスリランカが、この範疇に入る。一七世紀と一八世紀のアイルランドは、一九世紀末のカトリックの大衆ナショナリズムとはやや異なる、古めかしい愛国的なアイデンティティ意識をたしかに持っていた。それは、少なくとも「ヴェトナム」の北部、つまり、フランスが「アンナン（安南）」と呼んだところでも同様だった。これらの地域では一九世紀末に支配層がもっと活発なナショナリズムを先導できたが、まさしくその原因は、共通の言語や文化、旧来からの地域の結びつきを反映した既存の共通の目的意識の上に根づかせることができたからであった。一九世紀後半のこのナショナリズムは、単にトップダウンの現象でもなければ、国家やエリートによる創造物でもなかった。(12) 貧しい従属的な集団出身の人々は、自分たちの国民について考えるよりどころを求めていた。時には、国家の境界の外にいる移民たちが、統一した国民の境界に対する要求を活発化させるのに大きな役割を果たすこともあった。アイルランドや中国のナショナリズムが出現する上で、アメリカ合衆国やオーストラリアに渡ったアイルランド人移民、ハワイや東南アジアに渡った中国人移民が、それぞれ非常に重要だった。したがって、このタイプのナショナリズムは、ナショナリズムがごく最近の時代にたやすく「構築された」ことに疑念を抱くA・D・スミスやエイドリアン・ヘイスティングズたちの立場にぴったり当てはまる。

波長帯のもう一方の極にあるのが、旧来の愛郷心によって創られた国家に対抗して、国家によって創られたナショナリズムであった。イングランドに対置されるイギリスは、リンダ・コリーが論じたように、フランスとの長期の戦争、とくに一七八〇年から一八二〇年にかけての世界的危機の時期に形成された。ベルギーのナショナリズムは、一八三一年に複数の言語集団が住む北部諸州からベルギー王国が建設された後、政府によって育成されたものだった。同様に、ラテンアメリカのナショナリズムは、一八二〇年代と三〇年代の独立国家の建設に先行していたというよりは、その後に立ち現れたのだった。たしかに、教養層や地主層は、早くも一七六〇年に、スペイン人に対抗するアメリカ人という「クレオール人」としての漠たる意識を抱いていた。だが、「コロンビア人」や「ベネズエラ人」であるという意識はほとんどなかった――これらの名称は、後世の発明であった。さらに、一八六〇年以前のアメリカ合衆国では、国家への献身という理想がたしかにあった。だが、もっと強固なアメリカ・ナショナリズムは、南北戦争や、一八六〇年以後の世界情勢へのアメリカの関与――まだ小規模だったが――の増大によって生み出されたのであった。

波長帯の中間あたりに位置するのが、一九世紀後半に領土内で台頭した種々の原初的ナショナリストの指導層を支援するか抑圧するかを決めあぐねていた統治者のいる大国であった。ロシア、オーストリア＝ハンガリー、オスマンの各帝国や中国の統治者たちは皆、一部の地区、とくにもっとも有力な地区で出現したナショナリズム意識を奨励すると帝国全体を解体させてしまうかもしれないという問題に直面していた。逆に、そうしたナショナリスト指導者たちに任せられない場合には、統治者自らが政治の主導権を失うかもしれなかった。こうした事例については、本章後半でもっと詳しく考察しよう。

ナショナリズムの永続化――記憶、国民協会、出版

国民の起源の方が、その永続性に関してよりもはるかに詳しく扱われてきた。だが近年、歴史家たちは、国民という考え方が一般の人々によってどのように表現され「読まれてきたか」について関心を持つようになっている。ナショナリズムを定着させる上で、武力衝突というむごたらしい経験と同じくらい重要だったのは、その記憶であった。記憶、伝統、教育、[13] さらには国民政治の出現のおかげで、この高揚した国民意識が世代から世代へと再生産されていったのだ。記憶の場――戦場、墓地、国民的解放者の住居、愛国者や犠牲者の像――のすべてが、ナショナリズムの聖なる景観を築いていた。公的記憶の中にこれらの場所を結びつけて公認しようとする試みが、とくに一九世紀中葉の諸戦争の後に広がった。新しいフランス第三共和政は、君主政主義者、ボナパルト家支持者、教会に対抗して、バスティーユの日の公的祝典を強要した。フランス各地の通りは、啓蒙時代や一七八九年革命の英雄にちなんだ名前に変えられた。アメリカでは、ワシントンＤＣが、連邦軍の英雄の記念碑――守備隊で落命し

図 6-1　費用のかかるナショナリズム——ヴィットーリオ・エマヌエーレ 2 世の乗馬像（ヴェネツィアのリーヴァ・デッリ・スキアヴォーニの像）

た黒人兵士たちの記念碑一基を含む——で彩られた。統一後のイタリアでは、ガリバルディや国王ヴィットーリオ・エマヌエーレへの大々的な崇拝が行われるようになった。疾駆・闊歩する彼らの乗馬像は、今でも何百ものイタリアの市町村の広場で目にすることができる（図6-1を参照）。

国家が教練や準軍事組織への志願を強要することは、ヨーロッパでの統一戦争の頃に始まったのだが、それは、次世代の人々の心に国民の運命についての新たな意識を刻みこむ手段の一つとなった。学校教科書、小説、地図、博物館、公共の催し、陸海軍のパレードは、常に彼らの目を引きつけた。ヨーロッパ以外でも、野心的な指導層は、かつての愛国的反抗者たちの記憶の灯火で手を温めることができた。中国人に対する「ヴェトナム人」の抵抗やモンゴル人に対する日本人の抵抗の伝統は、一九世紀後半のナショナリストによる演説や書物の中で誇張されていた。

一九世紀中葉の危機の主要テーマは、「人種」闘争と国民の軍事動員であった。こうした対立は、ナショナリズムを高揚させた。だが、自由主義的国民国家の政治理論は、これらすべてのテーマをどのように調和させたのだろうか。ヨーロッパの一八四八年とアメリカ南北戦争が持つもう一つのテーマとは、全人民による代議制であった。民衆による政治や民主的な要求は、ナショナリズムの汚れた力が持つ比較的明るい側面として理解されてきた。平等な市民を要求することが、狭量なナショナリストによる独裁をしばしば招いたという逆説は、一八四八年のバリケードの傑物から皇帝になったナポレオン三世を指して使われた「国民投票による独裁」という文言で知られている。大衆民主政の拡大を、一八六〇年以降の新しいナショナリズムの温床としてどこまでみることができるのだろうか。

一見したところ、それは無理である。新しいドイツとイタリアの指導者であるビスマルクとカヴールによるナショナリズムは、一八四八年の「諸国民の春」の指導者たち以上に、代議制の拡大に対して懐疑的になっていた。貴族の自由主義者、軍部のどちらもが、大衆に対する聖職者や社会主義者の影響力をうさん臭く思っていた。アメリカでの奴隷解放は、その後ただちに現地の白人が有権者を不正に操作するようになったため、大衆への選挙権付与には至らなかった。イギリスのエリートたちは、フランスでのナポレオン三世の「独裁」を目にしたこともあって、選挙権拡大に反対の立場に転じていた(14)。議会を通して利害を代表させることは善いことだと考えてはいたが、依然として政治指導者たちは、民主主義を圧政と同等とみていた。新ドイツでは、選挙権の拡大が行われたが、有権者の支持が政府の中枢部に影響を及ぼすことはほとんどなかった。他の地域では、選挙資格は厳しく制限されており、選挙権が政府からしぶしぶ付与されることがあったが、一九〇五年のロシアの場合には力づくで行われた。植民地帝国の非ヨーロッパ系臣民には、せいぜいのところ、小規模の地方選挙権か、旧来の規範にならって、地方統治問題に関するわずかな権限しか与えられなかった。たとえば、一八八〇年代、イギリス自由党政府は、インドに地方自治体や地区の委員会を設置したが、直接選挙権を持つインド人名士はわずかだった。

一八六〇年以降、人民主権は、ナショナリズムの発展において控えめな役割しか演じていなかったとしても、当時は、全国政党が誕生した時代であった。全国政党は、地方の事件を広範囲に問いかけたり、投票できない人々に国民の政治を意識させたりする役目を果たした。政党や圧力集団が、国家に対する攻撃や意思伝達のために人民を動員することは、一七八九年以降に王室や貴族の正当性が低下した状況下で始まっていた。この動きは、第４章で述べたように、少しのあいだ休止したが、一八一五年以降、後戻りすることはなかった。その結果生じたのが、労働組合から、女性運動団体、宗教結社に至るまで、国民全体が権利を持つと主張する社会・政治的圧力集団の大規模な拡大であった。エリートによる「上からの」圧力だけでなく、このような分派的な結社がたえず繰り返す国民の正当性に対する要求によっても、ナショナリズムは強化されたのである。したがって、きわめて分権的なアメリカ合衆国でさえも、経済や技術の変化によって連邦内のさまざまな地域が互いに接触するようになったため、民主・共和両党にとって、全国的な政治の場がますます重要になった。

イギリスでは、W・E・グラッドストンの指導の下、非国教会派や改革派の結社の集まりから自由党が台頭した。一八八四年以降、選挙権が拡大し、労働者が含まれるようになると、保守党は初めて労働者階級の支持を取りつけ始めた。その結果、国民的関心や国民的シンボルに訴えることが、イギリスの選挙において、さらには、全土で活況を呈する自発的結社の世界において、ますます重要になった。ドイツでは、政党が閣僚に対して影響を与えることはできなかったが、保守派とカトリック中央党、後には社会民主党も含めた対立が政治を国家から引き離し、政治は全国レベルの争点になった。ロシア帝国でも、一九〇五年以前は人民政治は事実上存在していなかったが、支持を訴えようとする官僚派閥や世襲的政治勢力が、ロシアの地方、シベリア、ウクライナで運動し評価を勝ち取らざるをえなくなっていた。主要都市のエリート層の間にこうしたロシア人意識が高揚すると、都市部のポーランド人、リトアニア人、フィンランド人たちに高まっていたナショナリスト感情との、ぎすぎすした対立が起こった。植民地世界では、選挙民は、いたとしても、依然としてわずかだった。けれども、一八八〇年代には、イギリス、オランダ、フランスの植民地帝国全域に全国政党やロビー団体ができていた。

全国的な政体への強い忠誠を育んださらなる変化とは、交通・通信手段、とりわけ、国民的な関心に訴える新聞の発展だった。ここで、出版による想像の共同体というベネディクト・アンダーソンの考えが、ナショナリズムを創造したというよりも、それを広め、はやらせた点で、再び非常に重要になる。一八四〇年当時のヨーロッパの新聞は、小規模の読者層の関心や知りたい情報にこたえるきわめて視野の狭いものだった。一八六〇年以降、大量印刷が格段に増加し、同一経営下の新たな新聞が何百万部も発行されたが、その多くは、全国市場にほぼ向けられていた。イギリス急進派のW・T・ステッドやアメリカのウィリアム・ランドルフ・ハーストのような新聞「王」たちは、新聞を労働者に市民としての義務を理解させる教育装置とみていた。交通・通信革命は、ヨーロッパ以外の人々の志に対しても、文字通り、電気ショックを与えていた。たとえば、一九〇九年のペルシアの「立憲革命」が実現したのは、電信メッセージが砂漠や山岳を越えてさまざまな中心部を結びつけたからであった。こうして、ともに全国的活動に参加する意識が強まったのである。

これらの変化が持つ政治的影響は、曖昧であった。それは、全国的な市民社会はもとより、国民政府を強化した。コミュニケーション媒体の発達がしばしばそうであるように、交通・通信の自由が要求されだすと、強力な管理措置が導入され、要求はつぶされた。ますます政府は、電信会社を保護するようになった。ロイターのような通信社は、ニュースを操作して配信した。このような情報統制によって、政府や国家の政治エリートが耳にしたくないことをあまり読まなくて済むようになった。敵の好戦的な態度や残虐さを述べたてた特報は、今やあらゆる主要国のミドルクラスの朝の食卓で目にされるようになったが、それを書いた従軍記者は、戦闘的ナショナリズムの過激な唱道者だった。たとえば、イギリスの大衆迎合的な自由主義政治家ウィンストン・チャーチルは、イギリスがアフリカで闘った諸戦争での従軍記者として人生のスタートを切ったのだった。イギリスやアメリカ合衆国では、長いあいだ保たれてきた国民意識によって、過激なナショナリズムの出現がある程度抑え込まれていたが、そこですら、政党と攻撃的新聞とが協同して激しい熱狂的愛国主義を生み出す宣伝活動が起きていた。アメリカ合衆国がキューバ支配のための戦争を始める一八九八年以前に、新聞は反スペイン感情をあおっていた。南アフリカ戦争（一八九九―一九〇二年）や中央アフリカをめぐる英仏間の緊張に伴って起きたボーア人、ドイツ人、フランス人に対抗するイギリスの騒々しい宣伝活動は、一九〇〇年以降にヨーロッパ間の対立を激化させるイギリス世論の下地をつくった。他方で、植民地化された人々は、こうした新しいニュース媒体をさかんに利用した。インドのナショナリストたちは、ステッドの『レビュー・オブ・レビューズ』を熱心に読み、北アフリカのナショナリストたちは、英仏両政府を電信を使って攻撃していた。

共同体から国民へ——ユーラシアの諸帝国

本節では、「ナショナリズムの諸理論」とその広範な発展に関する考察を離れ、古い農業帝国が支配的だった地域でのナショナリストの指導者の出現についてもっと詳しく描いていく。これらの事例は、ナショナリズムの型の中でも、先に述べたように、旧来の愛郷心と、国家によって構築されたナショナリズムとの中間の波長帯に位置するものであった。こうした政体でのナショナリズムの勃興は、一九世紀後半から二〇世紀初頭においておそらくもっとも重要な動きであった。もちろん、第11章で述べるように、あまりにも早くからこれらの大帝国を考察対象から外さないのが重要である。世界の地域の中には、あるいは、同じ帝国政体の中であっても、一九一四年以前にはナショナリズムがほとんど目立たなかった地域があったことは指摘できる。それでもやはり、広大な土地を有する旧来の農業帝国で、一八六〇年頃から急速に過激なナショナリスト指導者層が台頭したところがあった。それによって、この多様な社会が激しく緊張し、時には、次節で述べるように、「エスニック・マイノリティ」の苦境や排斥——これも一八六〇年以降に先鋭化する傾向の一つだった——をもたらした。

こうした扇動的なナショナリズムを支持すべきか、抑圧すべきか——一九世紀後半、多民族帝国は、深刻なジレンマに直面した。ヨーロッパおよび疑似ヨーロッパの諸帝国には、特有の問題があった。ハプスブルク朝とそのドイツ人支配層は、「マジャール人」の声——新聞でも、書籍でも、あるいは、職や地位に飢えた都市化するハンガリーの人々に募る怒りとしても表現されていた——を代弁する者たちからの激しさを増す要求をかわせるのならと、ハンガリー側の支配層に権力をますます譲らざるをえなくなっていた[15]。このことは、今度は、ハプスブルク領にいるチェコ人、スロヴァキア人、あるいはルーマニア人とは何を意味するのかという問題を引き起こした。オーストリア＝ハンガリー帝国史家の大半は、一八九〇年代を重要な転換点とみている。この一〇年間に、ナショナリストの主唱者たちは、広範な支持を得ていたが、大都市やもっと富裕な農民層の間ではとくにそうだった。ロシアの指導者たちも、同じような問題に直面していた。皇帝アレクサンドル三世は、帝国内でのロシア正教徒のナショナリズムはある程度許容せざるをえないと認識していた。危険なのは、それによってポーランド、リトアニア、その他の国民の代弁者を自任する指導者たちをたやすく活気づかせてしまいかねないことだった。これら非ロシア人は、皇帝臣民の六〇％を占め続けていた。一八七〇年代後半、ロシアのナショナリストたちによる新聞や社会での扇動によって、ロシアがオスマン帝国との金のかかる戦争に追い込まれると、王室はおののきながら傍観していた[16]。

中東、北アフリカ、アジアの政体では、国民の要求にどのように対処すべきかというジレンマが、経済的な遅れやヨーロッパの支配によって増大した。オスマン帝国のヨーロッパ地域では、ロシア正教やギリシア語、そして一八世紀の地中海でのギリシア人企業家の成功が、ギリシア人の愛国主義をあおりたてていた。当時、ギリシア人や「スラヴ人」は、国民としての独自のつながりを自らの手で作り始めており、ローマ帝国東部の旧キリスト教社会は、すでに分裂の様相を呈していた。しかし、ギリシア人の間にもっとまとまりのある意識を育んだり、ギリシア独立王国のようなものの建設を可能にしたのは、一八二〇年代のオスマン軍によるギリシアへの干渉だった。当時のヨーロッパが古代ギリシアの過去を発見したことは、創られた歴史的系統をギリシアのナショナリズムに付与し、西洋列強がギリシアを国民として認めることを促した。これに続き、八〇年以上にわたって、バルカン半島の他のキリスト教地域——セルビア、ルーマニア、ブルガリア——が、独立へと向かっていった。帝国の解体を進める知識人たちを後押しする大きな力として、キリスト教諸国家の干渉以上に深い次元で働いたのは、小作農の現実的な打算だった。彼らは、国民としてオスマン帝国から独立したあかつきには、もっと安定した財産権を確保しようとしていたのだった。

オスマン帝国の他の地域、とくにシリアにおいては、一八世紀に漠然とした「アラブ人」意識があったと主張する歴史家たちがいる。これは、近隣に住むオスマン帝国のトルコ人や、シリアを統治するオスマンの総督たちに対する敵意を意味するものではなかった。もっともそれは、神聖で歴史的な地理意識、つまり、「ソフト」な愛国主義のようなものを反映していた。バルカン半島以外でもっと大きな分裂を招きつつあったのは、一九世紀後半のオスマン人、ロシア人、オーストリア人の間の諸戦争であった。キリスト教の侵攻に直面していたオスマンの統治者たちは、時には、外国人に対抗してイスラーム感情をあおることを試みた。だが、これは難しかった。というのも、オスマン領中央部でスルタンに対して依然として忠誠を誓っていた多くのキリスト教徒やユダヤ教徒の地位に関する問題を引き起こすことになったからである。宗教に加えて、民族的出自も政治論争の的になった。ギリシア人が国民たる地位にあるのならば、いったい、ドルーズ派、東方正教会教徒、シリアのシーア派、山岳レバノン派は何なのか。オスマンの人々は、かつて考えられていたほどには、この論争の調停や妥協に無力であったわけでは決してなかった。山岳レバノン派では、一九世紀中葉の分派集団どうしの内乱によって、一八六〇年以降、スルタンの下での新しい政治制度に代わっていた。分権的な統治のおかげで、明白なレバノン人意識が生まれる土壌がつくられる一方、共同体の指導者どうしの交渉は、第一次世界大戦で西洋列強が再び介入するまでは平和的で実効性があった[17]。

にもかかわらず、一九〇八年のいわゆる青年トルコ革命以降は、差異に対処するとともに強靭な国家を建設するというジレンマ状況は、もっと深刻になった。多くの知識人がトルコの言語や文化について熱烈に著し始めていたとはいえ、汎トルコ意識はまださほど広がってはいなかった。一九〇八年に政権を握り、体制を回復した若き士官

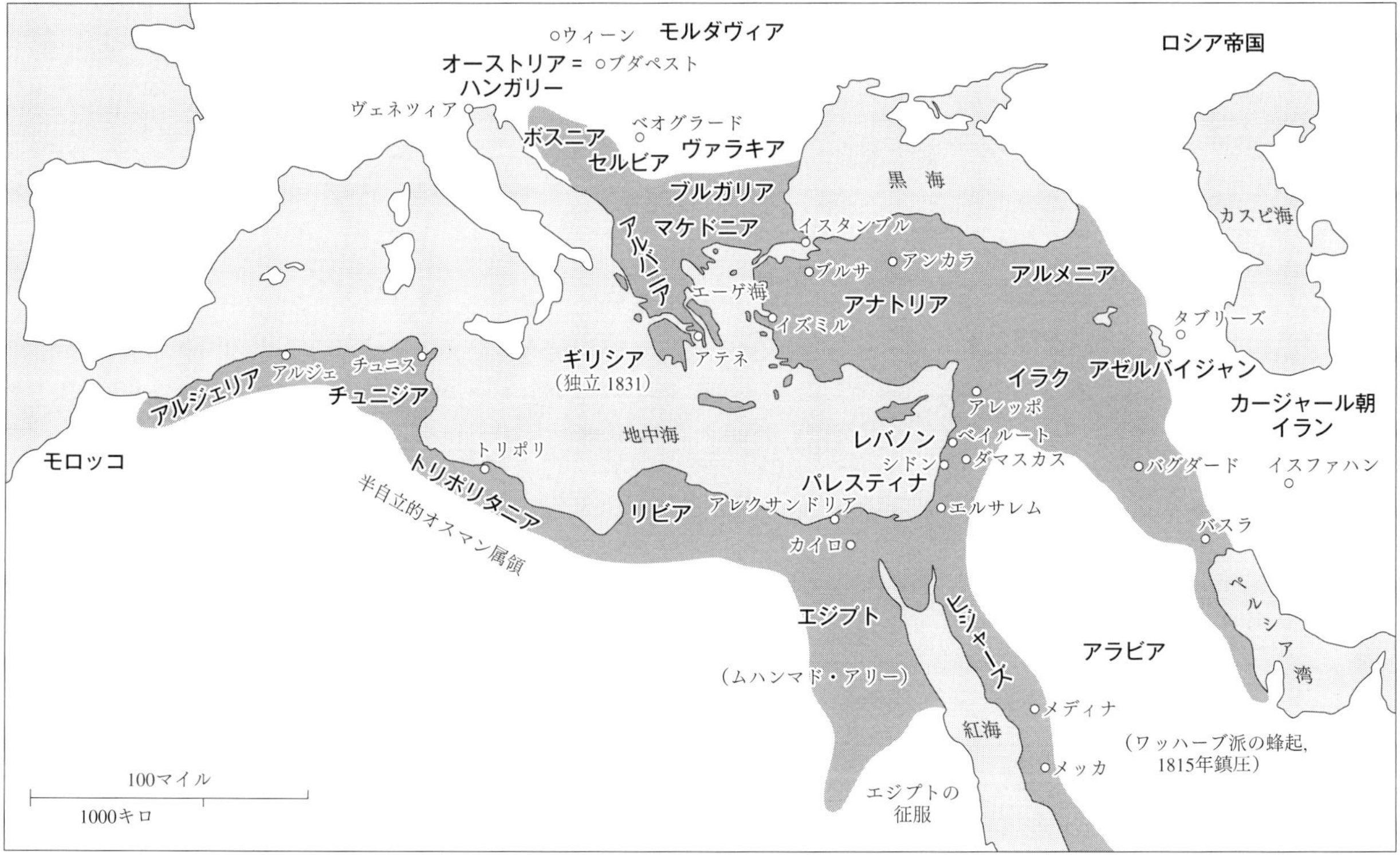

地図 6-2　19 世紀初頭のオスマン帝国

出典：William L. Cleveland, *A History of the Modern Middle East* (Boulder, Colo., 2000), p. 45.

たちは、ジレンマに陥った。彼らは、帝国を強化し、それをヨーロッパの国家のようにする必要性を痛感していた。その大半は、トルコ・ナショナリストというよりは、心情的には依然としてオスマン愛国主義者であり、ハサン・カヤリが論じたように、一九二〇年代までそうあり続けていた。[18] 彼らの中には、トルコ人少数民族はもとより、アラブ人やアルメニア人が含まれていた。しかし、彼らは、アラブ諸州へのトルコ語教育の拡大に着手していた(後になってトーンダウンしたが)。一九一三年にアラブ世界会議が開催されたのは、こうした試みへの対応という側面があった。地方では、メソポタミアのように、親アラブ社会が帝国の目的を疑問視し始めていた。[19] 実際、国民をめぐる議論が帝国内で起こっていた。ただし、依然として多くの意見は、小アジアのギリシア人の間でさえ、一九一六年になってもオスマン支持の立場をとっていた。

これとは対照的に、エジプトは、オスマン帝国の中で相変わらずユニークな州であった。それは、エジプト人が特有な形態のアラビア語を話していたことにもよるし、近代エジプトがファラオの古代文明のなごりをとどめていたことにもよる。比較的大規模な人口、集約的河岸農業、強力な経済を有するエジプトには、地方として自立してきた長い歴史があった。皮肉なことだが、一九世紀前半に軍事・財政改革や地方民の官吏登用策によってエジプト人に独自な意識を育ませてきたのは、アルバニア系でトルコ語を話すムハンマドの統治家系、すなわち、ムハンマド・アリーだった。この「クレオール」政策の規模をめぐって歴史家の間で見解の違いがみられるが、一八八〇年代から九〇年代には、エジプト人たちは地域的アイデンティティ意識をかなり表明していたと思われる。[20] 一〇年かそこら前のドイツと同じように、地域産業を保護し、強欲なヨーロッパ人の高利貸や債券所有者を排除するための「国民政治経済」が必要になったこともまた、地主、企業家、市場関係者の間に経済的同盟関係を生み、地域的アイデンティティ意識を強めた。一八七〇年代のエジプトでは、二〇万人以上のヨーロッパ居留民が都市部に住み、統治政府は英仏の商業利害によって骨抜きにされており、事実上の植民地になっていた。[21] 一八七八年以降、西洋列強は、エジプトの統治者に対して、軍隊の削減、課税引き上げ、外国人顧問の受入を強要した。その結果、エジプト人の怒りは、「エジプト人のためのエジプト」を求める広範なナショナリスト運動をもたらした。この運動は、イデオロギーとしては反オスマンではまったくなかったが、それでもやはり、エジプト人の連帯意識の高揚の証しであった。[22]

他の北アフリカ地域では、祖国を守る「聖戦」の主張が広大なオスマン帝国領内にみられ、エジプトの多元社会と同様、イスラームが異彩を放っていた。北アフリカは、三世紀前に南スペインのイスラームの地をスペインが再征服したことをしっかり記憶していた。一七八九年にナポレオンがエジプトに侵攻した際、北アフリカの住民は、キリスト教徒の侵入を恐れ、自分たちの政治的将来を考え始めた。一八三〇年以降の諸戦争では、彼らは北アフリカ特有の連帯意識で危機に立ち向かった。[23] フランスがアルジェリアを侵略すると、彼らの恐れは確信に変わった。一三〇年にわたるフランス統治期を通して、長期に及ぶ占領戦争やほとんどひっきりなしに続く暴動が引き起こされたのである。これは、同質的な「イスラーム教徒の反応」でもなければ、経済的荒廃への単なる反応でもなかった。それは、土地、人民、伝統に関わっている点で、かつてナポレオンによるイタリア征服で刺激された感情と同様であったが、それと同じくらいナショナリスト的な要素はほとんどなかった。

アフリカ大陸は、多くのさまざまな政体の間で依然として分裂していたとはいえ、アフリカ黒人の中には、「アフリカ国民」のような主張をしだす者もいた。一八六〇年代には、西アフリカのクレオール、解放奴隷、英米で宣教団体による教育を受けた人々が、アフリカ人は独立や人道的処遇に値すると主張していた。彼らは「神の呪い」にかけられていなかった。こうした汎アフリカ主義を支持する者はほとんどいなかったが、一九〇〇年よりもかなり前からそれに関する書物、新聞、集会が増え続けていた。[24] その全体の基調を定めたのは、ギリシア語・ラテン語の教授エドワード・W・ブライデンのような人々だった。イボ人の奴隷を両親に持つ彼は、長老派の援助を受けて渡米し、後にリベリアに赴いた。一八八〇年代には汎アフリカ・ナショナリストになっていた彼は、次のように記していた。

近代的進歩が始まって以来ずっと、アフリカ人種は、人類の文明活動においてきわめて卑しく従属的な役割しか担ってこなかった。……［しかし］束縛の地であり父祖の地である大地で、彼らが果たすべき特別の務めがあるのだ。私は、アレクサンドロスの時代のギリシア人、アウグストゥスの時代のローマ人、一九世紀のアングロ・サクソン人よりも、この人種の一員でありたい。

ここには、人種と進歩思想がキリスト教の救済思想と合わさり、国民としての共有意識がめばえたことが示されている[25]。

西海岸以外では、一九一四年以前のサハラ以南のアフリカで、ナショナリズムと呼べるものが生み出されることはなかった。だが、ンデベレやショナのような、ケープから北方に進出するヨーロッパ人に対する防備を固めたアフリカ諸王国は、土地や社会への自尊心をむき出しにしていた。それらは軍事独裁国以上だった。エイドリアン・ヘイスティングズは、一九世紀末のアフリカ人エリートによる聖書の流用《アプロプリエーション》と活用も、新しい愛郷心をつくりだしたと主張した。重要なことに、ヘイスティングズやアフリカ生まれの新しい世代の歴史家たちは、一八六〇年代から一九〇〇年にかけて、宣教師や植民地官吏がアフリカ人を「部族」に分類することを促していたが、すでにアフリカの多くの地域では、王への忠誠にはとどまらない「民族」意識が存在していたと主張し始めている。

一八六〇年以降の二〇年間は、インドの地域ごとの旧来の愛郷心よりもはるかに広範で自意識の強い全インド・ナショナリズムが形成される上で重要であった。すでに一八三〇年代には早くも、インドの改革派や保守派は、国民政治経済に相当するものをベンガルと西インドで要求していた。これは、イギリスが初期の工業化を亜大陸に持ち込んだことや、ヨーロッパ人が自由貿易を強要したことに対する反応であった。ベンガルの商業を担ったり土地を所有していた有力者たちは、ヨーロッパ人と同じく、一八一五年以降の共和派と王党派との抗争に気づいていた。彼らは、一八三二年のイギリスの選挙法改正の重要性を理解していたし、一八四八年の飢饉でのアイルランド人の窮状を嘆き悲しんでいた。ことによると、インドの商人や専門職の少数のエリートたちは、同時期のハンガリー人やナポリ人と同程度の「ナショナリスト」だったかもしれない。彼らの多くは、一八五七年の叛徒によって野放しになったあまりの無政府状態を憂慮し、大反乱は愛国的運動だとする見方を拒絶した。

大反乱後、イギリスによる侵入や屈辱の経験が、白人移住者によってさらに高まると、インドのエリート層の間には、国民共同体をつくることで政治的な力を取り戻すべきだというはっきりした意識がつくられた。インドの大部分の地域は、一八世紀末以来、大きな戦争は経験していなかったのだが、エリートたちは、被占領国の住民だという意識をますます強めていた。一八五七年以降、イギリスの白人軍隊がはっきり目につくようになったことや、鉄道路線の建設、新しい軍事・政府関連施設の存在は、少なくとも都市住民の間でこうした意識を募らせた。一八八五年のボンベイでの最初のインド国民会議にしぶしぶながら集まったさまざまな結社やエリートたちは、敵対感情があることや、経済・人種的に不利な状況におかれていることを訴えた。これらの指導層は、インドの地方に旧来からあった何らかの愛郷心を受け継いでいた。彼らは、素朴な職人とその生産物が持つ価値、王には善良な助言が必要なこと、牛の屠殺や酒という穢れから大地を守るべきことも称えていた。(26) だが、これらの結社の指導者たちは、人民主権や官僚支配というイギリスの自由主義的な原則についても認識していた。

中国では、オスマン帝国と同様、中国人を「満洲族」と対立させるような民族分裂の新しい言辞《レトリック》が生まれたことで、連帯意識が複雑になった。皮肉なことに、こうした区別は、帝国のイデオロギーの構成要素として、一八世紀に政権の手によって普及していた。だが、一九〇〇年代になると、清帝国への愛郷心に加え、独特な人種という意識の後押しを受けて、漢民族のナショナリズムの萌芽を口にできるようになっていた。どちらの意識も、敗北と占領の経験によって強められた。アヘン諸戦争〔アヘン戦争とアロー戦争〕によって中国がこうむった屈辱感は、一八六〇年以降に西洋列強が帝国に押しつけた不平等条約によって深まった。キリスト教宣教師が沿岸部に入り込んだことで、伝統的な中国の知識人や一般の人々は、強烈な独自のアイデンティティ意識を抱くようになった。外国による干渉に対する怒りは、時には中国人を反体制にすることもあった。それは、政府を支援するすべての外国人に敵意を抱く中国人のエリートや民衆による愛国的民衆運動を生み出すこともあった。これが当てはまるのは、一九〇〇年、西洋側が「義和団」と呼んだ軍事・宗教的運動が、中国皇太后〔西太后〕への忠誠を宣言して、外国人の宣教師や企業家に立ち向かったケースであった。[27] ヨーロッパ、日本、アメリカ合衆国の軍隊が総力を挙げて鎮圧したことでようやく、中国における西洋の経済・文化的財産への危険が回避されたのだった。

同じ頃、もっと近代的で、時には反清的な中国ナショナリズムが、宣教師による教育を受けたミドルクラスや企業家のいる沿海部、東南アジアの中国人移住地で起こりつつあった。それがよく当てはまるのは、第一次世界大戦前に中華民国の初代〔臨時〕大総統となる孫文のケースである。彼は、香港、ハワイ、日本で教育を受けていた。また、バンコクやマラヤにいる中国人とも接触があった。一八九五年、孫文は支持者とともに広東にある清朝当局に対してクーデタを試みた。彼の目的は、中国人民の救済に尽くす新しい中国国家の建設にあった。この新国家は、西洋の文化・経済的侵略に対して立ち向かうはずだったが、その方策は清朝が失敗したのと同じものだった。クーデタが失敗すると、孫文や他の若き中国人の改革者やナショナリストたちは、ロンドンに逃げ込んだ。帝都である同地で、彼らは、インド人、アイルランド人、エジプト人の多数の植民地ナショナリストや急進的学生たちと知り合った。彼らは植民地権力への他の抵抗運動について読み知り、孫文は、二〇世紀のアジア・ナショナリズムの重要文書の一つである「三民主義」へと理論をまとめるよう、構想を始めていた。[28]

ナショナリズムの位置づけ

これまでの章や本章冒頭の数節で詳述してきたのは、ナショナリズムの出現についての三種の局面説とでもいうべきものだった。要約すれば、その一つ目の説とは、ヴェトナム北部、朝鮮、日本、エチオピアといった非西洋社会を含む世界のいくつかの地域では、指導層が徐々に、長い時間をかけて、土地に対する旧来の愛郷的な感情を、もっと攻撃的で排他的な国民意識へと変容させたと主張するものである。この変容は、戦争、経済・文化的変化、コミュニケーションの発達によって起きていた。こうした「旧来の愛郷心」は、国家の初期の歴史と結びつくことが多かったため、文化的領域、経済的領域、国家が重なり合う形で出現した。だが、旧来の王国には、このように明白な文化圏と重ならなかったところもあった。さらにまた、こうした旧来の愛郷心が、大規模な多民族政体の境界で、それに対抗する形で生まれることもしばしばあった。だが、これもまた、常に当てはまるとは限らなかった。

息を吹き返したこれらの古い「祖国」では、市場が発達し、一般の人々が社会的に結ばれるようになったことで、地方のエリート層の結びつきが強まった。そういうわけで、この過程は、「トップダウン（上から）」であると同時に、「ボトムアップ（下から）」でもあった。それは、一七八〇年から一八二〇年にかけてと、一八四八年から六五年にかけての世界規模の危機によって加速した。一九世紀末にかけてのグローバルな影響によってさらに進展したが、これにはもっと長い歴史があった。この事例においては、国民はたしかに「構築された」としても、非常に長い時間がかかっていたのであり、国民とは、もっと広範な社会・経済的変化による意図せざる結果の一部であった。

二つ目の説は、他の地域、とくに東ユーラシアや北アフリカの大規模で複雑な政体では、一九世紀、とりわけ一八六〇年以降に変化がかなり突然起きたというものである。そこでは、国際的な戦争や植民地主義によって、知識人や言論人が近代ナショナリズムの言葉や慣行を採り入れた。これは、一八六〇年以降にヨーロッパの帝国主義による激しい圧力の下におかれた多くの非ヨーロッパ地域に当てはまったが、似たようなことは、ロシアやオーストリアの諸帝国でも起きていた。さらに、同地の政治家たちは、戦争や経済的対立に立ち向かうために社会を近代化、工業化しようと試みたが、彼らの企ては、さまざまな文化を持つ歴史を大切に思う地方の指導者層を刺激し、分離主義や国民としての地位の要求という新しい主張に向かわせた。この点で、一八六〇年以降のハンガリーとポーランドでのより積極的なナショナリズムの発展は、インドやエジプトでのナショナリズムの出現と結びついていたし、起きた時期もほとんど同じであった。

三つ目として、オスマンの中央部、オーストリア＝ハンガリー、ロシア、それにアイルランド南部の諸地域も含めてよいが、これらの地域のように、ナショナリズムが、一九一四年になっても、はっきりとした理念や政治慣行としていまだに立ち現れてはいなかったところもあったことである。しかし、これらがたどったさまざまな軌跡のどの一つをとっても、「ヨーロッパ」内部と「ヨーロッパ」以外の地域とをナショナリズムの時機や性質で簡単に区別することはできない。

「理論」に関して言えば、旧来の愛郷心との連続性は、一九世紀におけるナショナリズムの出現の必要条件ではなかった。つまり、アーネスト・ゲルナーがA・D・スミスとの論争で気のきいた言い方をしていたように、国民には「へそ（中心）」が必ずしも必要ではないのだ。[29] 国民は、それ以前の愛郷的な何らかの連帯から生まれてくる必要はなかった。だが、ゲルナーが暗示していると思われるのだが、実際に「へそ」があったところではそれが重要ではなかったということではない。事実、ナショナリズムの中には、ほかよりもへそがはっきりしているものもあった。偽物のへそを持ったクローンもあれば、へそがまったくない試験管ベビーもあったのだ。さらに、一九世紀のシオニズムのように、想像で描いたようなヴァーチャルな子どももいた。けれども、歴史家にとっては、そうしたへそが存在するか、それ以外の状態にあるのかが重要である。というのも、へそは、国民を指導する人々や一般民衆の政治感情を育むのを助けたからである。たとえば、アメリカ合衆国が古めかしい一八世紀の憲法を保持してきた理由の一つは、同国の歴史が比較的浅く、「構築された」国民という性質を持っているからだった。このように新たな構築物に置き換えることは、かなりの危険をはらんでいた。これとは対照的に、慣習法《コモン・ロー》やイングランドの国民意識の場合、その持続性が成文憲法の制定をはばんできた。へそには、意図せざる想定外の、しかも時には甚大な重要性があるのだ。

国家を持たぬ人々——迫害か同化か

同質的な国民を求める動きは、一九世紀末には広範囲に目立つようになったが、本節では、この動きに順応するのが難しいと感じていた集団に目を向けよう。あまりにも数が少なかったり分散していたために、本国に対する自立の要求を効果的に行えなかった人々や、これとは逆に、少し前に検討した「大規模な」ナショナリズムの出現によって周辺に追いやられたり弾圧された人々について扱うことにしよう。ほとんどどこにおいても、国民の領土——実際のものであれ、希望的なものであれ——の中には、帰属する宗教、人種的差異の認識、言葉、生活様式によって区別される他者集団が存在した。こうしたマイノリティ集団は、ロシアのタタール人やアメリカインディアンのように国土の周辺部に居住していることもあれば、草原に住むビルマのカレン人やドイツ系ユダヤ人のように、中心部近くにいることもあった。アルメニア人や、英語圏のプロテスタント諸国家に移民したカトリックのアイルランド人のように、領域全体にちらばっていることもあった。

このようなさまざまなタイプの「他者」は、ナショナリストや国家建設者に対して長年にわたって抵抗してきた。そのような集団は、文化的理由からも戦略的理由からも同化させるべし、というのが、ナショナリズムの文字通りの主張であった。逆説的なのだが、国民建設というまさにその行為や、再燃した大規模なナショナリズムが持つまさにそのシンボルが、排除されたり監視下におかれている人々に準国民的な運動を起こさせたり好戦的な民族性を抱かせたりすることで、差異の認識の増大につながっていた。植民地政府の中には、「分割統治」政策によって差異を利用することが有益だと判断し、そうした半端ものの存在を歓迎するところもあった。だが、大半の国民の指導層や台頭するナショナリスト運動は、それらを弱めるか、国民全体の中に溶け込ませようとした。アメリカ合衆国を除けば、このやり方の成否はまちまちだった。

一七八〇年以前の旧秩序の大規模な諸帝国、さらにはイングランド、フランス、日本のような旧来からの国民的な国家でも、執拗な緊張状態を取り除かないまでも、それを最小限に抑えるような文化、宗教、生活様式の差異に対処する方策を練ってきた。身分が複雑で入りくんでいる社会では、対立を分離・隔離し、それを回避する方策を考えるのは比較的容易だった。権力の源泉が人民ではなく王にあれば、「われわれ」と「彼ら」という問題はさほど重要ではなかった。全員が普遍的な君主の臣民だったからである。ヨーロッパでは、たとえばユダヤ人たちは、異質で宗教的に特異な人々と見なされたため、幅広く住民に与えられる権利が大幅に否定された。だが、旧秩序の王侯や貴族は、ある時期には、彼らをある程度、保護していた。差異を取り込む政策がとくにうまくいっていたのは、オスマン帝国であった。非イスラームの少数派は、ミレットと呼ばれる半自立的集団に分類された。それぞれのミレットを治めていたのは、伝統的首長とされる者だった――つまり、キリスト教徒の場合は司教（主教）、ユダヤ人の場合はラビの評議会である。オスマン帝国の人々は、イスラーム少数派や内陸辺境にいるベドウィン人に対処するのにも、同じような組織を考案した。彼らは、スルタンに忠誠を誓い、要請に応えてスルタンの軍隊に奉仕するのであれば、自分たちの儀礼や慣行的儀式を執り行うことが許されていた。州ごとの収税管理は、ミレットや部族組織でおおむね区別されていた。オスマン帝国の人々は、ムガル朝、サファヴィー朝、そしてとくに清朝と同様、文化的な差異を価値にしていた。中東やアジアの人々には、気候や、違いがあると考えられていた身体の造りによって決められた人種のタイプによる複雑な序列があったが、これとても融通のきかない優劣の序列ではなかった。やはり、もっともすぐれたイスラームや、スルタンにとってもっとも優秀な下僕は、アフリカの肥沃な地か、キリスト教徒が住む不毛で寒冷な北部山岳地帯の出身だろうと思われていた。何といっても、ムハンマド自身、砂漠の周辺部の出身だった。

他の諸帝国と同様、オスマン帝国は、多国民あるいは多民族を抱えていた。もっとも、近代的な意味での国民のようなものは存在しなかったし、エスニシティの概念はやや排他的だった。だが、一八世紀後半から一九世紀前半にかけて、差異の問題を際立たせ、「国民をめぐる問題」を生み出す数々の変化が起きた。一つ目として、大西洋経済や、それと関係する地中海とインド洋の地域の発展によって、経済的な利益、不利益を受ける集団の違いが生まれたことで、嫉妬の原因ができたのである。バルカン半島や東地中海のギリシア人は、古くからの船乗りの技術やヴェネツィア人との結びつきを利用して、海運業の多くを手に入れようとした。アルメニア人は、広範な地域で繁栄した。レバント沿岸、エジプト、メソポタミアでは、ユダヤ人、アッシリア人、コプト教徒たちも栄えていた。非イスラームだったため、彼らは利子をとることを禁じられておらず、キリスト教徒たちの港やマルタの聖ヨハネ騎士団とのつながりから利益を得ていた。エジプトでは、金庫を潤し、新しい軍隊をつくろうとしていたムハンマド・アリー政権が、コプト教徒たちが有能な書記や会計士になれることに気づき、彼らに褒美として地方集会所を与えた。逆説的なのだが、前節で述べた「エジプト人らしさ」の考えをゆっくりとしか強めなかったことは、コプト教徒としての意識を高めることにつながった。

二つ目は、ヨーロッパのキリスト教諸国家の台頭によって、オスマン帝国の少数派が刺激や支援を受けたことである。彼らに商才があったことに加えて、単に彼らを貿易や外交での仲介役として使えるという理由も大きかった。英仏は、ユダヤ人商人を沿岸都市の名誉領事に就けた。フランスの新帝国主義の先触れであるナポレオン三世の下で、山岳レバノン派のキリスト教徒への使節団が、フランスとその文化に対する忠誠意識を育ませようと努力を重ねた。同じ頃、英米のプロテスタントの教会や宣教師が、エジプトのコプト教徒やアッシリアのキリスト教徒の反応を探っていた。イスタンブルに駐在するヨーロッパの領事たちは、少数派のキリスト教徒が苦しんでいると思われる不利な状況を救済すべく介入し、スルタンに圧力をかけた。交通手段が良くなり、ヨーロッパやアメリカから聖地を巡礼する人々が増えだすと、この圧力はますます激しくなった。

三つ目として、すでに述べたように、オスマン帝国自体が、とりわけ、相次ぐ軍事的敗北によってタンジマート体制下の国家が近代化を進めざるをえなくなった一八三〇年以降、大規模な内部変化を遂げつつあったことである。古くからの軍隊やスーフィーの組織が解体し、立憲政体が築かれた。わずかに人民主権が認められたとしても、「人民」とは誰なのかという問題が浮上するのは避けられなかった。すでに見てきたように、オスマン帝国がロシアやオーストリアの人々との「バルカン諸戦争」にたびたび関与した一八七〇年以降、宗教や国家アイデンティティの問題が表面化した。キリスト教徒による反トルコ的レトリックのスローガンが成功するようになった世界では、スルタンたちが、後の代にいくほど、自らイスラームだとますます自覚するようになったのは驚くことではなかった。だが、西洋との戦線が引かれると、内なる敵という問題が持ち上がった。外国列強に対して妥協的と目されたキリスト教徒のアルメニア人とレバノン人、ユダヤ人、アラブ人、それにクルド人は、潜在的な内なる敵となった。世界戦争が勃発する以前でさえ、今や自覚を強めていたイスラームの地方官吏たちは、大量虐殺による反対派弾圧の決断を下すこともあった。

植民地権力にとって、臣民の間に宗教・文化的な差異があることは、難点にもチャンスにもなった。ヨーロッパの諸帝国は、被征服民の異質性に対処するのはたやすいと思っていたわけでは必ずしもなかった。こうした差異は、共通の法律・行政体系を押しつける企てを難しくすることもあれば、彼らの富を経済的に搾取するのを阻止することもありえた。それゆえ、イギリス、フランス、オランダは、「少数派の人々」が住みつく恐れのあるとくに丘陵、森林、あるいは砂漠にある占領地を分離することが多かった。そういうわけで、英領ビルマのシャン人やカレン人の国家が一八八六年以降に成立したのであり、仏領インドシナの諸王国もそうだった。新たに征服されたアフリカの多くの地域では、ヨーロッパ的統治を押しつけるよりは「現地人による統治」を維持するという表向きの理由で、特別行政官による「間接統治」制度がしかれた。そのため、ケープでは、サン人、つまり「ブッシュマン」の領地は、白人が入植した植民地や、周辺にあるアフリカ人農民やコーサ人のような入植遊牧民の領地から切り離された別個の行政下に常におかれていた。ナイジェリア北部では、ルガード卿が、一八九〇年代のイギリスによる征服後にイスラームの「伝統的な」諸王国を再建することを美徳としていた。「間接統治」によって、費用を節約し、インドやエジプトで問題を起こしていたような、イギリスで教育を受けたエリート層の増大も抑えたのだった。

こうした特別行政措置や、森林住民、遊牧民、文化的に異なるアフリカ、アジア、ラテンアメリカの人々を特殊な「人民」として扱う植民地支配者の姿勢は、まさにその差異を必然的に際立たせた。それは、これらの地域の支配的な農業集団と「部族」民との間に以前からあった微妙な経済・文化的な結びつきを断ち切ってしまった。かつて「部族」民は、猟師、森林産物の供給者、呪術の民として従事していたし、入植した統治者の傭兵となることさえあった。植民地支配の下で、彼らはこうした役目を失い、貧困労働者のはきだめ同然になることが多かった。今や彼らは、多数派住民から不審人物にみられることも少なくなかった。

非ヨーロッパのナショナリズムや国民国家の将来にとってはるかに重要だったのは、領土の多数派社会内部にある宗教・人種の差異に対して植民地権力側が特権を認める風潮であった。ここで、「分割統治」政策の利点がもっと浮き彫りになった。それは、一つには、政治的打算から生まれたものだった。多数派住民とは異なる、しかも、彼らに不審者扱いされている土着の少数派集団からなる軍隊が、植民地支配者に反抗する可能性は低かった。そうした集団の首長、酋長、族長は、野心的なナショナリスト指導者への有効な対抗勢力にもなりえた。もっと多かったのは、目的がはっきりと示されない、暗黙の意図によるケースだった。当時、人種や国民について偏見があったため、植民地征服者たちは、被征服民たちを仲間うちでまとまる程度の雑多な集団としかみることができなかった。その間を調停するのが植民地征服者の役割だった。

たとえば、北アフリカのさまざまな言葉や文化のかなり微妙な差異は、フランス人の手によって精巧に練り上げられた。最近到来したアラブ人を、先住民とされるベルベル人あるいはカビル人と比較対照し、後者の方が文明的には地中海ヨーロッパ人に近いとする見方が仕立て上げられたのである。このように区別しても、ベルベル人がフランス人に反抗するのを阻止できたわけではなかったし、現に彼らは一九一二年になっても反抗していた。けれども、こうした区別は、ベルベル人の政治や社会を、近隣のアラブ人や同じ宗教信者たちとは微妙に違う方向へと向かわせることにつながった。[30] 同様に、マレー半島の諸国家のイギリス当局は、錫鉱山労働者やゴム樹液採取者として移住してきた中国人を、マレー人イスラームの小自作農とは扱いを若干変えた方が賢明だと判断することが多かった。だが、それが度を越すことはなかった。秘密結社の三合会や、マレーのイスラーム法廷の穏健な保守主義よりも物事をはっきり言う入植者たちの扇動的政治を危惧した当局は、錫鉱山にいる中国人事業家や労働者をかなり疑ったためである。オランダ人の場合は、「外島」、とくにモルッカ諸島住民とジャワの住民との差異を重視していた。同じく、フランス人は、メラネシア人、さらにヴェトナム人の年季奉公人労働者までもを、ニューカレドニアの先住カナク人よりも好ましいと見ていた。

似たことはインドにもあった。同地では、複雑な差異の歴史がヒンドゥー、イスラーム、シクの各教徒を分離していた。だが、この差異は、きわめて微妙であった。イスラームは、周辺のヒンドゥーとの何世紀にもわたる関係に順応していたし、シクは、インドに共通する宗教的過去から導かれる規範や宇宙観の中での営みを、多少なりとも続けていた。[31] イギリスの統治者たちは、他の植民地と同様、宗教・人種のブロックに分けて大陸を統治する方がたやすいと判断した。法制度、センサス、それに台頭しつつあった人類学という「科学」は、この差異を認めるとともに、ある程度、その差異を際立たせた。だが、一九世紀後半になると、こうした共同体の指導者たちも、自分たちの利益のために差異を主張し始めた。一八七〇年代には、「われわれはヒンドゥーではない」と力説するシク教徒もいた。イスラームの中には、イスラームは後からやってきた征服人種であって、インド人大衆とはまったく異なり、彼らよりも優秀であるとか、植民地統治者の支援を受けるに値すると主張する者もいた。

このような態度は、宗教と人種は真の実在物であって自分たちはそれを弁護しなければならないという考えが、現地の知識人たちの間に広まっていたことの表れであった。植民地権力側は、このきっちりとした分類を念頭において、思考・統治・記述を行う傾向があった。現地の知識人たちも、共同体や民族の歴史を描くことで、自分たちの地位を高めようとした。と同時に、こうしたしばしばあやふやな宗教的伝統を主張する人々は、自分たちを、近代国家の圧力や、植民地で頼りなく始まった代議政治によって脅かされている「少数派」であると思うようになりつつあった。少数民族と見なされた人々の末路はまちまちだった。一九〇九年、イギリス自由党政府は、インドのイスラームに特別な政治的地位を与えたが、それはインド亜大陸の歴史に多大な影響を及ぼした。エジプトのコプト教徒の勢力は弱かったため、彼らに対して同等のことはできなかった。だが、マレー半島とフィジーでは、中国人とインド人をマレー人や先住フィジー人と切り離すため、特別の行政局を設置した。これと同じことをフランスの統治者たちがインドシナでインドや中国からの移民に対して行った一方、インドネシアでは、オランダ人たちは特別な慣習法を定めたが、おそらくこれは、異なる「人民」を扱う際の法律上の伝統を反映したものと思われる。フィリピンのアメリカ人でさえ、かつてのスペインによる民族別の管理をもとに事を進め、マレー人を中国人や先住フィリピン人と区別していた。

ロシアや東欧のユーラシア諸帝国での少数派集団や準国民に対する扱いは、アジアや中東の古い諸帝国と大西洋沿岸の新興の工業社会の中間あたりに位置していた。中央アジアの住民に関する限り、たしかにロシア帝国のやり方は、インドでのイギリスのやり方に酷似していた。特別行政地域が区画され、長老やイスラーム法学者からなる評議会が設けられた。ミレット制の「裏返し」のような制度が整備され、イスラームたちは、オスマン帝国内でのキリスト教徒と同じ役割を担っていた。だが、ロシアやオーストリアの帝国は、帝国全体でもっとも豊かで力を持った者の中に非ロシア系や非ドイツ系の住民がかなりいるという大きな問題に直面した。ロシアの統治者たちは、タタール人、カザフ人、その他の中央アジアの人々に加えて、ドイツ人、リトアニア人、ユダヤ人の利害や帰属意識も包摂しなければならなかった。あまりに過激な同化策では、彼らの政治活動を刺激してしまうし、同化策や行政介入が弱すぎると、「国家内の国家」の生成を許してしまいかねなかった。

西ヨーロッパにおいてさえ、新興のミドルクラスの選挙民が国民の様態に同化させようと圧力を強めるにつれて、一八世紀のもっと古くてより多元的な政治・宗教的秩序を受け継いだ文化・宗教的な違いが、一九世紀末までに時々再浮上した。交通が改善したり、統計的に分類する思考様式を国家が取り入れたり、とりわけ、戦時に少数派に対して疑いが持たれたりしたために、国民を自任する人々は自分たちの過去や将来の可能性をますます意識するようになった。アイルランド・ナショナリズムが大衆のより強い基盤――それは、圧倒的にローマ・カトリックであった――を築いた原因の一つは、一八一五年以降にプロテスタントが同化を試みたことにあった。逆に、プロテスタントの統一主義者《ユニオニスト》たちは、イングランドやスコットランドのルーツやプロテスタントの遺産を強調した。差異に関する伝説は、「アルスター王国」と、それが後にイギリスや帝国に果たした貢献の歴史へと練り上げられていった。一九世紀後半の大陸ヨーロッパの人々は、似たような民族アイデンティティをよりどころに、自らを規定し始めた。すなわち、ごく最近になって国民国家に組み込まれる者も多かったバスク人、ブルターニュ人、コルシカ人、アルト・アディジェの住民は、いずれも国民国家の圧力に激怒しだした。

ユダヤ人の場合は異なっていた。一八七〇年代には、ヨーロッパ大陸じゅうのユダヤ人の大半は、台頭する国家の市民秩序に公式に同化させられており、もはやゲットーに閉じ込められてはいなかった。これは、北ヨーロッパの大半でのナポレオン帝国の時代や、一八四八年以降のイタリアで起きていた。フランスとドイツの場合は、ユダヤ人がキリスト教徒と結婚するケースが増えたり、キリスト教徒とユダヤ人の生活様式の違いを重視しない改革派の宗教的伝統が広まったりしたことで、同化が緩やかに進んでいた。「家庭ではユダヤ人であれ、外では人であれ」というのが、当時のユダヤ人の象徴的な諺だった。(32) だが、同化はさほど進まなかった。ほとんどのユダヤ社会は、族内婚を続けていた。何千もの古いユダヤ人社会は、独特で別個の生活様式を守り続けていた。これは、アルジェリアやリビアから、ポーランド、ロシア、あるいは南はイエメンを越えて、インドのコーチンや中国南西部まで広がっていた。強力な信仰・文化の復興運動も進んでおり、これらがさまざまな形で同化を妨げていた。このような伝統的社会や同化傾向とならんで、ユダヤ人の独自の祖国を求めるシオニスト運動が起こったが、それが初めて激しくなったのが、一八九七年のバーゼルでの代表者会議だった。

キリスト教徒にとって、とりわけ中欧や東欧では、「キリスト殺し」にして商業への寄生者というユダヤ人に対するイメージは、不気味にも、ナショナリズムの試金石になっていた。一八四八年にそうだったように、かつては宗教的憎悪や商売での競合といった限定的な領域の現象であった反ユダヤ主義が、今や、大規模な多民族都市におけるナショナリズムの語りに密接に付け加わった。こうした変化によって、二〇世紀を通じ、ヨーロッパのユダヤ人たちはますます攻撃を受けやすくなった。戦争は、内なる敵に対する脅威を激化させた。ロシアやオーストリアのユダヤ人は、二〇世紀前半にキリスト教社会にただちに同化したのだが、都市化や資本主義的生産の向上による圧力によって、その恩恵を受けられない人々の攻撃対象として目をつけられることになった。戦争や国際的緊張は、彼らに対する敵意を増大させた。ロシアの保守的な政治家や官僚たちが、帝国内のユダヤ人の大虐殺を勝手に行ったのは、とくにロシアが一九〇五年に日本に敗北を喫して以降だっ

図 6-2 同化，分離，排斥？——議論するユダヤ人学者たち（ヨセフ・ジュース画，1900 年頃）

た。同時に、イデオロギーも重要だった。一九〇〇年、ブダペストのユダヤ人住民は全体の二三％だったのだが、反ユダヤ主義がもっとも激しかったのは、ユダヤ人住民がわずか七％しかいなかったウィーンだった。それ以上に「異端者」に対して厳格で警戒心が強かったのは、ドイツのナショナリズムであった。[33]

西ヨーロッパでは、「内なる敵」への敵意が、新しいナショナリズムの裏側にあった。アルザスのユダヤ人たちは、一八七一年にドイツに敗れて以降、パリに移動したために、彼らの社会は目立つようになった。だが、実際に反ユダヤ主義が沸き起こったのは、英独との競争が激しくなった一八九〇年代だった。それは、一八八六年に出版されたエドゥアール・ドリュモンの『ユダヤ的フランス』のような作品によって活気づき、反逆罪のかどで士官ドレフュスが理不尽な告発を受けたことでピークに達した。ドレフュスは、アルザスのユダヤ人だった。[34]

多数決主義的なナショナリズムが進展するにつれて、民族的な差異の意識や小規模なナショナリズムの高まりは、南北アメリカでもみられた。カナダでは、イギリス帝国内の連邦自治領として台頭していた一九世紀末、ケベックのカトリック的フランス意識が高揚した。南アメリカの入植社会に向かった移民の中でも、祖国の言語や文化を最大限保持する傾向があった。しかし、アメリカ合衆国は、かなり違っていた。同国は移民の国であり、守るべき「国民の祖国」がなかった。アメリカ合衆国は、民族的な意味でのナショナリズムには依存しない国家であった。旧来のイギリス諸島出身のプロテスタントによる支配は、弱まっていた。一八四八年にアイルランドで起きた飢饉以降、何百万ものカトリック系アイルランド人が、同じアイルランドから何世代も前にやってきたプロテスタント入植者に加わった。汽船による移動の危険が少なくなると、一八五〇年から一九一四年にかけて、二〇〇〇万に近いロシア、ポーランド、ドイツ、イタリアの人々がアメリカ合衆国に渡った。これらの移民たちの社会では、ヨーロッパの祖国についての記憶、文化、そして時には言語が生き残った。ある程度だが、民族の違いが、投票行動を左右した。だが、このように民族別に分かれていたといっても、アメリカ国民として現在認識されているものに移民が同化するのを妨げるほどには、政治化してはいなかった。

その理由を探ることは、ヨーロッパの多くの地域で少数派に対する態度や人種の言説が硬化した謎を解明するのに役立つ。アメリカ合衆国では、依然として連邦政府は比較的弱かったため、アジア人以外のどの移民集団の地位についても、全国的な議論や中央集権的な政府によって定義すべき話題になることはなかった。各州の政府や地方自治体では、英語の普及によって移民・入植・同化のさまざまな方策を進めていた。アメリカ合衆国には国教会や、今のようなプロテスタント主流のアイデンティティすらなかったため、宗教が地方レベルを越えた問題になることは決してなかった。土地や天然資源が豊富にあることは、ほぼどこでも労働力が供給不足になっていることを意味しており、それゆえ、土地管理、信用、経済的権利をめぐるヨーロッパ式の対立がどれ一つとして常態化することはなかった。社会流動のスピードは速く、東海岸の都市のようにヒエラルキーが生まれつつあるような場所にいる入植者たちは、階層制や個人主義の弱い社会へと常に移動することができた。階級やエスニシティが、旧世界ほどには互いに結びつくことはなかったのである。

もちろん、それが当てはまるのは、主にヨーロッパ系住民であった。世界のどの地域でもそうなのだが、アメリカ合衆国では、ヨーロッパ出自と非ヨーロッパ出自の人種境界が厳格であった。実際、人種主義や人種改良をいち早く理論化したのは、アメリカ人だった。一八六〇年以降、中国人、日本人、インド人はとくに制限された。一八九〇年代には、黒人奴隷制に代わって、肌の色に基づく隔離が行われた。実質的には、奴隷解放は、南部における黒人と白人の政治・経済的格差を増大させ、人種境界はますます議論の的になり、重要性をおびるようになった。土地獲得の欲求は、アメリカの「先住民」を貧困な保留地に追い込めていった。中国人、日本人、そして時にはユダヤ人の移民労働者は、とくに一八九〇年代中葉以降、巧みに練り上げられた差別運動の対象になった。この点で、アメリカ合衆国は、事実上、イギリスの「白人自治領」での人種の歴史をそっくり映し出していた。というのも、カナダのインディアン、オーストラレーシアのマオリ人や先住民《アボリジニー》が閉じ込められ、市民社会へのアクセスを禁じられたのは、やはり一九世紀末だったからである。南アフリカでは、イギリス人とアフリカーナーの対立とともに、その他の自由黒人農民が徐々に破滅へと追いやられ、熟練労働力から黒人を締め出す運動が広がっていた。

本節で明らかにしたのは、「多数派」と「少数派」の住民の間により厳格な境界を設けたことと国民の形成とが表裏一体の関係にあったということである。それゆえ、国民をつくる要求が強まっていた一九世紀末に、エスニックと見なされる集団どうしの内なる境界も強化されたのである。ヨーロッパの植民地帝国の「分割統治」策は、もっと一般的な現象の極端な例の一つであった。だが、国家は、こうしたエスニックとみられる集団の指導層による積極的な支援なくして、この差異認識を安定化することはできなかった。たとえば、大半のユダヤ人の事例のように、いわゆるマイノリティたちは、広域の世界との完全な分離を望まない場合でも、自分たちがミニ国民だと自任していた。彼らの指導層は自らの歴史、伝説、言語をつくったが、これらは国民をつくりあげるという大事業とそっくりだった。その中には、二〇世紀を通して、自分たちの祖国を確保しようとする集団もあった。二〇世紀のかなり遅くまで祖国のために戦い続けた集団もいたし、迫害を受けたり絶滅に至る集団もあった。

帝国主義とその歴史——一九世紀後半

本章の後半では、まずは、一九世紀後半に帝国主義によってナショナリズムが海外に拡大したことに、次いで、広域間の結びつきが世界的に拡大したことに目を向けよう。現代の歴史学の多くの領域では、理論化があまり行われていない。つまり、歴史家は、大量の証拠や議論を提供してきたものの、その素材を相対的な重要度に応じて分類し理解するための基準になるような原理を捉えることが苦手である。だが、これは一九世紀末については当てはまらない。というのも、ナショナリズムや帝国主義に関する「理論」はたくさんあるからである。もっとも、同時代人の意識の中では明らかに結びついていたこれら二つの現象に関して、近年の議論はばらばらである。ヨーロッパ史家が研究するのは、国民国家についてであり、ごく最近では、そこから締め出された人々や、内側の縁まで押し出された人々についてである。帝国史家が考察するのは、帝国の起源に関してである。非ヨーロッパの諸国民を研究する歴史家は、帝国主義の影響を分析し、非ヨーロッパのナショナリズムについての諸理論を提起しているが、それは、目下のところ、国民というものが、ジェンダー化された象徴、儀礼、文学的テーマによっていかに表象されたかという問いをめぐって行われることが多い。

帝国主義の中にナショナリズムの起源を探す、あるいは反対に、ナショナリズムの中に帝国主義の起源を探すというよりはむしろ、両者を長期の相互関係として捉えた方がよい。帝国の拡大によって、国家の指導者たちは、自分たちがまとめようとしていた国民の中身を考えざるをえなくなった。同様に、帝国の拡大は、征服者、被征服者の双方の愛国的なアイデンティティを高揚させた。一八世紀末におけるヨーロッパの拡大は、旧来の国民の周辺にいた集団が、台頭するヨーロッパ国家に取り込まれるのを促した。フランスやナポレオンの帝国の統治者となったコルシカ人や、イギリス帝国の軍隊を率いたスコットランド人やアイルランド系イギリス人は、こうした変化の一例である。と同時に、帝国軍が侵略した地域では、帝国の拡大によって、旧来の秩序に対する王朝主導の愛郷心がしばしば刺激された。たとえば、スペインの愛郷心が高揚し普及したのは、ナポレオンの侵略の結果だった。一八一八年以降にイギリスがセイロンを占領したことや、一八二五年から三〇年にかけてのジャワの反乱をオランダが鎮圧したことは、両者の被征服社会において植民地権力に対する愛郷的な抵抗の系譜がつくられるきっかけとなった。その系譜は、後の世代の小作農の反乱者やナショナリストによって記憶され、精巧に仕立て上げられていった。

「新帝国主義」の特質

一八七〇年以降の帝国拡大の様子は、ナショナリズムどうしの競合の激しさと同様、それまでの時代とは違っていた。それは「新帝国主義」の時代であり、サハラ以南のアフリカの大半がヨーロッパ人に奪取されたのだった。[35]一八七八年頃から、フランスは西アフリカ沿岸地域の支配を強化する一方、その植民地軍が西スーダンの不毛な土地に侵攻した。一八八二年、イギリスはエジプトを占領し、一八九八年にはナイル川上流を征服した。同じ頃、イギリスは、アフリカ中央部、南アフリカ、東アフリカの支配も固め、オレンジ自由国とトランスヴァールというアフリカーナーの弱小な二つの独立共和国を包囲した。一八九四年から九五年にかけて日本が中国を破ると、中国沿岸部では、ヨーロッパが領土や権力行使をめぐる新たな争いを始めた。一九〇〇年、義和団事件を鎮圧するため欧米の遠征隊が中国に侵攻した際、互いに競合していたために、中国をアフリカのように分割できないことはきわめて明らかだった。インド副王のカーゾン卿は、揚子江沿いにインド軍が駐留するイギリス保護領をつくる可能性を満足げに夢見ていた。ロシア皇帝の総督たちは、中央アジアで支配を固めていた。

この時代は、当時の帝国政体が遠方の従属地に対して要求を貫徹できた時代でもあった――インドネシア群島のオランダ人、内陸雨林のブラジル人、中央アジアのロシア人のように。ベルギーの国王レオポルドは、コンゴを大規模な農業倉庫や自国にとっての強制労働力の予備軍にするため、争いに加わることを決断した。[36]ヨーロッパでの新たな軍事的優位を確実にしたドイツは、タンガニーカ、ドイツ領西アフリカ、それにニューギニアの植民地を獲得した。英領インド帝国は、亜大陸から外側に向かって膨張し、ペルシア湾、アフガニスタン、チベット、北ビルマで非公式の影響力を強化していた。マレー半島でのイギリスの支配は堅固になり、スルタンは服従させられた。今や準ヨーロッパ的な国家となったオスマン帝国でさえ、ティグリス川、ユーフラテス川の流域やアラビア南部で近代的な行政機構を築き始めていた。印象的なこととして、オスマンの行政機構は、アラビア南部の統治に際して、英領インドの軍事・行政の手引書の翻訳を使っていた。

したがって、説明が必要なのは、絶対的な経済的価値が比較的限定されていて、競争相手との戦争を挑発する危険性の方が大きいかもしれないのに、なぜヨーロッパの列強が、ユーラシア、アフリカ、太平洋地域で独立を保っている領土の獲得を急いだのか、しかも残忍な手段をとったのか、についてである。[37] さらに説明が必要なのは、こうした帝国の熱狂的争いの中に、帝国支配への抵抗闘争の結果誕生した新興国日本とアメリカ合衆国の二国が加わった——後者は、短期間でもっと曖昧な形だったが——ことについてである。

一九世紀末の新帝国主義は、さまざまな原因によるとされてきた。種々の説明の中でよく知られているのは、ヨーロッパでの過剰利潤を搾取した大資本家連合が、今度は武力によって世界の資源を再分割し始めたと主張するマルクス＝レーニン主義の経済的議論である。[38] 他の歴史家——マルクス主義、非マルクス主義とも——は、金融業者が関わっていたとし、彼らは、ヨーロッパによる領土支配を他の世界にまで拡大することで、安全な外国投資ができる世界にしようとしていたと論じた。[39] 経済的議論のもう一つの解釈では、天然資源や労働力を搾取するのに都合の良い地域に干渉したり、そうした地域を創出するよう政府に圧力をかけた、綿花貿易業者、鉱山主、ヤシ油取引業者といった「現地の人々《メン・オン・ザ・スポット》」の重要性を強調している。[40] これとは対照的に、ロビンソンとギャラハーの有名な議論では、「周辺」における危機が持つ意義を重視していた。[41] このような危機——とくに知られているものは一八七〇年代のエジプトと南アフリカで起きた——は、ヨーロッパの拡大に貢献した現地の経済協力者《コラボレーター》の力を弱めることで、ヨーロッパの首都にいる「政策決定者たち《オフィシャル・マインド》」に直接的な領土支配の必要性を信じさせたと言われてきた。ヨーロッパ列強を「分割統治」に突き動かした巧みな外交戦略の優位を依然として主張する、時代遅れだが意気軒昂な歴史家もいる。また、白人征服者の意図ではなく、アフリカや太平洋地域の分割が現地住民に与えた影響を真摯に研究すべきだと訴える歴史家もいる。

これらの議論はどれも、新帝国主義の歴史におけるそれぞれの地域や時期に関しては、説得力があるように思われる。他の所説を圧倒するような一つの説明を求めるのはおそらくよい成果を生まないだろう。だが、非ヨーロッパ人の領土を支配し彼らに対して非公式の影響力をふるうようヨーロッパ人を突き動かした、何らかの一般的な前提条件があったように思われる。あらためて繰り返すと、明白のようにみえて時に見落とされてしまっている一つの要点は、新帝国主義が、本章の前半で考察したもっと過激なヨーロッパのナショナリズムと密接に結びついていたことである。これは時代遅れの議論かもしれないが、だからといって間違っているわけではない。帝国主義とナショナリズムは、同じ現象の一部だったのである。ヨーロッパにおけるナショナリズムや対立によって、諸国家は、海外での競争相手をますます意識し、自己主張したり自分たちの市民を優先したりするようになった。実際、アフリカ分割は、先手を取るための行動でもあった。各国の政府は、いつか将来、経済的あるいは戦力的に重要になるかもしれない領地に対する権利を主張することで、競争相手を出し抜こうとしたのである。

しかし、重要なのは、ヨーロッパの諸政府が、それ以前の世代以上にもまして海外で権力をふるえる強い立場にあったことである。機関銃や戦艦は、ヨーロッパ人と現地人との軍事力の格差をさらに広げた。新薬によって、帝国軍は効果的に守られるようになった。電信は、中核と植民地の間のコミュニケーションを円滑にした[42]。科学技術のおかげで、かつての多くの帝国建設者にとっては夢でしかなかったことが実現するようになったのである。だが、そこには手段だけでなく、欲求もなければならなかった。

したがって、ヨーロッパ列強が評議を行う「ヨーロッパ協調」の企てが、アフリカ分割やペルシア、太平洋地域での利権争いを促したとする旧来の主張は、かなり正しいと言える[43]。イギリスの優位が崩れつつある一方で、新興のヨーロッパ列強が自己主張していた[44]。国民としての威信が向上したことや、政治家や軍人が自国の利益を上げようという欲求が強まったことが刺激になった。一八七八年から九八年にかけてフランスが西アフリカやスーダン西部に侵攻したが、それは、地方での貿易をめぐって多数の戦争が起きていることや、イスラームによる聖戦に対する恐れが常にあるという理由で正当化された。だが、貿易や地方防衛は、本当の動機ではなかった。フランス海外部隊は、一八七一年にフランスがプロイセンに敗北を喫して以来陰鬱な状況が続く中で、国内での認知と国際的栄光を得ようとしていたのである。[45] 対照的に、統一まもないドイツは、一八八〇年以降、海外での対立を調停することでヨーロッパにおける仲裁者としての地位を獲得しようと決然たる姿勢をとっていた。一八八四年のベルリン会議では、領有が定まっていない残りのアフリカの地域が分割されたが、この時、ドイツ首相ビスマルクは、英仏間の勢力均衡を保たせた。必然的に、一八九六年以降、アフリカ、太平洋、中国沿岸部において国益の想定領域が設けられると、国民国家は、他国が入らないよう、実権の掌握をはかるようになった。一九〇〇年の義和団事件の際にヨーロッパ、アメリカ、日本の軍隊が中国に侵攻したのは、帝国主義的競争の好例であった。

経済的帝国主義の論者が説いているように、アフリカ分割には副次的な利益があったことは明らかに正しい。南アフリカの中央部でのイギリス人企業家セシル・ローズのように、地方に基盤を持つヨーロッパ人——現地人までも——の企業が今まで以上に安定性を手に入れることができた。国王レオポルドがベルギー領コンゴで予言していたように、ヨーロッパの直接支配に従属する地域で原料換金作物を生産するために、現地労働力への強制や監督が容易になった。イギリスによるエジプト占領の場合のように、現地人による体制が背負っていた負債は、たちまち完済した。一八六〇年以降ロシアが征服した中央アジアの綿花栽培地域は、ロシアの工業化にとって有益な原料供給地になった。一八七〇年代に世界の商品価格が急落するという恐れが、海外世界での危機意識を募らせた。そのため、政府と経済利害とが対立しあうようになった。西アフリカで操業する会社にとって、植民地政府の支援を得ることは有益だった。[46]

しかし、これらのことを考慮しても、グローバル帝国主義の第二期の経済的利益は、一七八〇年から一八二〇年にかけての第一期のどの時期と比べても、はっきりしていなかった。レーニンが断言したように、新帝国主義を画策した大立者とは、国際的資本家ではなく、競争相手の鉱業・電信・鉄道・商品会社に先んずるよう、自国市民の

図 6-3　ナイジェリアの彫刻家によるヴィクトリア女王像——ナイジェリアのヨルバ人による木製彫像（19 世紀末）

商業利害に働きかけた国民政府だった。たとえば、アフリカ南部の金は、イギリスの通貨の力を強めるのに不可欠だった。そのため、イギリス政府は、アフリカ南部の政治的安定を求めるようになり、必要な場合には、安定確保のためにオランダ人入植者やドイツ人の競争相手に対して武力を行使したのである。だが、それは、イギリスを一八九九—一九〇二年の南アフリカ戦争へ駆り立てたのは、ロンドンの暗い密室に座っていた国際金融業者のうさんくさい陰謀団か何かだったということではない。そうではなく、本国の利害とケープ植民地やナタールの「現地の人々」との間に、ある種の連合が生まれていたのである。これらの人々は——結局は間違っていたことがわかるのだが——、トランスヴァールとオレンジ自由国が労働管理、高率課税、企業行政の欠如という問題を抱えているとみて、その解決策が両国の征服だと結論づけた。経済的帝国主義は、領土拡大の根本的動機というよりも、国民国家の代理人の侍女であることの方が多かった。

この議論の道筋は、もっと小規模で後になってつくられた国民国家の帝国主義を検討する際に、かなり説得力があるように思われる。長期的にみて、北アフリカやエチオピアの要塞の占領がイタリアにもたらした利益がどんなにはっきりしていなくとも、イタリア帝国とは、フランチェスコ・クリスピやアゴスティーノ・デプレーティスの右翼ナショナリスト政府の夢であった。これらの政治家は、一八八〇年代と九〇年代のいまだ中途半端なイタリア国家において、自分たちの影響力を強固なものにしようとした。これは、マルクス的なひねりを少し入れれば、ドイツのビスマルクの帝国的野心は「社会帝国主義」の結果だったという主張と同じ趣旨になる。この論法に基づいて、ビスマルクは、ドイツの急速な工業化の時代に起きていた階級対立を「解消する」方策として、アフリカや太平洋地域で帝国主義を行使したのである。この仮説が成り立つ政治構造を示すのは難しいけれども、ビスマルクは国内の国家建設の手段として海外膨張策を使ったが、ドイツそれ自体の経済的必要性として帝国を捉えていなかったということには、大半の歴史家は同意するだろう。

同様に、朝鮮をめぐる対立に続き、一八九四年に台湾を獲得し中国を攻撃した日本の場合、帝国を、一八六八年に建設した国民帝国の防塁として、かつ、その必然的な延長として捉えていた。その前の時代に完全には統合されてはいなかった長州、薩摩の両藩出身の陸海の士官からなる派閥が対抗し、海洋か大陸か、領土拡大策の遂行をめぐってそれぞれの主張を戦わせていた。日本の帝国的拡大によって、日本人の貿易業者や小作農入植者は、朝鮮や台湾で大きな利益を得ていた。それでもやはり、これは本質的に国民的な事業だった。それについて、ある日本の志士〔吉田松陰〕は、日本の力の大陸アジアへの拡大を説いた際、ぼかした言い方で次のように述べていた。「日升《のぼ》らざれば則ち昃《かたむ》き……。国隆《さか》んならざれば則ち替《おとろ》ふ。故に善く国を保つものは徒《ただ》に其の有る所を失ふことなきのみならず、又其の無き所を増すことあり[47]」。

実際、日本には、危惧すべき強力な競争相手がいた。ロシアがシベリアを越えて中国北部まで拡大したのは、極東での領土・経済的支配を強化したいという欲求にかられていたのは明らかだった。経済的利害が至上のようにみえた新帝国主義の場合でさえも、国の威信の向上は考慮すべき重要な事柄だった[48]。たとえば、国王レオポルドは、一八八〇年代にベルギー領コンゴを占領した際、それを獲得することで恩恵を得ようとしていた。だが、彼の計画は、より広範囲でのヨーロッパ列強間での国家競争が激化した時代になってようやくかなえられたのだった。レオポルドの狙いは、ベルギー人の国王としての権力を増大し、彼の小国がもっと広い世界から尊敬を集めるという賭けをすることにあった。

ナショナリズムを一九世紀後半の帝国主義に関する諸理論の重要な構成要素としてみるべきだという、二つ目の見方がある。ヨーロッパのナショナリズムの高揚は、一つの誘因であった。もう一つの誘因は、同じ時期に、被征服民や植民地拡大によって脅かされた人々の間に国民感情が高まったことにあった。一八八二年のイギリスによるエジプト占領自体、一八七九年から八一年のエジプト民族運動によって引き起こされたものだった。一八七六年以降、ヨーロッパ人の債券保有者の代理人たちがエジプト財政を横暴に搾取したことが、かつてムハンマド・アリーが抱いていた国家によるお墨付きの愛国主義を、アラービー〔オラービー〕大佐の下での激しいナショナリスト運動へと変容させた。(49) イギリス政府は、現地の代理人たちから、これはロンドンの信用の安定を脅かすばかりか、スエズ運河に依存するインドへのルートの途中にある戦略的地域すべてに対する脅威となると諭された。

やや似ているが、カルヴァン主義や家父長制に基礎をおくオランダ系アフリカ人入植者たちのボーア愛国主義は、一八九九年に南アフリカ戦争が勃発するはるか以前から、イギリスの圧力によって、アフリカーナー・ナショナリズムのようなものにかなり近い形へと変容していた。一八七八年以降、多数の現地の人々、冒険家、商業利害が共謀して、東アフリカと中央アフリカをヨーロッパの支配下においた。だが、領土獲得の依然として重要な誘因となったのは、アフリカーナーの両共和国の北側の土地をめぐる搾取競争で両共和国に先行したいという、イギリスやその代理人たちの欲求であった。

ヨーロッパ人がすでに保持している領地においてさえも、植民地ナショナリズムが勃興するにしたがって、帝国支配はますます激化し、介入主義的になっていた。この点でも、「新帝国主義」は、ナショナリズムの原因であると同じく、結果でもあった。一八九〇年代あるいは一九〇〇年代、インドのカーゾン、エジプトのクローマー、南アフリカのミルナー、仏領インドシナのサローのような総督や行政官は皆、自由や代議制の拡大を訴える教養ある知識人たちの要求を阻止、牽制、抑圧するために、領地を治めていた。だが今度は、この四人の行政官たちは、現地の政治家たちを激しい反対、テロ、武力抵抗へと駆りたててしまった。さらに東方では、ジャワから、スマトラのような列島の島々までオランダの支配が拡大していたが、それを促した原因の一つは、周辺部でのイスラームや地方の抵抗だった。後になって初めてわかったのだが、これらの新たに平定された領地は、プランテーション農業や木材切りだし請負で大きな収穫が見込める地域となった。

要するに、歴史家が、ヨーロッパ以外の世界のどの地域であっても、ヨーロッパ権力の拡大を研究する場合、介入を引き起こしたりそれを正当化したりしたと思われる、本国あるいは地方のさまざまな利害について探し出すのが一般的である。何ゆえに一九世紀後半に帝国建設が加速したのかを説明しようと、世界的経済危機、資本の諸利害、農業原料の必要性、現地の商業利害の要求に力点をおいた主張がなされてきた。たしかに、新しい科学技術が生み出されたことで、広大な大陸の内陸部を開発できるという希望がもたらされた。だが、これで、ヨーロッパの諸政府が、領域や土地の獲得という手段に、かくも決然と、しかも大がかりに訴えたのはなぜかをすべて説明しているわけではない。ヨーロッパ、アメリカ、日本で国民国家が完全に姿を現し、非ヨーロッパで民族運動が興隆したのとともに、帝国拡大が新たな段階を迎えたこと——これらすべてが同時に起きたことから、もっと効果的で包括的な議論が生まれるのだ。権利要求はすぐに行わなければならなかった。さもないと、他の者が占領したかもしれなかったのだ。

国民国家からなる世界?

国民国家の重要な特徴の一つ——国民国家の唯一の重要な側面とみる分析家もいるが——は、国民国家が持つ固有の性質ではないし、その国民国家自身の住民に対する主張や要求でもない。むしろそれは、国民国家が活動したのは、他の同じような国民国家や帝国属州の人々が住む世界においてだったという事実にあった。そして、このことが、世界じゅうで政治的統一性を促すさらなる刺激になったのだ。第1章で論じた「初期グローバリゼーション」と呼ばれるもの、すなわち、旧来からの重なり合う居住地域と、貴重品の交換や貿易が行われた移住地域とのもっと緩やかな結びつきは、次第に損なわれていった。それに代わって立ち現れたのが、協調することも対立することもあった国民政治経済によって推進される国際的な制度であった。一八一五年頃から、ヨーロッパの国家と西洋の植民地主義は、旧来の世界秩序に対して新しい様式の国際主義を押しつけ始めた。ますます国民国家は、グローバルなネットワークを支配していった。それは、あらゆる国際的ネットワークに対して、より厳格に境界が引かれた領土、言語、宗教的慣行の制度を押しつけた。

だが、心に留めておかねばならないのは、旧来のグローバリゼーションの様式が、新しい国際秩序の水面下に根強く残っていたことである。巡礼、普遍化指向のかつての諸帝国が築いた旧来の連関パターン、さらには、貴重でエキゾチックな品物の消費——これらがつくりあげた結びつきが、依然として重要であり続けていた。それ以上に、こうした結びつきは、新しい国際秩序を促進も破壊もした。次に、この点について詳述することにしよう。

初期グローバリゼーションの根強さ

一九世紀に国際ネットワークがどのようにしてつくられたのかを考える際、依然として重要なのは、国民的な国家の指導者の政策に加え、旧来の様式の結びつきが持つ意図せざる影響である。たとえば、二つの野蛮で破壊的な戦争［アメリカ独立戦争と一八一二年戦争］の後に、しかも、南北戦争時にイギリスは南部連合を幅広く支持したにもかかわらず、アメリカ合衆国とイギリスは、一九世紀を通して一緒に歩んだのはどうしてなのだろうか。この問いに対して、国際関係の専門家は、通例、「国家理性」の観点から捉えてきた。けれども、それ以上にとはいわないまでも、同じくらい重要だったのは、旧来の結びつきが強かったことである。アメリカ独立革命と一八一二―一四年の戦争の後でさえ、大西洋の両端〔英米〕の法律家たちは、慣習法という古い系譜に引き続き固執していた。旧来からの体制派だったプロテスタント教会は、それが持っていた結びつきを調整し直し、世界じゅうで福音主義の攻撃を繰り広げた。シェイクスピアの時代に生まれた古い文芸文化は、大西洋の両端で売られる雑誌や書籍の中で議論や再解釈が続けられていた。一八四八年以前、あるいは、一八七〇年以前ですら、結婚や移民による大西洋を越えた結びつきは、一七・一八世紀の「アメリカ植民」の時とよく似ていた。中国、日本、インドからの苦力《クーリー》や東西アフリカからの労働力が一九世紀世界に大量に運ばれたことは、内部や地方間の移民や奴隷貿易における旧来の様式を――新しい商業管理の形態に従っていたとはいえ――拡大させた。

宗教、経済、身体的実践による旧来の結びつきもまた、経済面での一九世紀の新しい国際秩序を支え続けていた。経済的変化に関する古典的なマルクス主義や自由主義の理論では、資本主義の拡大の合理性が強調されていた。この理論に立てば、西洋の拡大の目的とは、資源を獲得し労働者を従属させることだった。これはかなりの程度正しい。これまで見てきたように、一九世紀初頭には、地上の多くが、西ヨーロッパにとっての広大な農業後背地になっていた。このようになったのは大規模な工業化が起きる前であり、イギリスでさえも、そうだった。しかし、旧来のグローバルな経済的結びつきの多くの特徴は、こうした新しい制度の中で持続していたし、いまだに形成途上にあった。初期グローバリゼーションを動かした要因の一つは、エキゾチックなものを手に入れ、希少価値のあるものを収集し、精神的な地位や内面を変えたいという欲求であった。この欲求は、一九世紀になっても衰えることはなかった。一七世紀頃に、扇や珍しい香辛料が儲かる世界貿易品であることがわかると、ダチョウの羽や日本の陶器がヨーロッパやアメリカの市場へ頻繁に運ばれた。サイの角、ナマコ、ツバメの巣は、中国市場で依然として珍重された。道徳的な反アヘン運動が高まっていたにもかかわらず、さまざまな形のアヘンがアジアでのやはり重要な貿易品であったし、いろいろな方法でヨーロッパや南北アメリカへ送られ続けていた。

ある特定の国際貿易品には、需要と供給についての通常の分析がまったく当てはまらないことが判明した。多くの住民、とくにアジアの住民がとりこになったのは、国際貿易の重要品目である金であった。金には、地位、それに健康状態までも変えてしまうカリスマ的な性質が備わっていたからである。一八六〇年以降、金は、オーストラリア、カリフォルニア、南アフリカにおいて、資本主義的な生産と労働管理によって採掘されていたと言える。だが、金の市場は、威信や家族消費というまったく異なる理由に反応していた。一九世紀を通して、さらには、一九八〇年代に至るまで、インドや中東での金の消費は、価格変動にほとんど左右されなかった。つまり、インド人、アラブ人、その他の人々は、国際市場の価格に関係なく、装身具や一族の貯えのために大量の金の輸入を続けていたのである。人類学者たちは、インドにおいて、いかに金が、市場とは無関係な普遍的で名誉ある通貨として機能してきたかを指摘してきた[50]。最近まで、金の腕輪やその他の装飾品を蓄えることは、女性が夫の家族の中で金銭的に苦労せず暮らすのに欠かせない方策だった。金は、それを身に着ける人間の体質を保護、強化、浄化するとも信じられていた。このような古来の消費法則は、近代世界の「ジェントルマン資本家」の帳簿の中でも大きな位置を占め続けていた。

一九世紀のグローバルな婚姻様式にも、古来の特徴が残っていた。一般的に言って、人類学者たちは、小規模な社会での婚姻様式の構造を検討してきた。社会史家の方は、国家を代表するような貴族の婚姻慣行を考察する傾向が強い。だが、一九世紀に起きたのは、男性が自分よりも下位と思われる地位の女性を娶《めと》る下降婚《ハイポガミー》が、大規模かつグローバルに拡大したことであった。これには、異なる文化や、いわゆる異人種間の境界を越えた婚姻が含まれることも多かった。かつては、イギリス人男性とアジア人女性の性的関係は、一八三〇年代には過去のものとなったと言われていた。たしかにインドでは、一九世紀を通して、婚姻や性交渉に対して人種的境界がゆっくり引かれるようになったという証拠がある。けれども、これは誇張すべきではない。一八二〇年以前にイギリス系インド人の共同体が広範につくられていたかもしれない。だが、イギリス系中国人、イギリス系ビルマ人、オランダ系インドネシア人の共同体が大規模に出現するのは一八六〇年以降のことなのだ。これらの共同体は、南アジアや東アジアの多くの地域での商業・サービス経済で支配的な役割を果たしていた。イスラームの旅行者が外国人女性と一時的な婚姻関係を結ぶ旧来の慣行は、引き続きアラブ、インド、イスラームを結びつけていた。後には、この慣行は、汎イスラーム運動を世界規模で結びつける役目を来たす感情ネットワークとして重要になった。「人種混淆《ミセジェネーション》」として知られるようになる異人種間の混交が、北米英語圏のブルジョワ的、ナショナリスト的、人種主義的な思想によって次第に制約されたとはいえ、南北アメリカでは、混血共同体の形成は依然として一般的であった。

血縁についての古い概念は、ヨーロッパ、アメリカの両世界の発展に大きな影響を与え続けていた。ヨーロッパの王家——ブルボン家、ホーエンツォレルン家、ザクセン・コーブルク家など——のグローバルな結びつきは、一九世紀末に私的外交を遂行するための戦略的ネットワークになった。[51] 同時に、北ヨーロッパの貴族たちの下降婚の慣行は、一八七〇年代の農業大不況の勃発後、衰退する領主に貴重な財産を与えることになった。イギリスの貴族の家系は、アメリカ人の女子相続人を歓迎した。もっともよく知られているのは、アメリカ人の女子相続人を迎えることで一族が「新しい血」と新たな富を得たチャーチル家とカーゾン家の事例である。スペイン、ポルトガル、フランス本国の旧来の領主たちは、ブラジル、キューバ、メキシコの富裕な植民地出自の女性を迎えることで、所領を支払能力のある状態で維持することができた。これらの古い結びつきはどれも、新しい資本主義構造を備えた世界経済の中で変容した。だが、それらはすべて、それ以前の世界の伝統や戦略を映し出していた。人種による精力の違いに関する近代の優生学理論は、血統を説明する旧来の概念を確認したにすぎなかった。

このような形の初期のグローバルなネットワークが、いかにして一九世紀の比較的短い間に国家間の結びつきになったのかを考えるのは、今や容易である。一八五〇年以降の国民国家と、その分身である帝国的国家の発展については、これまで多く論じられてきた。他方で、グローバルな連関自体が、国民国家の体制によって再構築されたり、その体制と関係しあって構築し直されたりしてきた過程については、ほとんど関心が払われてこなかった。グローバルな相互作用という旧来のパターンは、根強く残っていたが、ますますそれは、国民の本質として表現され、国民国家によって管理されるようになったのである。

グローバリゼーションから国際主義へ

第1章で示唆したのは、旧来の世界でのグローバルな連関が、イデオロギーや身体的実践によって引き起こされたということであった。一九世紀以前には、普遍的血統や普遍的宗教というイデオロギーが優勢だった。一八〇〇年以降の決定的変化とは、世界じゅうの著述家、法律家、政治家が、個人や国家の権利に関する諸理論を勝手に借用したり適用するようになったことだった。思想史はいまだにきわめてヨーロッパやアメリカ中心だが、アジアやアフリカの人々がどのように権利に関する諸理論を利用したかを考察することは重要である。その重要な決定要因の一つが帝国の拡大であることは明らかだった。ヨーロッパの国家やそれが空間や市民に対して持つ領域権の仕組みは、アジアやアフリカの流動的で分裂した世界に輸出された。中国人、オスマン人、あるいはカトリック教徒の普遍的な帝国という考え方は、もはや必要ではなくなった。それに代わって、ヨーロッパのナショナリストや植民地の愛国主義者たちは、流用した理論の言葉を使って個人や文化の代表としての権利を唱え始めた。一八三〇年代、ベンガルの改革者であるラーム・モーハン・ローイは、ロンドンにおいて、普遍的政体というよりも国家として今や認識されているムガル帝国の権利が、イギリス東インド会社によって侵害されていると主張した。アヘンをめぐる諸戦争で中国が敗北したことで、結局、中華帝国は、優位な立場ではなく、諸国民の法の下での対等な領土・経済的権利しか主張できなかった。近代の国際世界のイデオロギーは、均一の権利を主張する対等な政体どうしの対話ないしは協調の様相を呈していた。同様に、新たに広まった個人や集団の権利に関する諸理論が普遍化志向を本来備えていたため、国民国家を越えたネットワークが生み出されるようになった。このネットワークには、萌芽的な国際的市民社会のようなものが含まれていた。

グローバルなイデオロギーの別の側面もまた、一九世紀に変容した。第9章で述べるように、宗教は、依然としてグローバル指向であった。だが、宗教は、その活動、官僚組織的な形態、訴えを国民国家にますます合わせるようになっていた。一九世紀末のキリスト教布教《ミッション》は、国民の使命《ミッション》であった。一九世紀後半に勢いを取り戻したカトリック教会は、普遍的な言語を使っていたが、その官僚的な組織は国民国家の官僚制に似ていたし、訴えは、たとえばポーランドやアイルランドでの窮乏した国民に対してとくに力点がおかれていた。同様に、汎イスラーム主義者たちは、普遍的なカリフ統治を夢見ていた。けれども、彼らの政治手段は、窮乏しているか攻撃にさらされているイスラームの諸国民に力を与えることだった。一九世紀末に優勢になった人種理論は、グローバルな歴史理論の外観を装っていた。だが、ほとんどの場合、その内実は、国民国家の言葉で示されていた。たとえば、フランスの人種理論家たちは、「チュートン」人種や「ラテン」人種の持続的な特質を憂慮していたが、彼らの懸念は、たいていの場合、この二つの要素が混ざることでフランスの国民と国家が弱まるか強まるかどうかにあった。この点で、人種のイデオロギーは、第1章で論じた古いカースト体系の認識とは異なっていた。

旧世界のグローバルな結びつきは、人の移動によっても作り出された。一九世紀後半から二〇世紀前半にかけて、この動きは、国家による監視や人の移動の管理によって、ますます制約された。イギリス政府、それに遅れてフランス政府が反奴隷制の措置をとったことで、国際水域での管理や条約の新しい制度が敷かれた。植民地政府は、領域内外の年季奉公人労働者の流れを管理した。一八二〇年代に英米両政府が大西洋を横断する移民船に対して行った規制から、一八三〇年代と四〇年代のコレラの大流行に対する検疫規制に至るまで、国家は、自由移民の国際移動をきっちり取り締まるようになった。数十年にわたって、自由貿易の理念が、こうした国家による規制の拡大を求める動きとの闘いを繰り広げた。だが、一九世紀末になって、人種の退化に対する懸念や、外国人の犯罪者や諜報員の活動に対する恐れから、国家による監視に軍配があがった。これを示す一例が、一八九〇年頃にアメリカ合衆国が、移民、とくに「アジア人種」とユダヤ人に対して課したそれまで以上に厳格な管理であった。それは、一九二四年移民法の出身国別割当でピークに達した。この類いの法律は、国家の「本質」を明確に規定したばかりか、国際的連関の性質までも規定していた。

同様に、グローバルな貿易が持っていた旧来の緩い結びつきが、国民間のもっと公式な商業的取り決めに取って代わった。これは、一八七〇年代以前の自由貿易の時代においてすら当てはまった。だが、政界や産業界の指導者たちが関税協定によって自分たちの経済を守ろうとすると、必然的に、国民国家が国際経済において中心的役割を担うようになった。これによって、貿易の公式の取り決めが増えていった。名誉領事を置いたり、現地の統治者が「客人《ゲスト》」商人社会の長と協議するような旧来の制度に代わって、通商担当領事や国際経済条約のネットワークがつくられた。このため、一九世紀を通して西洋が支配的な世界経済が発展したことは、逆説を生んだ。一方では、資本の移動は、より複雑になった。長期間の直接投資がなされるということは、多くのさまざまな国の出身の実業家が共働して、資本の形成や投資を行うことを意味した。その一方で、国家は、このような資本の流れをますます憂慮し、会社やその資本を管理しようとした。たとえば、アングロ・ボーア戦争〔南アフリカ戦争〕の危機では、イギリスの政治家たちは、国際企業が世界の株式市況を操作してはいないかと危惧し、資本の流れが強まっているのに動揺していた。と同時に、国家による特許や、全国的な本社《ナショナル・ヘッド・オフィス》という発想が広がることで、資本の置き場所や利用に対する国家による管理がさらに強まった。

三つ目の身体的実践のレベルにおいては、グローバルな結びつきは、今や、それ以前の階層的でコスモポリタン的〔世界全体に普遍性を求める〕なものとは違っていた。いわゆる人種集団は、物理的にさらに隔離されるようになった。東洋にいるヨーロッパ人は、子どものためにインド人や中国人の乳母を雇う慣行をやめた。一九世紀を通して、彼らは非ヨーロッパ的な衣服や食べ物を拒否した。(52) これは完璧になされたわけではなかったが、こうした変化も、アジア人やアフリカ人に影響を及ぼした。一九二〇年代と三〇年代には、ヒンドゥー教徒のナショナリストたちは、イスラームの従者を家庭から追い出し、女性がイスラームの聖人や治療師のもとを訪れるのを禁止する運動を繰り広げた。これは、長い一九世紀をかけて、旧来からの不浄の境界がいわば「国民化」した適例である。だが、身体レベルでは、もっと厳格な国民化によって、相補的な国際化が求められた。国際的な公的領域では、男性は、フランス式の会話、食事マナー、行儀作法で立ち振る舞う一方で、イングランド式のオーバーコートやシルクハットの着用をますます強制された。国際的に統一化が進むのと同時に、きっちりと境界が定められた国民国家どうしの対立が増大したのである。

国際主義の実践

理論と実践のさまざまなレベルで、それ以前のグローバルな結びつきがこうして国民化していく過程を描くのには、三つの例が有効だろう。本章の締めくくりとして、国家による制度としてのパスポートと国際的任意団体としての赤十字社に関する事例研究を行い、最後に、一八九三年にシカゴで開かれた重要な国際会議である万国宗教会議を検討することにしよう。

近年まで、国際的境界を管理する卓越した手段であるパスポートについて、ほとんど研究がなされてこなかった。だが、パスポートの歴史は、移民のグローバルなネットワークと国民国家の国際主義との間の変遷をはっきりと示している。ジョン・トーピーの『パスポートの発明』は、ヨーロッパに関する限り、知識の欠落を埋めてくれた。一八世紀には、エリートの貿易業者や貴族が、ヨーロッパのほとんどの地域をたやすく移動していた。土地に縛りつけられ、移動するのに書類が必要だったのは、貧民や小作農だった。対外的なパスポートとは国王の書簡であった。それは、大貴族や聖職者などに与えられた恩典であり、国王による保護証であり、他の国王の領地にいる下位の役人に彼らが邪魔されないようにするための要請状であった。

ヨーロッパや南北アメリカでは、パスポートが対外的な政治的監視の手段となったのは、境界を越えて移動する政治扇動家——フランス共和国の場合は反動主義者や王党派——を政府が管理しようと企てたフランス革命期になってからだった。一九世紀を通して、革命に対する恐怖から、パスポートの官庁や関係部局の拡大が引き続き促された。一八四八年の革命や一八七一年の革命的パリ・コミューンの後には、この制度を一般の人々にまで広げようとする異常な企てがなされた。他方で、一八一五年から五〇年にかけて、国内の移動、国外への移民の両方に対する管理を全般的に緩和する動きがみられた。国境を越える移動に対してこれまで以上にさらに厳しい管理が押しつけられたのは、一九世紀末になってのことであり、それは労働力の移動がもたらす影響に対する懸念への対応策だった。

アジアの世界でも似たような動きがみられたが、その起源はやや違っていた。アジアでも、名だたる王がインドを旅する勅許状を臣民に下賜していた——それは、通行許可証「パルワナス」と呼ばれていた。地方レベルの移動は、認可を受けた指導者や首長によって管理されていた。ヨーロッパや中国ほどには、村民が旅をする際に書類の携行が強制されることは少なかったようである。とはいえ、村の会計役の台帳によって、労働者の移動をエリート層が間接的に管理していた。インドでは、ヨーロッパの会社が、他のヨーロッパの競争相手をねたんで独占体制を敷いたことが、パスポート制度の対象を一般の商人や旅行者にまで広げるきっかけとなった。オランダ、イギリス双方の東インド会社は、領内にいる他のヨーロッパの臣民たちが競合する商売を始めはしないかと恐れ、彼ら全員について事細かに記録していた。こうした侵略的な独占帝国主義に直面したアジア諸国は、外国人の商人や職員を特定の地域に限定し、彼らと自国の臣民との接触を制限するという対抗手段にでた。これがよく当てはまる例の一つが、一八世紀の中国での国営貿易企業である公行であった。広東にいるすべての外国人は、担当する商人による信任状を携行しなければならなかった。

一八〇〇年以降になると、商業面での嫉妬に代わって、政治的な懸念が急速に高まった。一八三〇年には、インド南部の当局が、「パスポートなしで移動する」中東からの商人を逮捕していた。[53] 当局が懸念したのは、情勢が不安定な港湾都市で反英メッセージを広めていたイスラーム純粋主義の教師やその他の宗教使節だった。だが、パスポートを強制したことで、今度は、誰が英領インド臣民で、誰がそうでないかという疑問が生じた。[54] ヨーロッパの帝国の諸政府は、臣民の外国での活動を保護あるいは管理する権利を主張した。海外にいるインド人商人は、客人の外国人であるよりも、英領インドの臣民となった。これは、彼らが国家の臣民になった重要な転換点であった。これとは対照的に、同じ頃のアラブ人や中国人が移住した地域の商人の中には、中国やオスマンによる課税や土地法の適用を免れるため、ヨーロッパ諸国の飛び地でヨーロッパの国籍を手に入れた者もいた。[55] この場合、国際的な装置としてのパスポートは、新興の国民国家を強化するよりも破壊するために用いられていた。だが、いずれの場合も、国籍が評価基準になっていた。

二つ目の事例研究である赤十字社は、人道支援と負傷者の治療という宗教的理想が国民化した例を示している。イタリア統一期のソルフェリーノの戦いでの惨事を受けてアンリ・デュナンが創始した赤十字の組織は、ほどなくして、国民国家であるスイスと結びついた。[56] 赤十字自体は、キリスト教的、国際的シンボルというよりも、スイスの旗に相当するものだった。一八八〇年以来ずっと、赤十字社の本部はスイスに大きく依存してきた。その下部組織として、国ごとに赤十字社がつくられた。国家に基礎をおくこの国際組織は、各国政府に働きかけて、戦争法に基づいて国際協定をつくることを要請した。だが、水面下では常に、国家的なものと国際的なものとが拮抗していた。一八八〇年代から九〇年代には、この組織の統一的シンボルが打ち砕かれた。戦場で従事していた赤十字社のボランティアの医師たちがキリスト教のシンボルを身に着けているという理由で、激怒したオスマンのイスラーム教徒たちが彼らを襲ったのである。このため、創設委員側は、イスラーム諸国においては赤新月《レッド・クレセント》の採用を認め

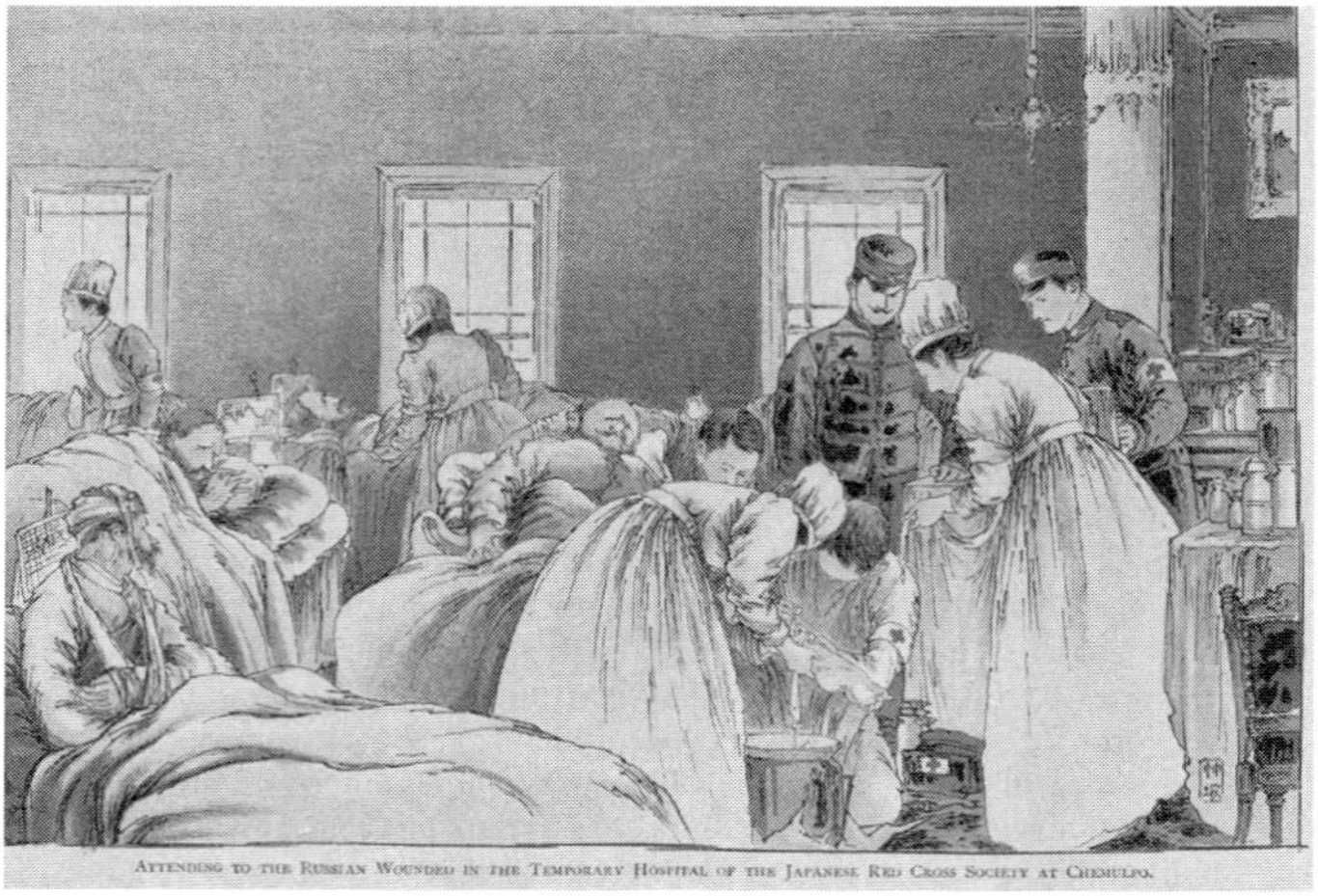

図 6-4　赤十字の活動――日露戦争期のチムルポ（済物浦〔現在の仁川〕）の日本赤十字病院にて，ロシア人負傷者の世話をする日本人看護婦

ざるをえなかった。一九一一年以降のバルカン諸戦争では、インド人イスラームたちが団結し、独特なインド赤新月組織によってオスマンの人々を援護した(57)。もっと最近では、イスラエル国家が自国の領域でのダビデの赤盾《レッド・スター・オヴ・デイヴィッド》の使用を求めて尽力していた。

一九世紀に初期グローバリゼーションが国際主義に転換した例として最後に挙げるのが、世界の宗教に関する事例である。このテーマについては、第9章でもっと詳しく取り上げる。一八九三年のシカゴでの万国宗教会議の際、キリスト教側の組織委員たちは、世界じゅうの人類が宗教経験を求めていることを祝う会議としたいと考えていた。彼らは、さまざまな宗教的伝統どうしの敵対を鎮めることを望んでいた。会議の背景には、反ユダヤ主義の高揚、プロテスタントとカトリックの対立の増大、汎イスラーム主義に対する西洋側の懸念があった。しかし、会議を組織するにあたって当初からつきまとっていたのが、国を代表する宗教団体の位置づけをめぐる論争だった。当時の政治的緊張が続く状況下で、多くの場合について可能と判断されたのは、宗教を「代表する」特定の全国的教会の代表のみに参加を認めることだった。

ベンガル人の聖者スワーミー・ヴィヴェーカーナンダは、招待されなかったにもかかわらず、シカゴにやって来た。そして、持ち前の性格のおかげで、事実上、インド代表になった。熱のこもった演説を行った彼は、会議で三つのことを成し遂げた。一つは、ヒンドゥー教を強力な国際勢力としてアメリカ人に認識させたことであった。それを彼は、宗派間の分裂については無視する一方、東南アジアやヒンドゥー教徒が移住した南アフリカやカリブ海地域での旧来のヒンドゥー文明について指摘することで成し遂げたのだった。彼は、強欲を満たすために生きている命を屠殺するという西洋諸国民の身体的実践を痛烈に非難した。聖牛が日々殺されるのをシカゴの家畜場で目の当たりにし、それにおののいたと記録していた。もっとも意義深いのは、ヴィヴェーカーナンダが西洋諸国の物質主義と東洋諸国――とりわけインド――の本質だと自身が賞讃していた精神性とを対比させ、ヒンドゥー教の観念をインド・ナショナリズムの主張にしっかりと結びつけたことだった。彼の有徳さが会議を圧倒したことは、インド国民それ自体がイギリス帝国主義とは別個の存在であり、それよりも優位にある一つの勢力としてまさに認知された瞬間として、インドの多くの人々が賞讃した。[58]

帰国したヴィヴェーカーナンダを、インド人たちは、国民としてのインドの精神性の権化として歓迎した。数年前の彼は、古代世界を行脚した聖人のように、神の足跡を訪ねる巡礼者として亜大陸を放浪していたのだが、今や彼の信奉者たちは、カースト、文化、そして聖地を国民に従属させたのだった。インドの諸王たちは、旧来の階層制をすべて逆転させる、自分たちよりも低いカーストのこの権威否定者〔ヴィヴェーカーナンダ〕の馬車を自ら引いた。一方、ヴィヴェーカーナンダは、ヘンデルの凱旋行進曲『ユダス・マカベウス』の演奏でたたえられた。この音楽自体、宗教と永遠の国家の融合を祝う曲として、イギリスに住む旧ドイツ人の愛国者によってつくられたものだった。カルカッタの日刊紙は、「インドは、勝利の征服者を祝った。ヒンドゥー教のすべての宗派が集まり、アメリカ国民に感謝した」と記していた。[59] こうしてインドは、ヒンドゥー教とますます結びつくようになった。これは、亜大陸の将来にとってきわめて重要な転換だった。

本章最後の節では、グローバルなネットワークが、過去二世紀をかけて、しだいに国家間のネットワークへと変わっていった様子を示してきた。その変化は、イデオロギーの領域で起きていた。それゆえ、たとえば、キリスト教やイスラーム教における負傷者に対する救済の観念は、赤十字社という国際組織に具現化した。それは、実際に人々が移住した地域で起きていた。そのため、移民たちは、国籍で決められたパスポート制度によって管理されたのである。それはまた、身体的実践においても起きていた。インド人たち、とくにガンディーは、菜食主義や禁欲を将来のインド国民にとっての明確な特徴とすべきだと信じるようになった。この最後の領域、つまり、身体的実践の領域は、商品の消費や変容を通して、イデオロギー的なものと物質的なものとを結びつけた。人々は珍しい物や健康に良い物を戦略的に収集する代わりに、国際舞台における国民の地位の基準である均一の商品、衣服の様式、行儀作法をしだいに取り入れるようになった。そのため逆説と対立が生まれた。たとえば、日本のエリートたちは、近代的国民として自分たちが最高の待遇を受けるには、国際舞台でヨーロッパ風のフロック・コートを着るべきか、それとも、「和風の」正装である伝統的衣装を身に着けるべきか自問していた。

むすびに

本章は、全体として、一九世紀後半におけるナショナリズム、帝国主義、「国際主義」、さらには、従属的なエスニック集団に関する歴史記述を包括することを試みた。介入主義的な傾向の強い新興国家の力を掌握・利用する排他的ナショナリズムが台頭したことは、新帝国主義だけでなく、多数派といわゆる「エスニックな」住民との境界を強化する動きまでも世界じゅうで刺激した。一九世紀中葉の戦争、反乱、国際紛争の結果として、ナショナリズム自体が、より競争的で明確な形をとっていた。たとえば、これらの戦争によって、一九世紀中葉以前に発展していたアメリカ――さらにはカナダ――の国民意識が強化された。ヨーロッパでは、ドイツとイタリアという二つの国民国家が出現しフランスとドイツ領オーストリアの双方が屈辱を受けたことで、大陸の均衡がひっくり返され、境界の内外で外交・軍事的競争が繰り広げられた。日本の統一、南アジアにおけるなおも活発なイギリス帝国の支配、中東でのヨーロッパによる攻撃によって、アジアやアフリカのエリートや商人の中に新しいナショナリスト運動が生み出された。今度は、これらの運動が、新しい宣伝方法を使って、植民地政府に対して自治の要求を押しつけるようになった。帝国主義とナショナリズムは、互いに影響しあいながら、世界とその住民を再分割したのである。

一九世紀中葉の諸戦争は、さまざまな原因で勃発した——不均等な経済発展、小作農や職人人口の相対的不足、指導的エリート集団による近代化の推進、過去の民主的革命からの人民主権思想のゆっくりとした普及などである。しかし、この重要な時代に、国民としての地位の要求へと人々を積極的に駆りたてるのに大きな影響を与えたのは、大規模な対立の経験と記憶であった。国家、都市化、出版資本主義はどれも役割を担っていたが、ちょうどナショナリズムが戦争を引き起こしたのと同様に、戦争は、ナショナリズムの起源でもあった。今度はナショナリズムが、かつて一八世紀の世界を結びつけていた、地球全体に広がる移住地やイデオロギーの古くて緩やかな結びつきを作り直したのである。協議や会議が普遍的原理を代表していると主張していても、今やそれが国民国家の参加によって成り立っている場合が多くなった。自由貿易が時代の風潮だった一八一五—七〇年頃の五五年を経て、一九世紀が終わりに近づくにつれて、国境での経済保護主義はますますはっきりしてきた。貿易、労働、資本の国際的な流れが急激に強まる一方で、国民国家はそれらを管理し自らの目的へと向かわせるよう強く要求するようになった。

それゆえ、国民国家とそれに代わる帝国の興隆というこの図式には、逆説があるのだ。政治家たちは、国家を一枚岩の権威的存在として捉えていたかもしれないが、国民たちは国家を権利、特権、財産を要求できる資格を保証する存在とみていた。国家がこうした暗黙の約束を果たせない場合、とくに外国人に支配される場合は、国民は国家に対してさらに声高にかつ過激に要求するようになった。だからこそ、国民国家が成功すると、任意団体、改良協会、道徳改革運動までもが数多く誕生し、今やそれらは国家《ナショナル》と国際《インターナショナル》の両レベルで組織されるようになったのである。一九世紀前半にあった反奴隷制協会や自由主義改革者クラブには、その後、たとえば、インド人、アイルランド人、社会主義者、女性、先住民といった人々の声を代弁しようとする何千もの新しい団体が加わった。このうち唯一の最急進派が、社会主義者による第一インターナショナルであった。次の二つの章では、まず、国家自体の特徴を、次いで、指導者や急進的批判者を活気づけた政治思想の中身について扱おう。

《訳者略歴》

平田雅博《ひらたまさひろ》〔序章，第 1・2・8・10 章，終章〕

1951 年生まれ。青山学院大学文学部史学科教授。著書に『イギリス帝国と世界システム』（晃洋書房，2000 年），『ウェールズの教育・言語・歴史』（晃洋書房，2016 年），『英語の帝国』（講談社選書メチエ，2016 年），訳書にロス『洋服を着る近代』（法政大学出版局，2016 年）他

吉田正広《よしだまさひろ》〔第 5・7・9・11 章〕

1956 年生まれ。愛媛大学法文学部人文社会学科教授。著書に『国民国家と帝国』（共著，山川出版社，2005 年），『巡礼の歴史と現在』（共著，岩田書院，2013 年），訳書にキャナダイン『イギリスの階級社会』（平田との共訳，日本経済評論社，2008 年）他

細川道久《ほそかわみちひさ》〔第 3・4・6・12 章〕

1959 年生まれ。鹿児島大学法文学部人文学科教授。博士（文学）。著書に『カナダ・ナショナリズムとイギリス帝国』（刀水書房，2007 年），『カナダの自立と北大西洋世界』（刀水書房，2014 年），『ニューファンドランド』（彩流社，2017 年），訳書にクレマン『カナダ人権史』（明石書店，2018 年）他

近代世界の誕生　上

2018 年 12 月 15 日　初版第 1 刷発行

定価はカバーに
表示しています

訳　者　平 田 雅 博 他

発行者　金　山　弥　平

発行所　一般財団法人　名古屋大学出版会
〒 464-0814　名古屋市千種区不老町 1 名古屋大学構内
電話(052)781-5027/ F A X(052)781-0697

印刷・製本　亜細亜印刷㈱　ISBN978-4-8158-0929-4

乱丁・落丁はお取替えいたします。

注

序　章

（１）Arjun Appadurai, *Modernity at Large : Cultural Dimensions of Globalization* (Minneapolis, 2000)〔アルジュン・アパデュライ『さまよえる近代――グローバル化の文化研究』門田健一訳，平凡社，2004 年〕.

（２）Fernand Braudel, *Civilisation matérielle, économie, capitalisme xve-xviiie siècle* (Paris, 1979)〔フェルナン・ブローデル『物質文明・経済・資本主義　15-18 世紀』（全 6 冊，各巻 2 分冊）：『日常性の構造』村上光彦訳，みすず書房，1985 年，『交換のはたらき』山本淳一訳，みすず書房，1986-88 年，『世界時間』村上光彦訳，みすず書房，1996-99 年〕.

（３）Linda Colley, *Britons : Forging the Nation 1707-1837* (London, 1992)〔リンダ・コリー『イギリス国民の誕生』川北稔監訳，名古屋大学出版会，2000 年〕.

（４）Catherine Hall, *Civilising Subjects : Metropole and Colony in the English Imagination 1830-67* (Cambridge, 2002).

（５）Geoffrey Hosking, *Russia, People and Empire, 1552-1917* (London, 1997).

（６）Dominic C. B. Lieven, *Empire : The Russian Empire and its Rivals* (London, 2000)〔ドミニク・リーベン『帝国の興亡』上下，松井秀和訳，日本経済新聞社，2002 年〕.

（７）R. Bin Wong〔王國斌〕, *China Transformed : Historical Change and the Limits of European Experience* (Ithaca, NY, 1997).

（８）Kenneth Pomeranz, *The Great Divergence : China, Europe and the Making of the Modern World Economy* (Princeton, NJ, 2000)〔ケネス・ポメランツ『大分岐――中国，ヨーロッパ，そして近代世界経済の形成』川北稔監訳，名古屋大学出版会，2015 年〕.

（９）Wang Gung Wu〔王賡武〕, *The Chinese Overseas : From Earthbound China to the Quest for Autonomy* (Cambridge, Mass., 2000).

（10）Joanna Waley-Cohen, *The Sextants of Beijing : Global Currents in Chinese History* (New York, 1999).

（11）Michael C. Meyer and William H. Beezley (eds.), *The Oxford History of Mexico* (Oxford, 2000), pp. 380-93.

（12）Hew Strachan, *The First World War*, vol. 1 (Oxford, 2001).

（13）Eric J. Hobsbawm, *The Age of Revolution ; The Age of Capital ; The Age of Empire ; The Age of Extremes* (London, 1988-98)〔E・J・ホブズボーム『市民革命と産業革命――二重革命の時代』安川悦子・水田洋訳，岩波書店，1968 年。『資本の時代――1848～1875』1, 2, 柳父圀近・長野聰・荒関めぐみ訳，みすず書房，1981-82 年。『帝国の時代――1875～1914』1, 2, 野口建彦・野口照子訳，みすず書房，1993-98 年。『20 世紀の歴史――両極端の時代』上下，大井由紀訳，ちくま学芸文庫，2018 年〕.

（14）Perry Anderson, “Confronting defeat,” *London Review of Books*, 24, 20 (17 Oct. 2002).〔ホブズボームの自伝は，Eruc J. Hobsbawm, *Interesting Times : A Twentieth Century Life* (London, 2002)（エリック・ホブズボーム『わが 20 世紀・面白い時代』河合秀和訳，三

省堂，2004 年）〕

（15） 初期の議論と参考文献として，以下を参照。Patrick Joyce, "The return of history : post-modernism and the politics of academic history in Britain," *Past and Present*, 158 (Feb. 1998), pp. 207–35.

（16） この歴史なき人々とその抵抗を強調するもっとも最近の著作者は，ラテンアメリカの歴史家たちに影響力を持つインド・サバルタン研究集団である。彼らの作品をめぐる議論については，以下を参照。Vinayak Chaturvedi (ed.), *Mapping Subaltern Studies and the Postcolonial* (London, 2000).

（17） S. N. Eisenstadt, *Modernisation, Protest and Change* (Englewood Cliffs, NJ, 1966)〔S・N・アイゼンシュタット『近代化の挫折』内山秀夫・馬場晴信訳，慶應通信，1969 年〕.

（18） Ernest Gellner, *Plough, Sword and Booh : The Structure of Human History* (London, 1988).

（19） Alan Macfarlane, *The Riddle of the Modern World : Of Liberty, Wealth and Equality* (Basingstoke, 2000).

（20） David Landes, *The Wealth and Poverty of Nations* (London, 1998)〔D・S・ランデス『「強国」論』竹中平蔵訳，三笠書房，2000 年〕; idem, *Favourites of Fortune : Technical Growth and Economic Development since the Industrial Revolution* (Cambridge, 1991).

（21） "Spirit capture : the native Americans and the photographic image," *International Herald Tribune*, 25–6 Aug. 2001.

（22） R. C. Cobb, *Death in Paris : The Records of the Basse-Geole de la Seine* (Oxford, 1978).

（23） この過程における国家の役割は以下の作品で研究された。Norbert Elias (tr. Edmund Jephcott), *The Civilizing Process*, vol. 2 : *State Formation and Civilization* (Oxford, 1994)〔ノルベルト・エリアス『文明化の過程』下，『社会の変遷／文明化の理論のための見取図』波田節夫・溝辺敬一・羽田洋・藤平浩之訳，法政大学出版局，新装版，2004 年〕.

（24） Emna Tarlo, *Clothing Matters : What to Wear in Colonial India* (London, 1998).

（25） イスマーイール・ハーミー（Ismail Hami）の言葉，以下に引用。Bernard Lewis, *The Emergence of Modern Turkey* (London, 1961), p. 231.

（26） Hasan Kayali, *Arabs and Young Turks : Ottomanism, Arabism and Islamism in the Ottoman Empire 1908–18* (Berkeley, 1997), p. 63.

（27） E. M. Collingham, *Imperial Bodies : The Physial Experience of the Raj c. 1800–1947* (London, 2001).

（28） "Newspaper," in *Encyclopaedia Britannica*, 13th edn (London, 1911), vol. 19, pp. 19–20.

第 1 章　旧体制と「初期グローバリゼーション」

（1） John Komlos, *Stature, Living Standards and Economic Development : Essays in Anthropometric History* (Chicago, 1994).

（2） Marshall G. S. Hodgson, *The Venture of Islam : Conscience and History in a World Civilisation*, 3 vols (Chicago, 1974).

（3） Joseph Fletcher, "Turko-Mongolian tradition in the Ottoman Empire," in I. Sevcenko and Frank E. Sysyn (eds.), *Eurcharisterion*, vol. 1 (Cambridge, Mass., 1978), pp. 240–1.

（4） Pamela Crossley, *A Translucent Mirror : History and Identity in Qing Imperial Ideology* (Berkeley, 1999) は中国を以下と比較している。Peter Burke, *The Fabrication of Louis XIV* (New Haven, 1992)〔ピーター・バーク『ルイ 14 世——作られる太陽王』石井三記訳，

名古屋大学出版会，2004 年〕.

(5) W. Beik, *Absolutism and Society in Seventeenth-Century France : State Power and Provincial Aristocracy in Languedoc* (Cambridge, 1999).

(6) I. M. Kunt, *The Sultan's Servants : The Transformation of Ottoman Provincial Government 1550–1650* (New York, 1983).

(7) Burton Stein, *A History of India* (Oxford, 1998). しかし以下を参照。John F. Richards, *The Mughal Empire* (Cambridge, 1995) ; Irfan Habib, *The Agrarian System of Mughal India (1556–1707)* (Bombay, 1963) ; Sugata Bose and Ayesha Jalal, *Modern South Asia : Culture, Political Economy* (Delhi, 1998).

(8) Jonathan Spence, *The Search for Modern China* (New York, 1990), pp. 112, 144, 157.

(9) Evelyn S. Rawski, *The Last Emperors : A Social History of Qing Imperial Institutions* (Berkeley, 1998).

(10) Ivor Wilks, *Asante in the Nineteenth Century : The Structure and Evolution of a Political Order* (Cambridge, 1975).

(11) P. J. Bakewell, *A History of Latin America* (London, 1997), pp. 282–3.

(12) Spence, *Search for Modern China*, pp. 165–70.

(13) William Doyle, "The Union in a European context," *Transactions of the Royal Historical Society*, 6 ser., 10 (2000), p. 168.

(14) Lieven, *Empire*, p. 204 ; Richard Pipes, *Russia under the Old Regime* (London, 1974), p. 204.

(15) Lieven, *Empire*, p. 171.

(16) Crossley, *Translucent Mirror*.

(17) Kunt, *Sultan's Servants* ; Kunt 教授からの私信。

(18) D. H. A. Kolff, *Naukar, Rajput and Sepoy : The Ethnohistory of the Military Labour Market in Hindustan 1450–1850* (Cambridge, 1986).

(19) Rawski, *Last Emperors*.

(20) Leonard Blussé, *Strange Company : Chinese Settlers, Mestizo Women and the Dutch in VOC Batavia* (Dordrecht, 1986).

(21) Timothy Brook, *The Confusions of Pleasure : Commerce and Culture in Ming China* (Berkeley, 1998).

(22) John Iliffe, *Africans : The History of a Continent* (London, 1995), pp. 62–127.

(23) A. G. Hopkins, *An Economic History of West Africa* (London, 1973).

(24) Donald Denoon and Philippa Mein-Smith with Marivic Wyndham, *A History of Australia, New Zealand and the Pacific* (London, 2000), pp. 9–33.

(25) Hamid Algar, *Religion and State in Iran 1785–1906* (Berkeley, 1969).

(26) John T. Alexander, *Autocratic Politics in a National Crisis : The Imperial Russian Government and Pugachev's Revolt, 1773–5* (Bloomington, Ind., 1969).

(27) Jan de Vries, *The Dutch Rural Economy in the Golden Age 1500–1700* (New Haven, 1978).

(28) 私は以下に所収の拙論で初期グローバリゼーションの概念をより十全に展開しようとした。A. G. Hopkins (ed.), *Globalization in World History* (London, 2002), pp. 47–73.

(29) James L. Hevia, *Cherishing Men from Afar : Qing Guest Ritual and the Macartney Embassy of 1795* (Durham, NC, 1995).

(30) Denoon et al., *History of Australia*, pp. 43–4.

(31) たとえば，以下を参照。Firdausi, "Shahnamah" painted for the Emperor Akbar, c. 1595, Add. MSS 12208, ff. 280b, British Library, London. ここではイスカンダル（アレクサンドロス）がペルシア風の景色の中でバラモンたちと会い，かつてのギリシアの賢者との集会を想起させている。

(32) たとえば，Moorcroft Papers, MSS Eur D 251, ff. 300–39, Oriental and India Office Collections, British Library, London.

(33) たとえば，以下を参照。"Akhlaq-i-Jalali" (tr. W. F. Thompson), *The Practical Philosoph of the Muhammadan People* (London, 1836), esp. introduction.

(34) J. G. A. Pocock, *The Machiavellian Moment : Florentine Political Thought and the Atlantic Republican Tradition* (Princeton, 1975)〔J・G・A・ポーコック『マキァヴェリアン・モーメント――フィレンツェの政治思想と大西洋圏の共和主義の伝統』田中秀夫・奥田敬・森岡邦泰訳，名古屋大学出版会，2008 年〕.

(35) よく知られているように，ナポレオンは，エジプトではイスラーム教徒であり，ユダヤ人をエルサレム神殿に帰還させると宣言した。トーンについては以下を参照。Theobald Wolfe Tone (ed. R. Barry O'Brien), *The Autobiography of Theobald Wolfe Tone* (London, 1893), vol. 2, p. 303.

(36) これはもちろん，初期ユーラシアにおける地方交易や地域間貿易すらも，基礎食品や他の日常品のもっと実用的な交換によって生み出されたのではなかったということではなく，単に長距離商取引はとくにこの種のカリスマ性を持つ品目の交換に影響を受けたということである。

(37) Appadurai, *Modernity at Large*.

(38) Glyndwr Villiams and P. J. Marshall, *The Great Map of Mankind : British Perceptions of the World in the Age of Enlightenment* (London, 1982)〔P・J・マーシャル，G・ウィリアムズ『野蛮の博物誌――18 世紀イギリスがみた世界』大久保桂子訳，平凡社，1989 年〕.

(39) Nigel Leask, "Francis Wilford and the colonial construction of Hindu geography," in Amanda Gilroy (ed.), *Romantic Geographies : Discourses of Travel, 1775–1844* (Manchester, 2000), pp. 204–23 ; C. A. Bayly, "Orientalists, informants and critics in Benares, 1790–1860," in Jamal Malik (ed.), *Perceptions of Mutual Encounters in South Asian History, 1760–1860* (Wiesbaden, 2000), pp. 172–210.

(40) Cf. M. C. G. Saiz, *Las castas mexicanas : un genero pictorico americano* (Mexico City, 1989).

(41) F. Dikotter, *The Discourse of Race in Modern China* (London, 1992).

(42) Sanjay Subrahmanyam, "Du Tage au Gange au xvie siècle : une conjoncture millénariste à l'échelle eurasiatique," *Annales*, 1 (Jan.–Feb. 2001), pp. 51–84.

(43) Pomeranz, *Great Divergence*.

第 2 章　旧体制から近代性への道

(1) これらの問題は以下で検討されている。John F. Richards, *The Unending Frontier : Environmental History in the Early Modern Centuries* (Berkeley, 2003).

(2) Bakewell, *History of Latin America*, pp. 262–3.

(3) Iliffe, *Africans*, pp. 97–126.

(4) Maurice Bloch, *Ritual, History and Power : Selected Papers in Anthropology* (London, 1998).

(5) Denoon et al., *History of Australia*, pp. 41–2.

(6) Ibid., p. 86.

(7) Jan de Vries, "The Industrial Revolution and the industrious revolution," *Journal of Economic History*, 54 (1994), pp. 240–70.〔「勤勉革命」とは，もともと日本の労働集約的な工業化を指して使われた，速水融による造語であり，ド・フリースも速水との対話で知ったと記している。Jan de Vries, *The Industrious Revolution : Consumer Behavior and the Household Economy, 1600 to the Present* (Cambridge, 2008), p. 9, n. 27.〕

(8) Jan de Vries and Adriaan van de Woude, *The First Modern Economy* (Cambridge, 1997)〔J・ド・フリース，A・ファン・デァ・ワウデ『最初の近代経済——オランダ経済の成功・失敗と持続力 1500–1815』大西吉之・杉浦未樹訳，名古屋大学出版会，2009 年〕.

(9) Hans Joachim Voth, *Time and Work in England 1750–1830* (Oxford, 2000).

(10) これは Pomeranz, *Great Divergence* でまとめて論じられている。

(11) Evelyn S. Rawski and Susan Naquin, *Chinese Society in the Eighteenth Century* (New Haven, 1987).

(12) Francesca Bray, *Technology and Gender : Fabrics of Power in Late Imperial China* (Berkeley, 1997), p. 82.

(13) Conrad Totman, *A History of Japan* (London, 2000), pp. 246–57 ; T. C. Smith, *The Agrarian Origins of Modern Japan* (Stanford, Calif., 1959)〔トマス・C・スミス著『近代日本の農村的起源』大塚久雄監訳，岩波書店，1970 年〕.

(14) Prasannan Parthasarathi, *The Transition to a Colonial Economy : Weavers, Merchants and Kings in South India* (Cambridge, 2000).

(15) J. R. Perry, *Karim Khan Zand* (Chicago, 1979).

(16) André Gunder Frank, *ReOrient : Global Economy in the Asian Age* (London, 1998)〔アンドレ・グンダー・フランク『リオリエント——アジア時代のグローバル・エコノミー』山下範久訳，藤原書店，2000 年〕; cf. Jack Goody, *The East in the West* (Cambridge, 1996).

(17) Kenneth Pomeranz, "Rethinking the late imperial Chinese economy ; development, disaggregarion and decline 1730–1930," *Itinerario*, 24, 3/4 (2000), pp. 29–75.

(18) C. A. Bayly, "South Asia and the great divergence," *Itinerario*, 24, 3/4 (2000), pp. 89–104.

(19) Sevket Pamuk, *The Ottoman Empire and European Capitalism, 1820–1930* (Cambridge, 1987).

(20) Pomeranz, *Great Divergence.*

(21) Mark Elvin, *The Pattern of the Chinese Past* (London, 1973).

(22) P. K. O'Brien (ed.), *The Industrial Revolution in Europe*, 2 vols (Oxford, 1994).

(23) A. G. Hopkins, "Asante and the Victorians : transition and partition on the Gold Coast," in Roy E. Bridges (ed.), *Imperialism, Decolonisation and Africa : Studies Presented to John Hargreaves* (Basingstoke, 2000), pp. 39–42.

(24) Sevket Pamuk, *A Monetary History of the Ottoman Empire* (Cambridge, 2000).

(25) Pipes, *Russia under the Old Regime.*

(26) K. N. Chaudhuri, *Asia before Europe : Economy and Civilisation of the Indian Ocean from the Rise of Islam to c. 1750* (Cambridge, 1990).

(27) N. A. M. Rodger, "Sea-power and empire, 1688–1793," in P. J. Marshall (ed.), *The Oxford History of the British Empire*, vol 2 : *The Eighteenth Century* (Oxford, 1998), pp. 169–83.

(28) Niels Steensgaard, unpublished paper, Leiden, 1994.

(29) Dominic C. B. Lieven, *Nicholas II* (London, 1993), p. 10〔ドミニク・リーベン『ニコライII世――帝政ロシア崩壊の真実』小泉摩耶訳，日本経済新聞社，1993 年〕.

(30) 彼は以下のパンフレットを書いた。"A la nation artésienne"：Doyle, "Union in European context,", p. 176.

(31) E. A. Wrigley, *People, Cities and Wealth : The Transition of Traditional Society* (Oxford, 1988).

(32) Adrian Hastings, *The Construction of Nationhood : Ethnicity, Religion and Nationalism* (Cambridge, 1997), p. 101.

(33) Ibid.

(34) T. C. W. Blanning, *The Power of Culture and the Culture of Power* (Oxford, 2001).

(35) Dennis Showalter, *The Wars of Frederick the Great* (London, 1996)；Hagen Shulze, *The Course of German Nationalism : From Frederick the Great to Bismarck 1763–1867* (Cambridge, 1982).

(36) John A. Davis (ed.), *Italy in the Nineteenth Century* (Oxford, 2000), p. 8 は以下を引用している。E. Galli della Loggia, *L'identità italiana* (Bologna, 1998) および A. Schiavone, *Italiani senza Italia : storia ed identità* (Turin, 1998).

(37) Dr C. M. Clark との私信。

(38) Kathleen Wilson, *The Sense of the People : Politics, Culture and Imperialism in England, 1715–1785* (Cambridge, 1995).

(39) Brian Allen, in C. A. Bayly, *The Raj : India and the British 1600–1947* (London, 1990), pp. 29–31.

(40) Lieven, *Empire*, p. 163 は以下を引用している。C. Ingrao, *The Habsburg Monarchy 1619–1815* (Cambridge, 1994), p. 191.

(41) Joanna Waley-Cohen, "Commemorating war in eighteenth-century China," *Modern Asian Studies*, 30, 4 (1996), pp. 869–99.

(42) M. Roberts, "Beyond Anderson : reconstructing and deconstructing Sinhala nationalist discourse," *Modern Asian Studies*, 30 (1996), pp. 690–8.

(43) Totman, *History of Japan*, pp. 219–20.

(44) Henri Terasse, *Histoire du Maroc, des oigines à l'établissement du protectorat français* (Casablanca, 1950).

(45) Hastings, *Construction of Nationhood*, pp. 155–6.

(46) Iliffe, *Africans*, pp. 173–80.

(47) J. B. Peiris (ed.), *Before and After Shaka* (Grahamstown, 1983)；J. D. Omer-Cooper, *The Zulu Aftermath* (London, 1966).

(48) Thomas McCarthy, *The Critical Theory of Jürgen Habermas* (London, 1984).

(49) ごく最近では，Peter Clark, *British Clubs and Societies, 1580–1800 : The Origins of an Associational World* (Oxford, 2000).

(50) Benjamin Franklin, *Autobiography*, Everyman edn (London, 1906)〔フランクリン『フランクリン自伝』松本慎一・西川正身訳，岩波文庫，2010 年，改版〕.

(51) Landes, *Wealth and Poverty of Nations*.

(52) Mervyn Hiskett, *The Development of Islam in West Africa* (London, 1994), pp. 156–71.

(53) S. A. A. Rizvi, *Shah Walli-allah and his Times* (Canberra, 1990).

(54) J. S. Grewal, *The Sikhs of the Punjab* (Cambridge, 1994).

(55) Spence, *Search for Modern China*, pp. 60–3.

(56) Ibid., p. 62.

(57) Ki-baik Lee (tr. E. W. Wagner), *New History of Korea* (Seoul, 1996), pp. 236–8〔李基白著『韓国史新論』武田幸男ほか訳，学生社，1979 年，改訂新版〕.

(58) Totman, *History of Japan*, pp. 259–72.

(59) Chaudhuri, *Asia before Europe*.

(60) Janet Abu Lughod, *Before European Hegemony : The World System AD 1250–1350* (New York, 1989)〔ジャネット・アブー＝ルゴド『ヨーロッパ覇権以前――もうひとつの世界システム』上下，佐藤次高・斯波義信・高山博・三浦徹訳，岩波書店，2001 年〕.

(61) Anthony Pagden, *The Lords of All the World : Ideologies of Empire in Spain, Britain and France c. 1500–c. 1800* (New Haven, 1995) ; David Armitage, *The Ideological Origins of the Birish Empire* (Cambridge, 2000)〔デイヴィッド・アーミテイジ『帝国の誕生――ブリテン帝国のイデオロギー的起源』平田雅博・岩井淳・大西晴樹・井藤早織訳，日本経済評論社，2005 年〕.

(62) Spence, *Search for Modern China*, pp. 300–2.

第 3 章　収斂する諸革命　1780–1820 年

(1) Michael Lienesch, *New Order of the Ages : Time, the Constitution and the Making of Modern Ameican Political Thought* (Princeton, 1988).

(2) Joln Stuart Mill, *Autobiography* (1873 ; repr. London, 1949), p. 53〔ジョン・スチュアート・ミル『ミル自伝』朱牟田夏雄訳，岩波文庫，1960 年，63 頁（一部表現を改めた)〕.

(3) C. A. Bayly, “The first age of global imperialism 1780–1930,” in Peter Burroughs and A. J. Stockwell (eds.), *Managing the Business of Empire : Essays in Honour of D. K. Fieldhouse* (London, 1998), pp. 28–43 を参照。

(4) M. Ricklefs, *A History of Modern Indonesia since 1300* (London, 1993).

(5) David Morgan, *Medieval Persia 1040–1797* (London, 1988).

(6) John F. Richards, *The Mughal Empire* (Cambridge, 1995).

(7) Philip A. Kuhn, *Soulstealers : The Chinese Sorcery Scare of 1768* (Cambridge, Mass., 1990)〔フィリップ・A・キューン『中国近世の霊魂泥棒』谷井俊仁・谷井陽子訳，平凡社，1996 年〕.

(8) Stanford J. Shaw, *Between Old and New : The Ottoman Empire under Selim III 1789–1807* (Cambridge, Mass., 1971).

(9) Geoffrey Parker, *The Military Revolution : Military Innovation and the Rise of the West, 1500–1800* (Cambridge, 1988)〔ジェフリ・パーカー『長篠合戦の世界史――ヨーロッパ軍事革命の衝撃 1500–1800 年』大久保桂子訳，同文舘出版，1995 年〕; Jeremy Black, *European Warfare 1660–1815* (London, 1994).

(10) D. B. Ralston, *Importing the European Army : The Introduction of European Military Techniques and Institutions into the extra-European World 1600–1914* (Chicago, 1990).

(11) John Rule, *The Vital Century : England's Developing Economy 1714–1815* (Harlow, 1992), p. 276.

(12) Black, *European Warfare*.

(13) Bakewell, *History of Latin Ameica*, pp. 280–93 ; D. A. Brading, *The First Ameica : The Spanish Monarchy, Creole Patriots and the Liberal State 1492–1867* (Cambridge, 1991), pp. 467–91.

(14) Emma Rothschild, "The East India Company and the American Revolution," unpublished paper, Centre for History and Economics, University of Cambridge, 2002.

(15) R. R. Palmer, *The Age of Democratic Revolution*, 2 vols (London, 1959, 1964) ; Hugh Brogan, *The Penguin History of the USA* (London, 1999), pp. 110–85.

(16) Marshall (ed.), *Oxford History of the Bitish Empire*, vol. 2, introduction ; C. A. Bayly, *Impeial Meridian : The Bitish Empire and the World 1780–1830* (London, 1989) を参照。

(17) "De l'influence de la révolution d'Amérique sur Europe" (1786), in A. Condorcet O'Connor and M. Arago (eds.), *Oeuvres de Condorcet* (Paris, 1847–9), viii. 19. 以下に引用。Emma Rothschild, "Globalisation and democracy in historical perspective," unpublished paper, Centre for History and Economics, University of Cambridge, 2000.

(18) William Doyle, *The Oigins of the French Revolution* (Oxford, 1988).

(19) D. Sutherland, *France 1789–1815 : Revolution and Counter-Revolution* (London, 1985).

(20) Martin Lyons, *Napoleon Bonaparte and the Legacy of the French Revolution* (London, 1994), pp. 229–43.

(21) Stuan Woolf, *Napoleon's lntegratian of Europe* (London, 1989) ; Geoftey Ellis, *Napoleon : Profiles in Power* (Hartlow, 1997).

(22) Woolf, *Napoleon's Integration of Europe*, p. 183.

(23) L. Bergeron, *Banquiers, négociants et manufactuiers parisiens du directoire à l'empire* (Paris, 1975), pp. 156–8.

(24) C. L. R. James, *The Black Jacobins : Toussaint L'Ouverture and the San Domingo Revolution* (London, 2001)〔C・L・R・ジェームズ『ブラック・ジャコバン——トゥサン＝ルヴェルチュールとハイチ革命』青木芳夫監訳，大村書店，増補新版，2002 年〕; Michael Duffy, *Soldiers, Sugar and Seapower : The Bitish Expeditions to the West Indies and the War against Revolutionary France* (Oxford, 1987).

(25) Bakewell, *History of Latin Amenca* ; Kuhn, *Soulstealers*, pp. 5–25.

(26) Iliffe, *Africans*, pp. 173–6.

(27) "Declaration and resolutions of the First Continental Congress," 14 October 1774, in *Documents lllustrative of the Formation of the Union of the American States* (Washington, DC, 1927), p. 5.

(28) Robert Darnton, *The Forbidden Best-Sellers of Pre-Revolutionary France* (London, 1996)〔ロバート・ダーントン『禁じられたベストセラー——革命前のフランス人は何を読んでいたか』近藤朱蔵訳，新曜社，2005 年〕. 以下も参照。Keith Baker, *Inventing the French Revolution : Essays on French Political Culture in the Eighteenth Century* (Cambidge, 1990) ; Mona Ozouf, "L'Opinion publique," in Keith Baker (ed.), *The Politial Culture of the Old Regime* (Oxford, 1987), pp. 419–34 ; Colin Lewis, "Pulling teeth in eighteenth-century Paris," *Past and Present*, 166 (2000), pp. 100–45.

(29) Blanning, *Culture of Power* は，このテーマをフランスやヨーロッパへと大きく広げている。

(30) Lynn Hunt, *Politics, Culture and Class in the French Revolution* (Berkeley, 1984)〔リン・ハント『フランス革命の政治文化』松浦義弘訳，平凡社，1989 年〕.

(31) Fiançois Furet and Mona Ozouf, *Dictionnaire citique de la révolution française* (Paris, 1988)〔フランソワ・フュレ，モナ・オズーフ編『フランス革命事典』(全2巻) 河野健二・阪上孝・富永茂樹監訳，みすず書房，1995年〕.

(32) Spence, *Search for Modern China*, pp. 110-16〔同書にはキューンの研究への言及はなく，次の書に拠るものと思われる。Kuhn, *Soulstealers*, pp. 111-18 (『中国近世の霊魂泥棒』，136-143頁)〕.

(33) 杉田玄白『後見草』。以下に引用。 Takeuchi Makoto, "Festivals and fights : the law and the people of Edo," in James L. McClain et al. (eds.), *Edo and Paris : Urban Life and the State in the Early Modern Era* (Ithaca, NY, 1994), p. 145〔竹内誠「江戸における法と民衆――『祭り』と『喧嘩』」鵜川馨，ジェイムス・L・マックレイン，ジョン・M・メリマン編『江戸とパリ』岩田書店，1995年，561頁〕.

(34) Totman, *History of Japan*, pp. 271-2.

(35) Anand A. Yang, *Bazaar India : Markets, Society and the Colonial State in Bihar* (Berkeley, 1998), pp. 53-111.

(36) Grewal, *Sikhs of the Punjab*.

(37) Carter V. Findley, *Bureaucratic Reform in the Ottoman Empire : The Sublime Porte 1789-1922* (Princeton, 1980).

(38) イブン・ビーシュル (Ibn Bishr) の言葉，以下に引用。R. Bayly Winder, *Saudi Arabia in the Nineteenth Century* (New York, 1965), p. 13.

(39) Stuart Woolf, *A History of Italy 1700-1860* (London, 1979), pp. 255-65〔スチュアート・ジョーゼフ・ウルフ『イタリア史 1700-1860』鈴木邦夫訳，法政大学出版局，2001年，450-469頁〕.

(40) たとえば，William H. Sewell, *Work and Revolution in France : The Language of Labour from the Old Regime to 1848* (Cambridge, 1980).

(41) Gamal el-din el-Shayyal, "Some aspects of intellectual and social life in eighteenth-century Egypt," in P. M. Holt (ed.), *Political and Social Change in Modern Egypt* (London, 1968), pp. 117-32.

(42) J. Tulard (ed.), *Dictionnaire Napoléon* (Paris, 1987), p. 451.

(43) Woolf, *Napoleon's Integration of Europe*.

(44) Williams and Marshall, *Great Map of Mankind*.

(45) Matthew Edney, *Mapping an Empire : The Geographical Construcion of Birish India 1765-1843* (Chicago, 1997).

(46) Richard Drayton, *Nature's Government : Science, Impeial Bitain and the "Improvement" of the World* (London, 2000).

(47) Ranajit Guha, *Towards a Rule of Property for Bengal* (The Hague, 1963).

(48) James J. Sheehan, *German History 1770-1866* (Oxford, 1989), pp. 470-84.

(49) Denoon et al., *History of Australia*, p. 107.

(50) Giuseppe Mazzini, *Ricordi autobiografici di Giuseppe Mazzini con introduzione e note di Maio Menghini* (Imola, 1938), p. 7.

(51) Orlando Figes, *Narasha's Dance : A Cultural History of Russia* (London, 2002), p. 72 からの引用。

(52) Khaled Fahmy, *All the Pasha's Men : Mehmed Ali, his Army and the Making of Modern Egypt*

(Cambridge, 1997). Afaf Lutfi al-Sayyid Marsot, *Egypt in the Reign of Muhammad Ali* (Cambridge, 1984) も参照。

(53) 次も参照。C. A. Bayly, *The Oigins of Nationality in South Asia : Patiotism and Ethical Government in the Making of Modern India* (Delhi, 1998), pp. 63–97.

(54) Spence, *Search for Modern China*, pp. 143–52 ; Mark W. McLeod, *The Vietnamese Response to French Intervention 1862–74* (New York, 1991), pp. 13–21.

(55) Gordon S. Wood, "The significance of the early Republic," in Ralph D. Cray and Michael A. Morrison (eds.), *New Perspectives on the Early Republic* (Urbana, Ill., 1994), p. 14.

(56) Ibid.

(57) Denoon et al., *History of Australia*, pp. 100–1.

(58) Alan Atkinson, *The Europeans in Australia : A History*, vol. 1 (Oxford, 1997).

(59) Leila Tarazi Fawaz, *Merchants and Migrants in Nineteenth-Centuty Beirut* (Cambridge, Mass., 1982).

(60) Robert Ilbert (ed.), *Alexandrie entre deux mondes* (Aix-en-Provence, 1988).

(61) Denoon et al., *History of Australia*, pp. 82–3. アフリカ南部については，Norman Etherington, *The Great Treks : The Transformation of Southern Africa 1815–54* (London, 2001) を参照。

第4章　世界革命のはざま　1815-65年頃

(1) Charles Tilly, *Coercion, Capital and States AD 900–1992* (Cambridge, Mass., 1992), p. 165.

(2) Bakewell, *History of Latin Ameica*, pp. 385–408.

(3) Alexis de Tocqueville, *The Old Regime and the French Revolution* (New York, 1955)〔アレクシス・ド・トクヴィル『旧体制と大革命』小山勉訳，ちくま学芸文庫，1998年〕.

(4) S. A. A. Rizvi, *Shah Abd al-Aziz : Puitanism, Sectarian Politics and Jihad* (Canberra, 1982).

(5) Spence, *Search for Modern China*, p. 144.

(6) B. R. Tomlinson, in Andrew Porter (ed.), *The Oxford History of the British Empire* (以後 *OHBE*), vol. 3 : *The Nineteenth Century* (Oxford, 1999), pp. 52–73.

(7) Yrjo Kaukiainen, "The improvement of communications in international freight markets c. 1830–1870," in Hiram Morgan (ed.), *Information, Media and Power through the Ages* (Dublin, 2001), pp. 137–52.

(8) William L. Cleveland, *A History of the Modern Middle East* (Boulder, Colo, 1994), pp. 64–75 ; Roger Owen, *Cotton and the Egyptian Economy : A Study in Trade and Development* (Oxford, 1969) ; al-Sayyid Marsot, *Egypt, in the Reign of Muhammad Ali ; Fahmy, All the Pasha's Men.*

(9) K. N. Chaudhuri, in Dharma Kumar (ed.), *The Cambridge Economic History of India*, vol. 2 (New Delhi, 1983), pp 874–8.

(10) Douglass C. North, *The Economic Growth of the United States, 1790–1860* (Englewood Cliffs, NJ, 1961).

(11) Bakewell, *History of Latin America*, p. 443.

(12) Ricklefs, *History of Modern Indonesia*.

(13) Woolf, *History of Italy*, p. 263.

(14) P. Elphick and H. Giliomee, *The Shaping of South African Society 1600–1850* (London, 1983).

(15) Denoon et al., *History of Australia*, pp. 127–8.

(16) 次も参照。Akintola J. Wyse, "Britain's African junior partners : a re-examination of the role of the Krio in nineteenth-century West Africa," in Bridges (ed.), *Imperialism, Decolonisation*, pp. 3–24.

(17) George R. Taylor, *The Transportaion Revolution 1815–1860* (London, 1951).

(18) Sheehan, *German History*, pp. 466–45.

(19) Laven, in Davis (ed.), *Italy*, ch. 2, and M. Meriggi, *Amministrazione e classi sociali nel Lombardo-Veneto 1814–48* (Bologna, 1983).

(20) Marjorie Harper, in Porter (ed.), *OHBE*, 3, pp. 73–100 ; Dudley Baines, *Emigration from Europe 1815–1930* (Basingstoke, 1991).

(21) David Northrup, in Porter (ed.), *OHBE*, 3, pp. 88–99. Roben L. Irick, *Ch'ing Policy towads the Coolie Trade 1847–1878* (Taipei, 1982) も参照。

(22) Rajat Kanta Rag "Asian capital in the age of European domination : the rise of the Bazaar, 1800–1914," *Modern Asian Studies*, 29, 3 (1993), pp. 449–554

(23) Hugh Tinker, *A New System of Slavery : The Export of Indian Labour Overseas 1830–1920* (London, 1974).

(24) Nigel Worden, *The Making of Modern South Afica* (Oxford, 1994) ; A. du Toit and H. Giliomee (eds.), *Afrikaner Political Thought*, vol. 1 (Berkeley, 1983).

(25) Denoon et al., *History of Austalia*, pp. 130–6 ; C. Saunders and I. R. Smith, in Porter (ed.), *OHBE*, 3, pp. 601–4.

(26) Cormac O'Grada, *The Grcat Irish Famine* (Dublin, 1989) ; Christine Kinealy, *This Great Calamity : The Irish Famine 1845–52* (Dublin, 1994).

(27) W. A. Speck, *A Concise History of Bitain 1707–1975* (Cambridge, 1999), pp. 78–80〔W・A・スペック『イギリスの歴史』月森佐知・水戸尚子訳，創土社，2004 年，116–119 頁〕; Erick J. Evans, *The Forging of the Modern State : Early Industrial Britain 1783–1870* (London, 1983).

(28) F. List (tr. S. Lloyd), *The National System of Political Econony* (London, 1885)〔フリードリッヒ・リスト『経済学の国民的体系』小林昇訳，岩波書店，1970 年〕.

(29) Miklos Motnar, *Concise History of Hungary* (Cambridge, 2001), p. 169.

(30) Ronald Robinson and John Gallagher, "The imperialism of free tade," *Economic History Review*, 2, ser. 6, 1 (1953), pp. 1–15〔ジョン・ギャラハー，ロナルド・ロビンソン「自由貿易帝国主義」川上肇訳，ジョージ・ネーデル，ペリー・カーティス編『帝国主義と植民地主義』川上肇・住田圭司・柴田敬二・橋本礼一郎訳，御茶の水書房，1983 年，129–166 頁〕; D. C. M. Platt, *Finance, Trade and Politcs in British Foreign Policy 1815–1914* (Oxford, 1968).

(31) Davis, in Davis (ed.), *Italy*, p. 247.

(32) Owen, *Cotton and the Egyptian Economy.*

(33) J. Y. Wong, *Deadly Dreams : Opium and the Arrow War (1856–60) in China* (Cambridge, 1998).

(34) Lyons, *Napoleon Bonarte.*

(35) John Cannon, *Parliamentary Reform 1640–1832* (Cambridge, 1973).

(36) T. C. W. Blanning and Peter Wende, *Reform in Birain and Germany, 1750–1850* (Oxford, 1999).

(37) Raymond Carr, *Spain, 1808–1939* (Oxford, 1966), pp. 129–46.

(38) Molnar, *Concise History of Hungary*, pp. 168–9.

(39) J. P. T. Bury and R. P. Tombs, *Theirs 1797–1877 : A Politcal Life* (London, 1986), p. 34 に引用されている。

(40) John F. Coverdale, *The Basque Phase of Spain's Carlist War* (Princeton, 1984), p. 274 に引用されている。

(41) Hosking, *Russia, People and Empire*.

(42) Stanford J. Shaw, *A History of the Ottoman Empire and Modern Turkey*, vol. 2 : *Reform, Revolution and Republic : The Rise of Modern Turkey 1808–1975* (Cambridge, 1975), pp. 43–56.

(43) C. A. Bayly, *Indian Society and the Making of the Bitish Empire* (Cambidge, 1988), ch. 4.

(44) Spence, *Search for Modern China*, pp. 145–8 ; James M. Polachek, *The Inner Opium War* (Cambidge, Mass., 1992).

(45) Jobn Keep, *Soldiers of the Tsar : Army and Society in Russia 1462–1874* (Oxford, 1985), p. 275.

(46) Christophe Charle, *Social History of France in the Nineteenth Century* (Oxford, 1994), p. 169.

(47) J. Stuart Anderson, *Lawyers and the Making of Engltsh Land Law 1832–1940* (Oxford, 1992).

(48) Thomas R. Forstenzer, *French Provincial Police and the Fall of the Second Republic* (Princeton, 1981), p. 226.

(49) F. Calderon de la Barca, *Life in Mexico* (Berkeley, 1982), p. 462. 以下に引用。Bakewell, *History of Latin Ameica*, p. 385 ; cf. pp. 391–3.

(50) Spence, *Search for Modern China*, pp. 165–93 ; Franz Michael and Chang Chung-li, *The Taiping Rebellion : History and Documents*, 3 vols (Seattle, 1966–71).

(51) J. F. Cady, *The Roots of French Imperialism in East Aria* (Ithaca, NY, 1954), pp. 103–18.

(52) Thant Myint-U, *The Making of Modern Burma* (Cambidge, 1999).

(53) C. A, Curwen (ed. and tr.), *Taiping Rebel : The Deposition of Li Hsiu-ch'eng* (Cambridge, 1977), pp. 79–80.

(54) Barbara D. Metcalf and Thomas R. Metcalf, *A Concise History of India* (Cambridge, 1994)〔バーバラ・D・メトカーフ，トーマス・R・メトカーフ『インドの歴史』河野肇訳，創土社，2000 年〕; Bayly, *Indian Society*, ch. 5 ; E. T. Stokes, *The Peasant and the Raj* (Cambridge, 1979).

(55) Peter Carey, "Waiting for the Ratu Adil : the Javanese village community on the eve of the Java War," *Modern Asian Studies*, 20, 1 (1986), pp. 55–137.

(56) Jonathan Sperber, *The European Revolutions 1848–1851* (Cambridge, 1994).

(57) Sheehan, *German History*, p. 659.

(58) Sperber, *European Revolutions*, p. 123.

(59) D. Kertzer, in Davies (ed.), *Italy*, pp. 188–91 ; Roland Sart, in ibid., pp. 92–8.

(60) Norman Davies, *God's Playground : A History of Poland*, vol. 2 : *1795 to the Present* (Oxford 1981), p. 35.

(61) Sperber, *European Revolutions*, pp. 203–38.

(62) Miles Taylor, "The 1848 revolutions in the British Empire," *Past and Present*, 166 (2000), pp. 146–81.

(63) Brogan, *Penguin History of USA*, pp. 315–45 ; W. R. Brock, *Conflict and Transformation : The United States 1844–1877* (Harmondsworth, 1973) ; Peter J. Parish, *The Ameican Civil War* (London, 1975) ; C. Vann Woodward, *The Origins of the New South* (Baton Rouge, La., 1951).
(64) Brian Holden Reid, *The Origins of the American Civil War* (London, 1996), pp. 368–95.
(65) P. K. O'Brien, *The Economic Effects of the American Civil War* (Basingstoke, 1988).
(66) Eugenio F. Biagini, *Gladstone* (Basingstoke, 2000), pp. 59–60.
(67) Speck, *Concise History of Britain*, pp. 86–7〔『イギリスの歴史』, 129–131 頁〕.
(68) Denoon et al., *History of Australia*, p. 33.

第 5 章　工業化と新都市

(1) Peter J. Cain and A. G. Hopkins, *British Imperialism*, vol. 1 : *Innovation and Expansion 1688–1914* (London, 1993)〔P・J・ケイン, A・G・ホプキンズ『ジェントルマン資本主義の帝国〈1〉』竹内幸雄・秋田茂訳, 名古屋大学出版会, 1997 年〕.
(2) Martin Wiener, *English Culture and the Decline of the Industrial Spirit* (Harmondsworth, 1981)〔マーティン・J・ウィーナ『英国産業精神の衰退――文化史的接近』原剛訳, 勁草書房, 1984 年〕.
(3) P. K. O'Brien and Ronald Quinalt (eds.), *The Industrial Revolution and British Society* (Cambridge, 1993).
(4) Alfred D. Chandler, Jr., *Scale and Scope : The Dynamics of Industrial Capitalism* (Cambridge, Mass., 1990), p. 7.
(5) Ibid.
(6) 便利な概観は以下を参照。P. K. O'Brien, "The reconstruction, rehabilitation and reconfiguration of the British industrial revolution as a conjuncture in global history," *Itinerario*, 3/4 (2000), pp. 117–34.
(7) Roderick Floud and Deirdre McCloskey (eds.), *The Economic History of Britain since 1700*, vol. 1 (Cambridge, 1994).
(8) Parthasarathi, *Transition to a Colonial Economy*.
(9) Pat Hudson, *The Industrial Revolution* (London, 1992)〔パット・ハドソン『産業革命』大倉正雄訳, 未來社, 1999 年〕; P. K. O'Brien and Leando Prados de la Escosura (eds.), *The Costs and Benefits of European Imperialism from the Conquest of Ceuta (1415) to the Treaty of Lusaka* (1974), special issue of *Revista de Historia Economica* (Madrid, 1998).
(10) W. W. Rostow, *The World Economy : History and Prospect* (Austin, Tex., 1978), pp. 51–3〔W・W・ロストウ『大転換の時代――世界経済 21 世紀への展望』坂本二郎ほか訳, ダイヤモンド社, 1982 年〕.
(11) North, *Economic Growth of the United States*.
(12) Chandler, *Scale and Scope*.
(13) Sheehan, *German History*, pp. 501–4.
(14) lbid., p. 740.
(15) Robert Tombs, *France 1814–1914* (London, 1996), p. 399.
(16) Rostow, *World Economy*, pp. 52–3.
(17) Bakewell, *History of Latin America*, pp. 404–5.
(18) Roger Owen, *The Middle East and the World Economy 1800–1914* (London, 1981).

(19) Pomeranz, *Great Divergence.*

(20) Spence, *Search for Modern China*, p. 218.

(21) 以下を参照。William T. Rowe, *Hankow : Conflict and Community in a Chinese City 1796–1895* (Stanford, Calif., 1989).

(22) Rostow, *World Economy*, pp. 52–3.

(23) Smith, *Agrarian Origins of Modern Japan.*

(24) Totman, *History of Japan*, pp. 314–37.

(25) これらは，19 世紀までに事実上軍人恩給受給者となっていた満洲人とされる集団であった。いくつかの点で彼らは，廃止以前のオスマン帝国のイェニチェリに似ていた。

(26) B. R. Tomlinson, *The Economy of Modern India 1860–1970* (Cambridge, 1993).

(27) R. S. Chandavarkar, *The Origins of Industrial Capitalism in India* (Cambridge, 1996).

(28) C. A. Bayly, *Rulers, Townsmen and Bazaars : North Indian Society in the Age of British Expansion* (Cambridge, 1989).

(29) Denoon et al., *History of Australia*, p. 142 ; cf. p. 89.

(30) Sheehan, *German History.*

(31) 以下は，イングランドに関する古典的研究である。Gareth Stedman Jones, *Outcast London* (Oxford, 1971).

(32) Eric Foner and Olivia Mahoney, *Reconstruction : America's People and Politics after the Civil War* (New York, 1995).

(33) Pipes, *Russia under the Old Regime*, pp. 360 ff.

(34) Chandavarkar, *Origins of Industrial Capitalism.*

(35) Bakewell, *History of Latin America*, p. 427.

(36) Chandavarkar, *Origins of Industrial Capitalism*, pp. 212–18.

(37) Figes, *Natasha's Dance.*

第 6 章　国民，帝国，エスニシティ　1860–1900 年頃

(1) このテーマに関する重要なイギリスの文献のきわめて洞察に満ちた要約が，以下に記されている。John Breuilly, "Historians and the nation," in Peter Burke (ed.), *History and Historians in the Twentieth Century* (Oxford., 2002), pp. 55–87.

(2) B. Jelavich, *A History of the Balkans*, vol. 2 : *Eighteenth and Nineteenth Centuries* (Cambidge, 1983), p. 197 からの引用。

(3) Hastings, *Construction of Nationhood.*

(4) Blanning, *Culture of Power.*

(5) 彼の最近の総合的研究は，Anthony D. Smith, *Nationalism and Modernism* (London, 1998).

(6) Emest Gellner, *Nations and Nationalism* (Oxford, 1983)〔アーネスト・ゲルナー『民族とナショナリズム』加藤節監訳，岩波書店，2000 年〕.

(7) Lieven, *Empire*, p. 183.

(8) E. J. Hobsbawm, *Nations and Nationalism since 1780* (Cambridge, 1990)〔E・J・ホブズボーム『ナショナリズムの歴史と現在』浜林正夫・嶋田耕也・庄司信訳，大月書店，2001 年〕.

(9) John Breuilly, *Nationalism and the State* (Manchester, 1993).

(10) Benedict Anderson, *Imagined Communities : Reflections on the Origin and Spread of*

Nationalism (London, 1991)〔ベネディクト・アンダーソン『定本 想像の共同体——ナショナリズムの起源と流行』白石隆・白石さや訳，書籍工房早山，2007 年〕.

(11) Sperber, *European Revolutions*, p. 97.

(12) 次の意義深い論考を参照。Robert Wiebe, "Imagined communities : nationalist experiences," *Journal of the Historical Society*, 1, 1 (Spring 2000), pp. 33–63.

(13) François Furet and Jacques Ozouf, *Reading and Writing Literacy in France from Calvin to Jules Ferry* (Cambridge, 1982).

(14) J. P. Parry, "The impact of Napoleon III on British politics 1851–1880," *Transactions of the Royal Histoical Society*, 6 ser., II (2001), pp. 147–75.

(15) Molnar, *Concise History of Hungary*, pp. 206–12.

(16) Lieven, *Nicholas II*, p. 12.

(17) Engin Deniz Akarli, *The Long Peace : Ottoman Lebanon 1861–1920* (Berkeley, 1993).

(18) Kayali, *Arabs and Young Turks*.

(19) Charles Tripp, *A History of Iraq* (Cambridge, 2000), pp. 27–9〔チャールズ・トリップ『イラクの歴史』岩永尚子ほか訳，明石書店，2004 年，48–52 頁〕.

(20) Fahmy, *All the Pasha's Men*.

(21) David Landes, *Bankers and Pashas : International Finance and Economic Imperialism in Egypt* (London, 1958) ; Ilbert (ed.), *Alexandrie*.

(22) Juan R. I. Cole, *Colonialism and Revolution in the Middle East : Social and Cultural Origins of Egypt's Urabi Movement* (Princeton, 1993).

(23) Amira K. Bennison, "Muslim universalism and Western globalization," in Hopkins (ed.), *Globalization in World History*, pp. 88–9.

(24) J. Ayo Langley, *Ideologies of Political Liberation in Black Africa, 1856–1970 : Documents on Modern African Political Thought from Colonial Times to the Present* (London, 1979).

(25) Robert W. July, *The Origins of Modern African Thought : Its Development in West Africa during the Nineteenth and Twentieth Centuries* (London, 1968), p. 218.

(26) Bayly, *Origins of Nationality in South Asia*.

(27) Paul A. Cohen, *History in Three Keys : The Boxers as Event, Experience and Myth* (New York, 1997).

(28) J. Y. Wong, *The Making of a Heroic Image : Sun Yatsen in London 1896–7* (London, 1986).

(29) Ernest Gellner, "Do nations have navels?," *Nations and Nationalism*, 10 (1996), pp. 366–70.

(30) Maya Shatzmiller, *The Berbers and the Islamic State* (Princeton, 2000) ; Michaet Brett and Elizabeth Fentress, *The Berbers* (London, 1996).

(31) Harjot Singh Oberoi, *The Construction of Religious Boundaries : Culture, Identity and Diversity in the Sikh Tradition* (Delhi, 1997).

(32) Davies, *God's Playground*, p. 254 からの引用。

(33) Molnar, *Concise History of Hungary*, p. 229.

(34) Maurice Agulhon, *The French Republic 1879–1992* (Oxford, 1993), pp. 68–70.

(35) 次の書は，これらの問題についてのまとまった研究である。Andrew Porter, *European Imperialism 1860–1914* (London, 1994)〔アンドリュー・ポーター『帝国主義』福井憲彦訳，岩波書店，2006 年〕. もっと広範な議論については，以下を参照。*OHBE*, 3, とくに，Colin Newbury, "Great Britain and the partition of Africa 1870–1914," pp. 624–50.

(36) 次の書は，イギリスについても扱っているが，アフリカでのイギリス以外の拡大の全体像をもっともうまく描いている。H. L. Wesseling, *Divide and Rule : The Partition of Africa 1880–1914* (Westport, Conn., 1996). 同書は，ヨーロッパの対立と戦争を重視している。

(37) Roger Owen and Bob Sutcliffe, *Studies in the Theory of Impeialism* (London, 1972) は依然として価値のある文献である。

(38) 以下の書は，今なおもっとも優れた研究である。D. K. Fieldhouse, *Economics and Empire* (London, 1984) ; Norman Etherington, *Theories of Imperialism : War, Conquest and Capital* (London, 1984).

(39) とくに次を参照。Cain and Hopkins, *Bitish Imprialisn*, vol. 1.

(40) たとえば，Alexander Scholch, *Egypt for the Egyptians* (Ithaca, NY, 1981) ; Arthur Keppel-Jones, *Rhodes and Rhodesia : The White Conquest of Zimbabwe 1884–1902* (Montreal, 1983).

(41) とくに，Ronald Robinson and John Gallagher, with Alice Denny, *Africa and the Victorians : The Offcial Mind of Imperialism* (London, 1963) ; W. Roger Louis, *Imperialism : The Robinson and Gallagher Controversy* (New York, 1976).

(42) Daniel Headrick, *The Invisible Weapon : Telecommunications and International Politics 1851–1945* (New York, 1991)〔D・R・ヘッドリク『インヴィジブル・ウェポン——電信と情報の世界史　1851-1945』横井勝彦・渡辺昭一監訳，日本経済評論社，2013 年〕: idem, *The Tools Empire : Technology and European Imperialism in the Nineteenth Century* (New York, 1981)〔D・R・ヘッドリク『帝国の手先——ヨーロッパ膨張と技術』原田勝正・多田博一・老川慶喜訳，日本経済評論社，1998 年〕.

(43) Wesseling, *Divide and Rule.*

(44) Ronald Hyam, *Bitain's Imperial Century, 1815–1914 : A Study of Empire and Expansion*, 3rd edn (Basingstoke, 2002).

(45) A. S. Kanya-Forstner, *The Conquest of the Western Sudan : A Study in French Military Imperialism* (Cambridge, 1969).

(46) Hopkins, *Economic History of West Afica.*

(47) W. G. Beasley, "Japan and the West in the mid-nineteenth century," offprint, *Proceedings of the British Academy* (London, 1969), p. 83 に引用されている〔吉田松陰『幽囚録』山口県教育会編『吉田松陰全集』第 2 巻，大和書房，1973 年，54 頁〕。

(48) C. Coquery-Vidrovitch, *Le Congo au temps des grands compagnies concessionnaires* (Paris, 1972).

(49) Cole, *Colonialism and Revolution.*

(50) たとえば，以下も参照。Helen Ward, "Worth its weight in gold : women and value in northwest India," unpublished PhD dissertation, University of Cambridge, 1999.

(51) C. M. Clark, *Kaiser Wilhelm II* (London, 2000).

(52) Collingham, *Impeial Bodies* ; Charu Gupta, *Sexuality, Obscenity, Community : Women, Muslims and the Hindu Public in Colonial India* (Delhi, 2001).

(53) たとえば，「ティルチラーパッリの行政官は，イアコブ・ルーカスなるギリシア人とヒメス・エバ・ユースフなるペルシア人が，パスポートなしで移動して逮捕される事件が起きた際，マドラス政府に対し，いかなる行動をとるべきか照会している」(Board's Collections, vol. 1685/64431, Oriental and India Office Collections, British Library, London)。

(54) 次は，内部の監視方法として指紋を使った類似のやり方を扱った近年の研究である。

Radhika Singha, "Settle, mobilize, verify : identification practices in colonial India," *Studies in History* (Delhi), 16, 2, n. s. (2000), pp. 151–98.

(55) Stanley Fisher, *Ottoman Land Law*, (Oxford, 1919). この文献について，レイラ・ファッワーズ教授の教示を得た。記して感謝する。

(56) この記述の大半は，次の書に基づいている。Caroline Moorehead, *Dunant's Dream : War, Switzerland and the History of the Red Cross* (London, 1998).

(57) Mushirul Hasan, *A Nationalist Conscience, M. A. Ansari, the Congress and the Raj* (New Delhi, 1987), chs 6–8.

(58) *The Life of Swami Vivekananda by his Eastern and Western Disciples*, 2 vols (Calcutta, 1981) ; Vivekananda, *Chicago Addresses*, 16th impression (Calcutta, 1971).

(59) Romain Rolland, *Ramakrishna the Man God and the Universal Gospel of Vivekananda* (Calcutta, 1960), p. 104〔ロマン・ロラン『ラーマクリシュナの生涯――ヴィヴェカーナンダの生涯と普遍的福音（ロマン・ロラン全集 15)』宮本正清訳，みすず書房，1980 年，310 頁。なお，日刊紙が報じたように記されているが，原著には長文の書簡をアメリカに送ったとある〕.